普通高等教育经管类系列教材

经济管理基础

主　编　李　涛　高　军

副主编　王亚君　徐俊昌　杨　爽

王明昊　孙凤莲

机械工业出版社

本书是为帮助高等院校学生学习和了解必要的经济管理基础知识而编写的，融经济学、管理学于一体，就经济学、管理学的基本原理以及企业管理的相关内容进行了重点介绍。全书共10章，主要内容包括价格理论、国民收入决定论、财政与金融、管理学原理、企业概述、生产运作管理、市场营销、人力资源管理、财务管理及企业战略管理等。

本书体系完整，内容精练，重点突出，可作为普通高等院校各专业学生的教材，也可作为企事业单位管理人员的参考读物。

图书在版编目（CIP）数据

经济管理基础/李涛，高军主编. —北京：机械工业出版社，2020.8（2023.9重印）
普通高等教育经管类系列教材
ISBN 978-7-111-65702-6

Ⅰ.①经… Ⅱ.①李… ②高… Ⅲ.①经济管理-高等学校-教材 Ⅳ.①F2

中国版本图书馆CIP数据核字（2020）第086653号

机械工业出版社（北京市百万庄大街22号 邮政编码100037）
策划编辑：曹俊玲 责任编辑：曹俊玲
责任校对：陈 越 封面设计：张 静
责任印制：常天培
北京铭成印刷有限公司印刷
2023年9月第1版第7次印刷
184mm×260mm · 19.5印张 · 479千字
标准书号：ISBN 978-7-111-65702-6
定价：49.80元

电话服务 网络服务
客服电话：010-88361066 机 工 官 网：www.cmpbook.com
010-88379833 机 工 官 博：weibo.com/cmp1952
010-68326294 金 书 网：www.golden-book.com
封底无防伪标均为盗版 机工教育服务网：www.cmpedu.com

前　言

经济与管理活动是人类最基本的社会实践活动。科技进步、经济繁荣和社会发展都与经济管理密切相关。目前，我国大多数高等院校理工科专业都开设了经济管理类课程，其目的是培养学生的市场经济意识和有效管理思维，提升其综合素质，为职业发展奠定良好的基础。从某种程度上说，经济管理教育已经成为素质教育的一个重要组成部分。

经济学是研究社会如何进行选择，以利用具有多种用途、稀缺的生产资源来生产各种商品，并将它们在不同人群中间进行分配的科学。简单地理解，经济学就是研究经济主体在经济活动中选择行为（资源配置行为）的科学。

管理学是研究如何合理组织和协调人类活动，特别是人类有组织的集体活动，以提高稀缺资源的利用效率，增进人类福祉的科学。

企业管理学是管理科学的分支之一，主要研究企业的管理活动及其内在规律性。企业管理的目的是通过计划、组织、领导、控制等一系列职能，对企业的资源进行优化配置、合理利用，以顺利实现企业的目标。

本书包括经济学、管理学基本原理及企业管理等内容。全书共10章，第1~3章为经济学原理部分，包括价格理论、国民收入决定论、财政与金融；第4章为管理学原理部分；第5~10章为企业管理部分，包括企业概述、生产运作管理、市场营销、人力资源管理、财务管理和企业战略管理。

本书由长春工业大学的李涛、高军担任主编，王亚君、徐俊昌、杨爽、王明昊、孙凤莲担任副主编。参与本书编写的还有长春工业大学的薛杨、孙韬、沈滢、董媛、鲁虹、李明春、衣冠勇。

在本书编写过程中，编者参考、借鉴了大量的国内外有关研究成果，在此，对所涉及的专家、学者表示衷心的感谢。

本书获长春工业大学特色高水平教材建设基金资助。

由于编者水平有限，书中难免有疏漏和不妥之处，恳请广大读者赐教和指正。

编　者

目　录

第1章

价 格 理 论

价格理论是微观经济学的核心理论。微观经济学以单个的经济单位（单个消费者、单个生产者、单个商场等）为对象，研究单个经济单位的经济行为或内在的经济关系，以及相应的经济变量是如何决定的。本章主要内容包括供求理论、消费者行为理论、生产和成本理论、生产要素市场理论、市场失灵和政府干预理论等。

1.1　供求理论

在市场经济制度下，生产资源的配置是利用和依靠价格通过市场进行的。一方面需求与供给决定着商品的价格，另一方面价格又反过来影响供求。正是这种价格和供求的相互作用，使生产资源得到合理的配置。

1.1.1　市场需求

1. 需求与市场需求的含义

需求是指在一定的时期，在一既定的价格水平下，消费者愿意并且能够购买的商品数量。换句话说，需求的构成要素有两个，即消费者愿意购买，有购买欲望，同时，消费者能够购买，有支付能力，二者缺一不可。而需要仅指有购买欲望。

市场需求就是市场上若干个单个消费者需求的总和，即指在一定的时间内、一定价格条件下和一定的市场上，所有的消费者对某种商品或服务愿意购买而且能够购买的数量。

2. 影响需求的基本因素

影响需求变动的主要因素有许多，包括商品价格、替代品价格、互补品价格、消费者个人收入、消费者偏好、消费者预期价格，以及包括商品品种、质量等在内的其他因素。

（1）商品价格。一般来说，价格和需求的变动呈反方向变化。

（2）替代品价格。一般来说，相互可以替代的商品之间，如果某一种商品价格提高，替代品的需求就会增加，被替代品的需求就会减少。

（3）互补品价格。一般来说，互补商品之间，如果其中一种商品的价格上升，该商品的需求则会降低，同时会导致另一种商品的需求随之降低，二者价格的变动呈反方向变化。

（4）消费者个人收入。一般来说，消费者收入增加，将引起需求增加；收入减少，则会导致需求减少。

（5）消费者偏好。消费者偏好支配着在使用价值相同或接近的替代品之间的消费习惯和选择。消费者偏好会在一系列因素作用下发生缓慢的变化。

（6）消费者预期价格。预期是人们对某一经济活动未来变动趋势的预测和判断。如果消费者预期价格要上涨，就会提前购买；如果消费者预期价格下跌，就会延期购买。

（7）其他因素。如商品品种、质量、广告宣传、地理位置、季节、国家政策等。

需要强调的是，在所有因素当中，影响需求最关键的因素还是该商品本身的价格。

3. 需求函数、需求规律和需求曲线

通过对需求函数、需求规律和需求曲线的推导理解，可以更为清楚地发现各种因素造成需求变动的原因。

（1）需求函数。需求函数可以表示一种商品的需求量与影响该需求量的各种因素之间的相互关系，即 $D=f(P, I, \cdots)$。

如果假定价格之外的其他各种因素不变，则需求函数就可以表示消费者对某种商品的不同价格而表现出的不同购买数量。该需求函数为：$Q_d=Q_d(P)$，其中，P 为商品的价格，Q_d 为需求量。

（2）需求规律。在其他条件不变的情况下，某种商品的需求量与价格之间呈反方向变化。其需求量随着商品本身价格的上升而减少，随商品本身价格的下降而增加。表现在图形上，需求曲线是一条从左上方向右下方倾斜的曲线。

（3）需求曲线。需求曲线即以图像的方式表现需求与价格的关系，在需求曲线上，横轴表示需求量（Q），纵轴表示价格（P），曲线 DD 就是需求曲线，如图 1-1 所示。通过需求曲线可以更加直观地发现，当某商品的市场价格为 P_1 时，对应的需求量为 Q_1；当市场价格从 P_1 下降到 P_2 时，需求量则从 Q_1 增加到 Q_2（纵轴从 O 到 P 价格增大；横轴从 O 到 Q 需求量增大）。因此，通过需求曲线 DD 可以反映出需求量与价格之间的反方向变化关系。

需求量变动与需求变动是完全不同的两个概念，影响需求曲线的变化也完全不同。只考虑需求和价格的关系，需求曲线自身无变化，需求量只在曲线上发生点到点的移动，这就是需求量变动，如图 1-1 所示；在价格不变的情况下考虑其他因素与需求的关系时，曲线会发生位移，这就是需求变动。具体而言，当需求增加时，需求曲线向右移动；当需求减少时，需求曲线向左移动，如图 1-2 所示。

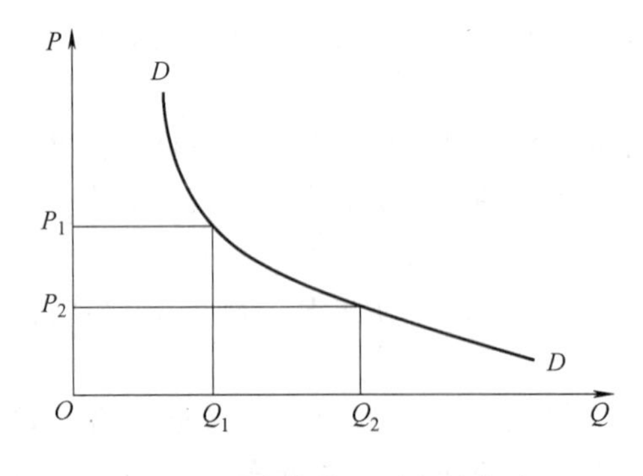

图 1-1　需求曲线（需求量变动）

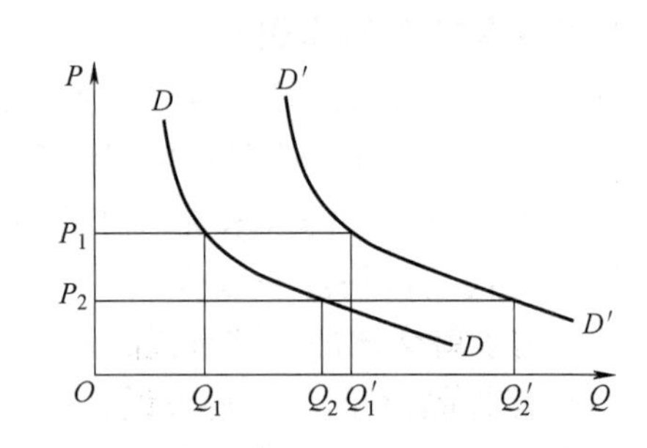

图 1-2　需求变动时曲线位移

以下两类商品可以不遵循上述需求变动规律：

1）彰显身份的商品。这类商品是身份的象征，比如钻石，当钻石价格越低时，需求量越小；当钻石价格越高时，需求量越大。

2）生活保障类商品。对于低收入阶层的消费者来说，某些普通食品（如大米、土豆等能够维持基本生活的物品）的价格上涨，其购买量也会增加。

1.1.2 市场供给

1. 供给的含义和影响供给的因素

供给的含义需要区分“供给”和“市场供给”。供给是指某一特定时期内和一定的价格水平下，生产者愿意并可能为市场提供某种商品或服务的数量。市场供给是指市场上所有生产者供给的总和。

影响供给的因素主要包括商品价格、相关商品价格、生产成本、生产技术、价格预期以及其他因素等。

（1）商品价格。在其他条件不变的情况下，某种商品自身的价格和其供给的变动成正方向变化（与需求相反）。

（2）相关商品价格。这主要是指替代品的价格和互补品的价格，其关系与需求相反。

（3）生产成本。在其他条件不变时，成本降低，意味着利润增加，则供给就会增加；反之，如果生产成本上升，供给就会减少。在这种条件下，生产成本与供给变动呈反方向变化。

（4）生产技术。生产技术的进步或革新，意味着效率的提高或成本的下降，从而影响企业的利润。所以生产技术的变化会影响供给的变动，同时，会在一定程度上决定生产成本的变化。

（5）价格预期。生产者或销售者的价格预期往往会引起供给的变化。

（6）其他因素。主要包括生产要素的价格、国家政策等。

2. 供给函数、供给规律和供给曲线

（1）供给函数。供给函数可以表示一种商品或服务的供给数量与各种影响因素的关系 $S=f(P, I, \cdots)$。假定其他因素不变，只考虑某种商品的供给量和该商品价格之间的关系，则此时供给函数可表示为 $Q_s=Q_s(P)$，其中，P 为商品价格，Q_s 为供给量。

（2）供给规律。在其他条件不变的情况下，某种商品价格上涨，供给量就会增加，价格下降，供给量就会减少，即商品价格与其供给量呈同方向变动。供给曲线的斜率为正，向左下方倾斜。

（3）供给曲线。供给曲线即以图像的方式表现供给与价格的关系。在供给曲线中，横轴表示供给量（Q），纵轴表示价格（P），曲线 SS 就是供给曲线，如图 1-3 所示。通过供给曲线可以看出，当某商品的市场价格为 P_1 时，对应的供给量为 Q_1；当市场价格从 P_1 上涨到 P_2 时，供给量则从 Q_1 增加到 Q_2。因此通过供给曲线 SS 可以反映出供给量与价格之间的正方向变化关系。

供给量变动与供给变动的区别：只考虑供给和价格的关系，供给曲线自身无变化，供给量只在曲线上发生点到点的移动，这就是供给量变动，如图 1-3 所示。在价格不变的情况下，考虑其他因素与供给的关系时，曲线会发生位移，这就是供给变动。具体而言，当供给增加时，供给曲线向右移动；当供给减少时，供给曲线向左移动，如图 1-4 所示。

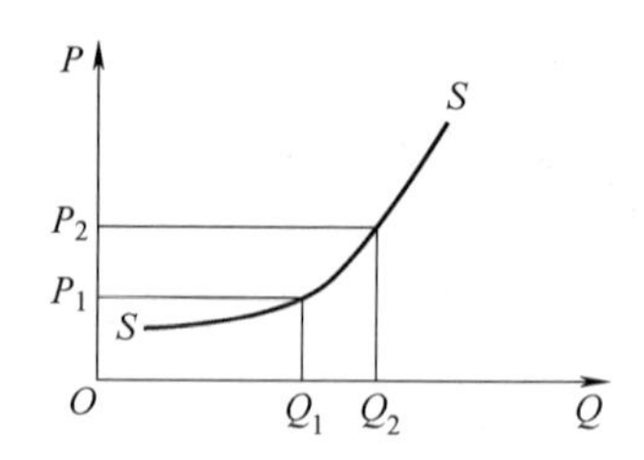

图 1-3　供给曲线（供给量变动）

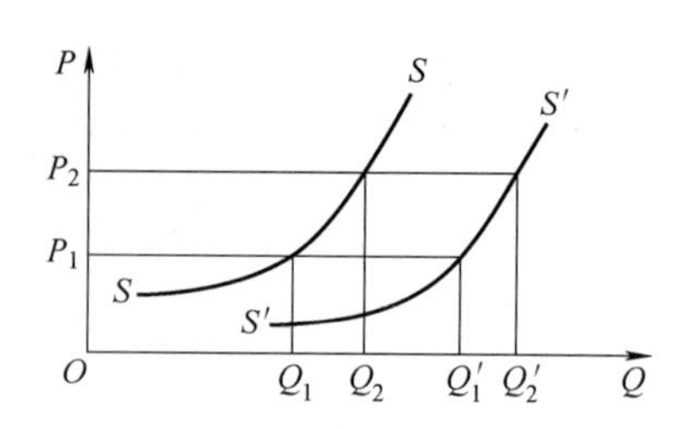

图 1-4　供给变动时曲线位移

1.1.3　市场均衡

市场均衡是市场价格保持稳定不变的状态。此时的价格称为均衡价格，相对应的交易数量称为均衡产量。市场均衡是供求力量相互作用的结果。若供给或需求发生变化，则均衡随之发生改变。在现实中，往往是供给与需求同时发生变化。

1. 均衡价格模型

均衡价格是指市场供给和需求相互抵消时所达到的价格水平。如图 1-5 所示，需求曲线（*DD*）和供给曲线（*SS*）结合，则将出现一个交叉点 *E*，*E* 点对应的价格 P_0 就是均衡价格，对应的数量 Q_0 就是均衡数量。换言之，在 *E* 点，市场的供给量和需求量相等。

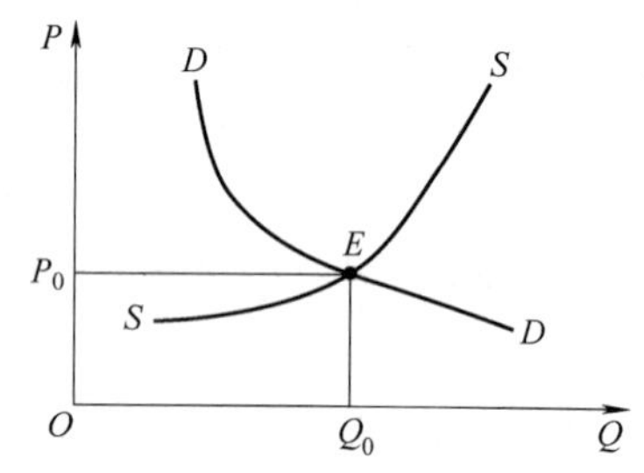

图 1-5　均衡价格模型

2. 均衡变动

均衡价格和均衡数量的形成与变动是在需求和供给相互影响、共同作用下形成的。当需求增加时，市场的均衡价格和均衡数量都将增加，两者呈正方向变化关系，如图 1-6 所示；当供给增加时，市场的均衡价格将下降，两者呈反方向变化关系；同时，均衡数量将增加，两者呈正方向变化关系，如图 1-7 所示。

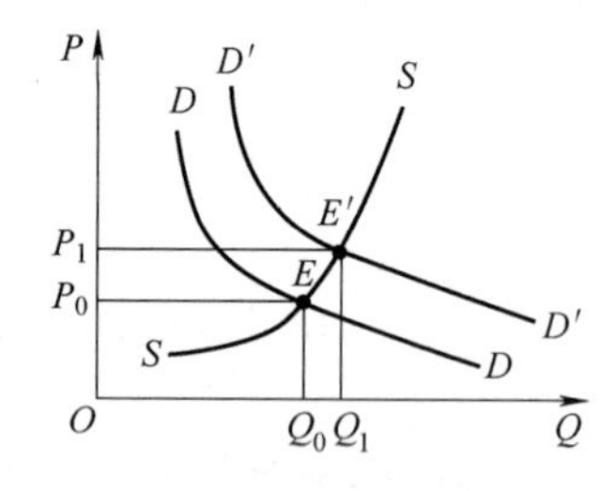

图 1-6　需求增加后的均衡变动

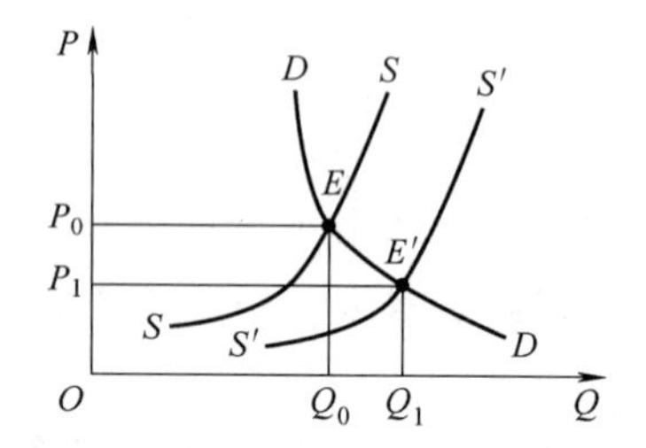

图 1-7　供给增加后的均衡变动

运用均衡价格，可以更深刻地理解政府施行最高限价和保护价格的目的、作用、影响，以及其他相关措施。最高限价即政府为某种产品规定一个具体价格，市场交易只能在该价格之下进行。最高限价的目的是保护消费者利益或降低某些生产者的生产成本。保护价格也称支持价格或最低限价，即政府规定一个具体的价格，市场交易只能在这一价格之上进行。保护价格的目的是保护生产者利益或支持某一产业的发展。

在以市场为基本的资源配置机制的经济体中，价格是资源配置的信号，资源配置过程通过市场均衡的实现而实现。市场均衡的实现过程有时也会造成严重的资源浪费。也就是说，市场也存在局限性，价格机制不是万能的。

1.1.4　弹性

弹性原是物理学上的概念，原指物体对外部力量的反应程度。后来经济学上借用弹性来衡量需求或供给对其影响因素中某些因素变化而做出的反应或敏感程度。

两个变量变动的百分比之比叫作弹性系数。弹性系数 = 因变量变动的百分比/自变量变动的百分比。即 $E=(\Delta Y/Y)/(\Delta X/X)=(\Delta Y\cdot X)/(\Delta X\cdot Y)$。

1. 需求价格弹性

需求价格弹性即需求量对价格变动的反应程度，是需求量变化的百分比除以价格变化的百分比的比率。即

$$需求价格弹性=\frac{需求量的相对变动}{价格的相对变动}$$

（1）需求价格弹性系数计算。需求价格弹性系数有两种计算公式，分别是点弹性公式和弧弹性公式。

点弹性是指需求曲线上某一点上的弹性，它等于需求量的无穷小的相对变化对价格的一个无穷小的相对变化的比率。即

$$E_{\mathrm{d}}=\frac{\Delta Q_{\mathrm{d}}/Q_{\mathrm{d}}}{\Delta P/P}$$

弧弹性是指需求曲线上两点之间的弧的弹性，它等于需求量的相对变动量对价格的相对变动量的比值。弧弹性系数的计算公式为

$$E_{\mathrm{d}}=\frac{\Delta Q}{(Q_0+Q_1)/2}\div\frac{\Delta P}{(P_0+P_1)/2}$$

需要注意的是，弧弹性能表现两点之间的弹性，弧弹性系数公式一般适用于价格和需求量变动较大的场合；点弹性只是一点上的弹性，因此弧弹性系数公式只适用于价格和需求量变动较小的场合。

用弹性系数的绝对值来衡量弹性的大小，分五种情况：$|E|=0$，无弹性；$|E|<1$，缺乏弹性；$|E|=1$，单元弹性；$|E|>1$，富有弹性；$|E|=\infty$，完全弹性。

（2）影响需求价格弹性的因素

1）可替代商品的多少和替代程度的高低。可替代商品越多，替代程度越高，需求价格弹性就越大；反之，则越小。

2）商品消费支出占消费者收入的比重。商品消费支出占消费者收入的比重越大，则需求价格弹性越大；反之，越小。

3）价格变动以后时间流逝的长短。商品往往随着价格变动以后时间流逝的变长，需求变得更富有弹性。

2. 需求交叉弹性

需求交叉弹性又称需求交叉价格弹性，是指一种商品价格的相对变化与由此引起的另一种商品需求量相对变动之间的比率。

（1）需求交叉弹性系数计算。假设有 m 和 n 两种商品，因商品 n 价格的相对变化而产生的交叉弹性系数用公式表示为

$$E_{mn}=\frac{\Delta Q_m/Q_m}{\Delta P_n/P_n}$$

式中 E_{mn}——需求交叉弹性系数；

Q_m——商品 m 的需求量；

ΔQ_m——商品 m 的需求变动量；

P_n——商品 n 的价格；

ΔP_n——商品 n 的价格变动量。

（2）需求交叉弹性系数类型。需求交叉弹性系数可以用于判断两种商品是否具有替代关系或互补关系，互补商品之间 $E_{mn}<0$，替代商品之间 $E_{mn}>0$，独立商品 $E_{mn}=0$。

3. 需求收入弹性

需求收入弹性是指需求量的变动和引起这一变动的消费者收入变动之比，用以衡量需求变动对消费者收入变动的反应程度。需求收入弹性 = 需求量的相对变动/消费者收入的相对变动。用公式表示为

$$E_y=\frac{\Delta Q/Q}{\Delta Y/Y}=\frac{\Delta Q}{\Delta Y}\cdot\frac{Y}{Q}$$

式中 E_y——需求收入弹性系数；

Y、ΔY——分别表示消费者收入和消费者收入的变动量；

Q、ΔQ——分别表示需求量和需求量的变动量。

需求收入弹性系数可以作为划分“高档品”“必需品”“低档品”的一个标准，$E_y>1$ 为高档品，$0<E_y<1$ 为必需品，$E_y<0$ 为低档品。

1.2 消费者行为理论

消费理论的中心议题是研究在消费者收入既定的条件下，如何实现效用的最大化。

1.2.1 边际效用

1. 效用理论

在研究消费者行为时，需假定消费者具有两大特征，即追求效用最大化和理性消费。也就是说，每一个从事经济活动的人都是利己的，总是想通过最小的经济代价获得最大的经济利益，即经济人假设。经济人假设是一种理想化状态，在现实中，人们从事经济活动时并不总是利己的，也不能做到总是理性的。

（1）效用的定义。效用是指商品或服务满足人们某种欲望的能力，或是消费者在消费商品或服务时所感受到的满足程度。效用是主观的，没有客观标准。它是人们的一种心里感觉，是消费者对商品或服务满足自身欲望的能力的心理评价。

（2）基数效用论和序数效用论。基数效用论的理论依据为，效用是可以直接进行度量的，即存在绝对的效用量大小，并可用 1、2、3、4 等基数的绝对数值来衡量效用的大小，与长度、重量等可以进行度量的概念相同。如一个苹果的效用是 2 个效用单位，一辆汽车的效用是 100 个效用单位等。

序数效用论的理论依据为，消费者无法知道效用的绝对数值，但可以知道自身对不同消

费组合的偏好次序，即用第一、第二、第三、第四等表示次序的相对数值来衡量效用。

基数效用论和序数效用论最显著的区别就是效用是否能够进行度量。基数效用论认为效用可以度量，采用总效用与边际效用进行分析；序数效用论认为效用不能度量，采用无差异曲线和预算约束线进行分析。

2. 总效用与边际效用

总效用（Total Utility，TU）是指消费一定量某种商品所得到的总满足程度。

$$TU = f(Q)$$

一般情况下，总效用取决于消费量的大小，在一定范围内，消费量越大，则总效用就越大。

边际效用（Marginal Utility，MU）是指对某种商品的消费量每增加一单位所增加的满足程度。

$$MU = \Delta TU / \Delta Q$$

若 ΔQ 无限接近于0，则可以用微分来表示边际效用的计算函数。即

$$MU = dTU / dQ$$

3. 边际效用递减规律

当边际效用大于零时，总效用增加；当边际效用等于零时，总效用达到最大；当边际效用小于零时，总效用减少。边际效用是递减的（见图1-8）。

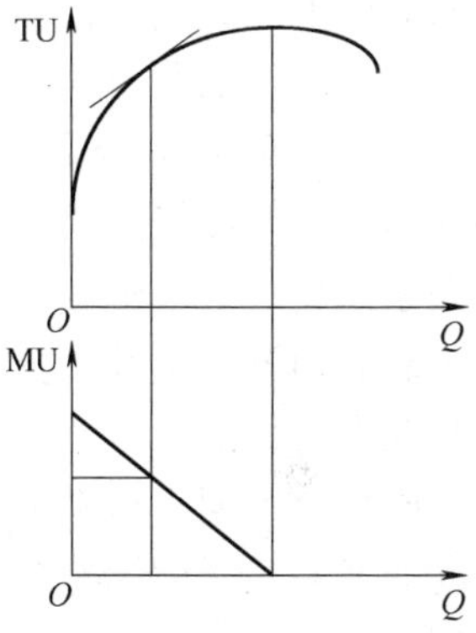

边际效用递减法则的若干特征如下：

（1）边际效用的大小与欲望的强弱成正比，边际效用的大小与消费量的多少成反比。

（2）边际效用是特定时间内的效用，由于欲望具有再生性、反复性，边际效用也具有时间性。

（3）边际效用是决定商品价值的主观标准。边际效用价值论认为，商品的需求价值，不取决于总效用，而是取决于边际效用。消费量少，边际效用高，需求价值高；消费量多，边际效用低，需求价值低。

（4）边际效用递减的原因：一是人们的欲望本身，二是商品本身用途的多样性。

图1-8 总效用与边际效用函数

4. 基数效用论下的消费者均衡

消费者均衡是指消费者在收入和物品价格既定的情况下，做出实现效用最大化的消费选择。在基数效用论下消费者均衡的原则是：消费者用全部收入所购买的各种商品所带来的边际效用与其所支付的价格之比相等，或者说每单位货币所得到的边际效用都相等。也可以说，消费者应使自己花费在各种商品购买上的最后1元钱带来的边际效用相等。

消费者消费各种商品效用最大化的条件可用下列公式表示：

$$P_1Q_1 + P_2Q_2 + \cdots + P_nQ_n = M$$

$$MU_1/P_1 = MU_2/P_2 \cdots MU_n/P_n = \lambda$$

式中 P_i——第 i 种商品的价格，$i = 1, 2, \cdots, n$；

Q_i——第 i 种商品的数量，$i = 1, 2, \cdots, n$；

M——消费者的收入;

λ——单位货币的边际效用。

5. 基数效用论下需求规律与消费者剩余

由于 $\mathrm{MU}/P=\lambda$，因此 $P=\mathrm{MU}/\lambda$。由此可以看出：在假设单位货币的边际效用保持固定时，某商品的边际效用曲线决定了消费者对这种商品的需求曲线。由于边际效用函数是减函数，所以需求函数也是减函数，即需求曲线向下方倾斜。

消费者剩余是消费者愿意对某种商品支付的价格与他实际所支付的价格的差额，即消费者剩余 = 需求价格 - 实际价格。需求价格是消费者愿意付出的商品价格，由商品的边际效用决定，而实际付出的价格由市场的供求关系决定。消费者剩余并不是实际收入的增加，只是一种心理感觉。生活必需品的消费者剩余大，因为消费者对这类商品的效用评价高，愿意付出的价格也高，但这类商品的市场价格一般并不高。消费者剩余通常被用来度量和分析社会福利问题。

1.2.2 无差异曲线

1. 无差异曲线的定义

无差异曲线是在一定偏好、一定条件下，能够给消费者带来同等效用水平或满足程度的两种商品的不同数量组合点的轨迹。也就是说，在无差异曲线上，各点所代表的两种商品的各种组合，带给消费者的满足程度是完全相同的，消费者对这条曲线上各个点的偏好程度无差异。如图 1-9 所示，横轴 X_1 表示肉类的消费量，纵轴 X_2 表示豆制品的消费量，曲线 I 即无差异曲线。该曲线上的各点都能给消费者带来相同的满足程度。就 A 点而言，豆制品的消费量高于肉类；B 点相对于 A 点而言，豆制品的消费量减少，肉类的消费量增加；在 C 点时，豆制品的消费量进一步减少，肉类的消费量进一步增加。总体而言，消费者对这三点的偏好是完全一样的。

在同一个平面直角坐标系中，理论上可以绘制出无数条无差异曲线，每条曲线都代表不同程度的偏好。所谓无差异曲线图，是指一组描绘某个消费者偏好关系的无差异曲线构成的图，如图 1-10 所示。

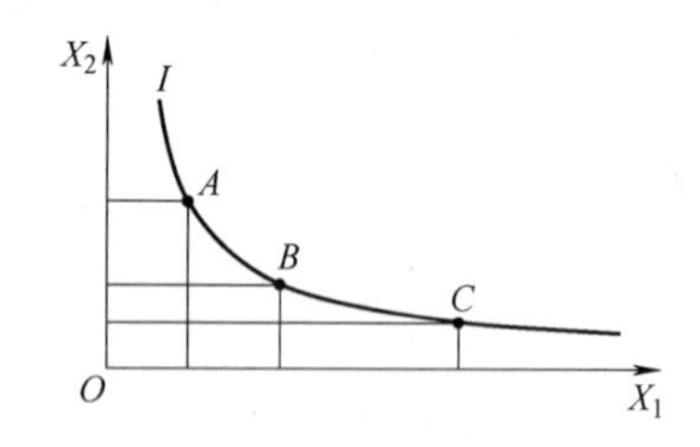

图 1-9 无差异曲线

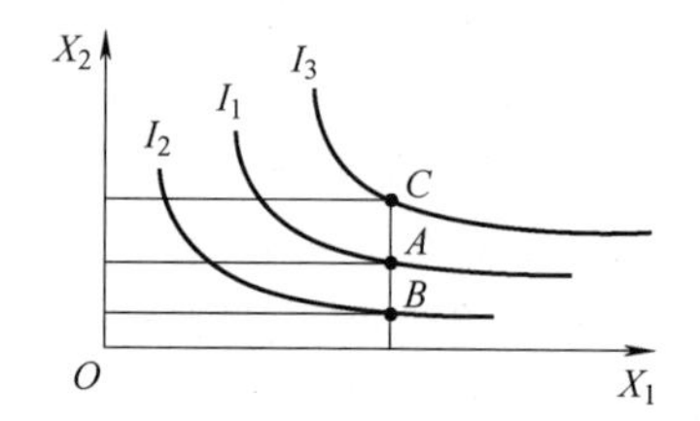

图 1-10 无差异曲线图

2. 无差异曲线的特征

（1）无差异曲线是一条向右下方倾斜且凸向原点的曲线，其斜率为负值。这就表明，在收入和价格既定的条件下，消费者要得到相同的总效用，在增加一种商品的消费时，必须减少另一种商品的消费，两种商品不能同时增加或减少。

（2）同一个平面图上可以有无数条无差异曲线。同一条无差异曲线代表相同的效用，不同的无差异曲线代表不同的效用。离原点越远的无差异曲线，所代表的效用越大；离原点越近的无差异曲线，所代表的效用越小。

（3）在同一平面图上，任意两条无差异曲线不能相交。因为在交点上两条无差异曲线代表了相同的效用，与第二个特征相矛盾。

3. 边际替代率

（1）边际替代率的含义。边际替代率是指消费者在保持相同的满足程度时，增加一种商品的消费数量时所不能不放弃的另一种商品的消费数量。商品边际替代率的计算公式为

$$\mathrm{MRS}_{X_1X_2} = -\frac{\Delta X_2}{\Delta X_1}$$

式中 $\mathrm{MRS}_{X_1X_2}$——商品边际替代率；

ΔX_2——放弃第二种商品若干单位；

ΔX_1——增加第一种商品若干单位。

由于两种商品的消费量一种增加一种减少，因此 $\Delta X_2/\Delta X_1$ 的最终结果肯定为负值，为便于比较，公式中加了负号。通常取其绝对值表示边际替代率。

当 ΔX_1 趋于无穷小时，边际替代率公式可写为

$$\mathrm{MRS}_{X_1X_2} = \lim_{\Delta x_1 \to 0}\left(-\frac{\Delta X_2}{\Delta X_1}\right) = -\frac{\mathrm{d}X_2}{\mathrm{d}X_1}$$

由此可见，边际替代率就是无差异曲线上该点的切线斜率的绝对值。

根据无差异曲线的定义可得出以下关系：

$$\Delta X_1 \times \mathrm{MU}_{X_1} = \Delta X_2 \times \mathrm{MU}_{X_2}$$

由此可得

$$\mathrm{MRS}_{X_1X_2} = -\frac{\Delta X_2}{\Delta X_1} = -\frac{\mathrm{MU}_{X_1}}{\mathrm{MU}_{X_2}}$$

（2）边际替代率递减规律。如图1-11所示，从 A 点到 B 点，消费者放弃6个单位豆制品以获得1个单位肉类，其边际替代率为6；从 C 点到 D 点，消费者放弃2个单位豆制品获得1个单位肉类，其边际替代率为2，从 D 点到 E 点边际替代率为1。从经济学上看，这种规律可以解释为：随着一种商品消费量的逐渐增加，消费者为了获得这种商品的额外消费而愿意放弃的另一种商品的数量会越来越少，这就是边际替代率递减规律。

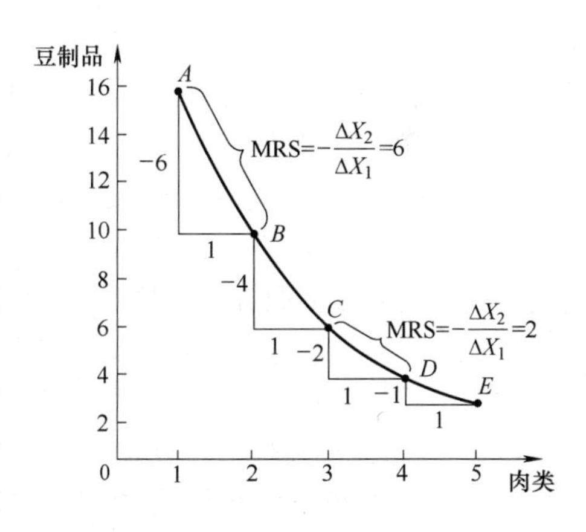

图1-11 边际替代率示意图

1.2.3 预算约束线

预算约束是每个消费者在消费时都会考虑的情况，也是影响消费者行为的一个关键因素。消费者进行消费时，除自身偏好会影响消费选择外，消费者的支付能力和商品的市场价格也会限制消费。因此，在既定价格下，消费者对商品和服务的支付能力的限制，就表现为一种预算约束。

如果用 M 表示消费者可以支配的收入金额，商品1的价格为 P_1，消费量为 X_1，商品2

的价格为 P_2，消费量为 X_2，则消费者的预算约束公式可以表示为

$$P_1X_1 + P_2X_2 \leqslant M$$

在图 1-12 中，B 点坐标为（M/P_1，0），A 点坐标为（0，M/P_2），把 A、B 两点连接起来形成的线段就叫作预算线，又称为预算约束线，它可以表示在消费者的收入和商品的价格给定的条件下，消费者的全部收入所能购买到的两种商品的各种组合。通过预算线可以明确以下几点：

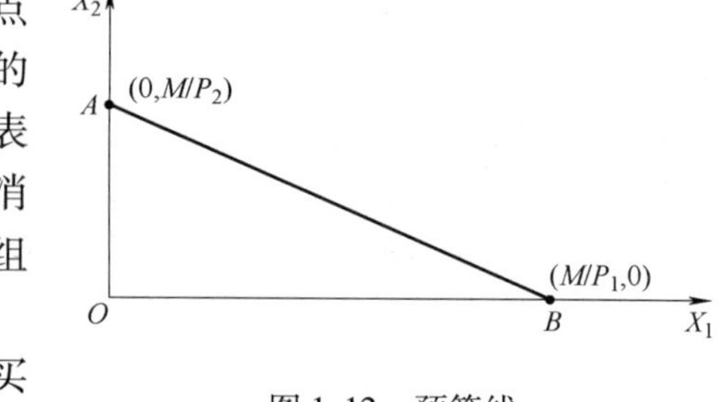

图 1-12　预算线

（1）预算线上的点表示用尽所有收入所能购买的各种消费组合。

（2）预算线外的点是支付能力所达不到的购买选择，即买不到的情况。

（3）预算线内的点表示消费两种商品并未用尽全部收入，即收入有剩余的情况。

（4）收入变动、价格变动会对预算线产生不同的影响。

（5）预算线的斜率是两种商品价格比率的负值，即

$$\frac{M/P_2}{M/P_1} = -\frac{P_1}{P_2}$$

斜率的大小表明在不改变总支出数量的前提下，两种商品可以相互替代的比率。

1.2.4　消费者均衡和需求曲线

1. 消费者均衡

消费者均衡可以理解为在最大的购买力下，买到效用最大的商品组合。如果收入和商品价格已知，则预算线只有一条，但无差异曲线却有无数条。在这种情况下，预算线和无差异曲线同时出现在一个坐标系中，则有且仅有以下三种情形，如图 1-13 所示。

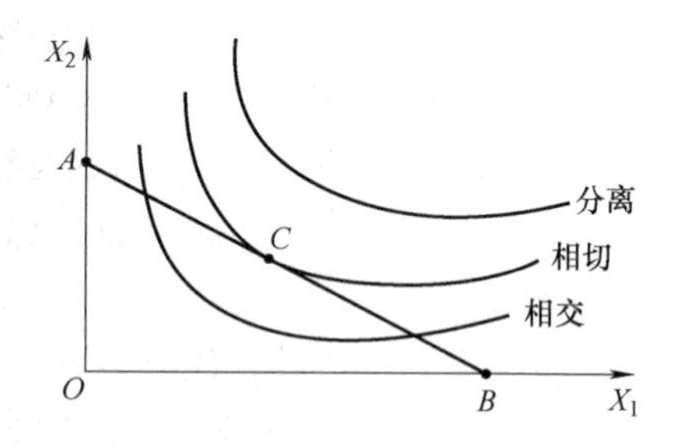

图 1-13　预算线与无差异曲线的关系

（1）分离。分离是指预算线与无差异曲线没有任何交点，即无差异曲线在预算线的右侧。此时，无差异曲线上的每一点虽然都能给消费者带来最高的满足程度，但由于超过了现有购买能力而变得无法实现。

（2）相交。相交是指预算线与无差异曲线有两个交点。在这种情况下，虽然相交两点可以在预算约束下满足消费者的满足程度，但在相交两点之间的商品组合（即相交两点间的预算线）却能获得更高的满足程度。也就是说，相交时有可能会出现收入有剩余的情况。

（3）相切。相切是指预算线与无差异曲线只有一个交点（切点）。此时，该点表示商品组合既是消费者在现有收入下能够买到的，同时又能给消费者带来最高程度的满足。因此，满足效用最大化的商品组合必定位于预算线与无差异曲线相切的切点上。

上述三种情况的图形化表示，C 点即为预算线与无差异曲线的切点，只有在这种情况下，才能使效用最大化。

换言之，效用最大化就是 C 点处无差异曲线的斜率恰好等于预算线的斜率，而无差异

曲线的斜率的绝对值等于两种商品的边际替代率；预算线斜率的绝对值等于两种商品的价格比率的负值。因此，消费者效用最大化的均衡条件是：商品边际替代率 = 商品的价格之比。用公式表示为

$$\mathrm{MRS}_{X_1X_2} = -\frac{P_{X_1}}{P_{X_2}}$$

由于

$$\mathrm{MRS}_{X_1X_2} = -\frac{\Delta X_2}{\Delta X_1} = -\frac{\mathrm{MU}_{X_1}}{\mathrm{MU}_{X_2}}$$

所以

$$\frac{\mathrm{MU}_{X_1}}{P_{X_1}} = \frac{\mathrm{MU}_{X_2}}{P_{X_2}}$$

2. 价格- 消费曲线

消费者均衡的实现以三个条件为前提：偏好不变、收入不变和价格不变，前者影响无差异曲线，后两者影响预算线。

假定商品 2 的价格保持不变，随着商品 1 价格的变动，预算线会发生移动，并分别与不同的无差异曲线相切于不同的点，即均衡点。把均衡点相对应的需求量与价格之间建立关系，就形成价格- 消费曲线。

在消费者需求曲线中，不同价格条件下的消费量都是预算线和无差异曲线切点上对应的数量，因此消费者在需求曲线上消费可以实现效用最大化。

3. 消费者需求曲线的相关效应

就消费者需求曲线而言，商品价格的变化会产生两种效应，即收入效应和替代效应。

（1）收入效应。收入效应是指在名义收入不变时，因为该商品价格的变化，而导致消费者实际收入发生变化，进而影响购买力发生变化。比如商品降价提高了消费者的实际购买力，使消费者的实际收入增加；反之，商品涨价降低了消费者的实际购买力，使消费者的实际收入下降。对于正常品，价格下降，收入上升，需求也上升。因此，收入效应与价格变动是反方向的变动关系。对于低档品，价格下降，收入上升，需求反而下降。因此，收入效应与价格变动是同方向的变动关系。

（2）替代效应。替代效应是指在实际收入不变的情况下，因为该商品价格的变化引起的相对价格变化所导致的该商品需求数量的变化。换言之，某一种商品价格的变化会导致两种商品之间的最佳替换率变化，使消费者去调整两种商品的消费比例，如增加消费目前相对便宜的商品，减少消费相对昂贵的商品。对于替代效应，当一种商品变得相对便宜时，对它的购买量总会上升，因此，替代效应与价格的变动方向总是反方向的（价格下降，购买量增加）。

（3）总效应。总效应即同时考虑收入效应和替代效应后表现出的整体效应。对于正常品，替代效应与价格呈反方向变动，收入效应也与价格呈反方向变动，从而总效应必定与价格呈反方向变动。因此，正常品的需求曲线是向右下方倾斜的。对于低档品，替代效应与价格呈反方向变动，收入效应与价格呈同方向变动，而大多数情况下，收入效应的作用小于替代效应的作用，从而总效应与价格呈反方向变动，相应的需求曲线也是向右下方倾斜的。但对比正常品总效应来看，低档品的需求曲线表现得更为陡峭，正常品的需求曲线则显得更为平缓，对价格变化的反应更大。

1.3 生产和成本理论

生产者是指能够做出统一的生产决策的单个经济单位。就生产者行为来看，往往都会假设生产者或企业的目标是追求利润最大化。这一基本假设也是“经济人假设”在生产和企业理论中的具体化。企业是从事生产经营活动的经济行为主体，其利润取决于外部的市场和内部的效率。

1.3.1 生产理论

1. 生产函数

生产函数是为了体现企业将一定投入转变成产出的能力，它表示在一定时期内，在技术不变的情况下，生产中所使用的各种生产要素的数量与所能生产的最大产量之间的函数关系。简言之，生产函数就是生产过程中各要素投入量与产品产出量之间的关系。

假定生产中投入的各种生产要素为 X_1，X_2，X_3，…，X_n，所能生产的最大产量为 Q，则生产函数可以表示为

$$Q=f(X_1, X_2, X_3, \cdots, X_n)$$

2. 一种可变要素的合理投入

(1) 总产量、平均产量、边际产量的关系。假定两种投入中，资本量是固定的，仅有劳动量可变，则产生一种可变投入品生产函数，如表 1-1 所描述。

表 1-1 总产量、平均产量、边际产量的关系

劳动量（L）	资本量（K）	总产量（Q）	平均产量（Q/L）	边际产量（$\Delta Q/\Delta L$）
0	10	0	—	—
1	10	10	10	10
2	10	30	15	20
3	10	60	20	30
4	10	80	20	20
5	10	95	19	15
6	10	108	18	13
7	10	112	16	4
8	10	112	14	0
9	10	108	12	-4
10	10	100	10	-8

如果将 L 表示劳动量，K 表示资本量固定不变，Q 为产品总产量，则此时的生产函数（也称短期生产函数）的基本形式为：$Q=f(L)$。对于 $Q=f(L)$，在某一可变要素的投入水平上，产量函数有以下三种：

1）总产量函数：$TP=Q=f(L)$。总产量是指生产出来的用实物单位衡量的产出总量，如多少吨棉花、多少吨钢材等。

2）平均产量函数：$AP=TP/L$。平均产量是指总产量除以总投入的单位数，也就是指每

单位投入生产的产出。

3）边际产量函数：$MP = \Delta TP/\Delta L$ 或 $MP = dTP/dL$。边际产量是指在其他投入保持不变的条件下，由于新增一单位的投入而多生产出来的产量或产出。

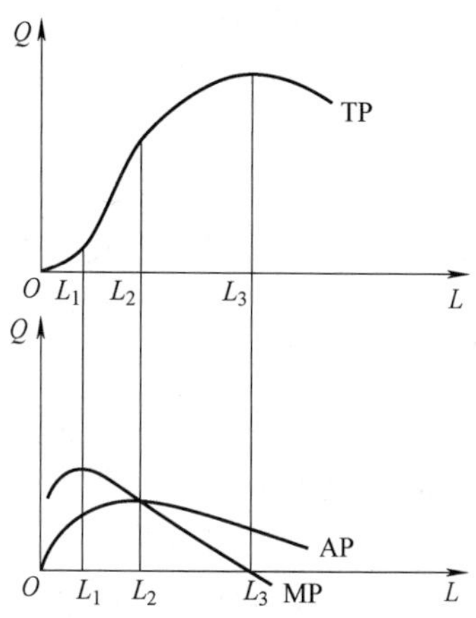

图 1-14 总产量、平均产量和边际产量曲线

总产量（TP）、平均产量（AP）、边际产量（MP）对应的曲线如图 1-14 所示。通过对 L_1、L_2、L_3 三个不同的点以及各曲线上的最大值点、零值点、拐点的认识，可以明确它们各自及相互之间的各种关系。

L_1 点对应 MP 曲线的最大值和 TP 曲线的拐点。L_1 点之前，MP 曲线递增、TP 曲线凸向 L 轴递增；L_1 点之后，MP 曲线递减、TP 曲线凸向 Q 轴递增。

L_3 点对应 MP 曲线的零值和 TP 曲线的最大值。L_3 点之前，MP 曲线递减、TP 曲线凸向 Q 轴递增；L_3 点之后，MP 为负、TP 曲线递减。

L_2 点对应 AP 曲线的最大值点和 AP 曲线与 MP 曲线的交点。L_2 点之前，AP 曲线在 MP 曲线下方递增；L_2 点之后，AP 曲线在 MP 曲线上方递减。

（2）边际产量递减规律与短期生产的合理区间。由上面的分析可以看出：在只有一种可变生产要素的情况下，边际产量呈现出先递增、后递减的趋势，即边际产量存在一个临界点。通常只考察临界点之后的边际产量，把这一段的变化趋势称为边际收益递减。其基本含义为：在技术水平和其他投入保持不变的条件下，连续追加一种生产要素的投入量，总是存在着一个临界点，在该点之前，边际产量递增，超过这一点之后，边际产量呈递减趋势，直到出现负值。

同时可以看到，在 L_2 之前，不变要素资本（K）的投入相对多，生产者只要增加可变要素劳动力的投入量就可以较大幅度地增加总产量。所以，任何理性的生产者都不会在这一阶段停止生产，而是继续投入劳动力，并将生产扩大到 L_2 或之后；超过 L_3，边际产量降到负值，平均产量继续下降、总产量呈下降趋势，说明可变要素劳动力的投入量过多，理性的生产者会减少可变要素的投入量，退回到 L_3。因此生产者合理的区间应在 L_2 与 L_3 之间的区域。

3. 两种可变生产要素的合理投入

假定企业在既定技术条件下只生产一种产品，有劳动力 L 和资本 K 两种可变生产要素投入，则其生产函数可以表示为：$Q = f(L, K)$。

（1）等产量线。当两种生产要素（资本与劳动力）都可变时，需要使用等产量曲线来描述企业的生产函数。等产量曲线表示在技术水平不变的条件下，生产同一产量的两种相互替代的可变要素投入量的各种不同组合。基本原理与无差异曲线相似。

（2）边际技术替代率（MRTS）。边际技术替代率用来测量在维持产出水平不变的条件下，增加一单位的某种要素投入所能够减少的另一种要素投入量。用公式可表示为

$$MRTS_{LK} = -\frac{\Delta K}{\Delta L}$$

关于边际技术替代率，应注意以下几点：

1）等产量线上任意一点的边际技术替代率是等产量线在该点的斜率的绝对值。边际技术替代率递减反映了边际收益递减规律，即随着劳动力投入量的增加，每增加一单位劳动力所能替代的资本量越来越少。

2）等产量线上任意一点的边际技术替代率等于两种要素的边际产量之比。即

$$\mathrm{MRTS}_{LK}=\frac{\mathrm{MP}_L}{\mathrm{MP}_K}$$

（3）等成本线。等成本线又称企业预算线，是一条表明在生产成本和生产要素价格既定条件下，生产者所能购买的两种要素的最大数量组合。等成本线的表达公式为

$$C=P_L L+P_K K$$

等成本线斜率为 $-P_L/P_K$，即劳动力的价格（P_L）与资本的价格（P_K）之比，表示在投入品总支出不变时替换一单位劳动力所需要的资本数量。

（4）生产要素的最优组合。生产要素的最优组合由等产量线与等成本线的切点决定，即在这一点等成本线的斜率与等产量线的斜率相等。而等产量线上任意一点的边际技术替代率是等产量线在该点的斜率的绝对值，因此，生产要素最优组合的条件是：边际技术替代率等于要素的价格比率。用公式可表示为

$$\mathrm{MRTS}_{LK}=\frac{\mathrm{MP}_L}{\mathrm{MP}_K}=\frac{P_L}{P_K}$$

即

$$\frac{\mathrm{MP}_L}{P_L}=\frac{\mathrm{MP}_K}{P_K}$$

存在多种可变要素时，厂商通过在不同生产要素上分配支出，使 1 元钱的此种生产要素的边际产量等于 1 元钱的另一种生产要素的边际产量，从而使既定成本下的产量最大化。

4. 规模报酬

企业只有在长时期中才能改变全部生产要素的投入，进而影响生产规模，所以规模收益研究的是企业的长期生产决策问题。

规模报酬也称规模收益，是指在其他条件不变的情况下，企业内部各种生产要素按照相同比例变化时所带来的产量变化，即生产规模变化与所引起的产量变化之间的关系。根据生产规模和产量的变化比例的不同，可将规模报酬分为以下三类：

规模报酬不变，即产量增加的比例等于各种生产要素增加的比例。

规模报酬递增，即产量增加的比例大于各种生产要素增加的比例。

规模报酬递减，即产量增加的比例小于各种生产要素增加的比例。

在长期生产过程中，企业的规模报酬一般会根据企业规模呈现一定的规律。当企业规模较小时，扩大生产规模报酬递增，此时，企业会扩大规模以得到产量递增所带来的好处，将生产保持在规模报酬不变的阶段。此后，如果企业继续扩大生产规模，就会出现规模报酬递减的情况。因此，多数行业会有一个适度最佳规模或适度规模，此时企业的单位生产成本最小。

1.3.2 成本理论

1. 成本与成本函数

（1）成本

1）会计成本与机会成本。会计成本又称生产费用，是生产过程中企业对所购买的各种

生产要素的货币支出。换言之，会计成本是企业在生产经营过程中所支付的物质费用和人工费用。

机会成本也称经济成本，是指企业利用一定的资源获得某种收入时所放弃的其他可能的最高收入。或当一种生产要素被用于生产每单位某产品时所放弃的使用相同要素在其他生产用途中所得到的最高收入。

2）显性成本与隐性成本。显性成本是企业总成本的组成部分，是指企业购买或租用的生产要素的货币支出，是会计账目上作为成本项目入账的各项费用支出。隐性成本是总成本的又一组成部分。隐性成本是指企业本身所拥有的并且被用于该企业生产过程的那些生产要素的总价格。换句话说，隐性成本是企业自己拥有并使用的资源的成本，因此，从这个意义上说它也是一种机会成本，应该从机会成本的角度按照企业自有生产要素在其他用途中所得到的最高收入来支付和计算。

3）沉没成本与增量成本。沉没成本是指已经发生且不能收回的成本，或者是不因生产决策而改变的成本。增量成本是由于某项生产决策而产生的相关成本，是总成本的增量。它主要是企业新增加产量而带来的费用，也就是变动成本。

4）会计利润与经济利润。会计利润是企业销售产品的总收益与会计成本的差额。其计算公式为

会计利润 = 总收益 − 会计成本（显性成本）

经济利润是指企业的总收益和总成本的差额。经济利润称超额利润，也可简称为利润。企业所追求的最大利润，指的就是最大经济利润。

经济利润 = 总收益 − 经济成本（机会成本）
= 总收益 −（显性成本 + 隐性成本）
= 会计利润 − 隐性成本
= 会计利润 − 正常利润

（2）成本函数。成本函数是表示企业总成本与产量之间关系的函数。由于考察时期不同，成本函数可分为短期成本函数和长期成本函数。

短期内劳动力数量通常是可以改变的投入，而资本设备则是固定不变的投入。短期即生产时间很短，在这种条件下会有一种或几种生产要素的数量固定不变，因此，也就有了固定成本和可变成本之分。如果以 C 表示总成本，q 表示产量，b 表示固定成本，短期成本函数可表示为

$$C = b + f(q)$$

长期是指企业在这段时间内可以调整生产要素，因此，一切生产要素在长期条件下都是可变的，这样长期成本中就没有固定成本，一切成本都是可变的。长期成本函数为

$$C = f(q)$$

从含义上看，短期成本函数和长期成本函数的区别就在于是否有固定成本和可变成本之分；从函数计算公式上看，二者的区别在于是否含有常量。短期成本函数具有常量，长期成本函数没有常量。

2. 短期成本函数分析

长期成本由于可变因素太多，函数会变得相当复杂，因此，这里仅对一种要素变动的短期成本函数进行分析。

（1）短期成本的相关概念。短期总成本可以分为固定成本和可变成本，这就涉及总成本、总固定成本和总可变成本三者的关系和区别。

总固定成本（TFC）是指在短期内不随产量增减而变动的成本，包括厂房和设备的折旧、管理人员的工资费用等。

总可变成本（TVC）是指随着产量变动而变动的成本，包括原材料、燃料和动力，生产工人的工资费用等。

总成本（TC）是指企业在短期内生产一定量产品所需要的成本总和。即

$$\mathrm{TC}=\mathrm{TFC}+\mathrm{TVC}$$

平均成本（ATC）又称为平均总成本，即单位产品成本，是总成本除以总产量所得的结果。平均成本也分为平均固定成本（AFC）与平均可变成本（AVC）。其中，平均固定成本是平均每一单位产品所消耗的固定成本；平均可变成本是平均每一单位产品所消耗的可变成本。平均成本的计算公式为

$$\mathrm{ATC}=\frac{\mathrm{TC}}{Q}=\mathrm{AFC}+\mathrm{AVC}$$

$$\mathrm{AFC}=\frac{\mathrm{TFC}}{Q}$$

$$\mathrm{AVC}=\frac{\mathrm{TVC}}{Q}$$

边际成本（MC）是指增加一个单位产量时总成本的增加额。其计算公式为

$$\mathrm{MC}=\frac{\Delta \mathrm{TC}}{\Delta Q}$$

（2）短期成本曲线

1）总成本（TC）曲线、总固定成本（TFC）曲线、总可变成本（TVC）曲线三者的变动规律如图 1-15 所示。

由图 1- 15 可以看出，TFC 曲线是一条平行于横轴的直线。无论产量如何变化，总固定成本不变。因此，当产量为零时，与纵轴相交于 F 点，该点即固定成本的大小。随着产量的增加，总可变成本逐步上升，开始时以递减的增长率上升，产量达到一定水平后，便以递增的增长率上升。由于 TC = TVC + TFC，且 TFC 固定不变，因此 TVC 曲线与 TC 曲线的变动规律是一致的，TC 曲线是 TVC 曲线向上提升了 F 个单位的结果。

2）平均总成本（ATC）曲线、平均固定成本（AFC）曲线、平均可变成本（AVC）曲线和边际成本（MC）曲线的变动规律如图 1-16 所示。

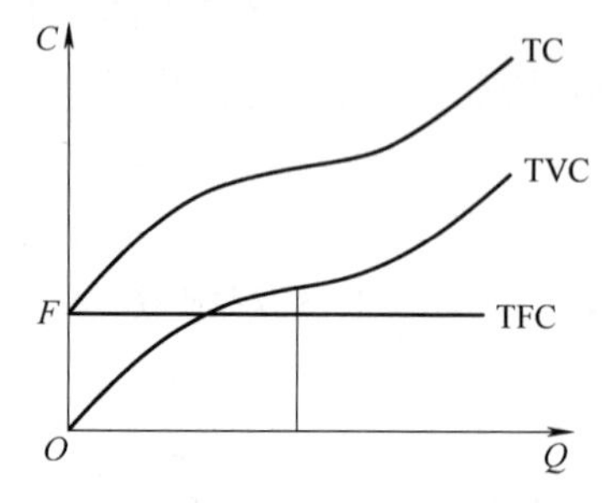

图 1-15　三条总成本曲线的变动规律

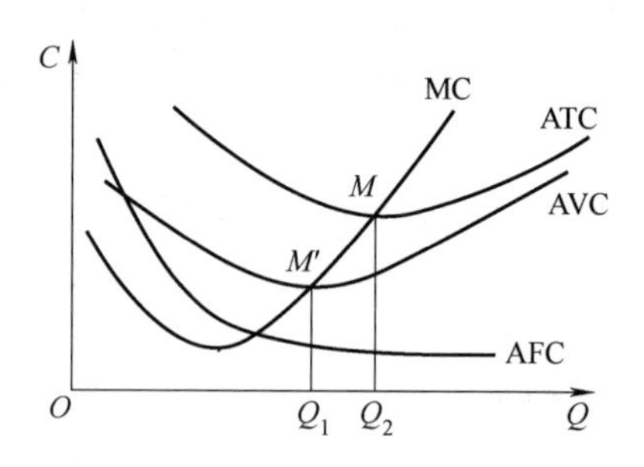

图 1-16　三条平均成本和边际成本曲线的变动规律

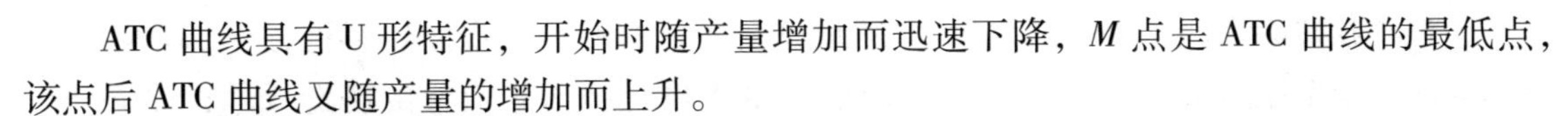

ATC 曲线具有 U 形特征，开始时随产量增加而迅速下降，M 点是 ATC 曲线的最低点，该点后 ATC 曲线又随产量的增加而上升。

AFC 曲线随产量增加而递减，逐渐向横轴接近。

AVC 曲线具有 U 形特征，开始时随产量增加而逐步下降，M'点是 AVC 曲线的最低点，过了该点后 AVC 曲线又随产量的增加而上升。

MC 曲线具有 U 形特征，开始时随产量增加而迅速下降，很快就降到最低点，过了最低点后随产量增加而迅速上升。MC 曲线与 ATC 曲线相交于 ATC 曲线的最低点 M 点，此时 MC = ATC。在 M 点前，MC < ATC，ATC 下降；在 M 点后，MC > ATC，ATC 上升。MC 曲线与 AVC 曲线相交于 AVC 曲线的最低点 M'点，此时 MC = AVC。在 M'点前，MC < AVC，AVC 下降；在 M'点后，MC > AVC，AVC 上升。MC 曲线最早达到最低点，然后是 AVC 曲线，最后才是 ATC 曲线。

实际上，除 AFC 曲线逐渐下降至无限接近于零外，另外三种成本曲线的变动是有一定规律可循的，具体包括：①三条曲线都是先递减，而后递增；②MC 曲线从下往上依次穿过 AVC 曲线和 ATC 曲线的最低点；③MC 曲线变化最快，其次是 AVC 曲线，最后是 ATC 曲线。

（3）决定短期成本变动的主要因素。决定短期成本变动的主要因素包括劳动力、资本等生产要素的价格以及生产率。

1）生产要素的价格对短期成本变动的影响。一般情况下，在其他条件不变时，工资和原材料、机器设备等生产资料的价格以及租金的提高，会导致成本的相应提高。

2）生产率对短期成本变动的影响。生产率是指总产出对加权平均投入的比率，可以用劳动生产率和全要素生产率表示。劳动生产率即平均产量，也就是每单位劳动的产量或产出。全要素生产率即每单位总投入（劳动力投入和资本投入）的产量或产出。一般情况下，在其他条件不变时，生产率提高就会导致生产成本的下降，而生产率下降则会导致成本的上升。

3. 长期成本分析

在长期内，由于企业投入的所有生产要素都是可变的，因而长期成本分析包括长期总成本、长期平均成本和长期边际成本的分析。

（1）长期总成本。长期总成本是指企业在长期中，在每个产量水平上通过选择最优的生产规模所能达到的最低总成本。

长期总成本函数表示产量与长期总成本的关系。

长期总成本曲线是无数短期总成本曲线的包络线。它从短期总成本曲线的下方包络众多短期总成本曲线。长期总成本曲线从原点出发向右上方倾斜，其经济含义表示：长期总成本随着产量的增加而增加。长期总成本曲线的斜率先递减，经过拐点后变为递增。（原因：规模报酬的作用。）

（2）长期平均成本。长期平均成本曲线是无数条短期平均成本曲线的包络线。其表示企业在长期内在每一产量水平上可以实现的最小的平均成本。长期平均成本曲线并不是由许多短期平均成本曲线的最低点组成的。每条短期平均成本曲线与长期平均成本曲线不相交但相切，并且只有一个切点，从而形成一条包络曲线。之所以这样，是为求降低成本而选择生产规模的结果。

长期平均成本曲线是先降后升的 U 形曲线，与短期平均成本曲线相似，但二者的原因是不同的。长期平均成本曲线呈 U 形的原因是由规模经济与规模不经济造成的；而短期平均成本曲线呈先降后升的 U 形的原因是由要素的边际报酬递减规律造成的。

二者的形状也有区别，长期平均成本曲线无论是在下降时还是上升时都比较平缓，这说明在长期中平均成本无论是减少还是增加都变动较慢。这是由于在长期中全部生产要素可以随时调整，从规模收益递增到规模收益递减有一个较长的规模收益不变阶段，而在短期中，规模收益不变阶段很短，甚至没有。

（3）长期边际成本。长期边际成本曲线也呈 U 形，当长期边际成本小于长期平均成本时，长期平均成本曲线处于下降阶段；当长期边际成本大于长期平均成本时，长期平均成本曲线处于上升阶段；当长期边际成本等于长期平均成本时，长期平均成本曲线达到最低点。

4. 收益与利润最大化

企业要实现利润最大化，就要通过比较付出的成本和获得的收益，来决定生产规模的大小。

（1）总收益、平均收益和边际收益。总收益（TR）是企业生产并销售一定数量的产品或提供一定数量的服务而得到的收入总额，或者称为全部销售收入。如果企业只生产一种产品，其总收益就是产品销量（Q）与其价格（P）的乘积，即 $\mathrm{TR}=PQ$。

平均收益（AR）是单位销售量的收益，即 $\mathrm{AR}=\mathrm{TR}/Q=P$。可以看出，平均收益就是单位产品的价格。

边际收益（MR）是企业增加销售一单位产品而获得的总收益的增量。可用公式表示为

$$\mathrm{MR}=\frac{\Delta \mathrm{TR}}{\Delta Q}$$

（2）利润最大化原则。如前所述，在经济学中，假设企业的目标是追求利润最大化，即获得超额利润。

利润 = 总收益 − 总成本

利润（π）也可以用函数关系表示为

$$\pi(Q)=\mathrm{TR}(Q)-\mathrm{TC}(Q)$$

利润最大化必须满足：

$$\frac{\mathrm{d}\pi}{\mathrm{d}Q}=\frac{\mathrm{dTR}}{\mathrm{d}Q}-\frac{\mathrm{dTC}}{\mathrm{d}Q}=0$$

由此推出企业实现利润最大化的条件是 MR = MC，即边际收入等于边际成本。

从长期看，企业的目标是企业长期利润最大化，即价值最大化。企业价值是企业未来预期现金流量的现值之和。企业价值（EV）可用公式表示为

$$\mathrm{EV}=\frac{\pi_1}{1+r}+\frac{\pi_2}{(1+r)^2}+\cdots+\frac{\pi_n}{(1+r)^n}=\sum_{t=1}^{n}\frac{\pi_t}{(1+r)^t}$$

1.3.3 市场结构理论

市场在组织和构成方面的一些特点影响着买卖双方的行为与活动，也影响着某种产品或服务在市场上的竞争程度。从这点来看，研究市场结构的含义和划分标准可以有助于更清晰地认识不同市场结构下买卖双方的具体行为。

1. 市场结构及其特征

市场结构是指一个行业内部买方和卖方的数量及其规模分布、产品差别的程度和新企业进入该行业的难易程度的综合状态。换言之，市场结构是指某种产品或服务的竞争状况和竞争程度。

根据市场结构的概念，就可以将市场分为完全竞争市场、完全垄断市场、垄断竞争市场和寡头垄断市场四种类型。

（1）完全竞争市场。完全竞争是一种竞争不受任何阻碍和干扰的市场结构，其具有以下特征：生产者众多，规模往往都很小，每个生产者只能被动地接受市场价格，产品无差别，进出无障碍，买卖双方可以及时获得准确的市场信息。

完全竞争市场的主要特征是生产者和消费者数目众多，以及产品差异程度较低。实际上在现实生活中，完全竞争市场是很难找到的，只有某些农产品，如小麦、玉米等的市场属于近似的例子。

（2）完全垄断市场。完全垄断是指整个行业只有唯一供给者的市场结构。完全垄断十分特殊，其形成的条件主要有政府垄断、资源和产品垄断、专利权垄断和自然垄断四种。

完全垄断市场具有以下特征：只有一个生产者，生产者是价格的决定者，不是接受者；产品差异程度高，是没有合适替代品的独特性产品；其他企业进入这一市场非常困难。

（3）垄断竞争市场。垄断竞争是指一种既有垄断又有竞争，不是完全竞争而接近于完全竞争的市场结构。垄断竞争市场具有以下特征：生产者与消费者数目众多；不同企业生产的产品具有一定的差别性，生产者可以对价格有一定程度的控制，不再是完全的价格接受者；进入或退出市场比较容易，基本上不存在进入障碍。垄断竞争比较符合现实生活的市场结构，如生产香烟、啤酒、糖果等产品的企业都可列入这种市场。

（4）寡头垄断市场。寡头垄断是指少数几个企业控制一个行业的供给的市场结构。寡头垄断市场具有以下特征：只有很少几个企业进行生产；企业所生产的产品有一定的差别或者完全无差别；进入或退出寡头垄断市场比较困难。对于西方发达国家而言，寡头垄断市场占有很重要的地位，如美国的石油工业，其他国家的汽车、钢铁等工业都可以划入寡头垄断市场。

2. 完全竞争市场中生产者的行为

（1）完全竞争市场中的企业的需求曲线与收益曲线。就整个行业来看，生产者和消费者的数量众多，且每个生产者的规模都较小，单独的买卖双方都不能影响和控制价格。因此，产品价格由整个行业的供给和需求曲线决定。

对个别企业来说，它们只是价格的接受者，只能按照既定的市场价格出售产品。因为低价出售会发生亏损，而高价出售会损失客户。所以，在完全竞争市场上，个别企业的需求曲线是一条平行于横轴的水平线。

完全竞争市场中企业的收益曲线包括总收益（R）曲线、平均收益（AR）曲线、边际收益（MR）曲线。

$R=PQ$，在既定的价格下，总收益 R 随产量 Q 的变化而变化。

$\text{AR}=\text{MR}=P$，即平均收益和边际收益都等于产品的价格。如图 1-17 所示。

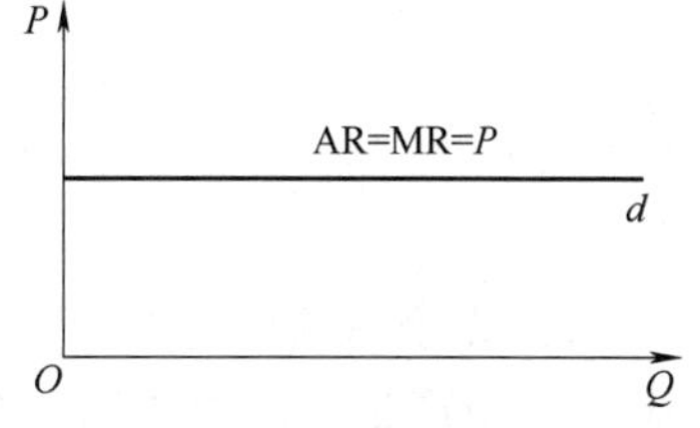

图 1-17 完全竞争市场上企业的平均收益和边际收益曲线

（2）完全竞争市场企业的均衡。如前所述，企业实现利润最大化的条件为：边际成本等于边际收益，即 MC = MR。此时，企业处于最优产量的状态。

在图 1-18 中，MC 曲线与 MR 曲线相交于 A 点，在 A 点，MR = MC = P_1，对应的产量 Q_1 即为最优产量，此时企业利润最大。

当产量为 Q_3 时，MC 曲线位于 MR 曲线下方，即边际成本小于边际收益，表示当增加单位成本时，可以增加更大的单位收益，因此，企业此时应当扩大产量增加利润，即增产。

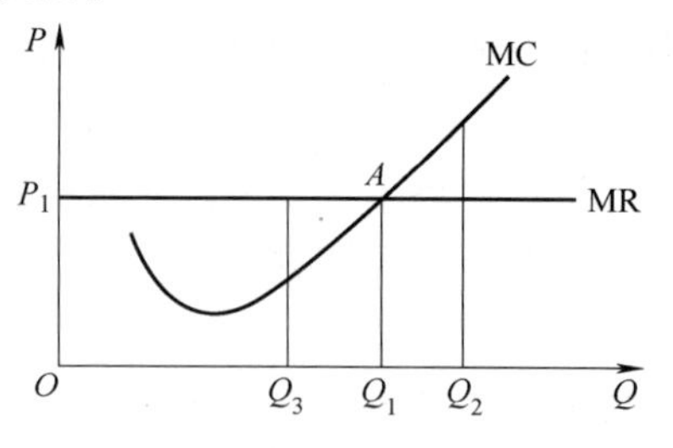

图 1-18　完全竞争市场上企业最优产量分析

当产量为 Q_2 时，MC 曲线位于 MR 曲线上方，即边际成本大于边际收益，表示当增加单位成本时，只能增加更小的单位收益，因此，企业此时应当减少产量，以增加利润或减少亏损，即减产。

当产量为 Q_1 时，MC 曲线与 MR 曲线刚好相交，即边际成本与边际收益相等，此时企业既不能再增产也不能再减产。因此，只有在 Q_1 点上，企业才能实现利润最大化。

值得注意的是，企业在 Q_1 点获得了最大利润，并非说明在该点就一定能够盈利，而是说，当企业在该点上盈利时，可以获得最大利润；当企业在该点上亏损时，亏损一定是相对最小的。换言之，当企业处于 MC = MR 时，是最优的产量。所以，边际成本等于边际收益既可称作利润最大化的均衡条件，也可称作亏损最小的均衡条件。另外，MC = MR 不仅是完全竞争市场上企业产量决策的基本原则，同样也是其他任何市场结构上的产量决策基本原则。

根据企业产量决策的基本原则可以知道，企业在追求利润最大化时，总是按照边际成本等于边际收益的原则来选择其最优的生产规模。当边际成本小于边际收益时，企业扩大产量可以增加利润；当边际成本大于边际收益时，企业就应减小产量。这就说明企业的边际成本曲线就是其供给曲线。企业需求曲线 d 与 MC 曲线相交于 A 点，此点即为企业的均衡点。

3. 完全垄断市场中生产者的行为

（1）完全垄断企业的需求曲线和收益曲线。由于完全垄断市场中一个行业只有一个企业，因此，完全垄断企业的需求曲线就是行业的需求曲线，符合市场需求的一般规律，即价格随销售量的增加而下降，需求曲线向右下方倾斜，斜率为负。

在完全垄断市场上，企业的平均收益 AR 仍然等于单位产品的价格，但是边际收益 MR 是小于其平均收益 AR 的。原因在于，单位产品价格随着销售量的增加而下降，进而导致边际收益小于平均收益。如图 1-19 所示，DD 曲线与 AR 曲线完全重合，MR 曲线位于 AR 曲线下方，而且比 AR 曲线陡峭，说明随着销售量的增加，边际收益比平均收益下降得更快。

（2）完全垄断企业的产量与价格决策。完全垄断企业根据边际成本等于边际收益的原则确定均衡产量，进而根据这个产量便可以确定均衡价格，如图 1-20 所示。

在图 1-20 中，MC 曲线和 MR 曲线的交于 e 点，e 点在横轴上的映射 Q_0 即为均衡产量。Q_0 在 AR（d）曲线上的对应点 a 点在纵轴上的映射 P_0 即为均衡价格。Q_0 在 ATC 曲线上的

对应点为平均成本 c，因此，长方形 $abcP_0$ 就是企业的超额利润总额。这说明，在完全垄断条件下，当企业向市场提供的产品数量较少，且产品价格较高时，完全垄断企业可以获得超额利润。因此，完全垄断企业为了获取超额利润，会把价格定在边际成本之上，并且往往要对供给量进行限制。

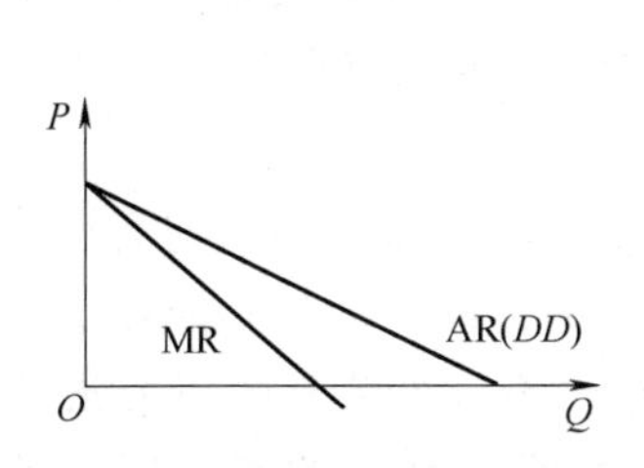

图 1-19 完全垄断市场中需求曲线与收益曲线的关系

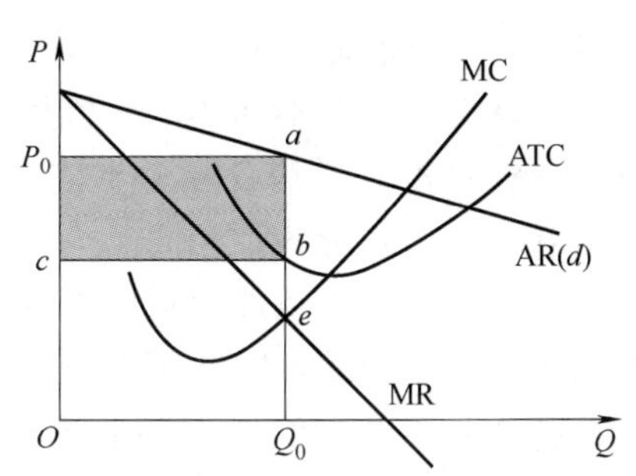

图 1-20 完全垄断企业的产量和价格决策

但是在现实市场中，完全垄断企业并不能随意提价，这是因为产品价格的高低也要受到市场需求的影响。一般来说，如果产品需求价格弹性较小，价格提高后需求量降低的幅度不大，因此，企业可以制定较高的价格。相反，如果产品的需求价格弹性较大，企业制定的价格就要低一些。这就表明，完全垄断企业在价格决策时，也必须考虑产品的市场需求状况。

（3）完全垄断企业定价的简单法则。完全垄断企业的定价法则可以通过边际收益公式和需求价格弹性系数公式进行推导，具体如下：

$$\mathrm{MR}=\frac{\Delta R}{\Delta Q}=\frac{\Delta(PQ)}{\Delta Q}=P+Q\,\frac{\Delta R}{\Delta Q}$$

$$E_{\mathrm{d}}=\frac{\Delta Q/Q}{\Delta P/P}=\frac{\Delta Q}{\Delta P}\cdot\frac{P}{Q}$$

将需求价格弹性系数公式代入到边际收益公式，可以建立边际收益、价格及需求价格弹性间的关系，具体如下：

$$\mathrm{MR}=P+\frac{P}{E_{\mathrm{d}}}$$

由于企业的目标是利润最大化，其成立条件为 MR = MC，由此便可以建立价格与边际成本之间更为直观的定价关系，具体如下：

$$P=\frac{\mathrm{MC}}{1+1/E_{\mathrm{d}}}$$

由该公式可知，一个垄断企业索取的价格超过边际成本的程度，受制于需求价格弹性。当需求价格弹性较低，即 E_{d} 的绝对值较大时（E_{d} 是一个负值），垄断者可以确定较高的价格；但是随着需求价格弹性的增大，E_{d} 的绝对值减小，则价格将非常接近边际成本。

（4）价格歧视。价格歧视（也称差别定价）是指企业为获取更大利润，对同一产品规定了不同价格。价格歧视一般可分为三个层级，各级价格歧视在市场中的应用各有不同。

一级价格歧视（也称完全价格歧视）是指企业对每一单位产品都按照消费者所愿意支付的最高价格出售，即企业对不同的购买者购买每一个批量单位的产品时，收取不同的价格。在这种价格歧视中，所有消费者剩余都被垄断者占有。如个体服装经营者都会通过讨价还价的方式将同一种服装按不同价格出售给不同顾客，或者医院可以根据每个病人的收入和保险状况估计他的支付意愿，从而收取不同的价格。

二级价格歧视即批量作价，是指按不同价格出售不同批量产品。在这种情况下，购买相同批量产品的购买者支付的价格是相同的。如只买1kg苹果需要12元钱，但买10kg苹果只需100元钱，类似目前的团购销售方式。

三级价格歧视建立在不同的需求价格弹性上，是指将销售者划分为具有不同需求价格弹性的几组，分别对各组消费者收取不同的价格。最常见的如旅游景点门票，普通成人、学生、军人、老年人的票价各不相同。

实行价格歧视的基本条件包括以下两个方面：一是必须有可能根据不同的需求价格弹性划分出两组或两组以上的不同购买者；二是市场必须有效隔离，同一产品不能在不同市场之间流动，即避免购买者在低价市场上买到产品再卖到高价市场。如果上述两个条件能够满足，企业就可以通过对缺乏弹性的市场规定较高的价格，对富有弹性的市场规定较低的价格，以增加总收益。

企业实行价格歧视的基本原则是，不同市场上的边际收益相等并且等于边际成本。此时，垄断企业可以对需求价格弹性较小的市场规定较高的价格，实行“少销厚利”；对需求价格弹性较大的市场规定较低的价格，实行“薄利多销”。

4. 垄断竞争市场和寡头垄断市场中生产者的行为

（1）垄断竞争市场中生产者的行为。垄断竞争市场中企业的需求曲线与完全垄断市场中企业的需求曲线走势大体相同，曲线向右下方倾斜，但二者也具有一定差异性。由于行业中存在其他生产者，因此，这条需求曲线不是市场需求曲线，而是每一个具体企业的需求曲线。

垄断竞争企业的产品具有替代品，且行业中存在企业的进入退出现象。因此，当企业提高产品价格时，因需求量减少造成的损失比提高价格获得的利润大；当企业降低价格时，因需求量增加获得的利润比降低价格造成的损失大，即垄断竞争企业面临的需求曲线比完全垄断企业面临的需求曲线更具弹性。

垄断竞争企业也遵循利润最大化原则，即选择边际收益等于边际成本（MR = MC）的产量，然后用其需求曲线找出与这种产量相对应的价格。一般来讲，在短期内，垄断竞争企业的行为与完全垄断企业的行为相似，即短期均衡也包括盈利、利润为零、亏损三种情形。从长期来看，由于垄断竞争市场不存在进入障碍，各个企业可以仿制别人有特色的产品而创造出自己的更有特色的产品，也可以通过广告来形成自己的垄断地位，竞争的结果必然会使有差别的产品价格下降。

（2）寡头垄断市场中生产者的行为。由于寡头垄断市场中只有少数几个企业，各个企业的产量都在本行业总产量中占有较大份额，因此，每个企业的产量和价格变动都会对其他竞争对手甚至整个行业的产量和价格变动产生重要影响。也就是说，在寡头垄断市场中，每个生产者在做出最优决策时，都必须考虑竞争者会做出哪种反应。正因为寡头垄断市场中生产者的决策会相互影响，因此，其产量决策非常复杂，这里只简单介绍价格的形成机制——协议价格制和领袖价格制两个模型。

协议价格制即在生产者或销售者之间存在着某种市场份额划分协议的条件下，生产者或销售者之间共同维持一个协议价格，使得行业净收益最大。协议价格制的方式是限制各个生产者的产量，使行业边际收益等于行业边际成本。但现实中，寡头垄断市场中的几个寡头企业往往可能联合起来，不考虑行业中的其他非寡头企业的利益，对生产的产量或收取的价格达成协议，通过协调减小产量来提高其产品的价格，实现自身更大的利润。石油生产输出国组织，即欧佩克（OPEC）就是最常见的卡特尔（卡特尔是由一系列生产类似产品的独立企业所构成的组织，集体行动的生产者，目的是提高该类产品价格和控制其产量）。在我国或其他一些国家，企业之间实施价格共谋或卡特尔是一种违法行为，受到反垄断法律法规的严格禁止。

领袖价格制即由行业中占支配地位的企业来确定价格，其他企业参照这个价格来制定和调整本企业产品的价格，并与其保持一致。确定领袖价格的领袖企业不能只考虑本企业利益，还必须考虑整个行业的供求状况，也就是考虑其他同行业企业的利益，否则就会遭到其他寡头垄断企业的抵制或报复，失去领袖企业的地位。

1.4 生产要素市场理论

1.4.1 生产者使用生产要素的原则

1. 生产者对生产要素的需求

在生产要素市场中，需求者是生产者或厂商，供给者是消费者或居民，这与产品市场的供给者和需求者刚好相反。生产者对生产要素的需求可以分为引致需求和联合需求。

（1）引致需求。生产者对各种生产要素（资本、土地、劳动、企业家才能）的需求是从消费者对最终消费品的需求间接派生出来的，这是一种“引致需求”或“派生需求”。也就是说，当追求利润最大化的生产者需要一种生产要素时，对该要素需求的根本原因在于该要素可以生产出消费者愿意购买的商品。

引致需求反映了生产要素市场和产品市场之间的联系。生产者对生产要素的需求量很大程度上取决于消费者对使用该生产要素所产出产品的需求量。在这种情况下，消费者的需求曲线肯定会影响生产要素的价格。同时，生产者在产品市场和生产要素市场上所处的市场状态（如竞争、垄断等）也会影响生产要素的需求和价格。

（2）联合需求。联合需求是生产者对生产要素的需求具有相互依赖性，各种生产要素要共同发挥作用才能生产最终产品。联合需求的一个重要后果是，对每一种生产要素的需求数量将取决于所有生产要素的价格，同时受到其他生产要素需求数量的影响；反过来这种生产要素的需求量和价格也会影响其他生产要素的需求。在联合需求状态下，各生产要素之间存在互补性和替代性。

2. 生产要素的使用原则

（1）与要素使用原则相关的概念。与生产者使用生产要素原则相关的概念包括边际物质产品、边际收益产品、边际产品价值、边际要素成本、平均要素成本。

边际物质产品也称边际产量，是指增加单位要素投入得到的产量增量。以 MPP 表示边际物质产品、ΔL 表示要素投入的增加量，ΔQ 表示总产量的增加量，则边际物质产品的计算公式为

$$\mathrm{MPP}=\frac{\Delta Q}{\Delta L}$$

边际收益产品是指增加单位要素使用得到的收益增量。以 MRP 表示边际收益产品，ΔL

表示要素投入的增加量，ΔR 表示总收益的增加量，则边际收益产品的计算公式为

$$\mathrm{MRP}=\frac{\Delta R}{\Delta L}$$

由于 $\mathrm{MR}=\Delta R/\Delta Q$，$\mathrm{MPP}=\Delta Q/\Delta L$，所以可得以下公式

$$\begin{aligned}\mathrm{MRP}&=\frac{\Delta Q}{\Delta L}\times\frac{\Delta R}{\Delta Q}=\frac{\Delta R}{\Delta L}\\&=\mathrm{MPP}\times\mathrm{MR}\end{aligned}$$

上式表示，边际收益产品等于边际物质产品与边际收益的乘积。

边际产品价值是指增加单位要素投入得到的价值增量，它等于边际物质产品乘以产品价格。以 VMP 表示边际产品价值，P 表示产品价格，则其计算公式为

$$\mathrm{VMP}=\mathrm{MPP}\times P$$

边际要素成本是指增加单位要素投入得到的成本增量，它等于边际物质产品乘以边际成本。以 MFC 表示边际要素成本，ΔC 表示要素成本的增加量，则其计算公式为

$$\mathrm{MFC}=\frac{\Delta C}{\Delta L}=\mathrm{MPP}\times\mathrm{MC}$$

由于企业利润最大化的条件是 MR = MC，所以此时 MRP = MFC。

平均要素成本是指平均每单位要素投入的成本。以 AFC 表示平均要素成本，C 表示投入要素的总成本，L 表示投入要素的总量，则其计算公式为

$$\mathrm{AFC}=\frac{C}{L}$$

（2）生产要素的使用原则。生产者使用要素的目的是生产出消费者需要的产品，以获取最大利润。也就是说，生产者使用要素的原则是指在一定时间内，在一定条件下，根据企业内部的生产状况和市场情况，确定要素使用量，以实现利润最大化，即边际要素成本 = 边际收益产品（MFC = MRP）。

生产者利润最大化的条件是 MFC = MRP，主要通过以下两种情形进行分析：

当 MRP > MFC 时，表示每增加一个单位的要素投入，给生产者带来的收益会大于给生产者带来的成本，于是生产者就会使用更多的要素，直至 MRP = MFC。

当 MRP < MFC 时，表示每增加一个单位的要素投入，给生产者带来的成本会大于给生产者带来的收益，于是，生产者就会减少要素的投入，直至 MRP = MFC。

综上所述，MFC = MRP 是生产者使用生产要素的原则。

1.4.2 劳动供给曲线与均衡工资

1. 生产要素供给的分析

（1）生产要素的供给目的。生产要素属于不同的所有者，这些所有者可能是生产者，也可能是消费者，由于身份不同，他们的要素供给行为的目的就有差别。一般情况下，生产者的要素供给行为是为了利润最大化，消费者的要素供给行为是为了效用最大化。

（2）生产要素的效用分配。假设要素供给者的身份只是消费者，那么要素供给面临的问题就有要素数量在一定时间内是固定不变的。如每个人每天只有 24 小时可以利用，但要让一个人每天提供 24 小时的劳动就非常不现实。如果将消费者提供要素后剩余部分的要素称为保留自用，那么消费者面临的生产要素效用分配问题就是将全部要素在要素供给和保留

自用两种用途上如何进行分配，最终实现效用最大化。

2. 劳动与闲暇的效用

经济学认为，劳动的供给和闲暇对于消费者都具有效用和边际效用。

（1）劳动的效用与边际效用。劳动的效用体现在劳动可以给消费者带来收入，由于收入有效用，因此劳动也有效用，而且实际上就是收入的效用。

以 ΔL 表示劳动增加量，ΔY 表示劳动增加引起的收入增量，ΔU 表示收入增加引起的效用增量，则有

$$\frac{\Delta U}{\Delta L}=\frac{\Delta U}{\Delta Y}\times\frac{\Delta Y}{\Delta L}$$

上式中，可以将 $\Delta U/\Delta L$ 视为劳动供给的边际效用，它表示单位劳动的增加得到的效用增量；$\Delta U/\Delta Y$ 为收入的边际效用；$\Delta Y/\Delta L$ 为劳动的边际收入。因此可以得到，劳动的边际效用等于劳动的边际收入与收入的边际效用的乘积。

（2）闲暇的效用。闲暇是指时间的非市场性质的使用，主要针对通过提供劳动增加货币收入之外的部分，不仅包括吃饭、睡觉、娱乐，还包括所有的家务劳动等不能增加货币收入的部分。

闲暇的效用可以分为直接效用和间接效用两种。休息、娱乐时，可以直接带来消费者的满足，这就是直接效用。做家务时，可以节省相关开支（保洁人员的劳务费等），可以带来间接效用。这里假定所有闲暇的效用都是直接的，用 l 表示闲暇的时间，则闲暇的边际效用就是 $\Delta U/\Delta l$。

（3）劳动的供给原则。消费者供给劳动的目标是效用最大化。效用最大化必须满足的条件是劳动与闲暇二者的边际效用相等，即 $\Delta U/\Delta L=\Delta U/\Delta l$。这就是劳动的供给原则。

若 $\Delta U/\Delta L<\Delta U/\Delta l$，可增加闲暇减少劳动来增加消费者总效用。

若 $\Delta U/\Delta L>\Delta U/\Delta l$，可增加劳动减少闲暇来增加消费者总效用。

（4）劳动的供给曲线。劳动的供给曲线如图 1-21 所示，它是由收入与闲暇的函数建立的无差异曲线。

在图 1-21 中，横轴为劳动时间，纵轴为工资。利用替代效应和收入效应可以更好地解释劳动供给曲线。

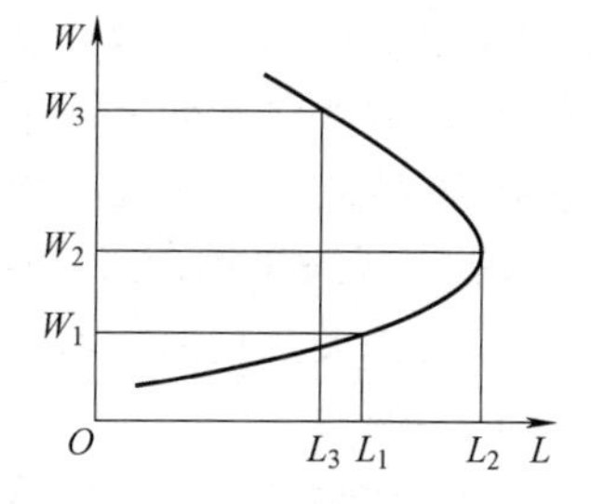

图 1-21　劳动的供给曲线

1）替代效应。工资上升，收入增加，消费者用劳动替代闲暇，劳动供给增加，如 W_1 至 W_2 对应的一段曲线。

2）收入效应。工资上升，收入增加，消费者相对富有而追求闲暇，劳动供给开始减少，如 W_2 至 W_3 对应的一段曲线。

3）造成曲线后弯的原因。当替代效应大于收入效应时，劳动供给增加，曲线向上倾斜（L_1 至 L_2 段）；当替代效应小于收入效应时，劳动供给减少，曲线向后弯曲（L_2 至 L_3 段）。

另外需要注意的是，除劳动供给曲线外，土地的供给曲线为一条垂直线；短期内资本供给曲线为一条垂直线；长期内资本供给曲线为一条后弯曲线。

3. 均衡工资的决定

劳动市场的供给曲线就是所有单个消费者的劳动供给曲线的水平相加。尽管单个消费者的劳动供给曲线是后弯的，但就整个劳动市场而言，劳动的供给曲线却不一定是向后弯曲

的。这是因为在较高的工资水平上，现有消费者提供的劳动供给会减少，而较高的工资水平会吸引新的消费者提供更多的劳动。因此，劳动市场的供给曲线一般是向右上方倾斜的，即随着工资水平上升，劳动的供给量是增加的。实际上，整个社会的劳动供给弹性非常小，劳动供给曲线近似于垂直，工资水平的小幅度波动对整个社会总劳动供给量几乎没有影响。

劳动的需求曲线是向右下方倾斜的。把劳动供给曲线与劳动需求曲线放在同一个坐标系中，两条曲线的交点就可以决定均衡工资和均衡劳动数量。这种方法只适合分析完全竞争市场的均衡工资。在劳动市场存在垄断因素时，均衡工资的决定会受到影响，例如工会的力量对均衡工资及均衡劳动数量的影响。

1.5 市场失灵和政府干预理论

1.5.1 资源最优配置与市场失灵

1. 资源最优配置与帕累托改进

资源最优配置与帕累托改进都是针对如何实现最佳状态的供求市场而形成的概念。

（1）资源最优配置。若在居民实现了效用最大化的同时企业实现了利润最大化，且产品市场和生产要素市场不存在过剩和短缺，也就是供求相等时，经济就处于一般均衡状态或瓦尔拉斯均衡状态，此时资源便实现了最优配置。

判断社会的资源是否实现了最优配置的标准是：资源在某种配置下，不可能由重新组合生产和分配来使一个人或多个人的福利增加，而不使其他任何人的福利减少。即当一种资源的任何重新分配，不会使任何人的境况变好，也不会使任何人的境况变坏时，资源就处于最优配置的状态。

（2）帕累托改进与帕累托最优状态。如果既定的资源配置状态能够在其他人福利水平不下降的情况下，通过重新配置资源使得至少有一个人的福利水平有所提高，则称这种资源重新配置为“帕累托改进”。

帕累托最优状态又称作经济效率，满足帕累托最优状态就是具有经济效率的，不满足帕累托最优状态就是缺乏经济效率的。帕累托最优状态不存在帕累托改进，即对于某种既定的资源配置状态，如果还存在帕累托改进，则就不是帕累托最优状态。

2. 市场失灵的含义

市场失灵是指由于市场机制不能充分地发挥作用而导致的资源配置缺乏效率或资源配置失当的情况。

经济社会的资源配置达到帕累托最优状态需要具备许多条件，包括经济主体是完全理性的、信息是完全的、市场是完全竞争的、经济主体的行为不存在外部影响等。如果不具备这些条件，资源最优配置或帕累托最优状态就不能实现，就会出现所谓的市场失灵。

1.5.2 市场失灵的原因

1. 垄断引起的市场失灵

首先，只有在完全竞争市场中才能实现资源的有效配置。在这种情况下，企业的生产成本从长期来看是最低的，产量最大，价格最低，消费者才能获取最大满足。

然而，现实生活中由于并不存在完全竞争市场，因此，生产者不是完全的价格接受者，产量不是最大的产量，市场价格也不是最低的价格，长期来看成本也更高，消费者肯定不能获取最大满足。以完全垄断市场为例，企业按边际成本等于边际收益的原则决策最优产量，有时还要采取价格歧视。这样垄断企业的产量就会低于社会的最优产量，而定价却高于市场均衡价格，使消费者的剩余减少，而生产者的剩余增加。

因此，由于不完全竞争市场（完全垄断市场、寡头垄断市场、垄断竞争市场）的存在，市场机制不能有效地发挥作用，资源就不可能实现最优配置。

2. 外部性引起的市场失灵

外部性（或外部影响）是指某人或某企业的经济活动对其他人或其他企业造成影响，但却没有为此付出代价或得到收益。影响是指一种活动产生的成本或利益，它不是通过市场价格反映出来的，而是无意识强加于他人的。

（1）外部经济与外部不经济。外部性可以分为外部经济与外部不经济两种。外部经济是指某人或某企业的经济活动给社会上其他成员带来好处，但该人或该企业却不能因此得到补偿。外部不经济是指某人或某企业的经济活动给社会上其他成员带来损害，但该人或该企业却没有因此进行补偿。

（2）外部性引起市场失灵的分析。由于外部性或外部影响的存在，市场机制不能有效地进行资源配置。即使在完全竞争条件下，由于外部性的原因，资源配置也不可能达到帕累托最优状态。

1）社会收益与外部经济。社会收益等于私人收益与外部收益之和。对于产生外部经济的生产者来说，外部收益不能为生产者通过市场价格获得，因此，其私人收益肯定会小于社会收益，这样就导致它们缺乏生产积极性，产出水平低于社会最优水平，导致资源配置失当。

2）社会成本与外部不经济。社会成本等于私人成本与外部成本之和。对于产生外部不经济的生产者来说，由于其边际私人成本低于边际社会成本，于是更倾向于扩大生产，其产出水平就会大于社会最优产出水平，也会导致资源配置失当。

（3）外部不经济对资源配置的影响。图 1-22 所示即为外部不经济对资源配置的影响。图 1- 22 中，水平直线 $d = \mathrm{MR}$ 是企业的需求曲线和边际收益曲线，MC 曲线为其私人边际成本曲线。由于存在外部不经济，故社会的边际成本高于私人的边际成本，从而社会边际成本曲线位于私人边际成本曲线的左上方。

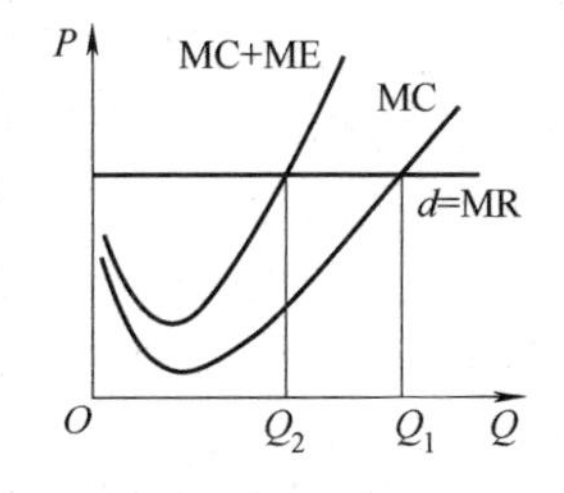

图 1-22　外部不经济对资源配置的影响

假设外部不经济的影响为 ME，则社会边际成本为 MC + ME。在正常情况下，企业按利润最大化条件决定的均衡产量为 Q_1，但社会利益最大化时的产量应该为 Q_2。这说明了生产的外部不经济会造成产品供给过多，超过帕累托最优产量水平，资源为无效率配置。

3. 公共物品引起的市场失灵

（1）公共物品的特征。公共物品是指满足社会公共需要的物品。公共物品是相对于私人物品的，私人物品具有竞争性和排他性，那么公共物品自然就具有非竞争性和非排他性。

非竞争性是指消费者对某一种公共物品的消费不影响其他人对该公共物品的消费，也就是说公共物品可以被许多人同时消费，它对某一人的供给并不会减少对其他人的供给；某人分享某公共物品的利益通常也不会减少其他人分享该公共物品的利益。如国防、道路、环境治理、电视广播等。

非排他性是指公共物品可以由任何消费者进行消费，其中，任何一个消费者都不会被排除在外。如公园里的公共座椅，不会排斥任何人坐上去休息。某些公共物品虽然存在技术上排他的可能性，但是排他的成本非常昂贵以至从经济的角度出发不可行。

（2）公共物品的“搭便车”现象。由于公共物品具有非竞争性和非排他性的特点，因此，这也决定了在绝大多数的公共物品消费中会出现“搭便车”现象，即指某个人在没有进行购买的情况下消费某种物品。之所以产生“搭便车”现象，是因为如果一个人支付多少费用对他能消费的物品量没有影响，那么就会刺激这个人不为这种物品付费。简单来说，如果一个人不用购买就可以消费某种物品，那么他就不会去购买。如某人为了方便家里的老人在小河上修建了一座小桥，同村的其他人没有为此出资，但以后也可以走这座小桥上通过，这就是“搭便车”现象。需要注意的是，私人物品不购买就无法消费，所以不存在“搭便车”现象。

（3）公共物品的分类。公共物品分为纯公共物品和准公共物品。纯公共物品是具有完全非竞争性和完全非排他性的物品，如国防、治安等都是最典型的纯公共物品。纯公共物品的特点是：一般通过纳税间接购买而被动消费，消费时无法分割，只能由政府提供。

准公共物品是指具有有限非竞争性和有限非排他性的物品，并具有一定程度的拥挤性，即准公共物品消费时消费者人数增加到一定程度时，会出现拥挤而产生消费的竞争。准公共物品的特点是：可以部分间接购买，部分直接购买，消费时可以部分分割，政府和私人皆可提供。如教育、医疗卫生、收费公路等，都是典型的准公共物品。

（4）公共物品对资源配置的影响。公共物品的特点决定了其与私人物品的市场需求是完全不同的曲线表现，也正因为如此，公共物品才具备引起市场失灵的先决条件。

如图1-23所示，私人物品的市场需求曲线是个人需求曲线在横向（即数量上）的总和，即私人物品在一定价格下的市场需求是该价格下每个消费者需求数量的总和。

由于公共物品是所有消费者同时消费同一数量的商品，因此，公共物品的市场需求曲线并不是所有消费者沿需求量方向横向相加，而是在既定的数量下所有消费者愿意支付的价格才是合理的需求价格，即公共物品的市场需求曲线是由所有消费者需求曲线纵向相加而来，如图1-24所示。

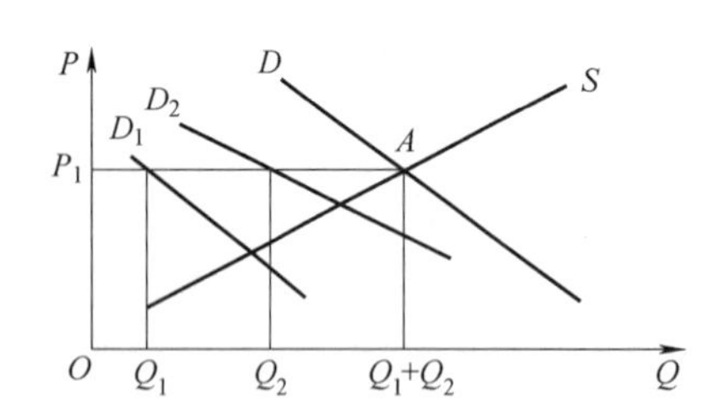

图1-23　私人物品的市场需求曲线

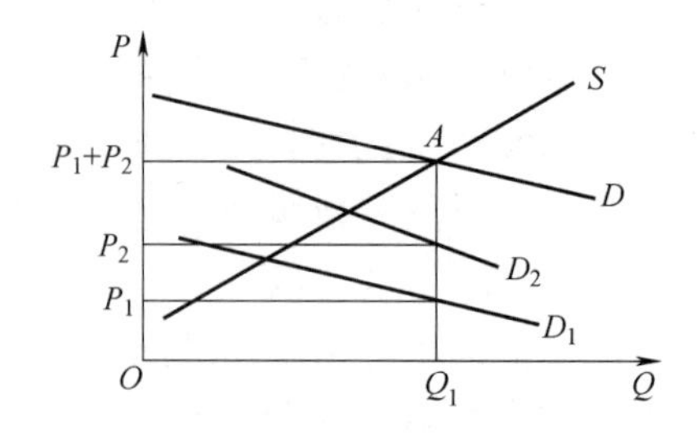

图1-24　公共物品的市场需求曲线

这表明市场为一定数量的公共物品支付的货币量是市场上每个消费者为这些公共物品支付的货币量之和。

在图1-24中，D表示公共物品的市场需求曲线，S表示公共物品的供给曲线。从供给的角度看，公共物品的供给曲线由生产这种公共物品的企业的边际成本曲线横向加总得到（这与生产私人物品没有区别），D与S的交点A对应的便是公共物品的均衡供给量，也是最优数量Q_1，当公共物品的数量为Q_1时，此时对应的边际成本为P_1+P_2。而根据需求曲线，消费者在消费量为Q_1时的边际利益分别为P_1和P_2，因此，总的社会边际利益为P_1+P_2。边际利益等于边际成本，公共物品的数量确定是达到最优的。

但是，图1-24中的公共物品的最优数量并没有实际意义。因为消费者并不清楚自己对公共物品的需求价格，或者清楚需求价格，但由于公共物品存在非竞争性和非排他性，所以更愿意"搭便车"，低报或隐瞒对公共物品的偏好。在这种情况下，无法知道每个消费者的需求曲线，消费者表明的需求曲线一般也低于实际水平，最终导致无法加总消费者的需求曲线，也不能求得公共物品的最优量。

4. 信息不对称引起的市场失灵

现实经济中出现信息不对称时，市场机制实现资源帕累托最优配置的功能必然会受到影响。

（1）信息不对称的含义。在完全竞争的市场中，生产者和消费者对影响其选择的相关经济变量都拥有充分的并且是完全相同的信息，这是信息对称的情况。但在现实的某项经济活动中，某一参与者往往比对方拥有更多的影响其决策的信息，这就是信息不对称现象。如求职者，比雇主拥有更多关于自身能力的信息，卖家比买家拥有更多有关商品的质量和价格的信息等。

（2）信息不对称对资源配置的影响。信息不对称的存在，必然影响经济活动参与者对真实的供给曲线和需求曲线的了解，从而影响资源的有效配置，进而导致市场失灵。各种信息不对称的表现形式可以归结为两大类，即逆向选择和道德风险。

逆向选择是指由于卖方和买方之间信息不对称，市场机制会导致某些商品或服务的需求曲线向左下方弯曲，最终劣质商品或服务驱逐优质商品或服务，以致市场萎缩甚至消失。

道德风险是指由于信息不对称，市场的一方不能观察到另一方的行动，则另一方就可能采取不利于对方的行动。以保险市场为例，当某人购买保险后，或多或少不再像此前那样注意自己的生活方式，维护自己的身体健康，于是他发生健康问题的概率就会上升，保险公司赔付的可能性就会增加。如果当很多人都这样做的时候，保险公司就不得不提高保险费甚至拒绝出售保险，以避免亏损。但提高保险费会使一部分购买意愿较低的投保者退保，这时市场机制形成的保险服务数量就会偏离帕累托最优水平，最终导致市场失灵。道德风险不仅存在于保险市场，而且存在于一切可能出现信息不对称的商品或服务市场，如劳动力市场等。

需要注意的是，如果保险市场的信息是完全对称的，保险公司就可以只针对具有不良生活方式的投保者收取较高的保险费，对其他投保者仍然收取较低的保险费，这样就会有更多的投保者购买保险并获得相应的效用满足，保险公司也可以获得更多的利润。这就是一种帕累托改进的典型案例。

1.5.3 政府对市场失灵的干预

1. 干预垄断引起的市场失灵

为了限制和消除垄断，保护和促进竞争，提高资源配置的效率，政府一般会采取以下两种措施：一是通过法律手段来限制垄断和反对不正当竞争，如我国制定的《反不正当竞争法》和《反垄断法》等法律法规；二是对垄断行业进行公共管制，主要是对垄断行业的产品或服务的价格进行管制，如规定限价，或规定利润率等。

2. 干预外部性引起的市场失灵

消除外部性的传统方法包括使用税收和补贴，将相关企业合并从而使外部性内部化等手段，还可以采用明确和界定产权的手段。

（1）使用税收和补贴。对于产生外部不经济的企业，政府可以使用税收的手段。如向产生严重污染的企业征收排污税或排污费，这样就会使企业的私人成本等于社会成本。由于企业的生产成本增加，其产品价格就会提高，市场对企业产品的需求会得到抑制，进而使企业的生产收缩，最终引导资源转移到其他用途上或效率高的企业中去，使资源得到更为有效的利用。

对于那些具有外部经济的企业，政府应给予财政补贴，使其私人收益等于社会收益。这样就可以鼓励企业增加产量，以实现资源的优化配置。

（2）合并相关企业。政府可以通过合并相关企业的方法使外部性得以“内部化”。如 *A* 企业是产生外部不经济的企业，*B* 企业是其受害者；或 *A* 企业是产生外部经济的企业，*B* 企业是其免费受益者。在上述两种情况下，如果把 *A*、*B* 两家企业合并，外部不经济或外部经济都会因此消失。

（3）明确和界定产权。很多外部性的产生都是由于产权不清晰导致的。如造纸厂无偿向河流排放废水，对下游的养鱼场造成损失，是应当由造纸厂赔偿养鱼场，还是应当让养鱼场补偿造纸厂使其减少污染等。如果把河流的产权清晰地界定给其中任意一方，外部性就可能不会发生。

科斯定理认为：只要财产权是明确的，并且交易成本为零或很小，那么无论在开始时将财产权赋予谁，市场均衡的最终结果都是有效率的，能够实现资源配置的帕累托最优。一旦考虑交易成本，产权的初始界定对于经济运行的效率就会产生十分重要的作用。也就是说，不同的产权制度，会导致不同的资源配置效率。

在现实市场中，科斯定理所要求的前提往往是不存在的，财产产权常常不清晰，交易成本也不可能为零，有时甚至是比较大的。因此，依靠市场机制矫正外部性仍然有一定困难。科斯定理只是提供了一种通过市场机制解决外部性问题的思路和方法。

3. 干预公共物品引起的市场失灵

为了解决干预公共物品引起的失灵，政府可以提供适当水平的公共物品，且应该承担主要提供者的职责，如国防、治安、消防和公共卫生。

4. 干预信息不对称引起的市场失灵

为了解决因信息不对称所造成的市场失灵，政府应该对许多商品说明、质量标准和广告做出具体的法律规定。除此以外，政府还可以通过各种方式为消费者提供信息服务，最大限度地消除信息不对称的情况。

思　考　题

1. 举例说明均衡价格的形成。

2. 用基数效用论和序数效用论分别说明消费者均衡的条件。
3. 试说明一种可变生产要素投入与两种可变生产要素投入合理生产区域的确定。
4. 举例说明企业利润最大化的原则。
5. 试说明完全垄断企业的短期均衡（产量与价格决策）。
6. 个人劳动供给曲线与劳动力市场供给曲线有何不同？并说明原因。
7. 试述市场失灵的原因及对策。

第2章

国民收入决定论

国民收入决定论是宏观经济学的核心理论。宏观经济学以整个国民经济的运行为考察对象，研究经济中有关总量的决定及其变化。本章主要内容包括国民收入核算和简单的宏观经济模型、经济增长和经济发展理论、价格总水平和就业与失业、国际贸易理论与政策等。

2.1 国民收入核算和简单的宏观经济模型

国民收入是宏观经济分析中最为重要的总量指标。狭义的国民收入是指一定时期内各种生产要素的收入之和。广义的国民收入包括如下指标：国内生产总值（GDP）、国民生产净值（NNP）、国民收入（NI）、个人收入（PI）和个人可支配收入（DPI）。

2.1.1 国民收入核算

1. 国内生产总值及相关概念

国内生产总值（GDP）是国民经济核算的核心指标，也是衡量一个国家或地区总体经济状况的重要指标。

（1）国内生产总值的含义及形态。在西方经济学中，国内生产总值（GDP）是指经济社会（即一国或一地区）在一定时期内运用生产要素所生产的全部最终产品（物品或劳务）的市场价值。这一定义含义如下：

1）国内生产总值是用最终产品和服务来计量的，即最终产品和服务在该时期的最终出售价值。

2）国内生产总值是一个市场价值的概念。各种最终产品的市场价值是在市场上达成交换的价值，是用货币来加以衡量的，通过市场交换体现出来。

3）国内生产总值一般仅指市场活动导致的价值。地下交易、黑市交易、家务劳动、自给自足性生产等都不属于国内生产总值的计算范围。

4）国内生产总值是计算期内生产的最终产品的价值，因而是流量而不是存量。

国内生产总值有三种形态，即价值形态、收入形态和产品形态。

1）价值形态。国内生产总值是所有常住单位在一定时期内生产的全部货物和服务价值超过同期投入的全部非固定资产货物和服务价值的差额，即所有常住单位的增加值之和。

2）收入形态。国内生产总值是所有常住单位在一定时期内创造并分配给常住单位和非常住单位的初次收入之和。

3）产品形态。国内生产总值是所有常住单位在一定时期内最终使用的货物和服务价值减去货物和服务的进口价值。

（2）国民生产总值（GNP）。国民生产总值是指某国国民所拥有的全部生产要素在一定时期内所生产的最终产品的市场价值。GDP 是一个地域概念，而 GNP 是一个国民概念。

国民生产总值（GNP）= 国内生产总值（GDP）+ 来自国外的净要素收入

其中，来自国外的净要素收入是我国企业在国外的要素收入与外国企业在我国的要素收入之差。

2. 国内生产总值的核算方法

国内生产总值的核算方法包括生产法、支出法和收入法。其中，生产法是从生产的角度，通过核算各个产业在一定时期生产的最终产品的市场价值来核算国内生产总值。这种方法难度较大，因此，下面仅对支出法和收入法进行介绍。

（1）支出法。支出法就是通过核算在一定时期内整个社会购买最终产品的总支出即最终产品的总卖价来计量 GDP。谁是最终产品的购买者，只要看谁是产品和服务的最后使用者。在现实生活中，产品和服务的最后使用，除了居民消费，还有企业投资、政府购买及出口。因此，用支出法核算 GDP，就是核算经济社会（指一个国家或一个地区）在一定时期内消费、投资、政府购买以及净出口这几方面支出的总和。

1）消费。消费是指居民个人消费支出（用 C 表示），包括购买耐用消费品（如小汽车、电视机、洗衣机等）、非耐用消费品（如食物、衣服等）和劳务（如医疗、旅游、理发等）的支出。建造住宅的支出则不包括在内。

2）投资。投资是指增加或更换资本资产（包括厂房、住宅、机械设备及存货）的支出（用 I 表示）。资本资产由于损耗造成的价值减少称为折旧。折旧不仅包括生产中资本资产的物质磨损，还包括资本老化带来的精神磨损。例如，一台设备使用年限虽然未到，但过时了，其价值要贬损。投资包括固定资产投资和存货投资两大类。固定资产投资是指新厂房、新设备、新商业用房以及新住宅的增加；存货投资是指企业掌握的存货价值的增加（或减少）。投资是一定时期内增加到资本存量中的资本流量，而资本存量则是经济社会在某一时点上的资本总量。假定某国家在 2018 年投资是 900 亿美元，该国 2018 年年末资本存量可能是 5000 亿美元。由于机器、厂房等会不断磨损，假定每年要消耗即折旧 400 亿美元，则上述 900 亿美元投资中就有 400 亿美元要用来补偿旧资本消耗，这 400 亿美元因是用于重置资本设备的，故称重置投资，净增加的投资只有 500 亿美元。用支出法计算 GDP 时的投资，指的是总投资，即重置投资与净增加投资之和。

3）政府购买。政府对物品和劳务的购买是指各级政府购买物品和劳务的支出（用 G 表示），如政府花钱设立法院、提供国防、建筑道路、开办学校等方面的支出。政府购买只是政府支出的一部分，政府支出的另一部分如转移支付、公债利息等都不计入 GDP。理由是政府购买时通过雇请公务人员、教师，建立公共设施，建造舰队等为社会提供了服务，而转移支付只是简单地把收入从一些人或一些组织转移到另一些人或另一些组织，没有相应的物品或劳务的交换发生。如政府给残疾人发放救济金，不是因为这些人提供了服务，创造了价值，而是因为他们丧失了劳动能力，要靠救济生活。

4）净出口。净出口是指进出口的差额。用 X 表示出口，用 M 表示进口，则（$X-M$）

就是净出口。进口应从本国总购买中减去，因为进口表示收入流到国外，不是用于购买本国产品的支出；出口则应加进本国总购买量之中，因为出口表示收入从外国流入，是用于购买本国产品的支出。因此，只有净出口才应计入总支出，它可能是正值，也可能是负值。

把上述四个项目加总，用支出法计算 GDP 的公式为

$$\text{GDP} = C + I + G + (X - M)$$

（2）收入法。收入法就是用要素收入即企业生产成本核算国内生产总值。严格说来，最终产品市场价值除了生产要素收入构成的成本外，还有间接税、折旧、企业未分配利润等内容，因此用收入法核算的国内生产总值应包括以下项目：

1）工资、利息和租金等这些生产要素的报酬。工资包括所有对工作的酬金、津贴和福利费，也包括工资收入者必须缴纳的所得税及社会保险费。利息在这里是指人们给企业提供的货币资金所得的利息收入，如银行存款利息、企业债券利息等，但政府公债利息及消费信贷利息不包括在内。租金包括出租土地、房屋等租赁收入及专利、版权等收入。

2）非公司企业主收入，如医生、律师、农民和小店铺主的收入。他们使用自己的资金，自我雇用，其工资、利息、利润、租金常混在一起作为非公司企业主收入。

3）公司税前利润，包括公司所得税、社会保险费、股东红利及公司未分配利润等。

4）企业转移支付及企业间接税。这些虽然不是生产要素创造的收入，但要通过产品价格转嫁给购买者，因此也应视为成本。企业转移支付包括对非营利组织的社会慈善捐款和消费者呆账；企业间接税包括货物税或销售税、周转税。

5）资本折旧。它虽不是要素收入，但包括在应回收的投资成本中，故也应计入 GDP。

这样，按收入法计得的国民总收入可表示为

$$\text{国民总收入} = \text{工资} + \text{利息} + \text{利润} + \text{租金} + \text{间接税和企业转移支付} + \text{折旧}$$

它和支出法计得的国内生产总值从理论上说是相等的。但实际核算中常有误差，因而还要加上一个统计误差。

3. 国民收入核算中的其他总量关系

（1）国内生产净值（NDP）和国民生产净值（NNP）。最终产品价值并未扣去资本设备消耗的价值，如把消耗的资本设备价值扣除了，就得到净增价值。即从 GDP、GNP 中扣除资本折旧，就可以分别得到 NDP 和 NNP。用公式可表示为

$$\text{NDP} = \text{GDP} - \text{折旧}, \text{NNP} = \text{GNP} - \text{折旧}$$

（2）国民收入（NI）。这里的国民收入是指按生产要素报酬计算的国民收入。从国内生产净值中扣除间接税和企业转移支付加政府补助金，就得到一个国家或地区生产要素在一定时期内提供生产性服务所得报酬，即工资、利息、租金和利润的总和意义上的国民收入。间接税和企业转移支付虽构成产品价格，但不成为要素收入；相反，政府给企业的补助金虽不列入产品价格，但成为要素收入。故前者应扣除，后者应加入。国民收入（NI）可表示为

$$\begin{aligned}\text{NI} &= \text{NDP} - \text{间接税} - \text{企业转移支付} + \text{政府补助金} \\ &= \text{工资} + \text{利息} + \text{租金} + \text{正常利润}\end{aligned}$$

（3）个人收入（PI）。生产要素报酬意义上的国民收入并不会全部成为个人的收入。例如，利润收入中要给政府缴纳企业所得税，企业还要留下一部分利润不分配给个人，只有一部分利润才会以红利和股息形式分给个人。职工收入中也有一部分要以社会保险费的形式上缴有关机构。另一方面，人们也会以各种形式从政府那里得到转移支付，如退伍军人津贴、

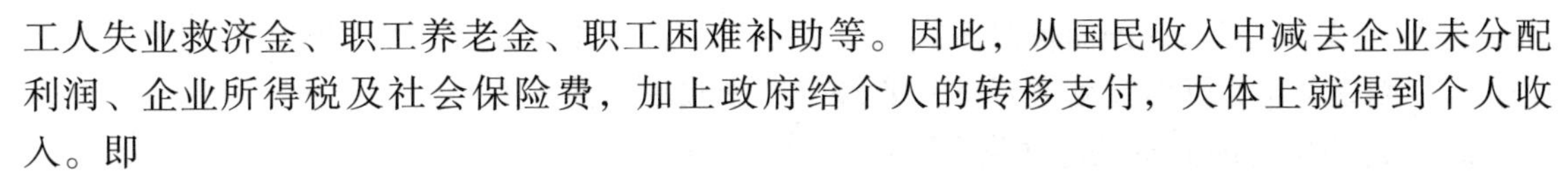

工人失业救济金、职工养老金、职工困难补助等。因此，从国民收入中减去企业未分配利润、企业所得税及社会保险费，加上政府给个人的转移支付，大体上就得到个人收入。即

$$\text{PI} = 国民收入 - 企业未分配的润 - 社会保险费 - 企业所得税 + 政府转移支付$$

（4）个人可支配的收入（DPI）。个人收入不能全归个人支配，因为要缴纳个人所得税，税后的个人收入才是个人可支配收入，即 DPI = PI - 个人所得税。这部分收入人们可用来消费或储蓄。

4. 总需求、总供给及其关系

（1）总需求与总供给。总需求是全社会在一定时期内对最终产品和服务的需求总量（AD），用购买最终产品和服务的总支出（E）来表示，即 $E = E(\text{AD})$。

总供给是全社会在一定时期内所生产和提供的最终产品和服务总量（AS），用出卖最终产品和服务所得的总收入（Y）来表示，即 $Y = Y(\text{AS})$。

潜在总供给（AS_F）即充分就业时的总供给。$\text{AS} \leqslant \text{AS}_\text{F}$。

（2）宏观经济均衡

1）一般宏观均衡。总需求与总供给、总支出与总收入总是相等的，它们是市场交易的两个方面，同一枚硬币的两面。从决定关系上看，是总需求决定总供给、总支出决定总收入。即

$$AS = f(\text{AD}), \quad Y = f(E) = f(\text{AD})$$

2）最优宏观均衡，即 $\text{AD} = \text{AS} = \text{AS}_\text{F}$。当 $\text{AD} = \text{AS}_\text{F}$时，充分就业，物价稳定；当 $\text{AD} < \text{AS}_\text{F}$时，失业，经济萧条；当 $\text{AD} > \text{AS}_\text{F}$时，通货膨胀。

2.1.2　宏观经济均衡的基本模型

1. 两部门经济的储蓄-投资恒等式

这里所说的两部门是指一个假设的经济社会，其中只有消费者（客户）和企业（即厂商），因而就不存在企业间接税。为使分析简化，再先撇开折旧，这样，国内生产总值等于国内生产净值和国民收入，都用 Y 表示。在两部门经济中，没有税收、政府支出及进出口贸易，国民收入的构成情况如下：

从支出角度看，由于把企业库存的变动作为存货投资，因此国内生产总值总等于消费加投资，即 $Y = C + I$。

从收入角度看，由于把利润看作最终产品卖价超过工资、利息和租金后的余额，因此国内生产总值就等于总收入。总收入一部分用作消费，其余部分则当作储蓄。于是，从供给方面看的国民收入构成为：国民收入 = 工资 + 利息 + 租金 + 利润 = 消费 + 储蓄，即 $Y = C + S$。

由于 $C + I = Y = C + S$，就得到 $I = S$，这就是两部门经济的储蓄-投资恒等式。

然而，这一恒等式绝不意味着人们意愿的或者说事前计划的储蓄总会等于企业想要有的或者说事前计划的投资。在现实经济生活中，储蓄主要由居民户进行，投资主要由企业进行，个人储蓄动机和企业投资动机也不相同。这就会形成计划储蓄和计划投资的不一致，形成总需求和总供给的不均衡，引起经济的收缩和扩张。我们分析宏观经济均衡时所讲的投资要等于储蓄，是指只有计划投资等于计划储蓄，或者说事前投资等于事前储蓄时，才能形成经济的均衡状态。储蓄和投资恒等，是从国民收入会计角度看，事后的储蓄和投资总是相等

的。还要说明，这里所讲的储蓄等于投资，是指整个经济而言，至于某个人、某个企业或某个部门，则完全可以通过借款或贷款，使投资大于或小于储蓄。

2. 三部门经济的储蓄-投资恒等式

在三部门经济中，把政府部门引了进来。政府的经济活动表现在：一方面有政府收入（主要是向企业和居民征税），另一方面有政府支出（包括政府对物品和劳务的购买，以及政府给居民的转移支付）。把政府经济活动考虑进去，国民收入的构成情况如下：

从支出角度看，国内生产总值等于消费、投资和政府购买（G）的总和，可用公式表示为：$Y=C+I+G$。按理说，政府给居民的转移支付同样要形成对产品的需求，从而应列入公式，但这一需求已包括在消费和投资中，因为居民得到了转移支付收入，无非是仍用于消费和投资（主要是消费，因为转移支付是政府给居民的救济性收入及津贴），因此，公式中政府支出仅指政府购买。

从收入角度看，国内生产总值仍旧是所有生产要素获得的收入总和，即工资、利息、租金和利润的总和。总收入除了用于消费和储蓄，还先要纳税。然而，居民一方面要纳税，另一方面又得到政府的转移支付收入，税金扣除了转移支付才是政府的净收入，也就是国民收入中归于政府的部分。假定用 T_0 表示全部税金收入，T_r 表示政府转移支付，T 表示政府净收入，则 $T=T_0-T_r$，由此，国民收入的构成可表示为：$Y=C+S+T$。

根据社会总产出等于总销售（总支出），总产出价值又构成总收入的原理，可以将三部门经济中的国民收入构成用公式表示为：$C+I+G=Y=C+S+T$。

由此可得：$I=S+(T-G)$，在这里，$(T-G)$ 可看作政府储蓄，因为 T 是政府净收入，G 是政府购买支出。二者的差额即政府储蓄，它可以是正值，也可以是负值。

$I=S+(T-G)$ 就表示三部门经济的储蓄（私人储蓄和政府储蓄的总和）和投资的恒等。

3. 四部门经济的储蓄-投资恒等式

在三部门经济中加入国外部门的活动，就构成了四部门经济。国外部门的经济活动包括对外贸易和资本流动，这里只考虑对外贸易。

从支出角度来看，国民收入的构成等于消费、投资、政府购买和净出口的总和，用公式可表示为：$Y=C+I+G+(X-M)$。

从收入角度来看，国民收入的构成用公式可表示为：$Y=C+S+T+K_r$，式中 K_r 代表本国居民对外国人的转移支付。例如，对外国遭受灾害时的救济性捐款，这种转移支付也来自生产要素的收入。由此可得

$$C+I+G+(X-M)=Y=C+S+T+K_r$$

上式可转化为：$I=S+(T-G)+(M-X+K_r)$，此式即为四部门经济中总储蓄（私人、政府和国外）和投资的恒等式。这里，S 代表居民私人储蓄，$(T-G)$ 代表政府储蓄，$(M-X+K_r)$ 则可代表外国对本国的储蓄，因为从本国的立场看，M（进口）代表其他国家出口的商品，从而是这些国家获得的收入，X（出口）代表其他国家从本国购买的商品和劳务，从而是这些国家需要的支出，K_r 也代表其他国家从本国得到的收入。可见，当 $(M+K_r)>X$ 时，外国对本国的收入大于支出，于是就有了储蓄；反之，则有了负储蓄。

2.1.3　消费、储蓄和投资

1. 消费理论与相关函数

目前，世界上有许多著名的消费理论，下面将主要介绍凯恩斯、莫迪利安尼、弗里德曼这三大经济学家建立的消费理论及其相关的消费函数。

（1）凯恩斯消费理论与消费函数。凯恩斯消费理论建立在三个假设基础上：

1）收入是决定消费的最重要的因素。此假设认为其他因素都可看作在短期内变化不大或影响轻微。因此，在假定其他因素不变的条件下，消费是随着收入的变动而相应变动的，即消费是收入的函数。

2）边际消费倾向递减规律。边际消费倾向（MPC）是指消费的增量 ΔC 和收入的增量 ΔY 的比率，即增加每单位收入中用于增加消费的部分的比率。此假设指出，随着人们收入的增长，人们的消费也随之增长，但消费支出在收入中所占比重却不断减少。边际消费倾向的公式为

$$\mathrm{MPC}=\frac{\Delta C}{\Delta Y}\text{或}\beta=\frac{\Delta C}{\Delta Y}$$

对一般正常的理性人来说，收入增加，消费不大可能下降或不变，所以边际消费倾向大于0；增加的消费一般也只是增加的收入的一部分，不会是全部收入，所以边际消费倾向小于1。因此，边际消费倾向的取值范围是 $0<\mathrm{MPC}<1$。

3）平均消费倾向随着收入的增加而减少。平均消费倾向（APC）是指消费总量 C 在收入总量 Y 中所占的比例。其公式为

$$\mathrm{APC}=\frac{C}{Y}$$

根据以上三个假设，如果消费和收入之间存在线性关系，则边际消费倾向为常数，此时，凯恩斯消费函数可以表示为

$$C=\alpha+\beta Y$$

式中　α——自发消费，即在没有任何收入时都必须要进行的基本消费；

β——边际消费倾向；

βY——由收入引致的消费。

因此上式可以表示：消费等于自发消费和引致消费之和。

由于消费等于自发消费和引致消费之和，其中，自发消费是常数，即公式中的 α，反映在图形上就是函数在纵轴上有一个正的截距项，如图 2-1 所示。从而可推导出边际消费倾向总是小于平均消费倾向，即 $\mathrm{MPC}<\mathrm{APC}$。

另外，根据平均消费倾向的公式和凯恩斯消费函数的公式，可以推导出以下公式：

$$\mathrm{APC}=\frac{\alpha}{Y}+\beta$$

由于 β 为边际消费倾向，取值范围为 0～1，因此，平均消费倾向可能大于、等于或小于 1。

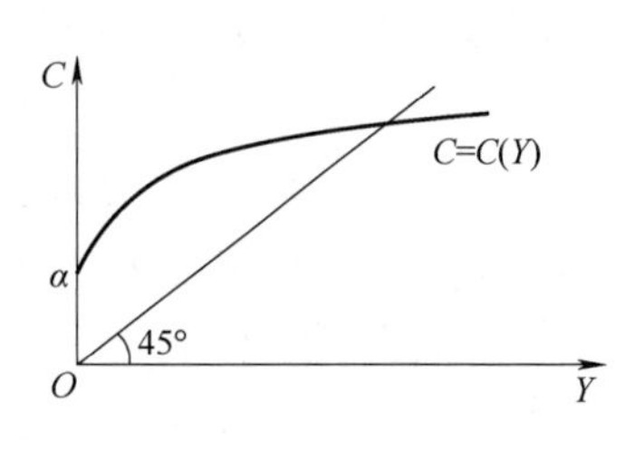

图 2-1　凯恩斯消费函数

（2）莫迪利安尼消费理论与消费函数。美国经济学家莫

迪利安尼提出了生命周期消费理论，他认为理性的消费者总是希望自己的一生能够比较安定地生活，使一生的收入与消费尽可能相等。

莫迪利安尼消费理论强调了消费与个人生命周期阶段之间的关系，将人的一生分为三个阶段，即青年时期、中年时期和老年时期。各时期的消费和收入特点分别如下：

1）青年时期。家庭收入偏低，消费会超过收入，如购买房屋、汽车等耐用品。这一时期的储蓄很小甚至是零储蓄和负储蓄。

2）中年时期。收入会日益增加，这时收入大于消费，因为一方面要偿还青年时期的负债，另一方面还要把一部分收入储蓄起来用于防老。

3）老年时期。基本没有劳动收入，收入下降，消费又会超过收入，此时的消费主要是过去积累的财产，而不是收入。

这一消费理论认为，各个家庭的消费取决于他们在整个生命周期内所获得的收入与财产，也就是说消费取决于家庭所处的生命周期阶段，最终目标是实现一生消费效用的最大化。

按照生命周期消费理论，家庭的收入包括劳动收入和财产收入，如果以 WR 表示财产收入，YL 表示劳动收入，a 表示财富的边际消费倾向，c 表示劳动收入的边际消费倾向，则一个家庭的消费函数可以表示为

$$C = a \times \mathrm{WR} + c \times \mathrm{YL}$$

莫迪利安尼的生命周期消费理论认为，在人口构成没有发生重大变化的情况下，从长期来看边际消费倾向是稳定的，消费支出与可支配收入和实际国民生产总值之间存在一种稳定的关系。一旦人口构成比例发生变化，则边际消费倾向也会变化，而具体的变化趋势为：社会上年轻人和老年人比例增大，消费倾向会提高；中年人口的比例增大，消费倾向会降低。

（3）弗里德曼消费理论与消费函数。美国经济学家弗里德曼提出了持久收入理论，他认为消费者的消费支出不是根据他的当前收入决定的，而是根据他的持久收入决定的。持久收入是指预期在较长时期内可以维持的稳定的收入流量。

这一理论将人们的收入分为暂时性收入和持久性收入，并认为消费是持久收入的稳定的函数。用公式表示为

$$C_t = c \times \mathrm{YP}_t$$

式中　C_t——现期消费支出；

c——边际消费倾向；

YP_t——现期持久收入。

2. 储蓄理论与相关函数

储蓄（S）是收入减去消费的余额。由于 $Y = C + S$，因此储蓄的计算公式为

$$S = Y - C$$

（1）储蓄与收入的关系。凯恩斯认为，随着收入的不断增加，消费增加会越来越少，而储蓄增加则会越来越多。因此，储蓄与收入之间的依存关系就是储蓄函数。

（2）边际储蓄倾向与平均储蓄倾向。边际储蓄倾向是指增加的储蓄额在增加的收入额中所占的比例；或者说，每增加 1 单位收入中，用于储蓄的比例，用 MPS 表示；把储蓄 S 占可支配收入 Y 的比例称为平均储蓄倾向，用 APS 表示，则二者的计算公式分别为

$$\text{MPS}=\frac{\Delta S}{\Delta Y},\ \text{APS}=\frac{S}{Y}$$

（3）MPC 与 MPS、APC 与 APS 的关系。

由于 $Y=C+S$，$\Delta Y=\Delta C+\Delta S$

由此可推导出

$$\text{MPC}+\text{MPS}=1,\ \text{APC}+\text{APS}=1$$

（4）储蓄函数。根据 $S=Y-C$，且 $C=\alpha+\beta Y$ 可将储蓄函数表示为

$$S=Y-(\alpha+\beta Y)=-\alpha+(1-\beta)Y$$

式中　α——自主储蓄，即不随消费者家庭可支配收入 Y 变化而变化的储蓄部分；

$(1-\beta)Y$——引致储蓄，即随着消费者家庭可支配收入 Y 变化而变化的储蓄。

消费函数和储蓄函数的关系为：消费函数和储蓄函数互为补数，二者之和总是等于收入。也就是说，当消费函数已知就可求得储蓄函数；当储蓄函数已知，就可求得消费函数。

3. 投资理论与相关函数

投资是购置物质资本的活动，即形成固定资产的活动投资。其中，物质资本包括厂房、设备和存货，以及住房建筑物等，但一般不包括金融投资在内。从个人角度看，人们用收入购买各种有价证券、房产、设备、土地等可以看作投资；但从全社会角度看却不是投资，因为它仅仅是财产所有权的转移，而全社会的资本并没有增加。

（1）决定投资的因素。决定投资的因素有很多，其中，主要因素有实际利率、预期收益率和投资风险等。预期的通货膨胀率和折旧等也在一定程度上影响投资。

凯恩斯认为，实际利率越低，投资量越大。企业贷款进行投资，则投资的成本就是利息；企业用自有资本投资，应获得的利息成为投资的机会成本，因此，仍可以认为这种投资方式的成本也是利息。而决定利息的直接因素即为实际利率。因此，投资的成本取决于实际利率。

如果投资的预期收益率既定，则实际利率越高，利息越多，投资成本越高，投资就会减少。反之，实际利率越低，利息越少，投资成本越低，投资就会增加。因此，投资是利率的减函数。

（2）投资函数。如果假设投资和利率之间呈线性关系，则投资函数可以表示为

$$I=I(r)=e-dr$$

式中　I——投资；

r——利率；

e——自主投资，是指由于人口、技术、资源等外生变量的变动所引起的投资，与利率无关，即使利率为零时也会存在（类似自发消费）；

$-dr$——引致投资（类似引致消费），随利率的变化呈反方向变化；

d——利率每上升或下降一个百分点，投资会减少或增加的数量。

4. 投资乘数

乘数即倍数，是指一个变量的变化对整个社会经济活动的影响程度。决定收入的各种变量都会对国民收入产生乘数作用，如投资乘数、税收乘数等。

投资乘数是指增加一笔投资 ΔI，在国民经济重新达到均衡状态时，由此引起的国民收入的增加量并不只是这笔初始投资的数量，而是初始投资数量的若干倍。

例如，若某企业增加1000万元的投资，且整个社会的边际消费倾向=0.6。开始时，当这增加的1000万元投资被用来购买投资品时，实际上是以工资、利息、利润和租金的形式流入生产要素的所有者手中，即居民手中，产生国民收入的增加，即ΔI（1000万元）。由于边际消费倾向为0.6，所以增加的1000万元收入中会有600万元用于购买消费品，从而又以工资、利息、利润和租金的形式流入后来的所有者手中，产生国民收入的又一次增加，即$\beta\Delta I$（600万元）。

按上述过程不断进行下去，就可以得到更多的收入增加，最后得到国民收入的成倍增加。用公式表示为

$$\Delta Y=(1+\beta+\beta^2+\beta^3+\cdots)\Delta I$$

即

$$\Delta Y=\lim_{n\to\infty}\frac{(1-\beta^n)\Delta I}{1-\beta}=\frac{1}{1-\beta}\Delta I=\frac{1}{s}\Delta I$$

因此投资乘数的计算公式为

$$k=\frac{\Delta Y}{\Delta I}=\frac{1}{1-\beta}=\frac{1}{s}$$

式中　s——边际储蓄倾向，它与投资乘数k互为倒数。

5. 两部门经济的国民收入决定

根据收入恒等于支出的原理，把消费函数、投资函数或储蓄函数代入收入恒等式后，就可以解得均衡时的国民收入。

已知两部门经济由消费和投资组成，假定投资为常数，将消费函数代入收入恒等式$Y=C+I$可得

$$Y=\alpha+\beta Y+\bar{I}$$

移项整理后即为

$$Y=\frac{\alpha+\bar{I}}{1-\beta}$$

2.1.4　总需求和总供给

1. 总需求分析

总需求是指在其他条件不变的情况下，在某一给定的价格水平上，一个国家或地区各种经济主体愿意购买的产品总量。

（1）影响总需求的因素。影响总需求的因素主要有利率、货币供给量、政府购买量、税收、预期、价格总水平等。

1）利率。利率上升，消费者购买数量减少，总需求减少；利率下降，消费者购买数量上升，总需求增加。利率与总需求反向变动。

2）货币供给量。货币供给量增加，总需求增加；货币供给量减少，总需求减少。货币供给量与总需求同向变动。

3）政府购买量。政府购买量增加，总需求增加；政府购买量减少，总需求减少。政府购买量与总需求同向变动。

4）税收。税收减少，消费者收入增加，总需求增加；税收增加，消费者收入减少，总

需求减少。税收与总需求反向变动。

5）预期。企业对利润的预期增长，就会扩大投资，总需求增加；反之，总需求减少。居民对收入的预期增长，就会增加消费，总需求增加；反之，总需求减少。可见，预期与总需求同向变动。

6）价格总水平。价格总水平下降，总需求上升；价格总水平上升，总需求下降。价格总水平与总需求反向变动。

（2）总需求曲线分析。总需求曲线反映的是在其他因素不变的情况下，价格总水平与总需求之间的关系。图 2-2 即为价格总水平与总需求之间的关系曲线 AD 的图示。

在图 2-2 中，纵轴 P 为价格总水平，横轴 Y 为总需求。曲线 AD 说明，当价格总水平下降时，总需求扩大；当价格总水平上升时，总需求减少。价格总水平和总需求呈反方向变动的关系。

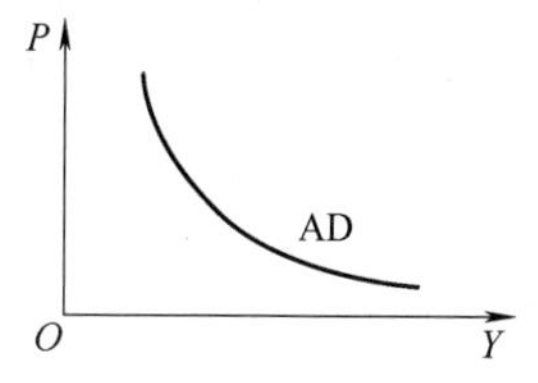

图 2-2　总需求曲线

对于总需求曲线具有向右下方倾斜的特征，可分别从财富效应、利率效应和出口效应进行分析。

1）财富效应。财富效应是指由价格总水平的变动引起居民收入及财富的实际购买力的反向变动，从而导致总需求反向变动的现象。从价格总水平与消费的关系来看，价格总水平下降，就会使居民持有的货币的实际购买力提高，居民的消费需求就会增加；价格总水平上升，就会使居民持有的货币的实际购买力降低，居民的消费需求就会减少。

2）利率效应。利率效应是指由价格总水平变动引起利率变化并进而与投资、消费及总需求呈反方向变化的现象。价格总水平上升，会使人们的货币交易需求增加，进而导致利率上升。利率上升后会增加企业投资的成本，并增加居民用于住宅和耐用消费品的借款成本，从而使企业会减少投资，居民会较少对耐用消费品的需求。相反，价格总水平下降，会使利率下降。利率下降后就会增加企业的投资需求和居民对耐用消费品的需求。

3）出口效应。出口效应是指由价格总水平通过汇率变动影响出口需求的变化并与总需求呈反方向变化的现象。在固定汇率制度下，价格总水平上升使国内产品与进口产品的比价发生变化，国内产品价格升高，进口产品相应变得便宜，消费者和企业就会增加对进口产品的购买而减少对国内产品的购买，导致进口增加，出口下降；反之，价格总水平下降则会刺激出口，抑制进口。在浮动汇率制度下，价格总水平上升，会使利率上升，从而吸引国外资本流入，给本国货币带来升值压力，从而使得进口产品价格相对便宜，出口需求相应下降；反之，价格总水平下降，会促使出口增加。

2. 总供给分析

总供给是指在其他条件不变的情况下，一定时期内，在一定价格水平上，一个国家或地区的生产者愿意向市场提供的产品总量。

（1）影响总供给的因素。总供给的变动主要取决于企业的利润水平，而利润水平又决定于市场价格与生产成本，因此，决定总供给的基本因素就是价格与成本。其他如技术进步、工资水平变动、能源及原材料价格变动等“外部冲击”因素都是通过成本的影响而影响企业的利润水平从而影响总供给的。

除价格和成本外，企业的预期也是影响总供给的一个重要因素。如果企业对未来利润的预期是下降的，企业就会减少生产，从而使总供给减少。

（2）总供给曲线。总供给曲线反映的是在其他因素不变的条件下，总供给与价格总水平变动的关系。需要注意的是，由于决定供给的价格和成本中的工资在长期中具有灵活性，在短期缺乏弹性，因此，总供给曲线分为长期总供给曲线与短期总供给曲线。

长期总供给曲线 LRAS 是一条与横轴 Y 相交的垂直线，如图 2-3 所示。

从长期来看，总供给变动与价格总水平无关。因此，长期总供给只取决于劳动、资本与技术，以及经济体制等其他因素。

短期总供给曲线 SRAS 一般应是一条向右上方倾斜的曲线，如图 2-4 所示。

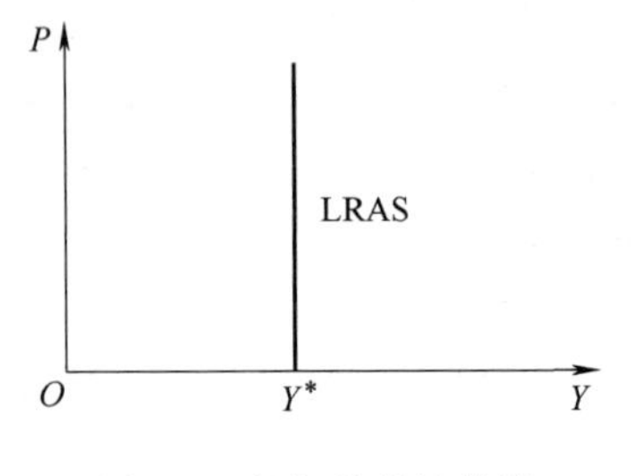

图 2-3　长期总供给曲线

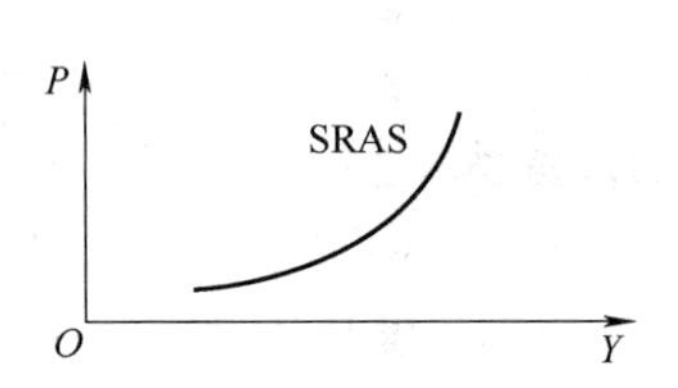

图 2-4　短期总供给曲线

3. 总供给模型

总供给模型是通过把总供给曲线和总需求曲线结合起来，分析在不同时期（即长期和短期）中决定价格总水平的因素。

（1）长期价格总水平的决定因素。如图 2-5 所示，总需求曲线 AD 与长期总供给曲线 LRAS 相交于 A 点，该点决定了价格总水平为 P^*。

如果货币供给量减少，则总需求曲线将从 AD_1 向下移动到 AD_2，而长期总供给曲线没有变化。此时 AD 与 LRAS 的相交点将从 A 点下降到 B 点，价格总水平将从 P_1 下降到 P_2，如图 2-6 所示。

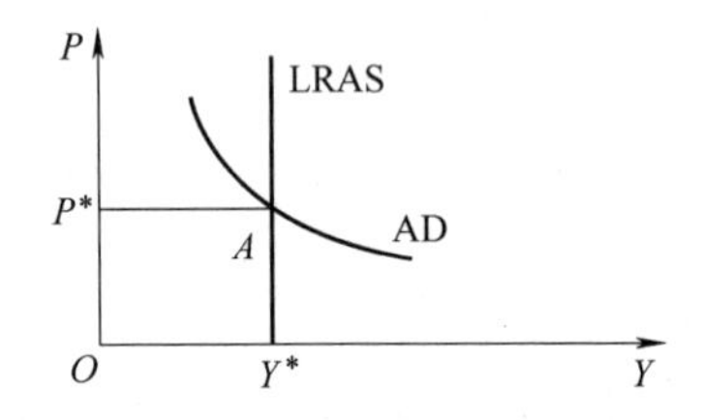

图 2-5　总需求曲线与长期总供给曲线相交

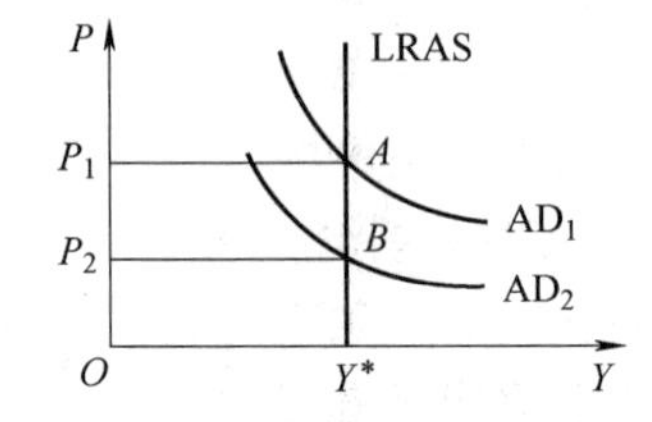

图 2-6　总需求变动后价格总水平下降

上述曲线的变动可以说明：从长期来看，影响价格总水平的是总需求。

（2）短期价格总水平的决定因素。如图 2-7 所示，总需求曲线 AD 与短期总供给曲线 SRAS 相交于 E 点，该点决定了总产出 Y^* 为均衡总产出，P^* 为均衡价格总水平。

假定在短期内总供给曲线不变，由于总需求的增长使总需求曲线向右平行移动，则会导致价格总水平上涨，如图 2-8 所示。

图 2-8 中，由于总需求增长，使得总需求曲线从 AD_1 向右平行移动到 AD_2，而总供给曲线 SRAS 不变。此时，总供给曲线和总需求曲线相交点从 E_1 点移动到 E_2 点，价格总水平从 P_1 上涨到 P_2。这就是需求拉动型通货膨胀的基本模型。

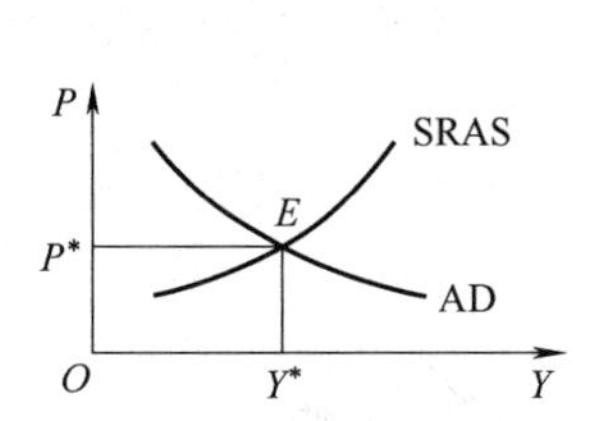

图 2-7　总需求曲线与短期总供给曲线相交

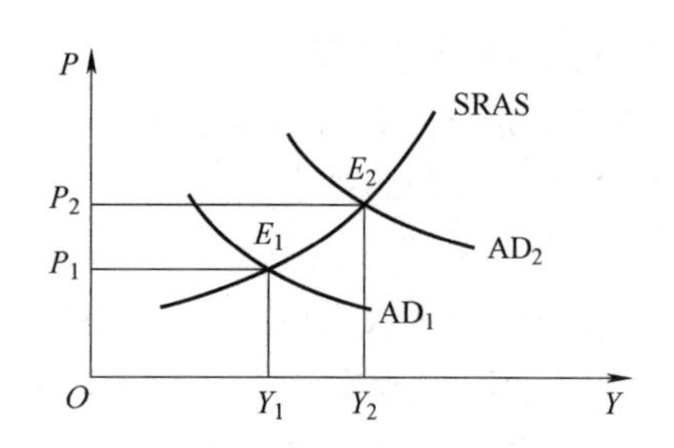

图 2-8　总需求变动后价格总水平上涨

2.2　经济增长和经济发展理论

经济增长和经济发展理论包括经济增长理论、经济周期与经济波动、经济发展理论三个方面的内容。

2.2.1　经济增长理论

1. 经济增长与经济发展

经济增长与经济发展既有区别又有联系，下面分别介绍这两个概念及内容：

（1）经济增长的含义与衡量。经济增长是指一个国家或地区在一定时期内的总产出与前期相比所实现的增长。通常用国内生产总值（GDP）或人均国内生产总值来衡量（人均 GDP）。

对于经济增长的速度而言，可以使用经济增长率（G）进行度量。假定本年度经济总量的增量为 ΔY_t，上年所实现的经济总量为 Y_{t-1}，则经济增长率的计算公式为

$$G=\frac{\Delta Y_t}{Y_{t-1}}$$

需要注意的是，在计算 GDP 时，应根据不同情况分为用现行价格计算的 GDP 和用不变价格计算的 GDP。用现行价格计算的 GDP，可以反映一个国家或地区的经济发展规模；用不变价格计算的 GDP 可以用来计算经济增长的速度。

经济增长率并不能全面反映一个国家或地区的经济发展的实际状况，它只是体现了一个国家或地区在一定时期内经济总量的增长速度，是一个国家或地区总体经济实力增长速度的标志，并不能体现伴随经济增长带来的生态与环境变化的影响，但生态、环境等因素与经济发展关系密切。

（2）经济发展。经济发展比经济增长的含义更广，也就是说，经济发展既包括经济增长，也包括伴随经济增长过程而出现的技术进步、结构优化、制度变迁、福利改善以及人与自然之间关系的进一步和谐等诸多方面的内容。

就经济发展与经济增长的联系而言，主要体现在以下两个方面：一方面，经济增长是经济发展的基础，没有一定的经济增长，就不会有经济发展；另一方面，经济增长不能简单地等同于经济发展，如果不重视质量和效益，不重视经济、政治和文化的协调发展，不重视人与自然的和谐，就会出现增长失调，从而最终制约经济发展。

2. 经济增长的决定因素

决定经济增长的因素有很多，其中，决定经济增长的基本因素主要包括劳动的投入数量、资本的投入数量、劳动生产率以及资本的效率。

（1）劳动的投入数量。一个国家或地区的劳动投入的数量多少取决于人口规模和人口结构，以及劳动者投入的劳动时间的多少。

就劳动的投入数量和经济增长速度的关系而言，假设在其他因素既定的条件下，一个社会投入生产的劳动数量越多，生产的产品就可能越多，经济增长速度就越快。

（2）资本的投入数量。资本的投入数量受多种因素制约，其中，资本的利用率或生产能力利用率是制约资本投入数量最重要的因素。所谓资本的利用率或生产能力利用率，是指机器、设备、厂房等固定资产的利用率。在生产能力一定时，生产能力利用率越高，资本的投入量就越多。

就资本的投入数量和经济增长速度的关系而言，在其他因素不变的条件下，资本的投入数量越多，经济增长速度就越快。

（3）劳动生产率。劳动生产率即劳动的生产效率，劳动生产率的提高，表明劳动者在单位时间内的效率得到提高。在同样的劳动投入下，劳动生产率高自然可以使经济得以增长。

（4）资本的效率。资本的效率即投资效益，是指单位资本投入数量所能产生的国内生产总值，可用国内生产总值与资本总额的比率表示，或用生产单位国内生产总值需要投入的资本数量表示。在其他因素不变的条件下，资本的效率提高就会带来经济增长。

3. 经济增长的因素分解

通过生产函数建立的经济增长分解公式，可以了解劳动、资本的投入以及要素的生产效率在经济增长中所发挥的作用。

（1）两因素分解法。两因素分解法即假定其他因素不变，把经济增长看作某一项生产要素，认为经济增长是劳动或资本与其生产率作用的结果，即把经济增长率按劳动和劳动生产率两项因素进行分解。若经济增长率用 GQ 表示、工作小时数的增加率用 GH 表示、每小时产出的增加率用 GP 表示，则两因素分解法的计算公式为

$$\mathrm{GQ} = \mathrm{GH} + \mathrm{GP}$$

（2）三因素分解法。三因素分解法是运用生产函数，把经济增长按照劳动投入、资本投入和全要素生产率三个因素进行分解，并计算这三个因素对经济增长贡献份额的方法。

若 t 时期的总产出（GDP）用 Y_t 表示，t 时期的技术进步程度用 A_t 表示，t 时期的劳动投入量用 L_t 表示，t 时期的资本投入量用 K_t 表示，则生产函数的计算公式为

$$Y_t = A_t F(L_t, K_t)$$

若进一步用 $\Delta Y/Y$ 表示 t 时期的经济增长率，用 $\Delta A/A$ 表示 t 时期的技术进步增长率，用 $\Delta L/L$ 表示 t 时期的劳动增长率，用 $\Delta K/K$ 表示 t 时期的资本增长率，用 α 表示 t 时期的劳动产出弹性，用 β 表示 t 时期的资本产出弹性，α 与 β 的取值范围都是大于 0 小于 1，且 $\alpha + \beta = 1$，那么，此时经济增长率的分解公式为

$$\frac{\Delta Y}{Y} = \frac{\Delta A}{A} + \frac{\alpha \Delta L}{L} + \frac{\beta \Delta K}{K}$$

如果 $\mathrm{GY} = \Delta Y/Y$、$\mathrm{GA} = \Delta A/A$、$\mathrm{GL} = \Delta L/L$、$\mathrm{GK} = \Delta K/K$，则上述公式可简化为

$$\mathrm{GY} = \mathrm{GA} + \alpha \mathrm{GL} + \beta \mathrm{GK}$$

即　经济增长率 = 技术进步率 + (劳动份额 × 劳动增加率) + (资本份额 × 资本增长率)

全要素生产率（TFP）是指技术进步对经济增长的贡献率，或技术进步程度在经济增长率中所占的份额或比重。全要素生产率的计算公式只需在三因素分解法的计算公式上进行移项即可得到，即

$$GA = GY - \alpha GL - \beta GK$$

因此，GA 就是全要素生产率，也称索罗余值，即技术进步率。

2.2.2　经济周期与经济波动

1. 经济周期与经济波动的含义和类型

从动态来看，一个国家或地区的经济活动总是处于波动之中的，这一现象就会涉及经济周期和经济波动相关的知识。

（1）经济周期与经济波动的含义。经济周期与经济波动相似但不同，存在经济周期就肯定存在经济波动，但存在经济波动却不一定存在经济周期。

经济周期又称商业循环，是指总体经济活动沿着经济增长的总体趋势而出现的有规律的扩张和紧缩。经济周期是指总体经济活动，而不是个别部门或个别的经济总量指标。即使最重要的经济总量指标 GDP 的单独波动也不能反映经济周期。一般认为，经济周期需要通过一组经济总量指标，包括 GDP、就业和金融市场等指标，才能够说明经济周期。

在一个较长的历史时期内，如 5 年或 10 年内，一个国家或地区的经济活动很难一直保持同样的经济增长速度。即使在一个较短的时期内，经济活动也可能存在变化，这就是经济波动。如果经济波动存在一定的规律性，就说明经济波动存在一定的周期性，此时经济波动就是经济周期。

（2）经济周期的类型。根据不同的划分标准，可以将经济周期划分为不同的类型。

按周期波动的时间长短，经济周期可以分为长周期、中周期和短周期。长周期也被称为长波循环或康德拉耶夫周期，周期长度平均为 50 ~ 60 年；中周期也被称为大循环或朱格拉周期，周期长度平均为 8 年左右；短周期也被称为小循环或基钦周期，平均为 3 ~ 5 年。现实生活中，对经济运行影响较大且较为明显的是中周期，国内外经济文献中提到的经济周期或商业循环大都是指中周期。

按经济总量绝对下降或相对下降的不同情况，经济周期可以分为古典型周期和增长型周期。古典型周期的特征表现：处在低谷时的经济增长率为负值，即经济总量 GDP 绝对减少。增长型周期特征的表现为：处在低谷时的经济增长率为正值，即经济总量 GDP 只是相对减少而非绝对减少。

2. 经济周期各阶段的划分和特征

经济周期可以划分为两个阶段，即扩张阶段和紧缩阶段，如图 2-9 所示。整个周期就是这两个阶段相互交替变动的结果。

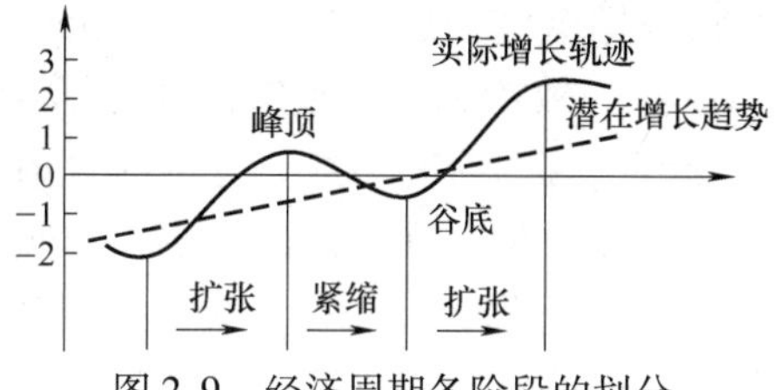

图 2-9　经济周期各阶段的划分

（1）扩张阶段。扩张阶段包括复苏阶段和繁荣阶段，复苏是扩张阶段的初期，繁荣是扩张阶段的后期。扩张阶段的最高点叫作峰顶（也叫转折点或拐点）。在经济周期中的复苏阶段和繁荣阶段，可能出现的一般特征是：伴随着经济增长速度的持续

提高，投资持续增长，产量不断扩大，市场需求旺盛，就业机会增多，企业利润、居民收入和消费水平都有不同程度的提高，但也常常伴随着通货膨胀。

（2）紧缩阶段。紧缩阶段又叫收缩阶段或衰退阶段，衰退如果特别严重，则可称为萧条。紧缩阶段的最低点叫作谷底（也叫转折点或拐点）。紧缩阶段的特征是：在经济的衰退或萧条时期，伴随着经济增长速度的持续下滑，投资活动萎缩，生产发展缓慢，甚至出现停滞或下降，产品滞销，就业机会减少，失业率提高，企业利润水平下降，亏损、破产企业数量增多，居民收入和消费水平呈不同程度的下降趋势。

不同国家或地区的经济周期表现各有不同。如图 2-9 所示的经济周期是西方国家常见的经济周期分阶段图形，但并不适合我国的增长型经济周期的变动趋势。

3. 经济波动的原因

经济运行出现周期性波动的原因很多，主要包括以下六个方面：

（1）投资率变动。一般情况下，投资增长较快，会导致国民经济的较快增长；投资增长缓慢，会带来经济增长的下降。投资与经济增长的关系还要取决于投资的效率。

（2）消费需求波动。消费需求不足，会导致总需求小于总供给，进而导致产出下降，失业增加，使经济增长率下降。

（3）技术进步状况。当技术进步较快时，经济增长的速度较快；当技术进步缓慢时，经济增长就比较缓慢。

（4）预期变化。当人们对今后经济增长的预期比较乐观时，就愿意增加消费或投资，从而推动经济增长；当人们的预期不好时，就会减少投资或消费，总需求的增长逐渐下降，从而限制经济的增长。

（5）经济体制变动。以我国为例，在过去的计划经济体制下，由于地方政府，特别是国有企业存在的“预算软约束”，投资需求增长过快成为一个经常的现象，从而使经济总是处于过热状态。当政府对这种过热的状态进行调整时，又会带来经济增长速度的下降。

（6）国际经济因素冲击。一个或少数几个国家经济出现衰退，很可能会影响到相关国家，从而导致这些国家的经济波动。

改革开放以来，我国经济运行呈现出了持续、高速增长的总趋势。但与此同时，我国的经济也存在明显的周期波动的特征，即有的年份经济增长速度很高，有的年份经济增长速度较低。总体而言，我国的经济周期属于增长型周期波动，波动幅度不大。这说明我国政府对经济的调控能力在不断增强，同时也显示出了市场机制配置资源的优越性。

4. 经济波动的指标体系

经济波动并不是在某一个月突然发生的，而是通过许多经济变量在不同的经济过程中的不断演化而逐渐展开的。由于这个原因，实际工作中就可以建立一些经济指标来检测、分析和预测经济周期的各个阶段，为宏观经济调控提供一定的科学依据。在实际经济分析工作中，可以把这些经济指标分为一致指标、先行指标和滞后指标。

（1）一致指标。一致指标又称同步指标，指标的峰顶与谷底出现的时间与总体经济运行的峰谷出现的时间一致，可以综合描述总体经济所处的状态。主要指标包括工业总产值、固定资产投资额、社会消费品零售总额等。

（2）先行指标。先行指标又称领先指标，通过这些指标可以预测总体经济运行的轨迹。主要指标包括制造业订单、股票价格指数、广义的货币 *M*2 等。

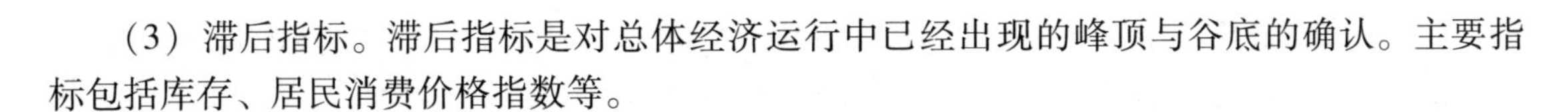

(3) 滞后指标。滞后指标是对总体经济运行中已经出现的峰顶与谷底的确认。主要指标包括库存、居民消费价格指数等。

2.2.3　经济发展理论

经济发展主要是指发展中国家或地区人民生活水平的持续提高。

1. 经济发展的变化

经济发展不仅包括经济增长，还包括经济结构和社会结构的变化，具体体现在以下四个方面：

(1) 产业结构不断优化。在国民经济中，第一产业的劳动力和产值比重趋于下降，第二产业比重趋于上升并逐步稳定，第三产业比重逐渐提高。就我国而言，第三产业结构正在稳步提升，但同发达国家相比，我国的第三产业比重依然偏低，第二产业比重明显偏高，这反映出我国正处于工业化的中期阶段。

(2) 城市化进程逐步推进。大量的农村人口向城市转移，逐步实现城市化。越来越多的人口居住在城市，农村人口逐渐减少。但我国城镇的人口占总人口的比重和发达国家相比也还有较大差距。

(3) 广大居民生活水平持续提高。居民的营养状况、居住条件、医疗卫生条件、接受教育程度明显改善，人均预期寿命延长，婴儿死亡率下降，贫困人口趋于减少。

(4) 国民收入分配状况逐步改善。居民之间收入和财产分配的不平等程度趋于下降，绝对贫困现象基本消除。

2. 经济发展的核心与主要内容

经济发展的核心是人民生活水平的持续提高，以人为本是经济发展的基本内核。所谓“以人为本”，主要包括以下两个方面：一是发展的目标是为了广大人民群众，而不是为了经济总量的增长，也不是为少数人口的利益；二是促进人的全面发展，即人的潜能的全面发挥，人的需要的全面满足。

可持续发展是经济发展的重要内容，其核心思想是指既要使当代人的各种需要得到充分满足，个人得到充分发展，又要保护资源和生态环境，不对后代人的生存和发展构成威胁。换言之，可持续发展的思想就是要正确处理经济增长和资源、环境、生态保护之间的关系，使它们之间保持协调和谐的关系。

3. 经济发展的方式

经济发展的方式是实现经济发展的方法、手段和模式，其中，不仅包含经济增长的方式，还包括结构、运行质量、经济效益、收入分配、环境保护、城市化程度、工业化水平以及现代化进程等各个方面的内容。

(1) 转变经济发展方式的含义。转变经济发展方式是指按着科学发展观的要求，调整经济发展各因素的配置方式和利用方法，把经济发展方式转变到科学发展的轨道上。加快转变经济发展方式，就是要使经济发展更多依靠内需特别是消费需求拉动，更多依靠现代服务业和战略性新兴产业带动，更多依靠科技进步、劳动者素质提高、管理创新驱动，更多依靠节约资源和循环经济推动，更多依靠城乡区域发展协调互动，不断增强长期发展后劲。

(2) 转变经济发展方式的内容。转变经济发展方式的具体内容主要是要促进“三个转变”。

1）促进经济增长由主要依靠投资、出口拉动向依靠消费、投资、出口协调拉动转变。近年来，国内消费需求增长缓慢，居民消费率持续下降，导致生产增长快，消费增长慢，生产与消费增长很不平衡。因此，应更加重视消费对经济增长的拉动作用，实现消费、投资、出口协调拉动经济增长。

2）促进经济增长由主要依靠第二产业带动向依靠第一、第二、第三产业协同带动转变。三个产业之间具有客观的必然联系，始终具有三者是否协调发展的问题。要重视和巩固农业在国民经济中的基础地位，加快发展第三产业。

3）促进经济增长由主要依靠增加物质资源消耗和能源消耗向主要依靠科技进步、劳动者素质提高、管理创新转变。

2.3 价格总水平和就业与失业

价格总水平和就业与失业包括价格总水平及其变动、就业与失业、失业与经济增长及价格总水平的相互关系三个方面的内容。

2.3.1 价格总水平及其变动

1. 价格总水平的含义和度量方法

（1）价格总水平的含义。价格总水平不是指一个或几个消费者或企业体现出的价格，而是整个市场的价格汇总体现的水平，它是非常重要的经济指标，对宏观经济调控有很好的支持作用。

价格总水平又称一般价格水平，是指一个国家或地区在一定时期（如月、季、年）内全社会各类商品和服务价格变动状态的平均或综合。国家可以利用经济、法律和行政手段，对价格总水平的变动进行干预和约束，以保证价格总水平调控目标的实现。

（2）价格总水平的度量——价格指数。在发达的国家或地区，度量价格总水平的方法普遍有两种：一种是通过编制各种价格指数，如消费者价格指数、批发价格指数等进行度量；另一种是通过计算国内生产总值缩减指数进行度量。总的来说，价格总水平一般都是用价格指数来进行度量的。

价格指数是一种用来反映报告期与基期相比商品价格水平的变化趋势和变化程度的相对数。其中，反映价格总水平变动的叫作价格总指数，也可以称为价格指数。

价格指数有许多种类，常见的是消费者价格指数（CPI），它是度量价格总水平的主要指标。目前，我国采用的是居民消费价格指数，将其作为衡量价格总水平变动的基本指标。

2. 价格总水平变动的决定因素

决定价格总水平的变动因素主要有两大类：一类是货币供给量、货币流通速度和总产出；另一类是总需求和总供给。

（1）货币供给量、货币流通速度和总产出。美国经济学家费雪创立了费雪方程式，利用它可以推导出货币供给量、货币流通速度和总产出对价格总水平变动的影响。

费雪方程式的计算公式为

$$MV = PT$$

将公式适当变形可得

$$P=\frac{MV}{T}$$

式中　M——一定时期内货币的供给数量；

V——货币流通速度；

P——价格总水平；

T——各类商品的交易数量。

其中，M 是一个由模型之外的因素决定的，V 在一定时期相对稳定，T 的增长也相对稳定，因此，可以得出结论：价格的变动主要取决于 M 的变动。

对上述公式运用微分方法进行推导，可以得出价格总水平的决定方程，计算公式为

$$\pi=m+v-y$$

式中　π——价格总水平变动率或通货膨胀率；

m——货币供给量的变动率；

v——货币流通速度的变动率；

y——GDP 的变动率。

根据价格总水平的决定方程，可以得出结论：价格总水平的变动与货币供给量、货币流通速度的变化呈正方向变动，与总产出的变化呈反方向变动。

（2）总需求和总供给。价格总水平决定于总需求和总供给的比例关系，它是由总需求和总供给共同决定的。具体来说，如果总需求增长快于总供给的增长，价格总水平就有可能上升；反之，如果总需求增长慢于总供给的增长，价格总水平就有可能下降。反过来看，价格总水平也会影响总需求和总供给。

3. 价格总水平变动的经济效应

价格总水平变动的经济效应，主要是指它与工资、利率、汇率等货币形式的经济变量之间互相作用的关系。

（1）价格总水平变动对工资的影响。在价格总水平变动的情况下，工资可分为名义工资和实际工资。名义工资是指以当时的货币形式表现的工资；实际工资是指扣除了价格变动影响因素的工资。

价格总水平与工资的变动关系为：实际工资的变动与名义工资的变动呈正方向，与价格总水平变动呈反方向。

既然工资会变动，那么在价格总水平变动时，就可以利用它们的关系求得实际工资的变动率，也能印证价格总水平变动和工资的关系。其计算公式为

$$实际工资变动率=\frac{名义工资变动率}{价格总水平变动率}$$

另外，需注意的是，由于价格总水平变动会导致劳动者实际工资与居民实际收入水平发生变动，从而影响企业与劳动者，居民与政府之间的收入再分配。一般来讲，一定程度的通货膨胀会有利于企业和政府，而一定程度的通货紧缩则有利于劳动者和居民。

（2）价格总水平变动对利率的影响。在价格总水平变动的情况下，利率可分为名义利率和实际利率。名义利率也叫市场利率，是指银行当时规定和发布的利率。实际利率是指扣除了价格总水平变动影响因素的利率，即在货币购买力不变时的利率。

若 r 为名义利率，i 为实际利率，π 为价格总水平变动率，则计算公式为

$$i=r-\pi$$

上式表明，实际利率取决于名义利率与价格总水平变动率之差。在名义利率不变时，实际利率与价格总水平变化呈反方向变动，即价格总水平上升，实际利率就趋于下降，或价格总水平下降，则实际利率趋于上升。在价格总水平不变时，名义利率与实际利率相等。当名义利率低于价格总水平上涨率时，实际利率为负；当名义利率高于价格总水平上涨率时，或当名义利率不变而价格总水平下降时，实际利率为正。

（3）价格总水平变动对汇率的影响。价格总水平的变动会在一定条件下影响汇率的变动，从而影响一个国家的进出口产品价格发生相应变化，最终影响到净出口和总供求关系，具体变动情况如下：

1）如果本国价格总水平上涨率高于外国的价格总水平上涨率，本国货币就会贬值，以本币表示的汇率就一定会上升。

2）如果本国的价格总水平上涨率低于外国的价格总水平上涨率，本币就会升值，以本币表示的汇率就会下降。

3）当外国价格总水平稳定或上升，而本国价格总水平下降时，本币也会升值，以本币表示的汇率就会下降。

（4）价格总水平变动的间接效应。价格总水平变动具有的间接效应主要包括：对企业生产经营决策的影响、对收入分配结构的影响和对经济增长的影响。

一般来说，剧烈的、大幅度的价格总水平变动不利于经济增长。只有在短期内，价格变动没有被市场主体预期到的情况下，才可能对经济增长产生作用，但这种作用也只是暂时的。

通货膨胀在一定程度上可能有利于促进经济增长；通货紧缩在一定程度上可能不利于经济增长。

2.3.2 就业与失业

1. 就业与失业的含义

就业与失业对整个国家或地区的价格总水平有着非常重要的影响，是政府在宏观经济控制上必须关注和解决的问题。

（1）就业的含义。就业是指一定年龄段内的人们所从事的为获取报酬或经营收入所进行的活动。其界定方法如下：

1）就业者条件：一定的年龄。

2）收入条件：获得一定的劳动报酬或经营收入。

3）时间条件：每周工作时间的长度。

（2）失业的含义。一个人愿意并有能力为获取报酬而工作，但尚未找到工作的情况，即是失业。按照国际劳工组织的统计标准，凡是在规定年龄内在一定期间内（如一周或一天）属于下列情况的均属于失业人口：

1）没有工作，即在调查期间内没有从事有报酬的劳动或自我雇佣。

2）当前可以工作，即当前如果有就业机会，就可以工作。

3）正在寻找工作，即在最近的期间采取了具体的寻找工作的步骤，如刊登求职广告、到服务机构登记等。

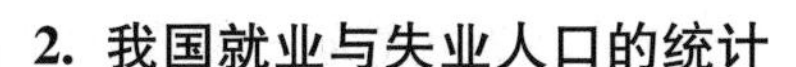

2. 我国就业与失业人口的统计

按照现有的国情和市场体制，我国就业与失业人口的统计方法与一些国外的统计方法有所不同。

（1）我国就业人口的统计。就业人口是指在16周岁以上，从事一定社会劳动并取得劳动报酬或经营收入的人员。而城镇就业人口则是指在城镇地区从事非农业活动的就业人口。

（2）我国失业人口的统计。我国失业人口的统计主要针对城镇登记失业人员，即有非农业户口，在一定的劳动年龄内（16岁至退休年龄），有劳动能力，无业而要求就业，且在当地公共就业服务机构进行失业登记的人员。

3. 就业与失业水平的统计

就业与失业水平统计，主要会涉及失业率和就业率等问题，通过这些数据可以更加直观地反映一个国家或地区的就业形势和经济状态。

（1）发达国家的就业率与失业率。发达国家的就业率和失业率是反映一个国家或地区劳动力资源利用状况最重要的指标。它们的计算公式分别为

$$\text{失业率}=\frac{\text{失业总人数}}{\text{民用劳动力总人数}}\times 100\%$$

$$\text{就业率}=\frac{\text{就业人口}}{\text{民用成年人口总数}}\times 100\%$$

（2）我国就业与失业水平的统计。我国计算和公布就业与失业水平的指标主要是城镇登记失业率。其计算公式为

城镇登记失业率 = 城镇登记失业人数/（城镇单位就业人员
+ 城镇单位中的不在岗职工 + 城镇私营业主 + 个体户主
+ 城镇私营企业和个体就业人员 + 城镇登记失业人员）

其中，城镇单位就业人员应扣除使用的农村劳动力、聘用的离退休人员、我国港澳台地区人员及外方人员。

我国目前统计的失业率之所以与西方发达国家统计的失业率有差别，主要是因为我国只计算城镇地区的失业率，没有计算覆盖全国城镇和农村地区的统一的失业率。同时，在计算城镇失业率时，主要是以是否具有城镇户口为标准，因此，还并不能准确反映城镇地区的实际失业状况。

（3）自然失业率。从一个较长期的变动趋势来看，在某一个国家或地区总存在一个正常的失业率，即自然失业率，它是指劳动力市场供求处于均衡状态，价格总水平处于稳定状态时的失业率。具体有以下几种定义：经济学家弗里德曼把它定义为经济处于充分就业状态时的失业率；斯蒂格里茨把它定义为通货膨胀率为零时的失业率。现在一般称为非加速通货膨胀失业率，这是由于自然失业率与是否存在通货膨胀有密切关系。

4. 失业的类型

失业可以分为自愿失业和非自愿失业，其中非自愿失业又叫需求不足型失业。

（1）自愿失业。西方古典经济学认为，工资在完全竞争市场条件下可以自由波动，劳动力资源可以全部用于生产，这样就没有失业，如果有失业，就只能是“自愿失业”，即劳动者不愿意接受当前的工资水平而不愿意工作的现象。它又包括摩擦性失业和结构性失业。

1）摩擦性失业。无论是新进入劳动市场的劳动者还是已进入劳动市场的劳动者，寻找

工作或转换工作都需要花费一定的时间。而摩擦性失业正是劳动者为找到自己希望的工作，而需要一定时间寻找所引起的失业。

2）结构性失业。结构性失业是由于产业结构调整所造成的失业，如产业的兴起与衰落，都会导致一部分原有的劳动者不具备产业调整要求的新技能而失业。一般来说，新兴产业的迅猛发展会导致劳动者供给短缺，主要产业衰落会导致劳动者失去工作。

（2）非自愿失业。非自愿失业即需求不足型失业，是指劳动者在现行工资水平下找不到工作的状况或总需求相对不足而减少劳动力派生需求所导致的失业。

由于这种失业是与经济周期相联系的，即经济运行处于繁荣期与高涨期，总需求上升，劳动力派生需求量上升，失业率较低；经济运行处于衰退期或萧条期，总需求萎缩，劳动力派生需求量下降，失业率较高。因为这种特征，非自愿失业也叫周期性失业，是宏观经济调控中需要关注的重点。

5. 我国的就业与失业问题

由于我国的二元结构和经济体制转轨，增加就业和减少失业是目前和今后一定时期内宏观经济调控的重要任务之一。

（1）二元结构。二元结构是指发展中国家经济体系中采用现代技术的现代部门和采用传统技术的传统部门并存的经济结构。二元结构将一个国家或地区的经济简单地分为两个部门，即现代城市工业部门和传统农村农业部门。其特征分别如下：

1）现代城市工业部门。现代工业和市场经济比较发达，技术水平、劳动生产率和收入较高。

2）传统农村农业部门。以传统农业和手工业为主，以简单工具和手工劳动为基础，处于自给半自给经济状态，劳动生产率和收入较低。

（2）二元结构的失业现象。二元结构的失业现象非常明显，其形成的关键在于农村劳动力。农村劳动力选择进城，则会造成城市失业人口出现过多；农村劳动力选择留守，则会导致农村存在大量隐性失业或就业不足现象。

（3）我国就业与失业问题的发展方向。我国就业与失业问题的发展方向比较明朗，那就是扩大就业，减少失业，使劳动力资源得到充分利用，这也是提高人民生活水平的重要途径。

要实现这一目标，关键就是要保持经济长期稳定增长，从而能够加快体制改革和结构调整，加快发展教育，积极推进新型城镇化以及实施新的就业模式和提倡新的就业观念。

2.3.3 失业与经济增长及价格总水平的相互关系

1. 奥肯定律分析

奥肯定律也称奥肯法则，由美国经济学家阿瑟·奥肯提出。该定律揭示的是相对于一个经济体在充分就业状态下所能实现的 GDP（即潜在 GDP）而言，实际 GDP 每下降 2 个百分点，则失业率会上升 1 个百分点；或失业率每提高 1 个百分点，实际 GDP 会下降 2 个百分点。奥肯定律的计算公式为

$$\frac{y-y^*}{y^*}=-2(u-u^*)$$

式中 y——实际 GDP；

y^*——潜在 GDP；

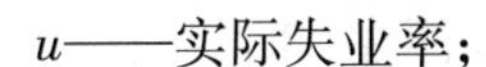

u——实际失业率；

u^*——自然失业率。

奥肯定律会因不同国家或地区，而出现不同情况的经济增长和失业间的数量关系。另外，由于该定律揭示了经济增长和就业之间存在一定的正相关关系，因此它具有重要的政策含义，即政府应当把促进经济增长作为增加就业或降低失业的主要途径。

2. 就业弹性系数分析

就业弹性系数是指一个国家或地区一定时期内的劳动就业增长率与经济增长率的比值。其计算公式为

$$E_e = \frac{E}{Y}$$

式中　E_e——就业弹性系数；

E——劳动就业增长率；

Y——经济增长率。

就我国而言，计算就业弹性系数时涉及的就业人口一般是指城镇就业人员，有时也可以是城乡就业总人员。

需要特别注意的是，就业弹性的变化受产业结构等因素的影响，如果第三产业或服务业在国民经济中所占比例较大，就业弹性就高。

3. 菲利普斯曲线分析

菲利普斯曲线是以英国经济学家菲利普斯的名字命名的一条描述通货膨胀与失业或经济增长之间相互关系的曲线。简单菲利普斯曲线表明，通货膨胀率和失业率二者存在负相关关系。即失业率降低时，通货膨胀率会趋于上升；失业率上升时，通货膨胀率会趋于下降。就政府在宏观经济决策时而言，通货膨胀率和失业率之间是一种替代关系，也就是说，政府可以用高通货膨胀率换取低失业率，或用高失业率换取低通货膨胀率。

美国经济学家弗里德曼认为，工人和企业感兴趣的是实际工资而不是名义工资，因此，工人会把对通货膨胀预期考虑到前期工资谈判中去，因此，他认为简单的菲利普斯曲线不能充分反映通货膨胀率和失业率。也就是说，弗里德曼认为通货膨胀率和失业率之间的替代关系只在短期内才有可能出现，对于长期而言，二者是不存在替代关系的。

2.4　国际贸易理论与政策

2.4.1　国际贸易理论

1. 国际贸易理论的发展演变

国际贸易理论随着国际贸易的诞生就开始出现了，到目前为止存在许多国际贸易理论，这里主要介绍四种最常见的理论。

（1）绝对优势理论。绝对优势理论由英国经济学家亚当·斯密在 18 世纪提出。亚当·斯密认为：各国在生产技术上的绝对差异导致劳动生产率和生产成本的绝对差异，因此各国应集中生产并出口具有绝对优势的产品，而进口其不具有绝对优势的产品，以节约社会资源，提高产出水平。

（2）比较优势理论。比较优势理论由英国经济学家大卫·李嘉图在19世纪初提出。大卫·李嘉图认为：决定国际贸易的因素是两个国家产品的相对生产成本，而不是绝对生产成本。因此，只要两国之间存在生产成本上的差异，即使其中一方处于完全劣势，国际贸易仍会发生，而且贸易仍会使双方受益。

（3）要素禀赋理论。要素禀赋理论由瑞典经济学家赫克歇尔和俄林在20世纪提出，又称赫克歇尔-俄林理论。其内容为：各国资源条件不同，导致生产要素的供给情况不同，因此各国应该集中生产并出口能够充分利用本国充裕要素的产品，进口需要密集使用本国稀缺要素的产品。国际贸易的基础是生产资源配置或要素储备比例上的差别。

（4）规模经济贸易理论。规模经济贸易理论由美国经济学家克鲁格曼在20世纪60年代提出，该理论可以解释相似资源储备国家之间和同类工业品之间的双向贸易现象（这一现象用赫克歇尔-俄林理论无法解释）。克鲁格曼认为：现代社会化大生产中，许多产品的生产都有规模报酬递增的特点，即生产规模越大，单位成本就越低。如果每个国家只生产几类产品，那么每种产品的生产规模就会比生产所有产品时的规模更大，才能实现国际分工的规模效益，这是现代国际贸易的基础。

另外，克鲁格曼还认为，工业产品是类似的，不是同质的，大多数工业产品的市场是不完全竞争的。

2. 国际贸易的影响因素

国际贸易的影响因素分为影响出口贸易的因素和影响进口贸易的因素。

（1）影响出口贸易的因素

1）自然资源的丰裕程度。一国拥有的资源在国际上的丰裕程度相对较高，就可以利用这种资源的绝对优势和相对优势，通过增加出口来获得外汇收入。

2）生产能力和技术水平。生产能力和技术水平越高，其加工制成品在国际市场上的竞争力就越强，且出口产品的附加值也就越高。

3）汇率水平。如果一国货币汇率下跌，对外贬值，意味着外币购买力的提高和本国商品、劳务价格的相对低廉，那就可以降低出口商品的价格，增加出口。这也有利于本国旅游收入及其他劳务收入的增加。反之，货币汇率上升，则会导致相反的结果。

4）国际市场需求水平和需求结构。在世界经济出现不景气的情况下，各国的进出口贸易都可能因此而减少。

（2）影响进口贸易的因素

1）一国的经济总量或总产出水平。一般情况下，一国的经济总产出水平越高，经济总量（如GDP规模）越大，其进出口贸易额就越大。

2）汇率水平。一国货币汇率上升，即货币升值，以本币标示的进口商品的价格就会下跌，本国需求就会增加，最终导致进口贸易扩大。

3）国际市场商品的供给情况和价格水平。在国际市场上，如果商品供给短缺，会导致价格上升，就会使一国的进口贸易受到影响；反之亦然。

2.4.2 国际贸易政策

1. 政府对国际贸易的干预

为保证国际贸易的公平和对本国国际贸易有利，政府一般都会对国际贸易进行干预。

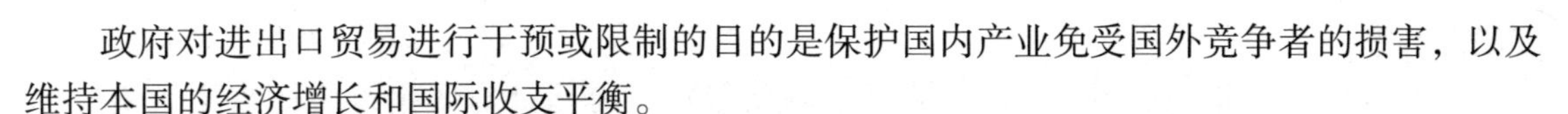

政府对进出口贸易进行干预或限制的目的是保护国内产业免受国外竞争者的损害，以及维持本国的经济增长和国际收支平衡。

政府对国际贸易的干预包括对进口贸易的干预和对出口贸易的干预两个方面。

（1）进口贸易的干预措施。政府干预进口贸易的措施主要有关税限制和非关税限制两种方式。

1）关税限制又称关税壁垒，是指国家通过征收高额进口关税限制外国商品进口。

2）非关税限制又称非关税壁垒，是指采用关税以外的手段对外国商品进口设置障碍。非关税限制的手段包括进口配额、自愿出口、歧视性公共采购、技术标准、卫生检疫标准等。

（2）出口贸易的干预措施。政府干预出口贸易的措施主要是出口补贴，又分为直接补贴和间接补贴两种。

1）直接补贴是指政府直接以现金形式弥补出口企业国际市场价格与本国国内市场价格的差价。

2）间接补贴是指对出口企业在出口商品时给予财政上的优惠待遇，如出口退税、出口信贷等。

2. 倾销的界定和反倾销措施分析

倾销是指出口商以低于正常价值的价格向进口国销售产品，并因此给进口国产业造成损害的行为。

（1）倾销的界定。如何确定某行为是否属于倾销行为，关键是对产品正常价值的认定。其标准如下：

1）原产国标准。按相同或类似产品在出口国国内销售的可比价格确定。

2）第三国标准。按相同或类似产品在出口国向第三国出口的最高可比价格确定。

3）按同类产品在原产国的生产成本，加上销售费、管理费等合理费用和利润确定。

（2）倾销的类型。国际贸易中的倾销通常存在四种类型，即掠夺性倾销、持续性倾销、隐蔽性倾销和偶然性倾销。

1）掠夺性倾销。出口企业为在短期内以不合理的低价向进口国市场销售产品，排除进口国竞争对手后，再重新提高产品的销售价格。

2）持续性倾销。出口企业为长期占领市场，实现利润最大化目标而无限期地持续以低价向进口国市场出口产品。

3）隐蔽性倾销。出口企业按正常价格出售产品给进口商，进口商以倾销性低价在进口国市场上抛售，其亏损部分由出口企业予以补偿。

4）偶然性倾销。出口国国内存在大量剩余产品，为处理这些产品而以倾销方式向国外市场抛售。

（3）倾销的不利影响。倾销行为会对进口国、出口国和第三国都产生不利的影响。

1）进口国。倾销会挤占进口国市场，阻碍进口国产业发展，扰乱进口国市场秩序。发达国家向发展中国家倾销新兴产业产品会抑制发展中国家新兴产业的建立和发展。

2）出口国。倾销容易引起出口国相似厂商过度价格竞争，倾销企业为弥补损失，会在本国维持较高垄断价格，损害本国消费者利益。

3）第三国。倾销会导致进口国对第三国产品的需求下降，从而降低第三国在进口国的市场占有率。

（4）反倾销措施。反倾销措施属于贸易救济措施，是指针对倾销行为征收反倾销税等措施，目的在于保护国内产业不受损害。其中，反倾销税是在正常海关税费之外，进口国主管部门对确认的倾销产品征收的一种附加税。

世界贸易组织规定，对出口国某一产品征收反倾销税必须符合以下要求：

1）该产品存在以低于正常价值水平进入另一国市场的事实。

2）倾销对某一成员国的相关产业造成重大损失。

3）损害与倾销之间存在因果关系。

思 考 题

1. 国内生产总值的核算方法有哪些？
2. 简述四部门经济的均衡模型。
3. 举例说明什么是投资乘数？
4. 影响总供给和总需求的因素有哪些？
5. 经济增长的决定因素有哪些？
6. 试述经济周期各阶段的特征。
7. 价格水平变动会产生哪些效应？
8. 简述自愿性失业与非自愿性失业的区别。
9. 影响进出口的因素各有哪些？

第3章

财政与金融

本章包括财政与金融两个方面的内容。财政方面主要介绍财政的职能与作用、财政收支、财政预算与财政管理体制、财政政策等。金融方面主要介绍货币的供给与需求、中央银行与货币政策、商业银行与金融市场等。

3.1 财政与财政收支

3.1.1 公共物品与财政职能

1. 公共物品

公共物品是指增加一个人对该物品的消费，并不同时减少其他人对该物品消费的那类物品。

（1）公共物品的需求显示。对于私人物品而言，商品和服务市场上出价的多少可以表示对私人物品的需求强度和需求数量。因此私人物品的需求显示是通过自愿的市场交易实现的。对于公共物品而言，人们通过某种投票程序选择所倾向的公共收入和支出方案，或通过投票给他们认为能够代表其利益的政治家，间接地表达对公共物品的需求。因此，公共物品的需求显示是通过具有强制性的政治交易实现的。

（2）公共物品的融资与生产。公共物品的供给一般由政府负责，它包含两层含义：一层是公共物品的资金来源，可以称为公共物品的融资；另一层是公共物品的产出，可以称为公共物品的生产。

1）公共物品的融资。公共物品的融资有三种情况，分别是政府融资、私人融资和联合融资。政府融资也称强制融资，其资金来源是强制税收；私人融资也称自愿融资，由私人自愿提供；联合融资由政府通过价格机制，如财政补贴和税收优惠等方式来激励私人自愿提供公共物品，而不是政府亲自提供。

2）公共物品的生产。一般来说，最典型的公共物品生产方式即政府生产和合同外包。政府生产是指代表公众利益的政治家雇佣公共雇员并与他们签订就业合同，规定所需提供的物品或服务的具体标准，并完成公共物品的生产。合同外包是指政府与私人厂商签约，私人厂商再与其雇员签订劳务合同，按政府要求完成公共物品或服务的生产。其中，私人签约者可能是营利性机构，也可能是非营利性机构。

（3）公共物品供给的制度结构。公共物品供给的制度结构是，通过规则的创新以获取来自公共物品交易的共同利益，并公正地分享收益和分担成本。根据公共物品的使用流程，其供给制度结构可以分为决策制度、融资制度、生产制度和收益分配制度四种。其中，决策制度是公共物品供给制度结构的核心，决策权最终应属于每一位社会成员或经其同意的代议机构（代理人）。

我国公共物品供给的目标是要建立一个多元的、竞争性的、有效率的、均衡发展的公共物品供给制度结构。建立政府主导、社会参与、公办民办并举的基本公共服务供给模式。政府要为公民获得基本公共服务提供制度保证，其是基本公共服务的最后出资人。这并不是说由政府出资或生产，而是要求政府应灵活运用监管、融资和生产三种手段，充分发掘社会其他主体的潜力，以最小的成本、最能发挥非政府主体积极性的方式，达到这一目的。

2. 市场与政府经济活动范围

（1）市场构成与市场机制。市场是指买卖双方进行交易的场所，如传统市场、股票市场、期货市场等，它也是交易行为的总称。市场系统由居民、企业和政府三个相对独立的主体组成。

市场是在无数个买家与卖家的相互作用下形成的具有效率的商品交易机制。该机制的基本规律就是供求规律，亚当·斯密将市场规律形容为“看不见的手”，认为市场无须任何组织的干预就可以自动达到供给与需求的平衡。

（2）政府经济活动范围。政府经济活动的范围应主要集中在克服市场失灵，弥补市场机制的缺陷或不足。具体体现在以下四个方面：

1）提供公共物品或服务。负责提供不能通过市场有效供给的物品或服务。

2）矫正外部性。采取措施来排除私人边际成本和社会边际成本以及私人边际效益和社会边际效益之间的非一致性。

3）维持有效竞争。制定有关政策法令，实施禁止垄断、维持市场有效竞争的措施，保证竞争性市场在资源配置方面的效率。

4）调解收入分配。运用各种手段对缺乏公平的收入分配状况进行调节，解决市场经济条件下收入分配不公问题。

3. 财政的基本职能

财政的基本职能可以归纳为财政资源配置、收入分配、经济稳定和发展三大职能。

（1）财政资源配置职能。财政资源配置职能是指将一部分社会资源集中起来形成财政收入，通过财政支出分配活动，由政府提供公共物品和服务，引导社会资金流向，弥补市场缺陷，最终实现全社会资源配置效率的最优状态。

（2）收入分配职能。收入分配职能是指政府运用财政手段调整国民收入初次分配结果。其目的是实现公平收入分配。

（3）经济稳定和发展职能。经济稳定和发展职能是指通过财政活动对生产、消费、投资和储蓄等发生影响，使经济稳定发展。

3.1.2 财政支出

1. 财政支出及分类

财政支出是指政府为履行职能、取得所需商品和服务而进行的资金支付，是政府行为活动的成本。财政支出分类是指根据不同标准把各种不同的财政支出进行的划分和分类。

（1）适用于编制政府预算的统计分类。国际通行的统计分类方法有财政支出功能分类和财政支出经济分类两大类。财政支出功能分类和财政支出经济分类相比，后者可以更细致地反映政府的支出活动，从而能够从微观层面清晰地追踪政府财政支出的去向和具体用途。两种分类的标准如下：

1）财政支出功能分类。按政府提供公共物品与服务的产出性质进行分类，反映政府的职能活动，即政府拿钱到底做了什么事。

2）财政支出经济分类。按政府生产公共物品的成本投入进行分类，反映政府支出的经济性质和用途，即政府的钱是怎么花的。

（2）根据交易的经济性质进行分类。根据交易的经济性质可将财政支出划分为购买性支出（或消耗性支出）和转移性支出。

1）购买性支出。政府为履行职能，从私人部门取得商品和服务产生的费用。其中，用于政府自身消费的称为政府消费性支出，用于投资的称为政府投资性支出。

2）转移性支出。政府扮演中介角色，向受益对象拨付财政资金但并不获得商品与服务。

2. 财政支出规模及增长趋势

（1）财政支出规模的衡量指标。财政支出规模是指一个财政年度内政府通过预算安排的财政支出总额。财政支出规模可以衡量一定时期内政府支配社会资源的多少，满足公共需要能力的高低，反映政府对社会经济发展影响力的强弱。衡量财政支出规模的指标主要有绝对规模和相对规模。

1）财政支出的绝对规模。财政支出的绝对规模从趋势上看，由于经济总量的不断增加，使得财政支出总量不断增长。因此，政府在预算年度的财政支出总和，可按当年价格计算的财政支出的加总来反映，也可按不变价格来反映，即以某一年的价格为基准来统计财政支出的绝对规模。

2）财政支出的相对规模。这种衡量指标是将财政支出规模用与其他经济变量的关系来反映，它可以更好地衡量支出总量上升但实际支出下降的情况。就相对规模指标而言，我国常用两种测量方法对财政支出进行反映，即财政支出占当年国内生产总值（GDP）的比重和中央财政支出占全国财政支出的比重。另外，人均财政支出也是一种测量相对规模的指标。

（2）财政支出规模的变化指标。财政支出规模的变化指标主要包括财政支出增长率、财政支出增长的弹性系数、财政支出增长的边际倾向。

1）财政支出增长率。财政支出增长率表示当年财政支出比上年同期财政支出增长的百分比，它可以说明财政支出的增长趋势。

2）财政支出增长的弹性系数。财政支出增长的弹性系数是指财政支出增长率与国内生产总值增长率之比。如果比值大于1，则表明财政支出增长速度快于国内生产总值增长速度。

3）财政支出增长的边际倾向。财政支出增长的边际倾向可以表明财政支出增长额与国内生产总值增长额之间的关系，即财政支出增长额占国内生产总值增长额的比例。它反映了国内生产总值每增加一个单位时，财政支出的增加量。

3. 财政支出绩效评价

财政支出绩效是指财政支出目标完成所取得的效果、影响及效率。财政支出绩效评价则是指运用一定的考核方法、量化指标及评价标准，对部门为实现其职能所确定的绩效目标的实现程度，以及为实现这一目标而安排的预算执行结果进行的综合性考评价。

财政支出绩效评价的主体是政府及其财政部门；绩效评价的对象是使用财政资金的部门或机构；绩效评价的内容是公共委托——代理事项。

实施部门预算支出绩效考评的主要内容包括制定明确、合理的财政支出绩效目标，建立科学、规范的绩效考评指标体系，部门为完成绩效目标采取的管理措施，对绩效目标的实现程度及效果实施考核与评价，运用考评结果提高预算编制、执行和管理的水平。

3.1.3 财政收入

1. 财政收入以及财政集中度

（1）财政收入的含义与分类。财政收入是指政府为履行职能、实施公共政策和提供公共物品与服务的需要所筹集的所有资金之和。财政收入一般表现为货币收入，它是衡量政府财力的重要指标。

按国际货币基金组织（International Monetary Fund，IMF）的分类标准，政府的财政收入来源主要有税收、社会缴款、赠与收入和其他收入。

1）税收。税收是指政府从私人部门获得的强制性资金转移。政府从私人部门征税，对于特定纳税人来说，并不附带价值上的对等回报，这是税收与强制性的社会缴款的区别。

2）社会缴款。社会缴款既有强制性又有自愿性，是指社会保障计划收入和雇主提供的退休福利之外的其他社会保险计划收入。强制性社会缴款与税收的不同之处在于，如果规定的事件（如养老和生病）发生，缴纳人和其他受益人有权获得社会福利，但税收没有这种权利。

3）赠与收入。赠与收入是指从其他政府或国际组织得到的非强制性转移，包括现金或实物。

4）其他收入。其他收入是指除税收、社会缴款和赠与以外的所有其他收入，如出售商品和服务的收入、利息和其他财产收入（如国有资产经营收入）、罚金和罚款。

财政收入的衡量口径有许多种，每种口径包含的收入各不相同。小口径是最常用的财政收入口径，也是我国对外公布的财政收入口径，它实际上包括税收收入和其他非税收入，但不包括政府债务收入、专款专用的政府收入，如社会缴款等。

我国政府收入分为六大类，即税收收入、社会保险基金收入、非税收入、贷款转贷回收本金收入、债务收入、转移性收入。

（2）财政集中度与宏观税负。财政集中度通常被称为宏观税负，即一个国家的税负总水平，对发挥税收的经济杠杆作用有重要意义。

宏观税负是指国家通过各种形式，从国民经济收支环流中截取并运用的资金占国民经济总量的比重。由于财政收入有不同口径来衡量，因此，宏观税负的衡量也有不同的口径，具体内容如下：

1）税收收入占 GDP 的比重。

2）公共财政收入（一般预算收入）占GDP的比重。

3）公共财政收入（一般预算收入）加政府性基金收入、国有资本经营预算收入、社会保障基金收入的总和占GDP的比重。

2. 税收的相关知识

（1）税收的含义与特征。税收是现代市场经济下政府取得收入的主要手段，是指公共机关依法强制收取的、对纳税人不附带直接回报义务的课征。税收具有以下三大基本特征：

1）强制性。强制性是指政府以社会管理者的身份，凭借政治权力，通过法律形式对社会产品实行强制征收。包括建立税收分配关系的强制性和征税过程的强制性。

2）无偿性。无偿性是指政府向纳税人进行的无须偿还的征收。即政府无须向纳税人付出报酬，且征到的税收不再直接返还本人。税收的无偿性是税收本质的体现，是区分税收收入与其他财政收入形式的重要特征。

3）固定性。固定性是指国家预先规定了征税对象、税基及税率等要素，税收征纳双方必须按规定征税和纳税。

（2）税制要素。税制要素即税收制度的主要构成因素，包括纳税人、课税对象、税率、纳税环节、纳税期限、减税免税、违章处理、纳税地点等。其中，纳税人、课税对象和税率最为重要。

1）纳税人。纳税人即纳税主体，是指直接负有纳税义务的单位和个人，包括自然人和法人。与纳税人相关的概念有负税人和扣缴义务人。负税人是指最终负担税款的单位和个人。扣缴义务人是指负有代扣代缴、代收代缴税款义务的单位和个人，它既非纳税人，也非负税人，只负有代为扣税并缴纳税款的义务。

2）课税对象。课税对象即征税客体，是指税法规定的征税的目的物，它是不同税种间相互区别的主要标志。与课税对象相关的概念有税源、税目和计税依据。税源是指税收的经济来源或最终出处，以收入的形式存在；税目是指税法规定的课税对象的具体项目，反映具体的征税范围，代表征税的广度。计税依据是指计算应纳税额的依据，规定了确定和度量课税对象的方法，以便计算税基。目前主要的计税依据是计税金额（从价税）和计税数量（从量税）。其中，计税金额可以是收入额、利润额、财产额和资金额。

3）税率。税率是指税法规定的应征税额与征税对象之间的比例。即：应征税额 = 课税对象 × 税率。税率高低直接体现征税的深度。一般来说，税率可分为比例税率、定额税率（固定税额）和累进（退）税率。

4）纳税环节、纳税期限。纳税环节是指在国民收入与支出环流的过程中，按照税法规定应当缴纳税款的环节。纳税期限是指税法规定的纳税人发生纳税义务后向国家缴纳税款的期限。

5）减税免税。减税和免税是指对纳税人或征税对象给予鼓励和照顾的一种特殊规定。大多数减税、免税都属于定期减免性质，到期就应当恢复征税。

6）违章处理。违章处理是指税务机关对纳税人违反税法行为采取的处罚措施，体现了税收的强制性。

7）纳税地点。纳税地点是指纳税人应缴纳税款的地点。一般来说，纳税地点和纳税义务发生地是一致的，但也有一些特殊情况。如与总公司不在同一地点的分公司，其利润应在总公司汇总纳税。

(3) 税收分类

1) 以课税对象分类。税收按课税对象的不同，可分为所得税、流转税和财产税。我国在此基础上，还可以再分出资源税和行为税。所得税是以纳税人的所得额为征税对象，如个人所得税、企业所得税；流转税是以商品交换和提供劳务的流转额为征税对象，如增值税、消费税、营业税、关税等；财产税是以各种财产（包括动产和不动产）为征税对象，如土地增值税、房产税、车船税、契税等；资源税是对开发和利用国家自然资源而取得级差收入的单位和个人征收的税，如土地使用税；行为税是为了贯彻国家政策的需要，对某些特定经济行为开征的税，如印花税、城市维护建设税等。

2) 以计量课税对象的标准分类。税收按计量课税对象的标准不同，可分为从价税和从量税。从价税是指以征税对象的价格为计税依据的税收，如增值税、营业税等。从量税是指以征税对象的数量、重量、容量、体积等为计税依据的税收，如啤酒、汽油等就是采用从量税计征消费税。

3) 以税收与价格的关系分类。税收按税收与价格的关系不同，可分为价内税和价外税。价内税是指税款构成商品或劳务价格组成部分的税收，如消费税、营业税等。价外税是指税款作为商品或劳务价格以外附加的税收，如增值税在零售以前各环节采取价外税（在零售环节采取价内税）。

4) 以税负能否转嫁分类。税收按税负能否转嫁，可分为直接税和间接税。直接税是指由纳税人直接负担税负、不发生税负转嫁关系的税收，如个人所得税、企业所得税、财产税等。间接税是指纳税人能将税负转嫁给他人负担的税收，如各种流转税税种。

5) 以税收管理权限和使用权限分类。税收按税收管理权限和使用权限划分，可分为中央税、地方税、中央和地方共享税。中央税是指中央管辖课征并支配的税种，如消费税、关税等。地方税是指由地方管辖课征并支配的税种，如契税、房产税、耕地占用税、土地增值税、城镇土地使用税、车船税等。中央和地方共享税是指属于中央政府与地方政府共同享有并按照一定比例分成的税种，如增值税、个人所得税、企业所得税、证券交易印花税等。

(4) 拉弗曲线与征税限度。拉弗曲线是一种描述税率与税收收入或经济增长之间关系的曲线。其含义是指保持适度的宏观税负水平是促进经济增长的一个重要条件。如图 3-1 所示。

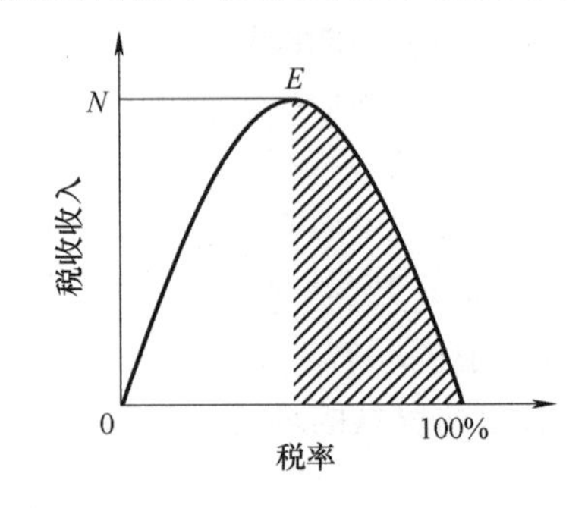

图 3-1　拉弗曲线

在图 3-1 中，横轴表示税率，纵轴表示税收收入或经济增长。在税率较低的区域，税收收入随税率的增加而增长，但由于税收会影响纳税人投资和工作的积极性，因此继续提高边际税率，并超过一定的限度时（如图 3-1 中 E 点对应的税率），税收收入就会开始下降，这是因为过高的税收会对劳动供给与投资产生负激励，从而抑制经济增长，减小税基。

通过拉弗曲线的提示，各国政府应得知：征税有“禁区”，应注意涵养税源，此税源是指国民收入，即 GDP 或经济增长。

这一观点属于供给学派，它可以很好地解释需求学派无法解释的“滞胀”（经济增长停滞与通货膨胀并存）现象，即解决“滞胀”问题应该从供给方面着手，主要是改善劳动及资本供给的数量和质量，如降低税率、扩大税基等有效的措施。

3. 税负转嫁

税负转嫁是指纳税人在缴纳税款后，将税收负担全部或部分转移给他人的过程。换言之，只要纳税人和负税人不是同一人，税负转嫁便产生了。

（1）税负转嫁的方式。税负转嫁可归纳为以下六种方式：

1）前转。前转也称“顺转”或“向前转嫁”，是税收转嫁最典型和最普遍的形式，是指纳税人将其所纳税款通过提高其所提供商品价格的方法，向前转移给商品的购买者或者最终消费者负担的转嫁方式，多发生在流转税上。

2）后转。后转也称“逆转”或“向后转嫁”，是指纳税人在前转困难时，通过压低购入商品或生产要素进价的方式，将其缴纳的税款转给商品或生产要素供给者的转嫁方式。

3）混转。混转也称“散转”，是实践中比较常见的一种转嫁方式，是指纳税人既可以把税负转嫁给供应商，又可以把税负转嫁给购买者，即前转加后转的混合方式。

4）消转。消转是指纳税人通过降低成本等方式，使税负可以从新增的利润中得到补偿。需要注意的是，一部分税负转嫁出去，另一部分税负自行消转时也称为混转。

5）旁转。旁转也称“侧转”，是指纳税人将应负担的税负转嫁给购买者或供应者以外的其他人。如零售商将税负转嫁给商品流通主线之外的物流公司，就是典型的旁转税负。

6）税收资本化。税收资本化也称“资本还原”，是指生产要素购买者将所购买的生产要素未来应当缴纳的税款，通过从购入价格中预先扣除的方法，向后转嫁给生产要素的出售者，主要发生在土地和类似政府债券性质等资本物品的交易中。

（2）税负转嫁的影响因素。影响税负转嫁的各种因素包括：

1）应税商品供给与需求的弹性。需求弹性较大，供给弹性较小，转嫁困难；反之，转嫁容易。

2）课税商品的性质。生活必需品转嫁容易，非生活必需品转嫁困难。

3）课税与经济交易的关系。直接对纳税人征收的税，转嫁困难；间接对纳税人征收的税，转嫁容易。

4）课税范围的大小。课税范围广泛，转嫁容易；课税范围狭窄，转嫁困难。

5）商品的竞争程度。商品垄断程度越高，转嫁越容易；商品竞争程度越高，转嫁越困难。

4. 国债

国债即国家债务，是指一国的中央政府作为主体，以其信用为基础向社会筹集资金所形成的债权债务关系。国债的产生需要具备以下两个条件：一是社会存在比较充裕的闲置资金和比较健全的信用制度；二是国家财力不足并存在财政困难，有资金和经济上的需要。国债具有自愿性、有偿性和灵活性的特征。由于国债有政府信用作担保，风险相对较小，因此又被称为“金边债券”。

（1）国债的种类

1）按国债发行地域不同，可将国债分为内债和外债。内债是指国内债务，是政府向本国境内的自然人和法人举借的债务。外债是指国外债务，是政府向外国政府、国际金融机构和境外的自然人或法人举借的债务。外债可在一定时期内增加本国可支配的资金总量。

2）按政府偿还的时间长短不同，可将国债分为短期国债、中期国债和长期国债。短期国债是指通常在1年期以内的政府债务，最典型的短期国债形式是国库券。中期国债是指1

年以上 10 年以内的政府债务。长期国债是指期限通常在 10 年以上的政府债务。

3）按利率的变动情况不同，可将国债分为固定利率国债与浮动利率国债。固定利率国债，利率在发行时就确定下来了，以后不再调整变动。浮动利率国债，利率可以根据物价指数或市场利息率进行调整。

4）按国债能否在证券市场流通，可将国债分为上市（流通）国债和非上市（流通）国债。上市国债是指可以在证券市场上自由买卖和转让的国债，多为中短期国债。非上市国债是指不能在证券市场上流通转让，持有者只能到期获得本金和利息的国债，多为长期国债。

5）按国债债务本位的不同，可将国债分为货币国债与实物国债。货币国债是指以货币为债务本位发行的国债，即政府举借和偿还都是货币。实物国债是指以实物作为债务本位发行的国债，可以避免因货币贬值给债权人带来损失的情况，一般在高通货膨胀时采用。如我国 1950 年发行的“人民胜利折实公债”。

（2）国债的政策功能。国债主要具备四大政策功能，即弥补财政赤字、筹集建设资金、调节货币供应量和利率、调控宏观经济。

1）弥补财政赤字。弥补财政赤字的方法有很多，常见的如向中央银行借款、增加税收、发行国债等。其中，通过发行国债来弥补财政赤字对经济可能产生的副作用比较小。因为认购国债的资金基本上是闲置资金，发行国债的实质是将这些资金在规定期限内让渡给政府使用，属于单方面、暂时性转移。

2）筹集建设资金。以国债资金来扩大建设规模是发行国债的重要目的之一。政府对大型公共物品的投资往往具有规模大、周期长等特点，单靠税收手段无法满足需要，此时，通过发行国债就可以筹集到用于这种建设的大量资金。

3）调节货币供应量和利率。国债有“金边债券”之称，特别是短期国债，由于流动性强，被称为“有利息的钞票”。因此，国债是金融市场上的热门投资对象。中央银行可以通过对国债，特别是短期国债的发行及买入和卖出等手段，实现调节货币供应量和调节利率的目的。

4）调控宏观经济。国债是国家调节经济运行的重要工具，可以将社会上的闲置资金、消费资金引导到国家重点建设上来，可以调节社会投资结构和产业结构，促进经济社会协调发展等。

（3）国债的负担与限度。国债是国家政府所借的债务，既然是债务，肯定就会涉及负担和限度问题。

1）国债的负担。国债的负担可从四个方面来分析：一是认购者负担，即债权人的应债能力能否让渡使用权；二是债务人负担，即政府的偿债能力能否顺利偿还债务；三是纳税人负担，即政府最终需要依赖税收还债，虽然实行“以新债还旧债”机制，但持续下去会累积债务余额；四是代际负担，即国债资金运用不善，当代人造成的负担会留给后人净债务，严重影响后代人的生产与生活。

2）国债的限度。政府发行国债应该有适度的规模，这就是国债的限度，通过绝对规模和相对规模，可以对其限度进行衡量。绝对规模可用国债余额、当年发行的国债总额、当年到期需还本付息的国债总额来衡量。相对规模是主要的衡量国债规模的方式，可用国债负担率、债务依存度来衡量。国债负担率是指国债累计余额占 GDP 的比重，反映了国家累积债务的总规模和国民经济对国债的承受能力。国际公认的国债负担率的警戒线为发达国家不超过60%，发展中国家不超过45%。债务依存度是指当年的债务收入与财政支出的比例关系，反映了一个国家的财政支出有多少是依靠发行国债来实现的。当国债发行量偏多时，债务依存度过大，反映了财政支出过分依赖债务收入，财政处于脆弱状态。

（4）国债制度。国债制度主要包括发行制度、偿还制度和市场交易制度。

1）国债发行制度。国债发行制度由国债发行条件和国债发行方式构成。国债发行条件包括国债种类、发行日期、发行权限、发行对象、发行数额、票面金额、发行价格、利息率、利息支付方式以及国债流动性和安全性等。其中，决定国债发行条件的关键是国债的发行方式。国债发行方式包括公募招标、承购包销、直接发行、“随买”发行等方式。

2）国债偿还制度。国债偿还制度是国家对国债偿还及与偿还相关的各个方面所做的规定。我国国债偿还方式包括：抽签分次偿还法、到期一次偿还法、转期偿还法、提前偿还法和市场购销法。

3）国债市场交易制度。国债市场交易制度是指以国债为交易对象而形成的供求关系的总和。国债市场由国债发行市场（一级市场）和国债流通市场（二级市场）组成。一级市场由中央政府、中介机构、投资购买者构成；二级市场由证券交易所、场外交易市场（柜台市场和店头市场）构成。其中，在证券交易所内进行的国债交易按国债成交订约和清算的期限，可划分为现货交易、回购交易、期货交易和期权交易。

（5）国债市场的功能。国债市场的功能体现在以下两个方面：

1）实现国债的发行和偿还。即国家可以在国债市场的交易中，采取固定收益出售和公募拍卖等方式完成国债的发行和偿还。

2）调节社会资金的运行。在国债市场上，无论是持有者与认购者的直接交易，还是通过承销机构的间接交易，都是社会资金的再分配过程，可以使社会资金的配置更为合理，可以引导资金流向、活跃证券交易市场。

3.2 财政预算与财政管理体制

3.2.1 财政预算

1. 政府预算的含义、职能与分类

（1）政府预算的含义。政府预算是具有法律规定和制度保证的、经法定程序审核批准的政府年度财政收支计划。政府预算制度最早出现在英国。下面分别从技术方面、政治方面、本质方面来进一步理解政府预算的含义。

1）从技术方面看，政府预算具有两层含义。在形式上，政府预算是政府的财政收支计划，以预算平衡表的形式体现，反映了政府资金的来源和流向，体现了政府的年度工作重点和方向。在内容上，政府预算是政府对财政收支的计划安排，反映可供政府集中支配的财政资金数量。通过政府预算，可以清楚地了解政府的财政活动，看出政府在一个财政年度内的收支状况。政府预算是政府理财的主导环节和基本环节。

2）从政治方面看，政府预算是重大的政治行为。首先，政府预算指标可以反映政府会选择做什么事情；其次，政府预算反映了支出上的优先权；最后，政府预算反映了政府准备购买的具体公共物品和服务及其成本。

3）从本质方面看，政府预算是国家和政府意志的体现。政府预算需要经过国家权力机关的审查和批准才能生效，是一个重要的法律性文件，从编制、审查批准、执行、调整和决算，都要依照法律规定进行。

（2）政府预算的职能。政府预算的职能可归结为以下三个方面：

1）反映政府部门的活动。政府预算反映和规定了政府在预算年度内的活动范围、方向和重点。通过科学编制和严格执行政府预算，可以使有限资源得到合理配置，可以使政府的政策和目标得到贯彻实施；公众通过政府预算，可以了解政府的工作情况，透视政府的活动。

2）监督政府部门收支运作的情况。通过政府预算，可以评价政府履行职能所花费的成本，考核政府工作活动的绩效。通过编制政府预算草案并得到权力机关审查和批准，能为政府部门提供公共服务、从事财政活动建立明确的管理和控制框架。

3）控制政府部门的支出。政府预算实质上是对政府支出规模的一种法定授权。确定政府预算后，只有在授权范围内的支出，才是合法和有效的支出。超出授权范围的支出，即便是必需的也要以预算调整案的形式重新提交同级人大常委会审议，批准后才能执行。因此，通过编制政府预算可以对财政收支活动的成本和效果进行科学比较分析。通过审查和批准政府预算，可以有效控制政府支出的规模，提高政府公共服务的效率。

（3）政府预算的分类。政府预算可以依照不同的标准进行分类。

1）按预算不同的编制形式，可将政府预算分为单式预算和复式预算。单式预算是指将政府财政收支汇集编入一个总预算之内，形成一个收支项目安排对照表，它可以统一反映政府预算年度内能够筹集和使用的社会财富总量。复式预算是指将预算年度内的全部财政收支按收入来源和支出性质，分别编制两个或两个以上的预算，形成两个或两个以上的收支对照表。复式预算由经常预算和资本预算组成。经常预算以税收为主要收入来源，以行政事业项目为支出对象。资本预算以国债为主要收入来源，以经济建设项目为支出对象。

2）按预算编制依据的内容和方法不同，可将政府预算分为增量预算和零基预算。增量预算也称基数预算，是指新预算年度的财政收支计划指标在以前预算年度基础上，按新预算年度经济发展情况加以调整后确定。它是传统的预算编制方法，可以保持各项财政收支指标的连续性。零基预算是指新预算年度财政收支计划指标只以新预算年度经济社会发展情况和财力可能为依据，重新评估各项收支的必要性及其所需金额的一种预算形式。

3）按预算作用时间长短的不同，可将政府预算分为年度预算和多年预算。年度预算是指预算有效期为一年的政府预算。这种预算的某些项目可能在年度内看似合理，但可能在中长期就不一定合理。多年预算也称中期预算或滚动预算，是指对连续多个年度（一般为3～5年）的财政收支进行预算的财政计划形式。它可以完善财政计划的作用机制，弥补年度预算的缺陷。

4）按预算收支平衡状况的不同，可将政府预算分为平衡预算和差额预算。平衡预算是指预算收入基本等于预算支出的预算，其中略有结余或赤字的预算也可视为平衡预算。差额预算是指预算收入大于或小于预算支出的预算。当收入大于支出时称为盈余预算；当支出大于收入时称为赤字预算。

5）按预算项目是否直接反映经济效益，可将政府预算分为投入预算、绩效预算和规划项目预算。投入预算是用来控制各项支出的预算。绩效预算是先由政府部门确定职能和需要消耗的资源，然后制定绩效目标，并用量化指标来衡量各个项目的实施情况。规划项目预算是利用各种分析手段和工具评估各项公共计划的成本效益，以拟定最优决策，便于国家经济资源合理配置的一种预算。

6）按预算管理层级的不同，可将政府预算分为中央预算和地方预算。中央预算是指中央政府的预算，包括中央各部门预算、中央对地方税收返还和转移支付、地方向中央上缴收入等。地方预算是指由地方各级政府预算组成的预算，包括本级各部门的预算、上级对下级政府税收返还和转移支付、下级政府向上级政府上缴收入等。

2. 我国政府预算管理职权体系

预算管理职权是指政府预算方针政策、预算管理法律法规的制定权、解释权和修订权，政府预算、决算的编制和审批权，预算执行、预算调整和监督权等。根据 2014 年修改后的《中华人民共和国预算法》，对立法机关、各级政府、政府财政主管部门和预算执行部门、单位的预算管理职权做了明确规定。

3. 我国政府预算体系

（1）一般公共预算。一般公共预算是指政府筹集以税收为主的财政收入，用于保障和改善民生、维持国家行政职能正常运转、保障国家安全等方面的收支预算。目前我国每年统计的财政收入、财政支出、财政赤字的数字，便是以一般公共预算为标准进行公报公布的。

1）一般公共预算收入。一般公共预算收入主要包括两大部分：一是用于满足政府日常行政事业活动及保障国家安全、社会稳定，发展科学、卫生、教育等各项事业开支需要的收入。二是用于满足政府投资性支出需要的收入，主要包括税收收入和非税收入。其中，税收收入占财政收入的 90% 左右，非税收入占 10% 左右。

2）一般公共预算支出。一般公共预算支出可以按支出功能从宏观层面进行分类，也可以按经济性质从微观层面进行分类。按支出功能分类，一般公共预算支出包括一般公共服务、国防、公共安全、教育、社会保障和就业、医疗卫生等支出。按支出经济性质分类，一般公共预算支出包括工资福利支出，商品和服务支出，对个人和家庭的补助、赠与等支出。

（2）政府性基金预算。政府性基金是指各级人民政府及其所属部门为支持特定公共基础设施建设和公共事业发展，向公民、法人和其他组织无偿征收的具有专项用途的财政资金。

1）政府性基金预算的使用原则。政府性基金预算是指政府通过向社会征收基金、收费以及出让土地、发行彩票等方式取得收入，专项用于支持特定基础设施建设和社会事业发展的收支预算。政府性基金预算的收入具有指定用途、专款专用的特征。政府性基金预算的管理原则为：以收定支、专款专用、结余结转下年继续使用。

2）政府性基金预算的编制审核流程。政府性基金预算由下至上逐级编制、汇总、审批形成。

（3）国有资本经营预算。国有资本经营预算是国家以所有者身份依法取得国有资本收益，并对所得收益进行分配而发生的各项收支预算。国有资本经营预算制度的核心是调整国家和国有企业之间的分配关系。国有资本经营预算支出的特点是，按当年预算收入规模安排，不列赤字。

1）国有资本经营预算的编制原则。国有资本经营预算的编制原则为：统筹兼顾、适度集中；相对独立、相互衔接；分级编制、逐步实施。

2）国有资本经营预算的收支范围。国有资本经营预算的收入主要包括从国家出资企业取得的利润、股利、股息和国有产权（股权）转让收入、清算收入等；支出主要用于对重要企业补充资本金和弥补一些国有企业的改革成本等。

中央国有资本经营预算编制的范围为：国资委监管企业、中国烟草总公司和中国邮政集团公司。

（4）社会保险基金预算。社会保险基金预算是指政府通过社会保险缴费、政府公共预算安排等方式取得收入，专项用于社会保障支出的收支预算。

4. 我国政府预算编制和执行制度

（1）我国政府的预算编制制度。政府预算制度一般是通过“预算法”的形式予以确定的，它是财政制度的核心，是财政运行的基本规则。其中，预算编制制度是预算形成的关键环节。

1）建立部门预算制度。部门预算制度是市场经济国家财政预算管理的基本制度。实行部门预算制度，需要将部门的各种财政性资金、部门所属单位收支全部纳入在一本预算中编制。部门预算是指政府部门制定的涵盖部门各项收支的年度财政收支计划。部门预算由基层单位开始编制，逐级上报、审核、汇总，经财政部门审核后提交立法机关依法批准。部门预算收支的范围包括：行政单位预算 + 所属事业单位预算；一般收支预算 + 政府基金收支预算；基本支出预算 + 项目支出预算；财政部门直接安排的预算 + 有预算分配权部门安排的预算。

2）将预算外资金纳入预算管理。预算外资金的管理方式为：中央各部门各单位教育收费，纳入财政专户管理，收缴比照非税收入收缴管理制度执行；中央部门预算外收入，全部上缴中央国库；中央部门预算外支出，一是通过公共财政预算或政府基金预算安排，二是交通运输部集中的航道维护收入纳入政府性基金预算管理，三是中央部门收取的主管部门集中收入、国有资产出租出借收入等相关预算外收入纳入一般预算管理。

（2）我国政府的预算执行制度

1）建立国库集中收付制度。建立以财政部门为主体的国库单一账户体系；规范财政性资金收缴方式，所有收入通过代理银行直接缴入国库或财政专户；改变财政资金分散拨付方式，由财政部门通过国库单一账户体系直接支付或授权支付给提供者。国库集中收付制度的意义体现在：加强了预算执行过程的监督控制；提高了预算执行管理信息的透明度；增强了财政宏观调控的能力。

2）实行政府采购制度。政府采购是指各级政府及相关单位使用财政性资金依法采购货物、工程和服务的行为。政府采购运行机制实行集中采购与分散采购相结合，以集中为主，分散为辅，公开招标与非公开招标相结合，委托采购与自行采购相结合的制度。

3.2.2 财政管理体制

财政管理体制是指管理与规范政府之间划分财政收支范围和财政管理职责与权限的一项根本制度，其中“政府之间”主要是指中央与地方政府之间以及地方各级政府之间的情况。就我国而言，广义的财政管理体制包括政府预算管理体制、税收管理体制、公共部门财务管理体制等；狭义的财政管理体制仅是政府预算管理体制。通常说的财政管理体制指的就是政府预算管理体制，是财政管理体制的中心环节。

1. 财政管理体制的内容及模式

（1）财政管理体制的内容。财政管理体制主要包括财政分配和管理机构的设置、政府间财政收支的划分，以及政府间财政转移支付制度等内容。

1）财政分配和管理机构的设置。目前，我国财政管理机构从上至下设置为五级管理机构，即中央、省（自治区、直辖市）、设区的市（自治州）、县（包括自治县、不设区的市、市辖区）、乡（包括民族乡、镇）五级。各级财政部门内部又设置有不同业务分工的机构。政府间事权及支出责任的划分原则包括受益原则、效率原则、区域原则、技术原则。

2）政府间财政收支划分。政府间财政收支划分呈现的基本特征是，收入结构与支出结构的非对称性安排。即收入结构划分以中央政府为主，支出结构划分以地方政府为主。这样划分的目的体现在以下两个方面：从收入来看，中央政府拥有较多财力，可以使地方政府在一定程度上依赖于中央政府支持，同时中央政府也有能力予以支持，保证了政府的权威和国家的稳定；从支出来看，绝大部分公共需要的受益范围具有区域性，由各地方政府针对本地需求提供的公共物品和服务要比中央政府提供更为便利和有效。

3）政府间财政转移支付制度。政府间财政转移支付制度是协调中央政府与地方政府之间财政关系的一项重要配套制度。

（2）财政管理体制模式。由于不同国家的体制不同，以及同一个国家在不同阶段的发展状况不同，财政管理体制也会出现不同的类型。财政管理体制一般分为两种模式或类型，即联邦制模式和单一制模式。

1）财政联邦制模式。联邦制国家的联邦政府（中央政府）与州政府（地方政府）之间遵循“州余权主义”原则来划分权力，即在宪法中未指明或未列举的联邦权属之外的事务，州政府有权立法和实施。在联邦制下，财政管理体制模式是指在宪法和相关法律确定的各级政府独立事权的基础上，各级政府独立行使权力，自行管理的体制。中央政府与地方政府之间的财政联系依靠分税制和转移支付制度来实现。美国、德国、俄罗斯等国家均是财政联邦制。

2）财政单一制模式。财政单一制模式下的财政管理体制是中央和地方各级政府在中央统一领导下，根据事权与财政权力划分，统一财政预算和分级管理的一种体制。地方政府拥有的分权水平较低，自主性较小。法国、英国、日本、韩国、意大利等国家实行的是财政单一制。

改革开放前，我国一直实行统收统支、高度集中的财政管理体制。改革开放后，我国财政管理体制历经了三次重大改革，概括为“包干型”财政管理体制。

2. 分税制财政管理体制

（1）分税制财政管理体制的内容。分税制财政管理体制（简称分税制）是市场经济国家普遍推行的一种财政管理体制模式，是指将国家的所有税种在中央政府和地方政府之间划分，以确定中央财政和地方财政的收入范围的一种财政管理体制。其主要内容由支出责任划分和收入划分组成。

1）支出责任划分。支出责任划分根据中央与地方政府的事权划分，明确中央财政支出和地方财政支出。

2）收入划分。收入划分是将全部税种分为中央税、共享税、地方税。

（2）分税制财政体制的改革成效。分税制财政体制的改革成效主要体现在以下三个方面：

1）建立了财政收入稳定增长的机制。解决了包干体制下财政分配“一省一制”等问题，增强了中央财政统筹配置资源、加强宏观调控的能力，调动了地方发展经济、增加财政收入的积极性，财政收入占GDP比重下滑趋势得到遏制。

2）增强了中央政府宏观调控的能力。分税制改革后，中央财政收入占全国财政收入比重与改革前相比有明显提高，对保证中央支出需要、增强中央政府宏观调控能力、调节地区之间财力差距都起到了积极作用。

3）促进了产业结构调整和资源优化配置。明确了地方政府的收入和支出范围，强化了对地方财政的预算约束，提高了地方坚持财政平衡、注重收支管理的主动性。促进各地区调整理财思路，寻找新的经济增长点，积极培育新的财源，减少国家限制发展行业的投入，使农业和服务业得到加强。

3. 财政转移支付制度

（1）财政转移支付的含义。政府间财政转移支付制度通过上一级财政流向下一级财政的资金流动，实现上级政府对下级政府的补助；或从同级的富裕地区向贫困地区的资金流动，实现地区间公共服务水平提供能力的均等化。其作用如下：

1）通过财政转移支付，为地方政府提供稳定的收入来源，弥补其收支差额。这是财政转移支付最基本的作用。

2）通过财政转移支付，在一定程度上解决各地方之间因财政状况不同而造成的公共服务水平的不均等情况。

3）中央政府可以对地方的财政支出项目进行调节，有利于增强中央政府对地方政府的控制能力。

（2）我国现行的财政转移支付制度。我国现行的财政转移支付主要包括一般性转移支付和专项转移支付。

1）一般性转移支付。一般性转移支付是指为弥补财政实力薄弱地区的财力缺口，均衡地区间财力差距，实现地区间基本公共服务能力的均等化，中央财政安排给地方财政的补助支出，由地方统筹安排。此制度可以缓解困难地区财政运行中的突出矛盾。目前，一般性转移支付包括均衡性转移支付、民族地区转移支付、县级基本财力保障机制奖补资金、调整工资转移支付、农村税费改革转移支付、资源枯竭城市转移支付等具体项目。

2）专项转移支付。专项转移支付是指中央财政为实现特定目的，以及对委托地方政府代理的一些事务或中央地方共同承担事务进行补偿而设立的补助资金。如教育、医疗卫生、社会保障等公共服务领域是这类转移支付的重点。

3）税收返回制度。税收返还是一种补偿机制，是将因财政体制改革而集中到中央的收入“存量”返还给地方的一种制度。目前，中央对地方税收返还包括分税制体制改革后的“两税返还”（即增值税、消费税返还）、所得税基数返还（即企业所得税、个人所得税分享改革后的基数返还）和成品油价格与税费改革税收返还。

（3）规范财政转移支付制度的任务

1）完善一般性转移支付的稳定增长机制。增加一般性转移支付规模和比例，促进地区间财力均衡，重点增加对革命老区、民族地区、边疆地区、贫困地区的转移支付。

2）清理、整合、规范专项转移支付项目。转移支付的项目要大幅度减少，包括其中重复交叉的项目，取消竞争性领域专项和地方资金配套，严格控制引导类、救济类、应急类专项，甄别并合理划分保留专项。

3.3 财政政策

3.3.1 财政政策的功能与目标

1. 财政政策的功能

财政政策是指国家根据一定时期政治、经济、社会发展的任务和目标，通过财政支出与税收政策的变动来对财政收支关系进行调整的指导原则和措施，主要由预算政策、税收政策、支出政策、国债政策等组成。财政政策具有四大功能，分别是导向功能、协调功能、控制功能、稳定功能。

（1）导向功能。财政政策的导向功能主要体现在引导国民经济运行。具体体现在两个方面：一方面，财政政策可以根据各行各业的经济现状制定调控目标。如在经济增长低迷、通货紧缩时期，就应以支持经济增长为目标。另一方面，财政政策可以通过利益机制引导和调整人们的经济行为。如政府可以制定加速折旧、补贴、税收优惠等政策，扩大社会投资规模。

（2）协调功能。财政政策的协调功能主要体现在对社会经济发展过程中，不同地区、不同行业之间出现经济失衡的调节和制约，具体内容如下：一是通过财政收支改变社会成员的收入份额。如通过财政转移支付均衡各地政府提供公共服务的能力；通过提高个人所得税免征额标准，调节收入水平。二是运用预算、税收、投资等工具，有效发挥财政政策的协调功能。

（3）控制功能。财政政策的控制功能是指调节各种市场经济主体的经济行为。如对高档奢侈品征收消费税，引导消费者的消费方向，以控制资源浪费和保护生态环境。

（4）稳定功能。财政政策的稳定功能是指调整社会总需求和总供给，实现总量平衡和结构平衡。如在经济过热、存在通货膨胀时，可通过减少财政支出、增加税收等控制总需求，抑制通货膨胀；在经济萧条、存在通货紧缩时，可通过增加财政支出、减少税收等扩大总需求，拉动经济增长。

2. 财政政策的目标

财政政策的目标是国家运用财政政策工具所要实现的目的，包括促进充分就业、物价基本稳定、国际收支平衡、经济稳定增长。

（1）促进充分就业。充分就业可以通过失业率来反映生产要素的投入情况。失业率高，表明社会资源大量浪费和限制，可能会对社会安定有严重影响。因此，控制失业率是财政政策的目标之一，就我国庞大的人口基数和每年大量新增的就业劳动力，使促进充分就业目标的重要性更为突出。

（2）物价基本稳定。通货膨胀过高会扰乱市场价格，扭曲资源配置，使市场出现混乱；通货紧缩过于严重又会给社会和经济带来消极影响。因此，物价基本稳定或相对稳定对社会和经济的发展有重要作用，也是各国政府努力追求的目标。

（3）国际收支平衡。国际收支平衡是指经常项目收支、资本项目流入流出的差额之和为零，即国际贸易和国际资本的综合平衡。国际收支不仅反映该国对外交往情况，还反映该国的经济稳定程度。如果一国国际收支出现逆差，表明国际贸易流动的净结果使其他国家对该国储备的索取权增加，从而削弱了该国的储备地位。如果国际收支长期不平衡，将使该国外债负担逐步增加，使国民收入增长率下降。在经济全球化的今天，国际收支平衡是各国政府越来越重视的财政政策目标之一。

（4）经济稳定增长。经济稳定增长是国家生存和发展的条件，是指一定时期内国家或地区的经济发展速度和水平保持稳定。经济稳定增长取决于两个源泉，即生产要素的增长和生产要素的技术进步程度。财政政策应引导劳动、资本、技术等各项生产要素合理配置，实现经济持续稳定增长。

3.3.2 财政政策的工具

财政政策的工具是指为实现财政政策目标的各种财政手段，包括预算、税收、公债、公共支出、政府投资和财政补贴等。

1. 预算政策

预算政策可以调节财政收支的规模和差额。当社会总供给大于社会总需求时，通过扩大支出规模，保持一定的财政赤字规模以实现扩大社会总需求的目标；当社会总供给小于社会总需求时，通过缩小支出规模，保持预算盈余以抑制社会总需求；当社会总供给与社会总需求基本平衡时，通过实行中性的预算平衡政策，保持预算收支规模的基本平衡。

2. 税收政策

税收是政府公平收入分配的重要手段，可以通过调整个人所得税起征点和免征额等方式，实现收入公平分配的目标。另外，税收更是保持经济稳定运行的重要手段。在不同情形下使用税收政策调节经济的方法有所不同。经济繁荣时期，通过提高税率、减少税收优惠政策增加税收，减少企业和个人的可支配收入，抑制其投资和消费需求等措施以降低社会总需求，使经济增长平稳回落或降温；经济萧条时期，通过降低税率、实行更多税收优惠政策等减少税收，增加企业和个人的可支配收入，鼓励其投资和消费需求等措施实现增加社会总需求、促进经济增长的目标。

3. 公债政策

公债是现代市场经济中政府实施宏观调控的重要政策工具，其作用体现在两个方面：一是由于公债的不同流动性和变现能力，通过调整公债流动性程度，可以改变社会经济资源的流动状况，能够对经济运行产生扩张性或紧缩性的影响；二是通过调整国债发行的利率水平，可以影响金融市场利率的变化，进而对经济运行产生扩张性或紧缩性的影响。

4. 公共支出政策

公共支出是指政府用于满足纯公共需要的一般性支出，包括狭义的购买性支出和转移性支出。狭义的购买性支出是指政府进行日常行政事务活动所需要的物品和劳务支出，即政府的消费性支出。转移性支出是指财政资金无偿、单方面转移的支出，包括政府补助支出、捐赠支出和债务利息支出等。

5. 政府投资政策

政府投资是指财政用于资本项目的建设性支出，最终将形成各种类型的固定资产。通过调整政府的投资规模，影响社会总需求和未来社会总供给。通过调整政府的投资方向，对经

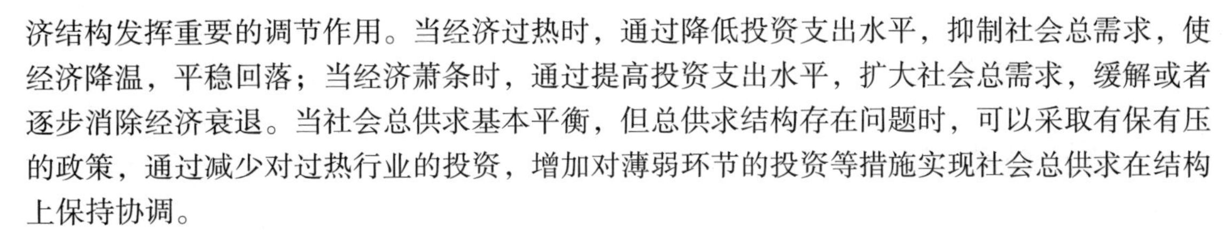

济结构发挥重要的调节作用。当经济过热时，通过降低投资支出水平，抑制社会总需求，使经济降温，平稳回落；当经济萧条时，通过提高投资支出水平，扩大社会总需求，缓解或者逐步消除经济衰退。当社会总供求基本平衡，但总供求结构存在问题时，可以采取有保有压的政策，通过减少对过热行业的投资，增加对薄弱环节的投资等措施实现社会总供求在结构上保持协调。

6. 财政补贴政策

财政补贴是政府公平收入分配的重要手段。通过对低收入群体进行补贴，可以提高其可支配收入水平，促进社会公平分配。另外，财政补贴政策更是保持经济稳定运行的重要手段之一。政策作用原理与税收政策相同。

3.3.3　财政政策的类型

1. 自动稳定与相机抉择财政政策

根据财政政策调节经济周期的作用不同，可将其分为自动稳定的财政政策和相机抉择的财政政策。

（1）自动稳定的财政政策。自动稳定的财政政策，其自身存在可以随着经济社会的发展，自动调节经济运行的机制，通常称为“自动稳定器”，主要表现在以下两个方面：一是累进所得税（包括个人所得税和企业所得税）的自动稳定作用。当经济萧条导致个人和企业收入下降时，符合纳税条件的个人和企业数量自然会减少，因此累进所得税税基缩小、税率普遍变小，导致税收减少。更重要的是，税收减少的幅度大于个人和企业收入的下降幅度，可以防止个人消费和企业投资的过度缩水，自动起到反经济衰退的作用。经济过热时作用相反。二是政府福利支出的自动稳定作用。经济萧条时，符合领取政府福利的人数自动增加，各种福利支出费用随之增大，有利于抑制消费支出的持续下降。经济繁荣时作用相反。

（2）相机抉择的财政政策。相机抉择的财政政策是指政府根据社会的不同经济状况，自主选择不同类型的反经济周期的财政政策工具，干预经济运行，实现财政政策目标。相机抉择的财政政策包括汲水政策和补偿政策。汲水政策是指在经济萧条时期进行公共投资，增加社会需求，使经济恢复活力的政策。该政策属于短期财政政策，即经济萧条状况不再存在，汲水政策就不再实行。补偿政策是指政府从当时经济状态的反方向上调节经济变动的财政政策，以实现稳定经济波动的目的。即在经济萧条时期，会通过增加财政支出、减少财政收入（增支减收）等来刺激和增加投资及消费需求，促进经济增长；经济繁荣时期，会通过增加财政收入、减少财政支出（增收减支）等来抑制和减少社会过剩需求，稳定经济。

2. 扩张性、紧缩性和中性财政政策

根据财政政策在调节国民经济总量和结构中的功能不同，可将其划分为扩张性财政政策、紧缩性财政政策和中性财政政策。

（1）扩张性财政政策。扩张性财政政策以通过财政收支活动增加和刺激社会总需求为目的，适用于社会总需求不足的情况。此时，政府通常会采取减税、增加支出等手段扩大社会需求，以实现社会总供需的平衡。

（2）紧缩性财政政策。紧缩性财政政策以通过财政收支活动减小和抑制社会总需求为目的，适用于社会总需求大于社会总供给的情况。此时，政府通常会采取增加税收、减少财政支出等手段，实现社会总供需的平衡。

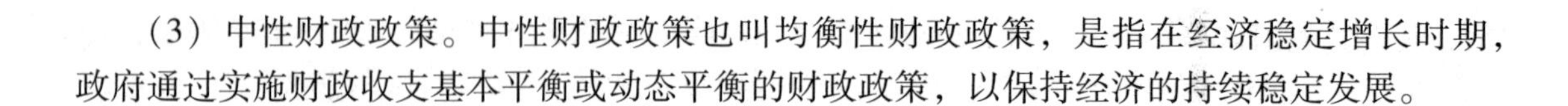

（3）中性财政政策。中性财政政策也叫均衡性财政政策，是指在经济稳定增长时期，政府通过实施财政收支基本平衡或动态平衡的财政政策，以保持经济的持续稳定发展。

3.4 货币与货币政策

3.4.1 货币供给与货币需求

货币供给与货币需求包括货币需求、货币供给、货币均衡、通货膨胀四个方面的内容。

1. 货币需求

货币需求是指经济主体在既定的收入和财富范围内能够并愿意持有货币的数量。货币需求是一种有效需求（由货币需求能力和货币需求愿望共同决定）、一种经济需求和一种派生需求。货币需求量是指在特定时间、空间范围内，经济中各个部门需要持有货币的数量，也就是经济对货币的客观需求量。

（1）传统货币数量说。传统货币数量说也称古典货币数量说，主要包括费雪的现金交易数量说和庇古（剑桥学派）的现金余额数量说。

1）费雪的现金交易数量说。该理论认为，货币量决定物价水平。其交易方程式（即费雪方程式）为

$$MV = PT$$

式中 P——物价水平；

T——商品和劳务的交易量；

V——货币流通速度；

M——货币量。

现金交易数量说的主要观点是：V 由制度因素决定，短期内难以改变，可视其为常数；T 取决于资本、劳动和自然资源的供给状况以及生产技术水平等非货币因素，总的来说也较为稳定；V 和 T 在长期中都不受 M 变动的影响，只有 P 和 M 有直接关系；货币量是最活跃的因素，会主动变动，物价是主要的被动因素，货币量发生变化，物价马上就会发生变动。

2）庇古的现金余额数量说。庇古是剑桥学派的代表人物，他提出的现金余额数量说的方程式为

$$\pi = \frac{KY}{M}$$

式中 Y——总收入；

K——总收入中愿意以货币方式持有的比重（相当于费雪的交易方程式中货币流通速度的倒数，即 $1/P$）；

π——货币价值（即货币购买力，为物价指数的倒数）；

M——名义货币供给量；

KY——真实货币需求。

现金余额数量说的主要观点是：货币的价值由货币供求的数量关系决定；货币需求以人们的手持现金来表示，不仅包括流通货币，也包括贮藏货币；K 为人们的持币量与支出总量的比例。持有货币的比例越大，所需货币越多；物价和货币价值的升降取决于货币量的变

化。假定其他因素不变，物价水平与货币量成正比，货币价值与货币量成反比。

（2）凯恩斯货币需求理论——流动性偏好论。凯恩斯认为，“流动性偏好”的心理倾向是经济主体需要货币的根本原因。流动性偏好理论指出，货币需求由三类动机决定，即交易动机、预防动机和投机动机。

凯恩斯认为，交易动机和预防动机构成交易性需求，由收入的多少决定，是国民收入的增函数，即 $L_1=L_1(Y)$；投机动机是投机性需求，由利率的高低决定，是利率的减函数，即 $L_2=L_2(i)$。因此，若以 L 表示货币需求，则凯恩斯货币需求函数的计算公式为

$$L=L_1(Y)+L_2(i)$$

据此，凯恩斯认为，当利率降到某一低点（i_0）时，货币需求会无限增大，此时流动性偏好具有绝对性，即无人愿意持有债券，都愿意持有货币，这就是著名的流动性陷阱，如图3-2所示。

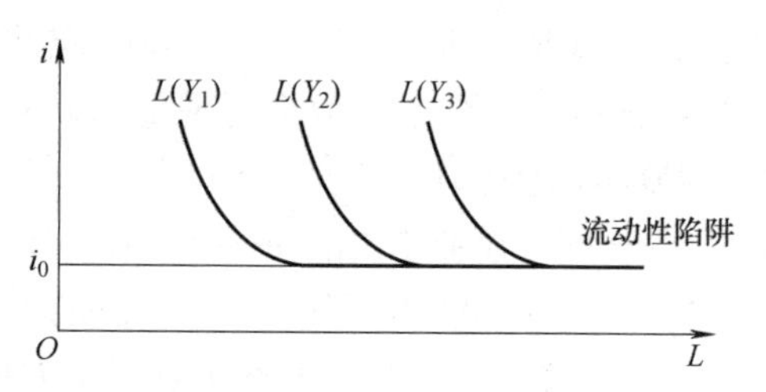

图3-2 流动性陷阱

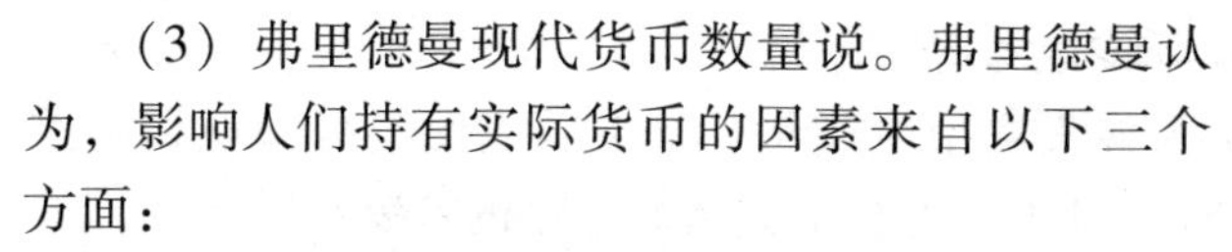

（3）弗里德曼现代货币数量说。弗里德曼认为，影响人们持有实际货币的因素来自以下三个方面：

1）财富总额与财富构成。弗里德曼提出了“恒久性收入”的概念，即以现在的收入与过去的收入加权计算的收入。恒久性收入越高，所需货币越多。财富构成即人力财富与非人力财富之比。人力财富是指个人获得收入的能力，非人力财富即物质财富。人力财富比例越高，所需准备的货币就越多。

2）各种资产的预期收益和机会成本。弗里德曼认为，持有货币的名义收益率一般等于0，持有其他金融资产（如股票、债券等）的收益率一般大于0。因此，其他金融资产收益率越高，持有货币的数量就会减少。如果物价上涨，通货膨胀，人们就会减少货币持有量。

3）其他因素。其他因素是指不属于上述两方面，但又影响货币需求的各种随机因素。

在影响持有货币因素的基础上，弗里德曼提出了自己的货币需求函数，即

$$\frac{M}{P}=f\left(Y_{\mathrm{P}},\ W;\ r_{\mathrm{m}},\ r_{\mathrm{b}},\ r_{\mathrm{e}},\ \frac{1}{P}\frac{\mathrm{d}P}{\mathrm{d}t};\ u\right)$$

式中 M——名义货币量；

P——物价水平；

Y_{P}——恒久性收入；

W——非人力财富占总财富的比例；

r_{m}、r_{b}、r_{e}——分别表示存款、债券和股票的预期名义收益率；

$\frac{1}{P}$、$\frac{\mathrm{d}P}{\mathrm{d}t}$——物价水平的预期变动率；

u——随机因素的影响总和。

2. 货币供给

（1）货币供给及层次的划分

1）货币供给与货币供应量。货币供给是指货币供给主体（即一国或者货币区的银行系统）向经济主体供给货币以满足其货币需求的过程。货币供应量是指流通中的货币数量。

货币被注入经济中并进入实际流通，则会形成现实的流通中的货币。因此，货币供应量在数量上就等于流通中的货币量，两者呈一一对应关系。

2）货币供给层次。银行存款与现金虽然同属于货币，但银行不同种类存款之间，以及它们与现金流通之间有着很大的区别，所形成的社会购买力在时间上、空间上是不同的，对商品和货币流通的影响也是不同的。为了更好地调节和控制货币流通，各国货币金融管理当局一般都要按照货币活跃程度的差异将货币流通量划分若干层次，这就是货币的层次。我国目前公布的货币供应量层次与西方国家相比，基本原则相同，但也有差别。相同表现在：都是以流动性作为划分货币供应量层次的依据；都是以相同名称 $M1$、$M2$、$M3$ 来表示不同层次；都是根据不同层次货币供应量与宏观经济运行的关联程度来决定被监控的对象。差别在于：我国单独设置了流通中的现金 $M0$ 这个指标。目前，我国货币划分为以下层次：

$M0$ = 流通中现金

$M1$ = $M0$ + 企业单位活期存款 + 农村集体存款 + 机关团体部队存款 + 个人持有的信用卡存款

$M2$ = $M1$ + 单位定期存款 + 自筹基建存款 + 居民储蓄存款 + 其他存款

$M3$ = $M2$ + 金融债券 + 商业票据 + 大额可转让的定期存单

其中，$M1$ 是我国的货币供应量，又称为狭义货币供应量，是中国人民银行管理和调控货币流通的重点目标；$M2$ 为广义货币供应量；$M3$ 是为金融创新而增设的。

（2）货币供给机制。货币供应量包括现金和存款，其中，现金是中央银行的负债，存款是商业银行的负债。因此，货币供给机制就是中央银行和商业银行的货币创造行为和过程。

1）中央银行的信用创造货币机制。中央银行是“最后贷款人”，是社会资金运动的组织和管理部门，要承担向社会提供充足的货币资金的责任。中央银行掌握着信用创造货币的功能，这是现代不兑现信用货币制度下货币供给机制的重要内容。其创造货币的原理如图 3-3 所示。

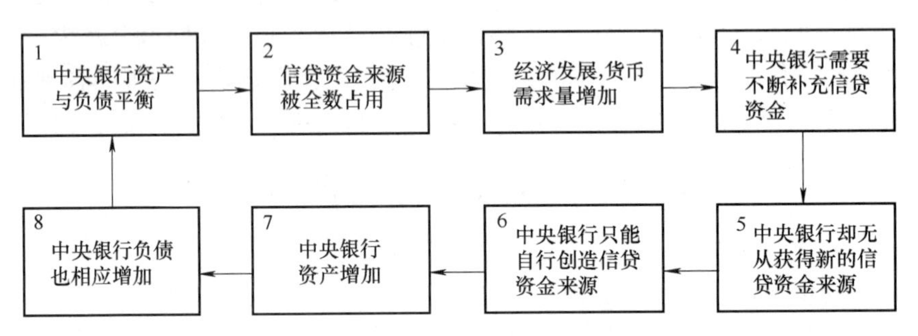

图 3-3　中央银行信用创造货币机制的原理

需要注意的是，图 3-3 中，虽然资产与负债仍然保持平衡，但已经是在更大货币量基础上的平衡状态了。

2）商业银行的扩张信用、创造派生存款机制。商业银行的资产规模取决于负债水平，必须要以组织信贷资金来源作为运用信贷资金的基础，以维持资产与负债的平衡关系。商业银行虽然不具备信用创造货币的功能，但是却具有在中央银行发行货币的基础上扩张信用、创造派生存款的能力。比如，中央银行增加一笔信用，这笔信用总会通过各种渠道存入商业银行，使银行体系的信贷资金来源增加，商业银行就可以利用这笔信用的部分资金发放新的贷款，新的贷款又按前面的模式派生新存款，如此循环往复。也就是说，中央银行每放出一笔信用，银行体系就可以派生出大量新增存款。

3）商业银行扩张信用、创造派生存款的制约因素。

① 缴存中央银行存款准备金。商业银行所吸收的存款中有一部分要按比例缴存中央银行，还要留一部分作为支付清算、头寸调拨或作为资产运用的备用金，这些存款就丧失了创造派生存款的能力。

② 提取现金数量。存款中或多或少都会有一部分转化为现金而流出银行体系，这部分存款也丧失了创造派生存款的能力。

③ 企事业单位及社会公众缴付税款。法人和自然人缴税或购买政府债券，都会使其一部分存款转化为财政存款，使这些存款脱离商业银行的信贷资金来源，从而也丧失了创造派生存款的能力。

4）货币乘数与货币供应量公式。中央银行每放出一笔信用，通过商业银行的信贷业务就能够扩张出若干倍的信用，派生出大量的新增存款。因此，中央银行放出的信用可称为基础货币（包括中央银行发行的货币和商业银行在中央银行的存款），用 B 表示。基础货币的扩张倍数称为货币乘数，它等于存款准备金率与货币结构比率之和的倒数，用 K 表示。由此可得出货币供应量的公式为

$$M = BK$$

其中，存款准备金率是指商业银行所吸收的全部存款中需存入中央银行部分所占的比重；货币结构比率是指商业银行存款中需转化为现金及财政存款等所占的比重。

3. 货币均衡

（1）货币的均衡与失衡。货币均衡（货币供求均衡）是指在一定时期经济运行中的货币需求与货币供给在动态上保持一致的状态。只要货币供给符合经济生活对货币的需求，就会达到均衡。一旦货币供给偏离货币需求，就存在货币失衡。

货币失衡主要有两大类型，即总量性货币失衡和结构性货币失衡。总量性货币失衡和结构性货币失衡往往是相互交织、相互联系的，但由于结构性货币失衡根源于经济结构，所以中央银行在宏观调控时更为注意总量性失衡。

（2）货币均衡水平的作用。货币在运动过程中具备自我调节的机制，能够使其保持均衡状态，因此流通领域的货币数量取决于货币的均衡水平。而货币数量已经成为宏观经济中重要的经济变量和政策变量，这使得货币均衡水平的作用也变得非常重要。

1）货币数量与国民经济的关系。社会总供给表现为一定时期的国内生产总值（GDP）；社会总需求表现为通过货币的多次周转而实现的社会购买力（MV）。因此，要想保持总需求与总供给的均衡关系，就应该处理好货币数量与经济增长之间的关系。由于生产不断发展，流通规模不断扩大，在这种前提下，要保证国民经济在物价稳定的条件下协调发展，就必须使流通领域中货币数量的增长幅度与国民经济的增长速度相互配合。

2）货币均衡与经济增长及物价水平的关系。在现代信用货币制度下，除了通货膨胀等非正常因素的影响，仍存在着物价水平自然上升的倾向，若将物价自然上升因素考虑进去，则流通领域中货币数量的增长应略高于国内生产总值的增长。

4. 通货膨胀

通货膨胀的通用定义是：在价值符号流通条件下，由于货币供给过度而引起的货币贬值、物价上涨的现象。在经济学领域，对通货膨胀的定义有多种说法。萨缪尔森的经济学理

论认为：通货膨胀是在一定时期内，商品和生产要素价格总水平持续不断的上涨。马克思主义货币理论认为：通货膨胀是在纸币流通条件下，由于纸币过度发行而引起的纸币贬值、物价上涨的现象。

（1）通货膨胀的类型。根据通货膨胀的形成原因和表现形式，可以对不同的通货膨胀进行分类。

1）按通货膨胀的成因分类。根据通货膨胀的不同成因，可将通货膨胀分为四种类型，即需求拉上型通货膨胀、成本推进型通货膨胀、输入型通货膨胀和结构型通货膨胀。需求拉上型通货膨胀是指因社会总需求超过了社会总供给的增长幅度，导致商品和劳务供给不足、物价持续上涨；成本推进型通货膨胀是指因成本自发性增加而导致物价上涨；输入型通货膨胀是指因进口商品价格上升、费用增加而使物价总水平上涨；结构型通货膨胀是指因经济结构方面的因素变动，即便总供给与总需求处于均衡状态，也会引起物价总水平上涨的通货膨胀类型。

2）按通货膨胀的表现形式不同，可将通货膨胀分为开放性通货膨胀和隐蔽性通货膨胀。开放性通货膨胀表现为物价水平随货币数量变动而自发波动，因而物价上涨是通货膨胀的基本标志。隐蔽性通货膨胀是指在一国实行物价管制的情况下，商品供给短缺不能用物价上涨来反映，只表现为人们普遍持币待购而使货币流通速度减慢。

（2）通货膨胀的形成原因

1）直接原因：过度的信贷供给。

2）主要原因：发生财政赤字，或推行赤子财政政策；“信用膨胀”。

3）其他原因：投资规模过大，国民经济结构比例失调，国际收支长期顺差。

（3）通货膨胀的治理措施。综合分析国际国内的一般经验，治理措施主要有紧缩的需求政策和积极的供给政策。

1）紧缩的需求政策，包括紧缩性财政政策与紧缩性货币政策。紧缩性财政政策直接从限制支出、减少需求等方面来减轻通货膨胀压力，简而言之，就是“增收节支”，减少赤字。具体采取减少政府支出、增加税收、发行公债等措施。紧缩性货币政策着力通过减少货币供应量来减少社会需求。具体措施如下：提高法定存款准备金率、提高再贴现率、公开市场操作。通货膨胀时期，中央银行通过公开市场向商业银行等金融机构出售有价证券，紧缩信用，减少货币供应量。

2）积极的供给政策。通货膨胀通常表现为物价上涨，即商品供给不足，因此，一些西方学者认为治理通货膨胀时应从供求两个方面入手，在抑制总需求的同时，积极运用刺激生产的方法增加供给来治理通货膨胀。主要措施包括：减税、削减社会福利开支、适当增加货币供给以发展生产、精简规章制度等。

3.4.2 中央银行与货币政策

1. 中央银行

（1）中央银行制度。中央银行也称货币当局，是一国金融中介体系的中心环节，也是发行的银行、银行的银行和政府的银行，具有国家行政管理机关和银行的双重性质。我国的中央银行是中国人民银行，其主要职能包括：制定和执行货币政策、维护金融稳定、提供金融服务。

中央银行制度是指由中央银行代表国家管理一国金融业，并以其为核心构成商业银行及其他金融机构为融资媒体的金融体制。中央银行制度的建立，一般都出于以下四个方面的需要：

1）集中货币发行权的需要。货币的发行必须集中于代表国家意志的机构，因此，为了满足国家集中货币发行权的需要，就必须建立能够代表国家意志的中央银行。

2）代理国库和为政府筹措资金的需要。政府财政需要有一个金融机构来办理国库的货币收支业务，接受国库存款和为政府筹措资金，进行这些业务活动的机构，既要能够代表国家意志，又不能以营利为目的，因此需要建立中央银行。

3）管理金融业的需要。国家为了管理金融业，防止其倒闭引发金融危机等各种隐患，必须建立与商业银行有业务联系，且具有集中商业银行现金准备并向商业银行提供信用等手段的中央银行。

4）国家对社会经济发展实行干预的需要。为了实现经济增长、增加就业、稳定物价等宏观经济目标，就必须建立能够调节货币供给，能够控制信用规模的中央银行。

（2）中央银行的职责与特征。中央银行代表国家管理金融，制定和执行金融方针政策，其主要管理职责就是利用基础货币、利率等经济力量，对金融和经济活动进行管理、控制和调节。中央银行的活动具有以下特征：

1）不以营利为目的。中央银行以金融调控、稳定币值、促进经济发展为主要职责。

2）不经营一般性银行业务或非银行金融业务。中央银行不对任何个人和单位提供担保或直接发放贷款，其业务服务对象是政府部门、商业银行及其他金融机构。

3）在制定和执行货币政策时，中央银行具有相对独立性，不受其他部门或机构的行政干预和牵制。

（3）中央银行的主要业务。中央银行的主要业务是货币发行业务、对银行的业务以及对政府的业务三大方面。

1）货币发行业务。货币发行业务是中央银行的主要业务，是指一国货币当局投放现金的业务。中国人民银行是我国法定的唯一的货币发行机构。

2）对银行的业务。中央银行对银行的业务主要有三种：①集中准备金，即规定商业银行缴存的存款准备金率，通过存款准备金率来管理商业银行及其他金融机构；②最后贷款人，即向商业银行提供再抵押放款、为商业银行贴现的商业票据进行再贴现和再贷款；③全国清算，即利用存款准备金为商业银行办理商业银行之间的各种往来账户非现金结算，此为中央银行的中间业务。

3）对政府的业务。中央银行对政府的业务主要有五种：①代理国库，即接受各级国库存款，又执行国库签发的支票办理转账手续或现金付款，成为政府的总会计和总出纳；②代理发行国家债券，即代理国家发行债券以及债券到期的还本付息事宜；③对国家提供信贷支持，即当国家财政出现收不抵支时，向国家提供信贷支持，包括直接贷款或购买国家公债；④保管外汇和黄金储备，即代理政府交易和储备黄金、外汇，为补充国际储备或保值而进行黄金、外汇的交易；⑤制定并监督执行有关金融管理法规。

（4）中央银行资产负债表。中央银行资产负债表可以更加具体地体现中央银行的各种业务。就我国而言，中国人民银行公布的中央银行资产负债表的主要项目如表 3-1 所示。

表 3-1　中国人民银行公布的中央银行资产负债表

资产	负债
国外资产	储备货币
对政府债权	不计入储备货币的金融性公司存款
对其他存款性公司债权	发行债券
对其他金融性公司债权	国外负债
对非金融性部门债权	政府存款
其他资产	自有资金
	其他负债
总资产	总负债

2. 货币政策

货币政策是一国金融当局制定和执行的通过货币供应量、利率或其他中介目标影响宏观经济运行的手段，包括政策目标、实现目标所运用的政策工具、预期达到的政策效果。

（1）货币政策目标。货币政策目标是解决宏观经济问题的决策，具体目标包括：稳定物价、经济增长、充分就业、平衡国际收支等。

需要注意的是，现实经济生活中难以同时实现四大货币政策目标。在难以保持四个政策基本目标之间统一的情况下，在一定时期内应选择其中一个或两个目标作为侧重点。就我国而言，侧重的货币政策目标为：保持货币币值稳定，并以此促进经济增长。

（2）货币政策工具。货币政策工具主要包括一般性政策工具、选择性货币政策工具、直接信用控制与间接信用指导等。

1）一般性政策工具。一般性政策工具是较为传统的一类货币政策工具，主要有三种，即法定存款准备金率、再贴现、公开市场操作。法定存款准备金率是商业银行等将其所吸收的存款和发行的票据存放在中央银行的最低比率，它往往是作为货币政策的一种自动稳定机制，一般不会经常使用。再贴现是指中央银行向持有商业票据等支付工具的商业银行进行贴现的行为。再贴现政策是指中央银行调整再贴现率，以增加或减少货币供应量的政策措施。公开市场操作即中央银行在证券市场上公开买卖国债、发行票据等活动。该政策的对象主要是商业银行和其他金融机构，目的在于调控基础货币，以影响货币供应量和市场利率。

2）选择性货币政策工具。选择性货币政策工具主要有选择地对某些特殊领域的信用加以调节和影响，包括消费者信用控制、证券市场信用控制、优惠利率、预缴进口保证金等。消费者信用控制是指中央银行对不动产以外的各种耐用消费品的销售融资予以控制。证券市场信用控制是指中央银行对有关证券交易的各种贷款进行限制，目的在于抑制过度投机。

3）直接信用控制与间接信用指导。直接信用控制是指中央银行以行政命令或其他方式，直接控制商业银行等金融机构的信用活动，如利率最高限、信用配额等；间接信用指导是指中央银行间接影响商业银行的信用创造。

（3）货币政策的中介目标。中央银行按照可控性、可测性和相关性三大原则，为确定的货币政策目标选择相应的中介目标，以实施政策操作和检查政策实施效果。货币政策中介目标的变量指标包括：利率、货币供应量、超额准备金或基础货币、通货膨胀率。

1）利率。一般指短期的市场利率。中央银行通过调整再贴现率、存款准备金率引导短期市场利率变化，进而影响金融机构、企业、居民的资金实际成本和机会成本。

2）货币供应量。中央银行直接控制基础货币，通过调整准备金率及其他措施间接控制狭义货币和广义货币，进而控制货币的供应量，最终控制社会总需求。

3）超额准备金或基础货币。超额准备金对商业银行的资产业务规模有直接的决定作用；基础货币是构成货币供应量倍数伸缩的基础，易于调控。

4）通货膨胀率。设定一个适合的通货膨胀率，参考利率、货币供应量等指标，根据变动情况适时调整并控制通货膨胀率。

（4）货币政策传导机制。货币政策传导机制是指从运用货币政策到实现货币政策目标的过程。具体而言，货币政策传导机制是中央银行运用货币政策工具影响中介指标，进而最终实现既定政策目标的传导途径与作用机理。

货币政策有效性取决于传导机制的效率，而传导机制的效率主要取决于以下三点：

1）经济主体能够对货币政策变动做出灵活反应。

2）金融市场比较发达。

3）利率、汇率的市场化程度较高。

3.5　金融市场与金融监管

3.5.1　商业银行与金融市场

1. 商业银行

商业银行以经营工商业存款、放款为主要业务，因此又称为存款货币银行。它能为客户提供多种金融服务，是金融机构体系的核心部分。

（1）商业银行的主要职能与组织形式

1）商业银行的主要职能。商业银行有三大主要职能，即信用中介、支付中介、信用创造。信用中介主要是指既吸收存款，又发放贷款，起着化货币为资本的作用；支付中介是指接受企业的委托，为其办理与货币运动有关的业务，如汇兑、非现金结算等，成为企业的总会计、总出纳，也是社会的总账房；信用创造是指发行信用工具，满足流通界对流通手段和支付手段的需要，是银行可以超出自有资本与所吸收资本的总额而扩张信用。

2）商业银行的组织形式。商业银行可以根据不同的划分标准进行分类。按机构设置可分为单一银行制和总分行制；按业务范围可分为专业银行制和综合化银行制。

（2）商业银行的主要业务。商业银行的主要业务包括负债业务、资产业务和中间业务。

1）负债业务。负债业务是形成商业银行资金来源的业务，主要包括自有资金和吸收的外来资金两部分。自有资金又称权益资本，包括成立时发行股票所筹集的股本以及公积金、未分配利润。外来资金包括吸收存款、向中央银行借款、从同业拆借市场拆借、发行金融债券、从国际货币市场借款等。具体来说，商业银行的负债业务主要包括吸收存款和借款业务。

2）资产业务。资产业务是商业银行获得收益的主要业务活动。所得资金必须将一部分作为中央银行的存款以及现金保留，以应付客户提存；另一部分则主要以票据贴现、贷款和证券投资等方式进行增值运用。票据贴现是指银行按客户要求买进未到付款日期的票据并向客户收取一定的利息，实际上是银行通过贴现的方式，间接贷款给票据持有人。贷款业务是指银行将其所吸收的资金按一定利率贷给客户，然后约定归还期限的业务。这是资产业务中最重要的一种。证券投资业务是指银行以其资金作为投资而持有各种有价证券的业务活动。

3）中间业务。中间业务也称无风险业务，是指商业银行不使用自己的资金，为客户办理支付和其他委托事项，从中收取手续费的业务。主要办理的中间业务包括结算业务、信托业务、代理业务、咨询业务和租赁业务等。

（3）商业银行的经营管理。商业银行的经营管理秉持营利性、流动性和安全性原则。

1）营利性原则。营利性原则是指商业银行以营利为目的，追求利润最大化，在经营资产业务中，必须获得尽可能高的收益。

2）流动性原则。流动性原则是指商业银行必须保有一定比例的现金或其他易变现资产，同时表示商业银行取得现款的能力。

3）安全性原则。安全性原则是指商业银行在放款和投资时要按期收回本息，特别避免本金受损。

（4）存款保险制度。存款保险制度是一种金融保障制度，是指符合条件的各类存款性金融机构作为投保人按一定存款比例向存款保险机构缴纳保险费，建立存款保险准备金，当成员机构发生经营危机或面临破产倒闭时，存款保险机构向其提供财务救助或直接向存款人支付部分或全部存款，从而保护存款人的利益，维护银行信用，稳定金融秩序。

2. 金融市场

金融市场是以金融资产为交易对象而形成的供求关系及其机制的总和。金融市场是由许多子市场组成的一个庞大的体系，是金融工具的主要交易场所。

根据金融工具的期限长短，金融市场可分为货币市场和资本市场两大类（外汇市场除外）。货币市场是指期限在1年及1年以下的金融资产为交易标的物的短期金融市场；资本市场是指期限在1年以上的金融资产交易市场。

具体来说，主要的金融市场包括同业拆借市场、票据市场、债券市场、股票市场、投资基金市场、金融期货市场、金融期权市场、外汇市场等。

（1）同业拆借市场。同业拆借市场是指金融机构之间以货币借贷方式进行短期资金融通活动的市场，主要用于弥补金融机构短期资金不足、票据清算差额以及解决临时性的资金短缺需求。同业拆借市场具有期限短、流动性高、利率敏感性强和交易方便等特点。同业拆借利率是经济中反映整个信贷资金供求状况的一个敏感指标，国际货币市场上比较典型、有代表性的同业拆借利率是伦敦银行同业拆借利率（LIBOR）。

（2）票据市场。票据市场是以各种票据为交易对象进行资金融通的市场，包括商业票据市场、银行承兑汇票市场、银行大额可转让定期存单市场、短期以及融资性票据市场。其中，商业票据市场和银行承兑汇票市场是最主要的两个子市场。

（3）债券市场。债券市场既具有货币市场属性，又具有资本市场属性，是发行和买卖债券的场所，是一种直接融资的市场。按市场组织和形式的不同，可将债券市场分为场内交易市场和场外交易市场。按期限不同，可将债券分为短期债券（1年期以内）、中期债券（1年期至10年期）和长期债券（10年期以上）。其中，政府以债务人身份承担到期偿付本息责任的短期政府债券，其流动性在货币市场中是最高的，几乎所有金融机构都参与交易。

（4）股票市场。股票市场是指股票发行和交易的场所，分为发行市场和流通市场。发行市场又称一级市场，是发行股票筹集资金的市场，主要的参与者包括上市公司、投资者以及证券公司、会计师事务所、律师事务所等在内的中介机构。流通市场又称二级市场，是已发行股票在投资者之间进行转让的市场，主要的参与者是投资者。活跃的流通市场是发行市场得以存在的必要条件。

（5）投资基金市场。投资基金市场是指通过发行基金单位集中分散资金，由基金托管人托管，基金管理人管理和投资，获得投资收益并分配给基金持有者的机构。它是一种利益共享、风险共担的集合投资方式，也是一种金融中介机构。投资基金的类型很多，其中，证券投资基金是指在证券市场上投资的基金，主要投资于债券和股票。其优势在于专家理财，比一般人更能把握证券市场的走势。

（6）金融期货市场。金融期货市场是指专门进行金融期货交易的市场，具有锁定和规避金融市场风险、实现价格发现的功能。金融期货交易一般是指交易协议达成后，在未来某一特定时间办理交割的交易。金融期货市场的成交和交割是分离的，这就可能造成交割时由于汇率等各种因素的变动，使交易者获利或受损。所以，证券、外汇和黄金较多地采用期货交易形式。

（7）金融期权市场。金融期权市场是金融期货市场的发展和延伸，它们都属于金融衍生产品市场。金融期权交易是指买卖双方按成交协议签订合同，允许买方在交付一定的期权费用后，取得在特定时间内，按协议价格买进或卖出一定数量的证券的权利。如果协议合同到期，购买期权的一方没有行使该权利，则期权合同自动失效。

（8）外汇市场。外汇市场是指按不同种货币计值的两种票据之间交换的市场，也是各种短期金融资产交易的市场。

3.5.2　金融风险与金融监管

1. 金融风险

（1）金融风险的含义与类型。金融风险是指投资者和金融机构在资金的借贷和经营过程中，由于各种不确定性因素使预期收益和实际收益发生偏差，从而发生损失的可能性。常见的金融风险有四类，即市场风险、信用风险、流动性风险和操作性风险。

市场风险是由利率、汇率、股价、商品价格等市场因素波动所产生的风险；信用风险是借款人或市场交易对手违约所带来的风险；流动性风险是资产流动性降低而产生的风险；操作性风险是由于金融机构的交易系统不完善、管理失误或发生人为错误而产生的风险。

（2）金融风险的特征。金融风险一般具有以下四大基本特征：

1）不确定性。影响金融风险的因素非常复杂，不同因素相互交织，毫无预见性。

2）相关性。金融机构、经济、社会等因素共同产生金融风险。

3）高杠杆性。金融企业负债率高，财务杠杆大，负外部性大。

4）传染性。金融机构是中介机构，处于这一中介网络的任何一方出现风险，都有可能影响多方对象。

我国的金融风险特性还包括：金融结构失衡与融资形式畸形发展使风险集中于银行；金融风险与财政风险相互传感放大；非正规金融规模庞大成为金融安全的隐患等。

2. 金融危机

（1）金融危机的含义与特点。金融危机是指一个国家与地区或几个国家与地区的全部或大部分金融指标出现急剧、短暂和超周期的恶化现象。这里的金融指标包括短期利率、金融资产、房地产、商业破产数、金融机构倒闭数等。

金融危机的发生具有频繁性、广泛性、传染性和严重性等特点，不仅会使一国实体经济遭受影响，还可能令该国金融市场崩溃、国家破产，严重时还会引起全球性金融危机。

（2）金融危机的类型。随着全球化经济不断发展，金融危机的国际性更显突出，因此，金融危机的类型实际上指的就是国际金融危机的类型，具体包括债务危机、货币危机、流动性危机、综合性金融危机等。

1）债务危机。债务危机也称支付能力危机，即一国债务无法按期偿还引发的危机，一般发生在发展中国家。发生债务危机的国家有以下特征：出口不断萎缩，外汇主要来源于举借外债；国际债务条件对债务国不利；外债投资效益不高，创汇能力低。

2）货币危机。货币危机通常反映为本币汇率高估，一般容易发生在实行固定汇率制或带有固定汇率制色彩的盯住汇率制度的国家。当由于本币汇率高估引发投机冲击时，会加速外汇市场上本币的抛压，最终结果不是本币大幅度贬值，就是该国金融当局为捍卫本币币值，动用大量国际储备干预市场，或大幅度提高国内利率。盯住汇率是指一国货币按固定比率同某种外币或混合货币单位相联系的汇率制度。发展中国家大多采用盯住汇率制度。

总体来说，从国际债务危机、欧洲货币危机到亚洲金融危机，危机主体的一个共同特点在于其盯住汇率制度。因此，一国货币危机的发生与其宏观基本面、市场预期、制度建设和金融体系发展状况有很大关系。

3）流动性危机。流动性危机主要由流动性不足引起，具体可以分为国内流动性危机和国际流动性危机两个层面。国内流动性危机是由于金融机构资产负债不匹配，即“借短放长”，导致流动性不足以偿还债务，使银行的资产减缩而引发大规模的“挤兑”风波，导致危机爆发。国际流动性危机是由于一国金融体系中潜在的短期外汇履约义务超过短期内可能得到的外汇资产规模，导致国际流动性不足。换言之，一国外汇储备越多，国际流动性越充足，发生流动性危机的可能性就越小；反之，则越大。

4）综合性金融危机。综合性金融危机通常是几种危机的结合，一般分为外部综合性金融危机和内部综合性金融危机。发生内部综合性金融危机国家的共同特点是，金融体系脆弱，危机由银行传导至整个经济。

（3）次贷危机。次贷危机是指一场发生在美国，因次级抵押贷款机构破产、投资基金被迫关闭、股市剧烈震荡引起的金融风暴。总体来说，美国次贷危机可以分为三个阶段，如图 3-4 所示。

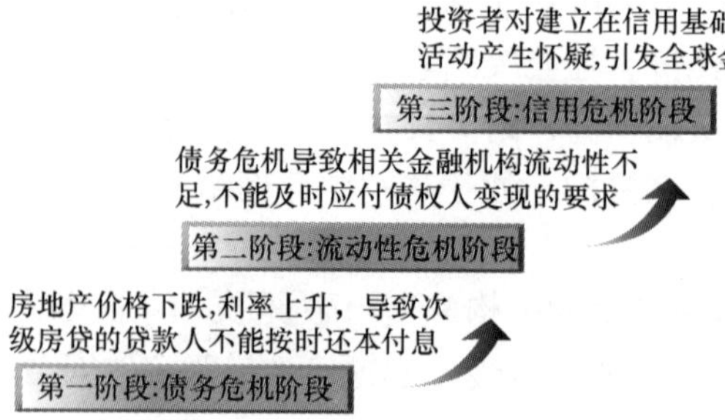

图 3-4　次贷危机的三个阶段

3. 金融监管

（1）金融监管的含义。金融监管对经济、金融运行具有重要的意义，它是一国金融国际化发展的重要条件。金融监管即金融监督管理，是指一国金融管理部门为达到稳定货币、维护金融业正常秩序等目的，依法对金融机构及其经营活动实施外部监督、稽核、检查，并对其违法违规行为进行处罚等一系列行为。

金融监管首先从银行开始，原因在于银行具有以下特性：

1）银行提供的期限转换功能。银行在储蓄—投资转化过程中为储蓄者和投资者提供“借短放长”的资金操作模式，实现期限转换。

2）银行是整个支付体系的重要组成部分，作为票据的清算者，降低了交易费用。

3）银行的信用创造和流动性创造功能。

（2）金融监管的一般性理论。金融监管的一般性理论包括公共利益论、保护债权论、金融风险控制论，以及全球化金融环境下对传统理论的挑战。

公共利益论认为，监管是政府对公众要求纠正某些社会个体和社会组织的不公平、不公正和无效率或低效率的一种回应。政府的参与能够解决市场缺陷，因此它可以作为公共利益的代表来克服市场缺陷等问题，由此也能带来更大的公共福利。

保护债权论认为，银行等金融机构存在严重的逆向选择和道德风险等问题。因此，为了保护债权人的利益，则需要金融监管。但由于监管成本昂贵，且投资者不了解银行业务，由此形成了监督的“自然垄断”性质，使得外部监管成为必要。

金融风险控制论是在“金融不稳定假说”的基础之上建立的，该理论认为，银行的利润最大化目标会使其增加有风险活动，导致系统内的不稳定性，如高负债经营、借短放长和部分准备金制度等。银行经营的是金融资产，而各金融机构之间具有密切联系，其流通性使银行体系存在风险传导性，所以金融监管控制金融体系系统性风险是十分重要的。

随着金融全球化，各国金融市场之间的联系越来越密切，由此带来的信息不对称问题更为突出，金融监管难度加大。另外，金融管理当局既要维护本国金融体系稳定，又要鼓励本国机构参与国际金融业务活动，这样就会受到国际上的监管约束。

因此，越来越强的金融全球化趋势使得传统理论模式受到挑战。一国金融管理部门的监管行为不再是单边合作，而是在多边基础上的合作。为此，金融监管的经济理论支柱、监管理念需要适当进行改变。

思 考 题

1. 财政的基本职能有哪些？
2. 财政收支包括哪些项目？
3. 国债的政策功能有哪些？
4. 简述财政政策的目标及工具。
5. 简述通货膨胀产生的原因及治理措施。
6. 试述货币供给机制。
7. 简述货币政策的目标及工具。
8. 什么是金融危机？它包括哪些类型？

第4章

管理学原理

当代社会是由各类组织构成的社会。管理是一切组织中存在的一种普遍行为，由于其在实践中的重要性，它越来越受到人们的关注与重视。学习并掌握管理知识是社会的需要，也是每个人个人发展的需要。

4.1 管理与管理者

在人类历史上，自从有了组织的活动，就有了管理活动。管理是人类各项活动中最重要的活动之一，广泛存在于现实的社会生活之中，无论是国家、军队还是企业、学校等，凡是由两个人以上组成的，有一定活动目的的集体都离不开管理。

4.1.1 管理的含义

《世界大百科全书》中这样定义管理："管理就是对工商企业、政府机关、人民团体以及其他各种组织的一切活动的指导。它的目的是要使每一行为或决策有助于实现既定的目标。"也就是说，凡涉及群体活动的单位或组织，都需要管理。对管理的定义，学者们从不同的角度进行了解释。

早期的管理学者玛丽·帕克·福来特把管理描述为"通过其他人来完成工作的艺术"。她仅仅把管理当作一种艺术，强调了人的重要性。

帕梅拉·S. 路易斯、斯蒂芬·H. 古德曼和帕特丽夏·M. 范特定义管理为"切实有效支配和协调资源，并努力达到组织目标的过程"。

沃伦·R. 普伦斯特和雷蒙德·F. 阿特纳定义管理为"一个或多个管理者单独和集体通过行使相关职能（计划、组织、人员配备、领导和控制）和利用各种资源（信息、原材料、货币和人员）来制定并达到目标的活动"。

美国管理学家、诺贝尔经济学奖获得者赫伯特·A. 西蒙认为"管理就是决策"。

斯蒂芬·P. 罗宾斯和玛丽·库尔塔这样定义管理："管理这一术语指的是和其他人一起并且通过其他人来切实有效地完成工作的过程。"

综合各位学者对管理含义和属性的揭示，本书认为可以把管理的定义概括为：在特定的环境下，组织中的管理者通过行使计划、组织、领导和控制等职能活动，合理分配、协调相关资源，使整个组织高效率地实现既定目标的过程。

4.1.2　管理的基本职能

在 20 世纪初，法约尔在其著作《工业管理与一般管理》中写道："所有管理者都行使五种管理职能：计划、组织、指挥、协调和控制。" 到 20 世纪 50 年代中期，美国的哈罗德·孔茨和西里尔·奥唐内尔在其有关管理学的教科书中，把管理的职能划分为以下五种：计划、组织、人员配备、指导和控制。20 世纪 70 年代以后，学术界通常把管理的职能概括为计划、组织、领导和控制四种职能，认为这是一切管理活动最基本的职能。

1. 计划职能

计划职能是管理的首要职能，是决策性职能。决策是组织在未来众多的行动可能中选择一个比较合理的方案。计划是决策的逻辑延续。所谓计划，是指制定目标并确定为达成这些目标所必需的行动。

2. 组织职能

组织是指对企业所拥有的各种资源进行配置和协调，把人员按一定的结构进行组织，使他们能够按照一定的程序运作，互相之间有明确的信息渠道，通过这一切来保证组织目标的实现。组织工作包括分工、构建部门、确定层次等级和协调等活动，其任务是构建一种工作关系网络，使组织成员在这样的网络下更有效地开展工作。最重要的是，管理者必须根据组织的战略目标和经营目标来设计组织结构、配备人员和整合组织力量，以提高组织的应变能力。组织是管理的执行性职能。

3. 领导职能

所谓领导，是指利用组织赋予的权力和自身的能力去指挥与影响下属为实现组织目标而努力工作的管理活动过程。领导工作就是管理者利用职权和威信产生影响，指导和激励其下属人员去实现目标的过程。为了使领导工作卓有成效，管理者必须了解个人和组织行为的动态特征、激励员工以及与其进行有效的沟通。只有通过卓有成效的领导工作，组织目标才有可能实现。

4. 控制职能

所谓控制，是指按照组织的计划标准，对组织的各项活动进行检查，发现或预见计划执行过程中出现的偏差，及时采取措施予以纠正。广义的控制还包括根据组织内外环境的变化，对计划目标和控制标准进行修改或重新制定。也就是说，控制是监督组织各方面的活动，保证组织的实际运行状况与组织计划要求保持动态适应的一项管理职能。控制工作的主要内容包括确定标准、衡量绩效和纠正偏差。控制不仅需要选择合适的控制环节，还要确定恰当的控制程度，收集及时有效的信息，而且要求合理运用各种控制手段。

4.1.3　管理的性质

1. 管理的自然属性和社会属性

管理不仅具有合理组织生产力——监督和指挥生产的自然属性，而且还具有维护生产关系运行，即维护社会统治秩序的社会属性，这便是管理的二重性。管理的自然属性主要取决于生产力的发展水平和劳动的社会化程度，它是管理的一般属性，反映了不同社会制度下管理的共性。管理的社会属性主要取决于生产关系的性质，并随着生产关系的性质变化而变化，它是管理的特殊属性，反映了不同社会制度下管理的个性。

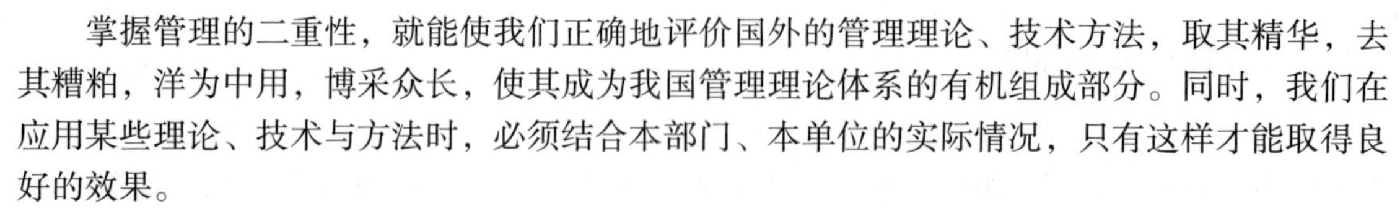

掌握管理的二重性，就能使我们正确地评价国外的管理理论、技术方法，取其精华，去其糟粕，洋为中用，博采众长，使其成为我国管理理论体系的有机组成部分。同时，我们在应用某些理论、技术与方法时，必须结合本部门、本单位的实际情况，只有这样才能取得良好的效果。

2. 管理的科学性和艺术性

管理是人们经过一百多年的探索、总结、归纳、检验，从实践中抽象概括出的反映管理过程客观规律的理论和方法，因而管理具有科学性。与自然科学相比，管理并非一门精确的科学。因为管理中涉及的许多因素是定量分析所无法解决的。管理的核心是对人的管理，人的复杂性决定了管理的复杂性。这种复杂性要求管理者除了要掌握管理的原理和方法外，还要能够发挥创造性，灵活地运用管理理论解决实际问题，这体现了管理的艺术性。

管理的科学性与艺术性不是互相排斥而是互相补充的，忽视管理的科学性只强调管理的艺术性，将会使艺术性变为随意性；反之，忽视艺术性，管理科学则成为僵死的教条。总之，管理的科学性与艺术性二者相互关联，不可偏颇，二者均来自实践，并在实践中得到统一。

4.1.4 管理者

1. 管理者的含义

沃伦·R. 普伦斯特和雷蒙德·F. 阿特纳定义管理者为“对资源的使用进行分配和监督的人员”。

斯蒂芬·P. 罗宾斯定义管理者为“指挥别人活动的人”。

组织成员一般可分为两类：一类是直接从事组织业务活动的作业人员，一类是从事管理活动的管理人员。这些承担管理工作、履行管理职能的人员就是管理者。当然，作业人员与管理人员的划分只是相对的，不是绝对的。有些管理者也做一些事务性的非管理工作。如学校校长也可能承担授课和指导学生论文的任务，医院院长也可能承担给患者会诊、做手术等任务。

管理者的工作不是取得个人成就，而是帮助他人完成工作任务。管理者的工作可能意味着协调一个部门的工作，也可能意味着监管某个员工，还可能是协调一个工作团队的活动。

在当今许多组织中，不断变化的工作性质模糊了管理者与非管理者之间的界限。如在以团队形式开展活动的组织中，管理者和团队成员共同承担管理职责。团队成员通过岗位轮换，可以成为团队领导者或成为某一专业活动的管理者。

2. 管理者的分类

在具有传统“金字塔”结构的组织中，管理者可以分为高层管理者、中层管理者和基层管理者。高层管理者对整个组织资源配置起决定性作用；中层管理者的职责是贯彻高层管理机构的决策，落实任务，指导、监督和协调基层组织的活动；基层管理者又称一线管理者，主要负责协调和处理基层日常事务。

依照从事管理工作的领域宽度及专业性质，管理者可划分为综合管理者和专业管理者。综合管理者是指负责管理整个组织或组织中某个事业部的全部活动的管理者。例如，一个工厂的厂长，多元化公司事业部或子公司的经理。专业管理者是指仅承担管理的某一类专业职能的管理者。例如，公司生产、营销、人力资源、财务以及研发部门的管理者。

3. 管理者的角色与技能

（1）管理者的角色。管理者合格与否在很大程度上取决于管理职能的履行情况。为了有效履行各种职能，管理者必须明确自己要扮演哪些角色。1960 年，亨利·明茨伯格在对五位高级主管人员做了认真的现场观察和研究后认为，管理者在工作中扮演十种不同的角色，这十种角色可被归入三大类：人际角色、信息角色和决策角色。明茨伯格的管理角色理论可用图 4-1 来表示。

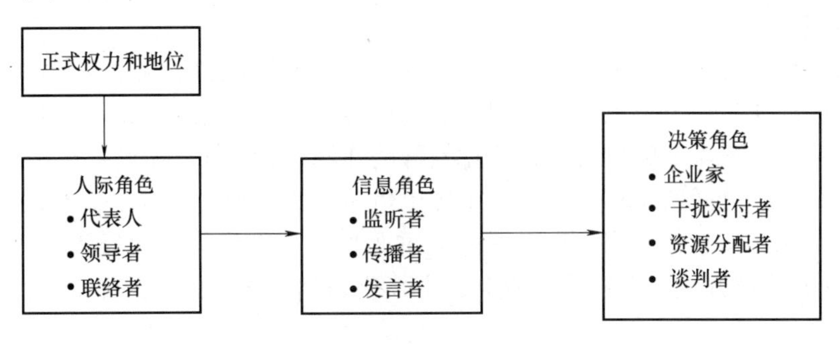

图 4-1　管理者的角色

（2）管理者的技能。管理者在行使管理职能和扮演三类角色时，要想在千变万化的环境中进行有效管理，实现组织的目标，就必须使自己掌握必要的管理技能。管理学者罗伯特·卡兹在《哈佛商业评论》中发表的《能干的管理者应具有的技能》一文中指出，管理者需要技术技能、人际技能和概念技能，三种技能对于不同层次管理者的重要程度有所不同（见图 4-2）。

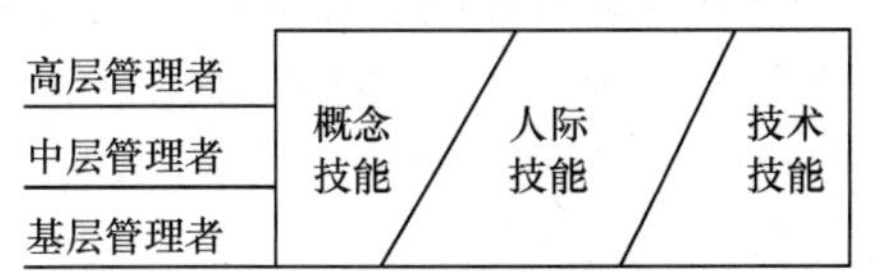

图 4-2　不同层次的管理者对各种管理技能的需要比例

1）技术技能。技术技能是指管理者通晓和熟悉自己管理范围内所需要的技术和方法。技术技能对基层管理者至关重要，随着管理者职位的提高，技术技能的需要程度逐渐下降。

2）人际技能。人际技能是指管理者成功地与别人打交道并与别人沟通的能力。人际技能包括对下属的领导能力和处理不同组织之间的关系的能力。人际技能对各级管理者都非常重要。在一般情况下，一个具有良好人际技能的管理者肯定要比其他同事更能取得管理工作的成功。

3）概念技能。概念技能是指管理者进行抽象思考、形成概念的能力。具有概念技能的管理者能够准确把握工作单位之间、个人之间和工作单位与个人之间的相互关系，深刻了解组织中任何行动的后果，以及正确行使管理职能。概念技能是高层管理者胜任工作的最重要技能，也是对组织发展至关重要的一项技能。

4.1.5　管理的基本工具

如果说管理的本质是规范和协调人的行为，那么管理者影响人的行为的手段无非两类：一类与权力有关，另一类与组织文化有关。管理者既需要运用权力直接规范被管理者在组织中必须表现的行为，并对其进行追踪和控制，也需要借助组织文化引导组织成员在参与组织活动过程中不同时空的行为选择。

1. 权力

权力本是政治学研究的一个基本概念，它描述的是组织中的相关个体在一定时期内相对稳定的一种关系。把权力的实质理解为命令与服从，则权力关系是单向的；把权力的实质理解为影响力，则权力关系必然是双向的；不完全平等的权力地位是权力关系的基本特征。权力关系中相对权力地位或相对影响力不一样的原因是行为主体拥有的权力资源不同：专门知识或技能、经验和能力、个人品质、奖励或惩罚他人的可能性。

2. 组织文化

组织文化的核心是组织成员普遍认同、共同接受的价值观念以及由这种价值观念所决定的行为准则。组织文化一旦形成，对组织成员的行为影响就会是持续的、普遍的，而且是低成本的。作为一种低成本的管理工具，文化发挥的作用是无意识的。

管理活动与时代背景密切相关，是一个历史范畴，既反映时代背景，又是一定时代背景下的产物。全球化和信息化是当今世界的两大重要特征。作为新兴的经济大国，中国 20 世纪 70 年代末开始改革开放，引入市场机制，市场化因此逐渐成为中国经济生活的主旋律。

4.2 管理理论的历史演变

中国早期的管理思想虽然博大精深，但管理理论却最早出现于西方。西方管理理论可被划分为几个分支，我们按照理论分支出现的先后顺序，依次介绍古典管理理论、行为科学管理理论、当代管理理论。另外，本章还介绍了 20 世纪 90 年代以来的管理理论以及管理的发展趋势。

4.2.1 古典管理理论

管理理论是随着工厂制度和工厂管理实践的发展，在 19 世纪末 20 世纪初开始系统形成的。这个时期的管理理论通常被称为古典管理理论，主要研究问题涉及科学管理、一般管理以及科层组织。

1. 泰勒的科学管理理论

科学管理是 20 世纪初在西方工业国家影响最大、推广最普遍的一种管理理论，也被称作泰勒制。泰勒制的产生和迅速发展有着非常深刻的历史背景。一方面，随着社会生产力的发展和企业数量的增加与规模的扩大，企业管理逐渐要求从传统的经验管理走向科学管理；另一方面，资本对劳动的控制从不完全到完全也要求改进企业管理的方法。

泰勒认为，当时企业的劳动生产率普遍低下，工人每天的实际产量只为他们劳动能力的 1/3，而造成这种状况的原因主要有三个方面：一是劳动使用不当，包括工作分配不合理和劳动方法不正确；二是由于薪酬和工人本性等原因，工人不愿干或不愿多干；三是企业生产组织与管理的原因。

要提高劳动生产率，增加企业盈利，必须从三个方面做文章：①改进工作方法，即通过标准化和制定工作定额，根据工作的要求挑选和培训工人。②改进分配方法，实行差别计件工资制。即在计算工资时，采取不同的工资率，未完成定额的按低工资率付给，完成并超过定额的按高工资率付给。由于完成并超过定额能以较高的标准得到报酬，工人愿意提供更多数量的劳动。③改进生产组织，加强企业管理。即设置计划部门，把计划和执行职能分开，

实行职能工长制和例外管理等。

泰勒的科学管理理论原理可概括为几个方面，即工作定额原理、标准化原理、科学地挑选工人并使之成为第一流的工人、差别计件工资制、职能化原理和例外原则等。

2. 法约尔的一般管理理论

法约尔被公认为是第一个概括和阐述一般管理理论的管理学家。孔茨和韦里克称他为“现代经营管理理论之父”。法约尔最具影响力的代表作是《工业管理与一般管理》（1916 年在法国矿业协会的年报上公开发表），这本著作是他一生管理经验和管理思想的总结。法约尔的理论贡献主要体现在对管理职能的划分和管理原则的归纳上。

（1）企业的基本活动和管理的职能。法约尔指出，任何企业都存在着六种基本活动，即技术活动、商业活动、财务活动、安全活动、会计活动、管理活动。在企业的六种基本活动中，管理活动处于核心的地位，即企业本身需要管理，其他五种活动也需要管理。管理活动的五大要素构成管理的五种职能，即计划、组织、指挥、协调、控制。

（2）管理的十四条原则。法约尔管理的十四条原则，即分工、权力与责任、纪律、统一指挥、统一领导、个人利益服从集体利益、报酬合理、集权与分权、等级链与跳板、秩序、公平、人员稳定、首创精神、集体精神。

3. 韦伯的行政组织理论

马克斯·韦伯是德国著名的社会学家，他在管理思想上最大的贡献是提出了“理想的”行政组织体系理论，这集中反映在他的代表作《社会和经济组织理论》一书中。在管理思想发展史上，韦伯被人们称为“现代组织理论之父”。

韦伯运用社会学的方法论将权力（或统治）分为三种类型，即传统型权力、魅力型权力和合法型权力。韦伯认为，只有这种合法型权力才是理想的行政组织体系的基础。

理想的行政组织体系又称官僚体制（或科层制），强调组织活动要通过职务或职位而不是通过个人或世袭地位来管理。韦伯所说的“理想的”，不是指最合乎需要的，而是指现代社会最有效和最合理的组织形式。韦伯认为，官僚体制最符合理性原则，效率最高，在精确性、稳定性、纪律性和可靠性方面优于其他组织形式。这是因为，从纯技术角度看，科层制强调知识化、专业化、标准化、制度化、正式化和权力集中化，在组织中消除了个人的情感、个人的社会关系、个人的个性特点。其能够使组织内的人们行为理性化，具有一致性和可预测性。

但在实行科层制的过程中，组织成员也可能被异化，成为组织的附属品，机械行事。韦伯对此弊病也未能找出合适的解决方法。

4.2.2　行为科学管理理论

“行为科学”是研究人在生产中的行为规律以及产生行为的原因的一门综合性的边缘学科。行为科学管理理论的研究基本上可分为两个时期，前期叫“人际关系学”，从 20 世纪二三十年代美国学者梅奥的霍桑试验开始；后期是从 1949 年在美国芝加哥讨论会上第一次提出“行为科学”这一概念开始的。

1. 梅奥的人际关系理论

乔治·埃尔顿·梅奥是原籍澳大利亚的美国行为科学家。他的代表作有《工业文明的人类问题》和《工业文明的社会问题》。在 1924 年至 1932 年间，美国国家研究委员会与美国西方电气公司合作，在芝加哥西方电气公司霍桑工厂由梅奥负责指导进行了一系列调查研究工作，其目的是测定各种有关因素对生产率的影响程度，这就是著名的“霍桑试验”。霍桑试验经历了以下几个阶段：工作场所照明试验（1924—1927 年）；继电器装配室试验（1827—1928 年）；大规模访谈（1928—1931 年）；接线板接线工作室试验（1931—1932 年）。

梅奥对其领导的霍桑试验进行了总结，成就了《工业文明中人的问题》一书，该书在1933 年出版。在该书中，梅奥阐述了与古典管理理论不同的观点——人际关系学说，其主要观点如下：

（1）工人是社会人，而不是经济人。梅奥认为，工人不只单纯追求金钱等物质方面的满足，还追求友谊、安全感、归属感等社会、心理方面的需求的满足，所以人是“社会人”。因此不能忽视社会和心理因素对工作积极性的影响。满足工人的社会欲望和需求，提高工人的士气是提高劳动效率的关键。

（2）企业中存在着非正式组织。企业成员在共同工作的过程中，相互间必然产生共同的感情、态度和倾向，形成共同的行为准则和惯例，要求个人服从。这就形成了一个非正式团体，即“非正式组织”。非正式组织以它独特的感情、规范和倾向，左右着成员的行为。非正式组织不仅存在着，而且与正式组织相互依存，对正式组织具有双重作用，而且对生产率有重大影响。

（3）满足工人的社会欲望，提高工人的士气是提高生产效率的关键。士气是工作积极性、主动性、协作精神等结合成一体的精神状态。梅奥从人是社会人的观点出发，认为士气高低决定于安全感、归属感等社会、心理方面的欲望的满足程度。满足程度越高，士气就越高，生产效率也越高。

（4）新的领导能力在于提高员工的满足度。梅奥认为，既然工人是社会人，那么工人的满足就不只是物质方面的满足，更重要的是社会地位和社会关系方面的满足。因而管理者应当同时具有两种技能，即经济上的技能和社会心理上的技能，从而平衡正式组织和非正式组织的关系。

2. 行为科学的诞生与发展

1949 年，在美国芝加哥大学召开了一次有哲学家、精神病学家、心理学家、生物学家和社会学家等参加的跨学科的科学会议，会议讨论了应用现代科学知识来研究人类行为的一般理论，并将这门综合性的学科定名为“行为科学”。从此，行为科学蓬勃发展，产生了一大批有影响力的行为科学家及其理论。如马斯洛的需要层次理论、赫兹伯格的双因素理论、麦格雷戈的“X 理论-Y 理论”以及有关领导方式的理论。

当代行为科学领域中人们感兴趣的课题有：工作满意的理论、行为改造理论、激励理论、领导科学、沟通理论、群体动力学、组织政治学、人际冲突理论、组织结构和组织设计等。此外，权变理论在该领域中的应用也很突出，它强调把研究成果应用于多种可能的场合。

4.2.3 当代管理理论

第二次世界大战以后，特别是 20 世纪 60 年代以后，环境对企业的影响越来越重要。然而，古典管理理论的研究范围主要限于企业内部。为了解决理论不适应实践发展的问题，许多研究者就企业如何在变化的环境中经营进行了许多方面的探索，在此基础上形成了一系列不同的理论观点和流派。

1. 数量管理理论

数量管理理论产生于第二次世界大战时期，它是指以现代自然科学和技术科学的最新成果（如先进的数学方法、电子计算机技术、系统论、信息论和控制论等）为手段，运用数学模型对管理领域中的人、财、物和信息资源进行系统的定量分析，并做出最优规划和决策的理论。数量管理理论的内容包括以下几个方面：

（1）运筹学。所谓运筹学，简单来说就是运用科学方法去研究、解决可以数量化的管理问题的一套学问。

（2）系统分析。“系统分析”这一概念最初由美国兰德公司于 1949 年提出。运用科学和数学的方法对系统中的事件进行研究和分析，就是系统分析。其特点是，解决管理问题时要从全局出发，进行分析和研究，以做出正确的决策。

（3）决策科学化。决策科学化是指决策时要以充足的事实为依据，采取严密的逻辑思维方式，按照事物的内在联系对大量的资料和数据进行系统分析与计算，遵循科学程序，做出正确的决策。

这个学派把过多的注意力放在建立某些问题的数学模型，并精致地进行模拟和求解上。许多批评者认为，仅仅狭隘地注重数学，够不上一个完整的真正的管理学派，任何关心科学的人，都承认数学模型和数学分析的巨大作用。但正如数学不能成为化学、物理学和生物学中的一个独立学派一样，也很难把数学看成一个管理学派。数学和数学模型只是管理者从事分析的一种工具而已。

2. 系统管理理论

系统管理理论是指应用系统理论的范畴、原理，全面分析和研究企业和其他组织的管理活动和管理过程。其理论要点为：

（1）组织是一个系统，是由相互联系、相互依存的要素构成的。根据需要，可以把系统分解为子系统，子系统还可以再分解。如为了研究一个系统的构成，可以把系统分解为各个结构子系统；如为了研究一个系统的功能，可以把系统分解为各个功能子系统。这样，对系统的研究就可以从研究子系统与子系统之间的关系入手。

（2）系统在一定的环境中生存，与环境进行物质、能量和信息的交换。从这种意义上讲，系统是开放的。系统从环境输入资源，通过转换过程把资源转换为产出物，一部分产出物为维持系统而消耗，其余部分则输出到环境中。系统在“投入—转换—产出”的过程中不断进行自我调解，以获得自身的发展。

运用系统观点来考察管理的基本职能，可以提高组织的整体效率，使管理人员不至于只重视某些与自己有关的特殊职能而忽视了大目标，也不至于忽视自己在组织中的地位和作用。

3. 权变管理理论

权变管理学派的主要代表人物是美国尼布拉加斯大学的教授卢桑斯，他在 1976 年出版的《管理导论：一种权变学》一书中系统地概括了权变管理理论。

权变管理理论强调，管理者的实践工作取决于所处的环境条件，因此管理者应根据不同的情境及其变量决定采取何种行动和方法。它试图寻求最为有效的方式来处理一个特定的情境或问题。权变管理理论处理问题的方法是：首先分析问题，然后列出当时主要的情况条件，最后提出可能的行动方案，即各行动路线的结果。由于没有两种情景是完全一样的，所以对任何情形来说，其解决办法都是独一无二的。

管理实践按其本质，要求管理者在应用理论和方法时要考虑现实情况。科学和理论的任务不是去规定在各种具体情况下该怎么办。理论与科学应用于实践的问题只能根据实际情况来解决。

4.3 决策与计划

4.3.1 决策及其理论

管理的核心是决策，制定决策并承担相应的责任是管理人员工作的基本内容。管理是科学与艺术的融合，决策则是这种融合的最佳体现。从日常生活到科研开发，从工商企业的日常经营到政团宗教等的非营利活动，都会涉及不同类型的决策。有些决策是人们依据经验做出的，而更多的决策则是管理者在运用科学的决策技术和方法的基础上研究制定的。

1. 决策的含义

狭义的决策是一种行为，是在几种行动方案中做出选择。如果只有一个方案，就没有选择的余地，也就无所谓决策。决策要求提供可以相互替代的两个以上的方案。广义的决策是一个过程，包括在做出最后选择之前必须进行的一切活动。

路易斯、古德曼和范特对决策的定义，即“决策是管理者识别并解决问题以及利用机会的过程”。对于这一定义，可做如下理解：

(1) 决策的主体是管理者（既可以是单个的管理者，也可以是多个管理者组成的集体或小组）。

(2) 决策的本质是一个过程。

(3) 决策的目的是解决问题或利用机会，这就是说，决策不仅仅是为了解决问题，有时也是为了利用机会。

2. 决策理论

(1) 古典决策理论。古典决策理论假设，作为决策者的管理者是完全理性的，决策环境条件的稳定与否是可以被改变的，在决策者充分了解有关信息的情况下，完全可以做出完成组织目标的最佳决策。其主要观点是：

1) 决策者必须全面掌握有关决策环境的信息。

2) 决策者要充分了解有关备选方案的情况。

3) 决策者应建立一个合理的自上而下的执行命令的组织体系。

4) 决策者进行决策的目的始终都是使本组织获取最大的经济利益。

(2) 行为决策理论。该理论研究认为，影响决策者进行决策的不仅有经济因素，还有其个人的行为表现，如态度、情感、经验和动机等。其主要观点是：

1) 人的理性介于完全理性和非理性之间，即人是有限理性的，这是因为在高度不确定和极其复杂的现实决策环境中，人的知识、想象力和计算力是有限的。

2) 决策者在识别和发现问题时容易受直觉上偏差的影响，而在对未来的状况做出判断时，直觉的运用往往多于逻辑分析方法的运用。所谓直觉上的偏差，是指由于认知能力有限，决策者仅把问题的部分信息当作认知对象。

3）由于受决策时间和可利用资源的限制，决策者即使充分了解和掌握了有关决策环境的信息，也只能做到尽量了解各种备选方案的情况，而不可能做到全部了解，决策者选择的理性是相对的。

4）在风险型决策中，与经济利益的考虑相比，决策者对待风险的态度起着更为重要的作用。

5）决策者在决策中往往只求满意的结果，而不愿费力寻求最佳方案。

（3）非理性决策。非理性决策有以下几种模型：

1）渐进决策模型。渐进决策是指在以往的政策、惯例的基础上制定新政策，新政策是对过去政策的延伸和发展，只对过去的政策做局部的调整与修改。它的内涵包括：要求决策者必须保留对以往政策的承诺；决策者不必过多地分析与评估新的备选方案；决策者着意于政策目标和备选方案之间的相互调适，以使问题较易处理，而并不关心政策制定基础的变化；这种决策只能是一种保守的补救措施。它的特点是稳妥可靠，渐进发展。

2）政治协调决策模型。该决策模型的实质是把公共政策看成利益集团斗争的产物。它是决策者制定政策时，广泛地通过对话、协商、讨论，协调利益关系，在达成妥协、谅解的基础上进行决策。它认为公共政策就是各利益集团对政府机构施加压力和影响并在相互竞争中实现平衡的结果。这一模型的缺点是，过分夸大了利益集团的重要性，认为政府甚至立法和司法机关在政策制定过程中都完全处于被动的地位。

3）领导集体决策模型。该决策模型认为，政策选择是建立在领导者优秀的素质和管理经验的基础上的，由领导者或领导集体依据自己的应变能力和判断力进行决策。其优点是决策迅速，但决策的质量同领导者个人的素质、经验密切相关，是决策是否成功的决定性因素。但由于政策问题的复杂性，决策者在进行决策时还要依靠各种政策研究机构和专家的支持。类似地，还有“精英决策模型”，即忽略公众对社会发展的影响，而把公共政策看成精英们的价值和偏好的反映，认为是他们决定了政策。

（4）当代决策理论。当代决策理论的核心内容是：决策贯穿于整个管理过程，决策程序就是整个管理过程。整个决策过程从研究组织的内外环境开始，继而确定组织目标，设计可达到该目标的各种可行方案，比较和评估这些方案，进而进行方案选择（即做出择优决策），最后实施决策方案，并进行追踪检查和控制，以确保预定目标的实现。对当今的决策者来说，在决策过程中应广泛采用现代化的手段和规范化的程序，应以系统理论、运筹学和电子计算机为工具，并辅之以行为科学的有关理论。

4.3.2　决策过程与决策方法

1. 决策过程

（1）识别机会或诊断问题。找出现状与预期结果的偏离。管理者所面临的问题是多方面的，有危机型问题、非危机型问题、机会型问题。识别问题是决策过程的开始，以后各个阶段的活动都将围绕所识别的问题展开。如果识别问题不当，所做出的决策将无助于解决真正的问题，因而将直接影响决策效果。因此，决策者必须知道哪里需要行动并尽力获取精确、可依赖的信息。

（2）明确目标。找到问题及其原因之后，应该分析问题的各个构成要素，明确各构成要素的相互关系并确定重点，以找到本次决策所要达到的目的，即确定目标。目标体现的是组织想要获得的结果，应该明确所要获得结果的数量和质量。

（3）拟订方案。明确了解决问题要达到的目标后，决策者要找出约束条件下的多个可行方案，并对每个行动方案的潜在结果进行预测。在多数情况下，它要求决策者在一定的时间和成本约束下，对相关的组织内外部环境进行调查，收集与问题有关的、有助于形成行动方案的信息并进行分析。同时，决策者应当注意避免因主观偏好接受第一个找到的可行方案而中止该阶段的继续进行。在这一阶段中，创新因素的运用是最重要的，应注意与创新方法的适度结合。

（4）评估方案，做出决定。确定所拟订的各种方案的价值或恰当性，并确定最满意的方案；仔细考虑各种方案的预期成本、收益、不确定性和风险。

（5）实施方案。调动各种相关资源，以保证方案的顺利执行；有效处理执行过程中遇到的阻力。

（6）监督和评估。将方案实际的执行效果与管理者当初所设立的目标进行比较，看是否出现偏差；采取有效措施纠偏；重新寻找机会（或问题），进入一个新的决策循环过程。

2. 决策方法

（1）定性决策方法。定性决策主要包括以下三种方法：

1）头脑风暴法。针对解决的问题，相关专家或人员聚在一起，在宽松的氛围中，敞开思想，畅所欲言，寻求多种决策思路。头脑风暴法的四项原则是：各自发表自己的意见，对别人的建议不做评论；所提建议不必深思熟虑，越多越好；鼓励独立思考、奇思妙想；可以补充完善已有的建议。其特点是倡导创新思维，时间一般在1～2h，参加者5～6人为宜。

2）名义小组技术。选择一些对要解决的问题有研究或有经验的人作为小组成员，并向他们提供与决策问题相关的信息；小组成员各自先不通气，独立地思考，提出决策建议；召集会议，让小组成员一一陈述自己的方案；小组成员对全部备选方案投票，产生大家最赞同的方案，并形成对其他方案的意见，提交管理者作为决策参考。

3）德尔菲技术。德尔菲技术用于听取专家对某一问题的意见。运用这一方法的步骤是：根据问题的特点，选择和邀请做过相关研究或有相关经验的专家；将与问题有关的信息分别提供给专家，请他们各自独立发表自己的意见，并写成书面材料；管理者收集并综合专家们的意见后，将综合意见反馈给各位专家，请他们再次发表意见；如此反复多次，最后形成代表专家组意见的方案。

（2）有关活动方向的决策——经营单位组合分析法。经营单位组合分析法又称波士顿矩阵，该法由美国波士顿咨询公司建立，其基本思想是：大部分企业都有两个以上的经营单位，每个经营单位都有相互区别的“产品-市场”，企业应该为每个经营单位确定其活动方向。该法主张，在确定每个经营单位的活动方向时，应综合考虑企业或该经营单位在市场上的相对竞争地位和业务增长情况。根据上述两个标准——相对竞争地位和业务增长率，可把企业的经营单位分成四大类（见图4-3）。企业应根据各类经营单位

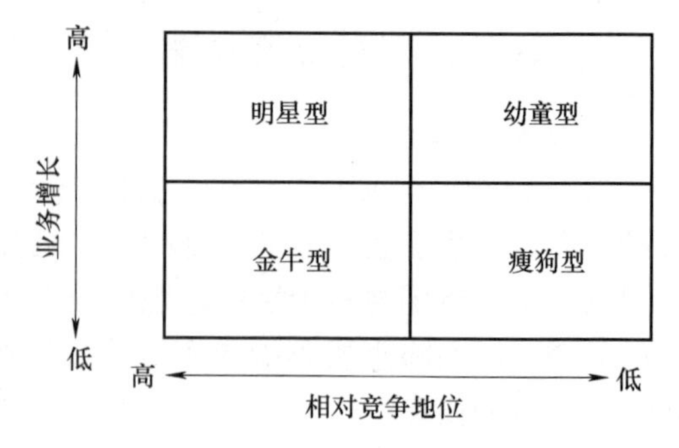

图4-3　企业经营单位组合图

的特征，选择合适的活动方向。

瘦狗型：采取收缩甚至放弃的战略；幼童型：对有前途的，使其向明星型转变，对无前途的，及时放弃该领域；金牛型：需要较少的资金投入，产生的大量现金可以满足企业经营的需要；明星型：不失时机地投入必要的资金，扩大生产规模。

（3）有关活动方案的决策方法。管理者选好组织的活动方向之后，接下来需要考虑的问题自然是如何到达这一活动方向。由于到达这一活动方向的活动方案通常不止一种，所以管理者要在这些方案中做出选择。根据未来情况的可控程度，可把有关活动方案的决策方法分为三大类：确定型决策方法、风险型决策方法和不确定型决策方法。

1）确定型决策方法。在比较和选择活动方案时，如果未来情况只有一种并为管理者所知，则必须采用确定型决策方法。常用的确定型决策方法有线性规划和量本利分析法等。

2）风险型决策方法。在比较和选择活动方案时，如果未来情况不止一种，管理者不知道到底哪种情况会发生，但知道每种情况发生的概率，则必须采用风险型决策方法。常用的风险型决策方法是决策树法。

3）不确定型决策方法。在比较和选择活动方案时，如果管理者不知道未来情况有多少种，或虽知道有多少种，但不知道每种情况发生的概率，则必须采用不确定型决策方法。常用的不确定型决策方法有小中取大法、大中取大法和最小最大后悔值法等。

4.3.3 计划编制与实施方法

决策与计划工作往往相互渗透、紧密联系并交织在一起。决策为计划的任务安排提供了依据，计划则为决策所选择的活动和活动方案的落实提供了实施保证。计划工作中的目标确定、任务分配、时间安排、资源配置、行动方案选择等都是不同层次的决策工作。其中，目标的确定是最高层次的决策，而其他的则是常规性的决策。

1. 计划的本质及其作用

从名词意义上说，计划是指用文字和指标等形式所表述的，组织以及组织内不同部门和不同成员在未来一定时期内行动方向、内容和方式安排的管理文件。计划既是决策所确定的组织在未来一定时期内的行动目标和方式在时间和空间上的进一步展开，又是组织、领导、控制和创新等管理活动的基础。从动词意义上说，计划是指为了实现决策所确定的目标，预先进行的行动安排。这项行动安排包括：在时间和空间两个维度上进一步分解任务和目标，选择任务和目标的实现方式，进度规定，行动结果的检查与控制等。

经过科学而周密的分析研究制订出的计划具有下述几方面的作用：计划是管理者进行指挥的抓手；计划是管理者实施控制的标准；计划是降低未来不确定性的手段；计划是提高效率与效益的工具；计划是激励人员士气的依据。

2. 计划编制的过程

计划工作必须紧紧围绕两个基本问题：拟实现哪些目标？如何实现所制定的目标？围绕这两个问题，完整的计划工作程序可展开为以下过程：

（1）制定计划目标。目标是组织期望达到的最终结果。一个组织在同一时期可能有多个目标，但任何目标都应包括以下内容：一是明确主题，即明确是扩大利润、提高顾客的满意度，还是改进产品质量；二是期望达到的数量或水平，如销售数量、管理培训的内容等；三是可用于测量计划实施情况的指标，如销售额、接受管理培训的人数等；四是明确的时间期限，即要求在什么样的时间范围内完成目标。

（2）估量现状与目标之间的差距。组织的将来状况与现状之间必然存在差距，客观地度量这种差距，并设法缩小这种差距，是计划工作的重要任务。一般来说，缩小现状与目标之间的差距可采取两类措施：一类措施是在现状的基础上力求改进，随着时间的推移不断地逼近目标；另一类措施是变革现状，有时甚至是对组织进行根本性的调整。具体采用哪一类措施，需要对现状与目标之间的差距做出客观而准确的分析。

（3）预测未来情况。在计划的实施过程中，组织内外部环境都可能发生变化。预测就是根据过去和现在的资料，运用各种方法和技术对影响组织工作活动的未来环境做出正确的估计和判断。预测有两种：一种是对未来经营条件、销售量和环境变化所进行的预测，这是制订计划的依据和先决条件；另一种是从既定的现行计划发展而来的对将来的期望，如对一项新投资所做的关于支出和收入的预测，这是对计划工作结果的预期。

（4）制订计划方案。制订计划方案包括提出方案、比较方案、选择方案等工作，这与决策方案的选择是一样的道理。计划是面向未来的管理活动，未来是不确定的，不管计划多么周密，在实施过程中都可能因为内外部环境的变化而无法顺利开展，有的情况下甚至需要对预先制订的计划予以调整。僵化的计划有时比没有计划更糟糕。因此，在制订计划方案的同时，应该制订应急计划（或称权变计划），即事先估计计划实施过程中可能出现的问题，预先制订备选方案（有时甚至是几套各选方案），这样可以加大计划工作的弹性，使之更好地适应未来环境。

（5）实施和总结计划方案。实施全面计划管理，应把实施计划包括在计划工作中，组织中的计划部门应参与计划的实施过程，了解和检查计划的实施情况，与计划实施部门共同分析问题，采取对策，确保计划目标的顺利实施。参与计划实施，及时获取有关计划实施情况的信息，总结和积累经验，将有助于计划的实施和计划工作科学化水平的提高。

3. 计划编制的方法

（1）滚动计划法。滚动计划法根据计划的执行情况和环境变化定期修订未来的计划，并逐期向前推移，使短期计划、中期计划有机地结合起来。滚动计划方法大大加强了计划的弹性，这在环境剧烈变化的时代尤为重要，它可以提高组织的应变能力，如图 4-4 所示。

（2）项目计划技术。项目计划是对项目的目标及活动予以统筹，以便能在固定的时间内以最低的成本获取项目预期成果。其工作过程如下：

第一阶段是项目的界定。围绕项目的最终成果界定项目的总体目标。

第二阶段是行动分解。对项目进行更加周密的筹划，对项目做进一步的分解，并进一步分析每项行动的时间、所需要的资源和费用预算等，即明确每项行动何时做、由谁来做、如何做以及花费多少等问题。

第三阶段是行动统筹。分析、识别众多具体行动之间的内在联系，合理地筹划，进而将众多的行动重新整合起来。

（3）计划评审技术。计划评审技术是在网络理论的基础上发展起来的计划控制方法，也称网络计划技术。其原理是把一项工作或项目分成各种作业，然后根据作业顺序进行排列，通过网络图对整个工作或项目进行统筹规划和控制，以便用最少的人力、物力、财力资源，用最快的速度完成工作。网络计划技术的基本步骤如图 4-5 所示。

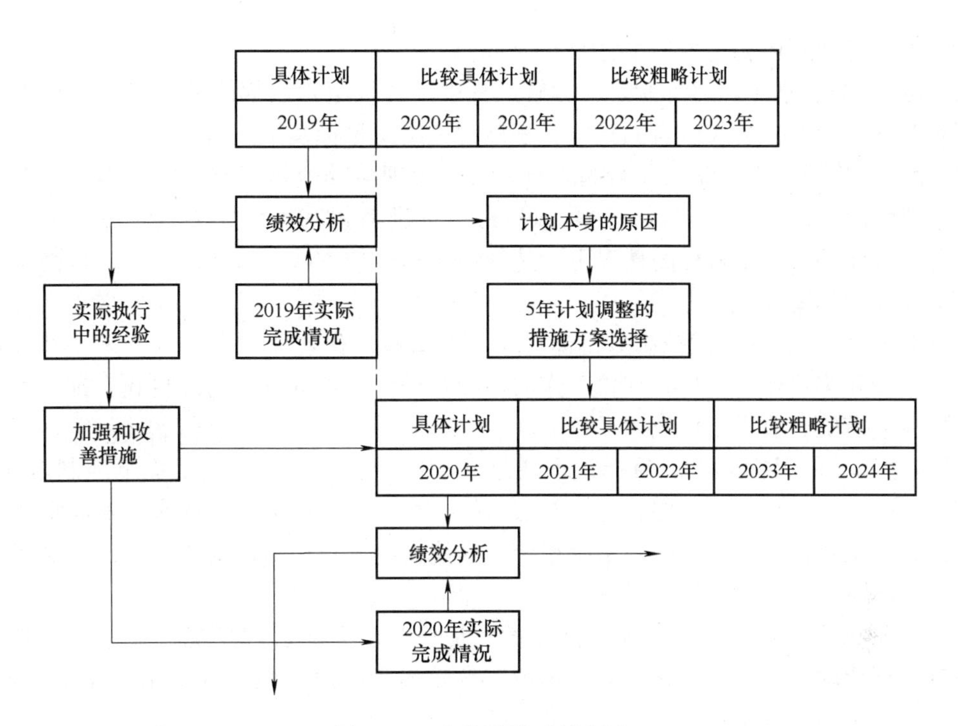

图 4-4　5 年期的滚动计划法

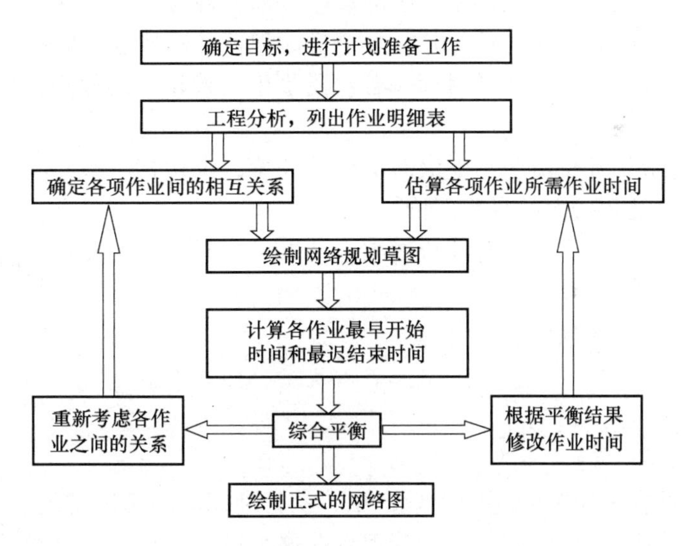

图 4-5　网络计划技术的基本步骤

4. 推进计划实施的方法——目标管理法

（1）目标管理的含义。目标管理（MBO）是德鲁克 1954 年在《管理的实践》一书中提出的，目前已成为西方许多国家普遍采用的系统制定目标并进行管理的有效方法。目标管理是一种鼓励组织成员积极参加工作目标的制定，并在工作中实行自我控制、自觉完成工作任务的管理方法或管理制度。目标管理假设所有下属能够积极参加目标的制定，在实施中能够进行自我控制。目标管理的重点是让组织中的各层管理人员都与下属围绕工作目标和如何完成目标进行充分的沟通。

（2）目标管理的特点。目标管理有以下特点：

1）实行参与管理。在目标制定与分解过程中，各级组织、部门动员其下属积极参加目标的制定和分解，充分发表各自的见解，积极讨论组织目标及个人目标。

2）重视工作成果而不是工作行为本身。目标管理与其他管理方法的根本区别在于，它并不要求或强硬规定下属如何做，而是以目标为标准考核其工作成果，评价下属的工作成绩。下属可以在保持既定目标的情况下，选择适合自己的方式方法实现目标，从而激发下属的主观能动性和创造性。

3）强调组织成员的自我控制。目标管理以下属的自我管理为中心。下属可以根据明确的目标、责任和奖罚标准，自我评价工作的标准及进度，根据具体情况自我安排工作进度计划，采取应急措施，改进工作效率。

4）建立系统的目标体系。目标管理通过发动群众自下而上、自上而下地制定各岗位、各部门的目标，将组织的最高层目标与基层目标、个人目标层层联系起来，形成整体目标与局部目标、组织目标与个人目标的系统整合。这使得组织目标在内部层层展开，最终形成相互联系的目标体系。

（3）目标管理过程。孔茨认为，目标管理是一个全面的管理系统，它用系统的方法把许多关键管理活动结合起来，并且有意识地、有效地和高效率地实现组织目标和个人目标。目标管理需经历如下过程：

1）制定目标。制定目标包括确定组织的总体目标和各部门的分目标。

2）明确组织的作用。理想的情况是，每个目标和子目标都应有某一个人的明确责任。

3）执行目标。为了保证能实现目标，必须授予相关人相应的权力，使他们有能力调动和利用必要的资源。

4）评价成果。成果评价既包括上级对下级的评价，也包括下级对上级、同级关系部门相互之间的评价，以及各层次的自我评价。

5）实行奖惩。奖惩是基于各种评价的综合结果。公平合理的奖惩有利于维持和调动组织成员的工作热情和积极性。

6）制定新目标并开始新的目标管理。

4.4 组织设计

罗宾斯和库尔特在其所著的《管理学》中，从管理职能的角度把组织定义为：“安排和设计工作任务以实现组织目标的过程。”管理者在这个过程中可以设计组织的结构。组织结构是一个组织内正式的工作安排，这个结构可以直观地展示在一份组织结构图中。当管理者创建或改变组织结构时，他们就是在进行组织设计。

4.4.1 组织设计的任务与原则

概括国内外学者的基本观点，组织设计就是对组织的结构和活动进行创构、变革和再设计。组织设计的目的就是要通过创建柔性、灵活的组织，动态地反映外在环境变化的要求，并且能够在组织演化成长的过程中，有效积聚新的组织资源，同时协调好组织中部门与部门之间、人员与任务之间的关系，使员工明确自己在组织中应有的权力和应担负的责任，有效

地保证组织活动的开展，最终保证组织目标的实现。

1. 组织设计的任务

组织设计的任务是设计清晰的组织结构，规划和设计组织中各部门的职能和职权，确定组织中职能职权、参谋职权、直线职权的活动范围并编制职务说明书。

所谓组织结构，是指组织的基本架构，是对完成组织目标的人员、工作、技术和信息所做的制度性安排。

组织结构可以分解为横向和纵向两种结构形式。组织纵向结构设计的结果是决策的层级化，即确定了由上到下的指挥链以及链上每一级的权责关系，显然，这种关系具有明确的方向性和连续性；组织横向结构设计的结果是组织的部门化，即确定了每一部门的基本职能，每一位主管的控制幅度，部门划分的标准以及各部门之间的工作关系。

职务说明书要求能简单而明确地指出：该管理职务的工作内容、职责与权力，该职务在组织中与其他职务之间的区别和联系，职务人员应具备的专业背景、知识结构、工作经验、管理能力等基本条件。

2. 组织设计的原则

在组织设计的过程中，还应该遵循一些最基本的原则，这些原则都是在长期管理实践中的经验积累，应该被组织设计者所重视。

（1）专业化分工的原则。企业生产活动过程的复杂性决定了任何个人都不可能同时拥有现代工业生产所需的所有知识和技能，每个人都只能在有限的领域内掌握有限的知识和技能，从而相对有效率地从事有限的活动。专业化分工就是要把企业活动的特点和参与企业活动的员工的特点结合起来，把每个员工都安排在适当的领域中积累知识、发展技能从而不断地提高工作的效率。从某种意义上来说，企业组织设计就是对管理人员的管理劳动进行分工：部门设计是根据相关性或相似性的标准对不同部门的管理人员的管理劳动进行横向分工；层级设计则是根据相对集权或相对分权的原则把与资源配置方向或方式选择相关的权力在不同层级的管理机构或岗位间进行纵向安排。

（2）统一指挥原则。统一指挥原则就是要求每位下属应该有一个并且仅有一个上级，要求在上下级之间形成一条清晰的指挥链。如果下属有多个上级，就会因为上级可能下达不同甚至相互冲突的命令而无所适从。虽然有时在例外场合必须打破统一指挥原则，但是为了避免多头领导和多头指挥，组织的各项活动应该有明确的区分，并且应该明确上下级的职权、职责以及沟通联系的具体方式。

（3）管理幅度原则。管理幅度原则是指一名上级领导直接指挥下属的人数应该有一定的限度，并且应该是有效的。这就意味着，管理幅度不能够无限度增加，毕竟每个人的知识水平、能力水平都是有限的。影响管理幅度的因素有多种，至今尚未形成一个可被普遍接受的有效管理幅度标准。值得注意的是，随着计算机技术的发展和信息时代的到来，运用信息技术处理信息的速度大大加快，每个管理者对知识和信息的掌握以及实际运用的能力都有普遍提高，这使得管理幅度有可能大量增加，管理者协调上下左右之间关系的能力也有可能大幅度提高。

（4）权责对等原则。组织中的每个部门和部门中的每个人员都有责任按照工作目标的要求保质保量地完成工作任务，同时，组织也必须委之以自主完成任务所必需的权力，职权与职责要对等。如果有责无权，或者权力范围过于狭小，责任方就有可能会因缺乏主动性、积极性而导致无法履行责任，甚至无法完成任务；如果有权无责，或者权力不明确，权力人就有可能不负责任地滥用权力，甚至助长官僚主义的习气，这势必会影响到整个组织系统的健康运行。

（5）柔性经济原则。所谓组织的柔性，是指组织的各个部门、各个人员都是可以根据组织内外环境的变化而进行灵活调整和变动的。组织的结构应当保持一定的柔性以减小组织变革所造成的冲击和震荡。组织的经济是指组织的管理层次与幅度、人员结构以及部门工作流程必须设计合理，以达到管理的高效率。组织的柔性与经济是相辅相成的，一个柔性的组织必须符合经济的原则，而一个经济的组织又必须使组织保持柔性。只有这样，才能保证组织机构既精简又高效，避免形式主义和官僚主义作风的孳生和蔓延。

4.4.2 组织结构设计

组织结构设计是组织设计的基础性工作，既是对组织整体目标的分解，也是对组织框架的整体安排。一个完整的组织结构设计至少包括职位（职能）设计、部门设计和层级设计三方面内容。

1. 职位设计

职位设计是对组织完成目标所需要的职位、职务的整体安排。组织为了完成目标，需要将总体目标进行层层分解，明确完成任务需要哪些活动，确定所需职位、职务的类别和数量，分析各类职位、职务所需要的任职资格及各职位管理人员需要具备的条件、应该拥有的权限、所应承担的责任等。

组织的职位是组织任务最终落实和实现的具体组织依托，也是组织的基本构成单位。职位设计涉及许多员工的工作任务和责任，必须遵循一定的原则，运用一些方法，保证组织职位设计的科学性和合理性。职位设计应关注以下问题：工作专业化与简单化，工作扩大化及工作丰富化，信息沟通与反馈（绩效反馈），人的特性，工作是由个人还是由团体来担当等。

2. 部门设计

组织设计任务的实质是按照劳动分工的原则将组织中的活动专业化，而劳动分工又要求组织活动保持高度的协调一致性。协调的有效方法就是组织的部门化，即根据每个职务人员所从事的工作性质以及职务间的区别和联系，按照组织职能相似、活动相似或关系紧密的原则，将各个职务人员聚集在“部门”这一基本管理单位内。组织的部门设计，一般是指对组织的特定层次上的横向结构的划分。由于组织构成包括不同的层次，所以组织的部门设计实际上包含着对组织各个层次部门的设计。

组织部门划分可归纳为以下几种形式：职能部门化、产品或服务的部门化、地域部门化、顾客部门化、流程部门化等。由于组织活动的特点、环境和条件不同，划分部门所依据的标准也是不一样的。对同一组织来说，在不同时期不同的战略目标指导下，划分部门的标准可以根据需要进行动态调整。

20 世纪 90 年代划分部门有两个趋势：一是以顾客为基础进行部门化越来越受欢迎，为了更好地了解消费者的需求，并有效地对消费者的需求做出反应，许多组织强调以顾客为基础划分部门；二是跨越传统部门界限的工作团队越来越多，大有取代传统的职能性部门的趋势。

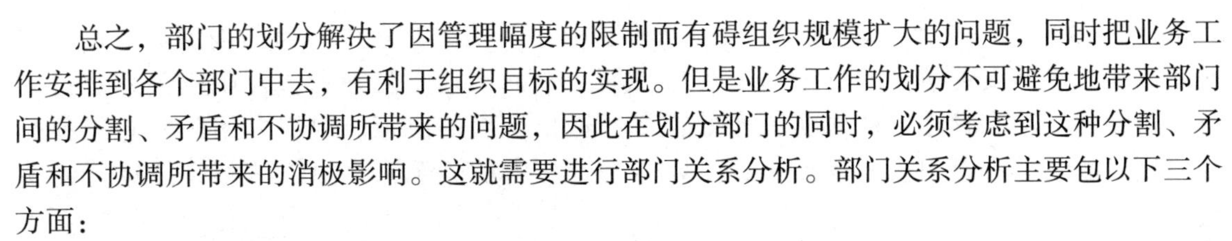

总之，部门的划分解决了因管理幅度的限制而有碍组织规模扩大的问题，同时把业务工作安排到各个部门中去，有利于组织目标的实现。但是业务工作的划分不可避免地带来部门间的分割、矛盾和不协调所带来的问题，因此在划分部门的同时，必须考虑到这种分割、矛盾和不协调所带来的消极影响。这就需要进行部门关系分析。部门关系分析主要包以下三个方面：

1）对工作性质、业务内容和活动方式相同或相似的部门进行必要的合并，以保证组织机构的精简有效，降低成本。

2）对相互严重冲突或矛盾的部门进行整改或合并，以减少组织运行中的阻力。

3）对不同部门的任务、作用和活动之间的关系进行逻辑分析，以确定组织各部门之间的理性关系，明确组织运行的正常程序。

3. 层级设计

组织的层级设计是指组织在纵向结构设计中需要确定层级数目和有效的管理幅度。层级设计必须根据组织内外能够获取的现有人力资源情况，对初步设计的职能和职务进行调整与平衡，同时要根据每项工作的性质和内容确定管理层级并规定相应的职责、权限，通过规范化的制度安排使各个职能部门和各项职务形成一个严密、有序的活动网络。

（1）组织层级与管理幅度的关系。由于组织任务存在递减性，从最高层的直接主管到最低的基层具体工作人员之间就形成了一定的层次，这种层次便称为组织层级。组织层级受到组织规模和管理幅度的影响，它与组织规模成正比，组织规模越大，包括的人员越多，组织工作也越复杂，则层级也就越多。在组织规模已确定的条件下，组织层级与管理幅度成反比，即上级直接领导的下属越多，组织层级就越少；反之，则越多。

（2）管理幅度的有效性。有效的管理幅度受到诸多因素的影响，主要影响因素有：管理者和被管理者的工作能力、工作内容、工作条件与工作环境等。现代管理理论和实践的发展趋势是拓宽管理幅度。理由是，在其他条件相同时，管理幅度越宽，组织的效率越高。这一点已被许多企业的管理实践所证实。许多企业为了在拓宽管理幅度时仍能保证对组织成员的有效控制，加强了员工培训的力度和投入，让员工掌握更多的工作技能，以解决管理幅度拓宽所带来的问题。

（3）高耸与扁平的组织结构。按层次的多少和幅度的大小，可分为高耸的组织结构和扁平的组织结构。这两种组织结构各有利弊。高耸的组织结构管理层次较多，管理幅度较小，沟通渠道多。其优点是管理严密，分工明确，上下级容易协调。其缺点是管理层次多，沟通时间长，成本高，并且由于管理严密，容易影响下属人员的满意度和创造感。扁平的组织结构管理层次少，但管理幅度与高耸的组织结构相比较大，沟通渠道少。其优点是由于管理层次少而管理成本低，信息沟通快，成员有较大的自主性而满意度加大。其缺点是不能严密监督下级的工作，上下级协调较差。在管理层次的设计中，两种组织结构都有利有弊，因此，要兼顾两种组织结构，取其所长，避其所短，设计适当的管理幅度和管理层次，使组织结构发挥出应有的作用。

4.4.3 组织权力的合理配置

1. 职权关系的协调

职权是组织的一个重要概念，传统的观点是指管理职位所固有的发布命令和希望命令得到执行的一种权力。在组织内，职权关系是信息沟通和有效控制的基础与前提。通过职权关系，组织能够实现信息的自上而下和自下而上双向沟通，管理者通过职权关系掌握信息，对管理活动和管理中的人实施有效控制，做出合理的决策。组织内的职权有三种类型：直线职权、参谋职权和职能职权。处理好这三者的关系，是组织结构有效运行的关键之一。

（1）三种职权的概念。直线职权是指直线管理人员所拥有的发布命令、做出决策及执行决策的权力，通常人们称之为决策指挥权。参谋职权是指管理人员所拥有的提出咨询、建议或提供服务与便利，协助直线机构和人员进行工作的权力。职能职权是指参谋人员或某部门的主管人员被授予的原属直线主管的那部分权力。

（2）正确处理三种职权的关系。处理三种职权的关系应注意以下几个方面：

1）明确直线职权与参谋职权的性质、内容和范畴。直线职权与参谋职权是两类不同性质的职权。直线职权是一种指挥和命令的职权，直线人员掌握的是决策和行动的权力；而参谋职权是一种服务和协助的职权，参谋人员掌握的是思考、筹划和建议的权力，应该防止直线人员与参谋人员的角色错位和越权行为的发生。

2）给参谋人员独立提出建议的权力，促进决策科学化和民主化。直线人员应该为参谋人员创造一个畅所欲言的环境，鼓励参谋人员大胆提出建议，不看直线人员的脸色行事这一点十分重要。否则，参谋人员受直线人员所左右，所提建议附和直线主管，对组织工作有害而无利。

3）给参谋人员提供必要的工作条件。由于参谋人员职权有限，组织应以制度规定的方式给他们调研、了解情况、指导工作提供必要的条件，以帮助参谋人员进行深入的调研，了解组织运行中的问题，提供高质量的建议。

4）直线人员要做到善断。直线人员需要认真听取参谋人员的意见，但在决策时要总揽全局，不应为参谋人员所左右，要做到善断，因为参谋人员考虑问题往往是在特定的问题上，不一定考虑到全局，所以直线人员在最后决策时必须从全局出发，不囿于参谋人员之见。

2. 集权与分权

集权意味着组织权力集中到较高层次的管理者手中；分权则意味着组织权力分散到基层管理者手中。集权与分权不是绝对的概念，世界上不存在绝对集权和分权的组织。也就是说，组织的集权与分权是相对的，只有程度的不同。但是，需要注意的是集权和分权的不同程度对组织结构的有效运转，存在着较大的影响。影响组织集权与分权程度的因素可归纳为以下几个方面：

（1）决策的代价。一项决策要付出代价的大小是决定集权与分权程度的重要参数。对于要耗费巨资、影响较大的决策，必须集权，由高层管理者做出决策，决策的正确与否关系重大，高层管理者负有直接和最终的责任，不宜授权基层决策，因为基层管理者的决策能力及获取的信息量不足，限制了他们的决策水平。

（2）政策的一致性。对政策一致性的态度影响组织的集权与分权。一般来说，组织高层管理者希望保持政策执行的一致性，则组织一般采取集权的管理方式；如果高层管理者能够允许组织内部政策执行的变通性存在，则组织一般采取分权的管理方式。

（3）组织规模。组织规模也是影响集权与分权的因素。组织规模越大，决策数量越多，信息沟通、协调及控制越困难，则不得不实行分权的管理方式；相反，组织规模小，决策数量少，容易导致采取集权的管理方式。

（4）组织形成的历史。若组织是由小到大、由简单到复杂这样滚雪球式地发展起来的，则管理者决策的惯性会使组织导向集权形态；若组织是由联合或合并而来，则多采取分权的管理方式。

（5）管理观念。管理者的个性与观念也是影响组织集权或分权的因素。不同的管理者有自己不同的价值观念，有人把完成组织目标和任务作为自己追求的价值观念，有人把掌握多少权力、控制多少人作为自己追求的价值观念。有着前一种价值观念的人，容易采取分权的管理方式；有着后一种价值观念的人容易采取集权的管理方式。

（6）中下层管理者的能力和数量。中下层管理者的素质及数量，也影响着权力集中或分散的程度。管理者数量充足，经验丰富，管理能力较强，则可较多地分权；反之应趋向集权。

（7）控制技术和手段是否完善。通信技术的发展、统计方法、会计控制以及其他技术的改进都有助于趋向分权；但电子计算机的应用也会出现集权趋势。

（8）环境。决定组织集权或分权的因素大部分属组织内部的因素，但还有一些外部因素，例如经济、政治等因素也影响集权与分权程度。当经济、政治形势紧张，外部环境复杂时，容易出现集权形态；反之，容易出现分权的形态。

（9）危机因素。当组织面临危机和困难时，容易趋向集权；反之，容易趋向分权。

组织集权与分权的实质是高层管理者和中下层管理者对决策权力的分配过程，在分权的基础上，组织还需要把权力授予组织的各层次、各部门或各职位，这就是授权。

3. 授权

授权（Delegation of Authority）就是管理者授予下属一定的权力，使下属完成工作任务的过程。也就是说，授权是管理者将决策的权力从高一级层次移至低一级层次，由管理者的下属自己做出决策。授权者对于被授权者有指挥和监督之权，被授权者对授权者负有报告及完成任务的责任。授权是一个过程，这个过程包括确定预期的成果、分派任务、授予权力、明确责任四方面内容。授权不同于分权。授权是某个管理者将自己的职务权力因某项具体工作的需要而委任给某个下属，是事务性权力下放，上下级之间只是暂时的权责授予关系；而分权则是制度性权力下放，这种权力根据组织的规定可以较长时间地留在中、下级主管人员手中。授权应遵循以下原则：

（1）因事授权。要根据特定事务，明确所授事项。授权时，授权者必须向被授权者明确所授事项的任务目标及权责范围。这样不仅有利于下属完成任务，还可以避免下属推卸责任。

（2）视能授权。即要根据被授权者的能力和素质授权。授权前，应仔细分析工作任务的难易程度，以保证授权给能力最适合的人选。当授予下属职权而下属能力不及无法承担职责时，应明智地及时收回职权。

（3）不可越级授权。越级授权是上层管理者把本属于中层管理者的权力直接授予下级，越级授权必然造成中层管理者的被动以及部门之间的矛盾。因此，只能对直接下属授权，不可越级授权。

（4）适度授权。授权过少，难以完成任务；授权过多，则浪费权力，可能导致权力滥用。因此，授权要适度。对于涉及组织全局的问题，例如决定组织的目标、战略、人事、财政预算以及重大政策等问题，不宜轻易授权，更不可将不属于自己权力范围内的权力授予下属。

（5）适当控制。为了保证授权的目的得以实现，管理者在授权过程中要适度地进行控制。控制的力度、频率要适当，那种在授权后仍不断检查下属的工作，以确保他们不出半点差错的做法，会使下属感到不舒服，也是授权不足的表现。要正确对待下属的差错，允许下属犯错误。

（6）相对重要原则。授予下属的权限，应该是下属认为具有一定重要性的权限。只有这种权限才能激发下属的积极性。那些无关紧要的权力和事项，会使下属感到没意义而产生反感心理。

（7）相互信赖。授权是基于管理者和下属之间的相互信赖的关系而产生的，因此，管理者一旦把权力授予下属，就应该充分信任下属，也就是说要“用人不疑”；否则，会使授权变成管理者的心病。

4.4.4 组织结构的具体形态

组织结构是随着生产力和社会及企业的发展而不断发展的。传统组织结构的类型有以下几种，它们有自己的特点及适用范围。

1. 直线制组织结构

直线制组织结构又称简单结构（Simple Structure），是最早使用也是最为简单的一种结构，是一种集权式的组织结构形式，因此也称为军队式结构。其特点是组织中从最高层领导到基层人员，各种职位按自上而下垂直系统直线排列，各级执行统一指挥和管理，在内部不设专门的职能部门或参谋部门，如图4-6所示。

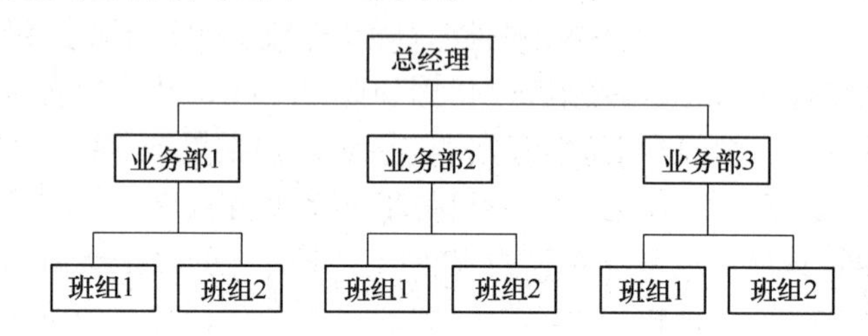

图4-6　直线制组织结构

直线制组织结构的优点有：组织关系简单，便于统一指挥；组织中成员的目标明确，责权明晰，易于评价业绩；组织灵活，易于适应环境的变化，信息沟通方便；管理成本低等。

直线制组织结构的主要缺点有：缺乏横向的协调关系；随着组织规模的扩大，高层管理人员的管理幅度过大，易出现决策失误；权力过分集中，易造成滥用职权，另一方面若掌权者突然离去将会给组织造成重大打击等。

直线制组织结构主要适用于组织规模不大、雇员人数较少、生产和管理工作比较简单的组织。

2. 职能制组织结构

职能制组织结构是以工作方法和技能作为部门划分的依据的。

职能制组织结构的优点有：职能部门任务专业化，可以避免人力和物质资源的重复配置；便于发挥职能专长，对许多职能人员颇有激发力；可以降低管理费用，这主要来自各项职能的规模经济效益。

职能制组织结构的主要缺点是：多头领导的体制易造成矛盾；狭窄的职能眼光，可能不利于组织满足迅速变化的需要；职能部门之间的协调性差，从本位出发考虑问题易降低组织整体的目标和效益；一个职能部门可能难以理解其他部门的目标和要求；不利于培养全面的管理人才。职能制组织结构比较适合于外部环境较为稳定，采用常规技术的中小型规模的组织。职能制组织结构如图 4-7 所示。

3. 直线职能制组织结构

直线职能制组织结构也称为直线参谋型组织结构，是把直线垂直指挥系统与按专业分工而设置的管理职能部门结合起来的一种组织形式。这种组织结构的特点是：以直线为基础，在各级行政负责人之下设置相应的职能部门，分别从事专业管理，作为该级领导者的参谋，实行主管统一指挥与职能部门参谋、指导相结合的组织结构形式。职能部门拟订的计划、方案，以及有关指令，统一由直线领导者批准下达，职能部门无权直接下达命令或进行指挥，只起业务指导作用，各级行政领导人实行逐级负责，实行高度集权。直线职能制组织结构如图 4-8 所示。

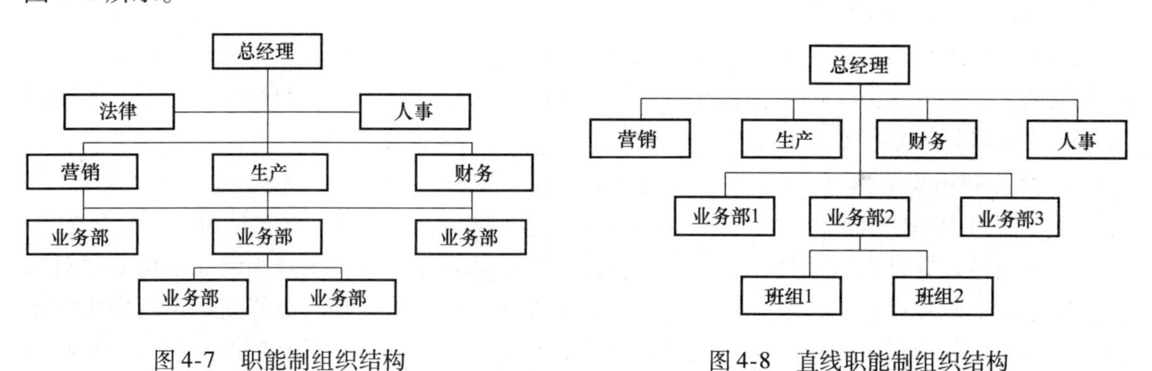

图 4-7　职能制组织结构　　图 4-8　直线职能制组织结构

直线职能制组织结构的优点为：综合了直线制和职能制的优点，保持了直线制的集中统一指挥的优点，又吸取了职能制发挥专业管理的长处，从而提高了管理工作的效率；职责分明，各主其事，工作秩序井然，组织有较高的稳定性。

直线职能制组织结构的缺点为：职能部门和直线指挥部门之间易产生矛盾；权力集中于最高管理层，下级缺乏必要的自主权，使下级部门积极性、主动性不易发挥；信息传递路线较长，反馈慢，适应环境变化较难。

4. 事业部制组织结构

事业部制组织结构又称为分部结构（Divisional Structure）或 M 形结构（Multidivisional Structure），公司总部只对公司总体战略做出决策，决定资源在各事业部的分配方案；各事业部则拥有完整的发展战略及运营决策自主权。这种组织结构形式就是在公司总部的领导下，按产品或地区分别设立若干事业部，每个事业部在经营管理上拥有很大的自主权，而每个事业部内部一般采取直线职能制结构。事业部制组织结构如图 4-9 所示。

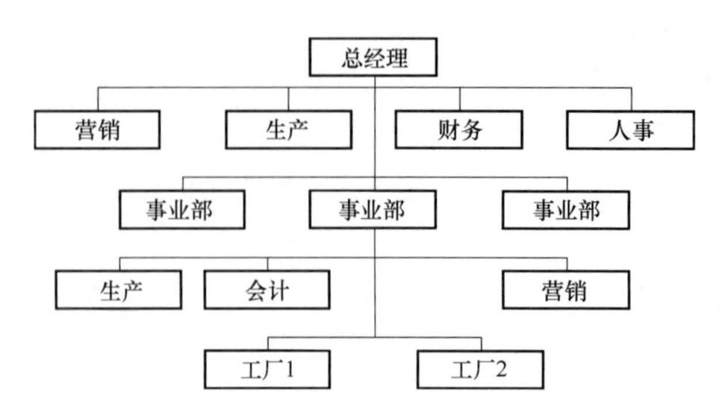

图 4-9　事业部制组织结构

事业部制组织结构的优点有：有利于最高管理层集中精力考虑组织未来长期的发展战略；提高了管理的灵活性和适应性，各事业部在经营上有较大的自主权而有利于对环境条件变化的适应能力；有利于调动各事业部的积极性和主动性；有利于培养高级管理人才；便于组织专业化生产，有利于提高生产效率，保证质量，降低成本。

事业部制组织结构的缺点有：增加了管理层次，造成机构重叠，管理人员和费用增加；各事业部独立经营，缺乏沟通，相互协调支援较难，甚至激发矛盾；各事业部经常从本部门出发，容易不顾组织整体利益。

事业部制组织结构适用于采用多样化战略、国际化战略的大型组织；适用于产品或服务类别复杂，并分散在多个市场，且规模较大的组织。在环境较为稳定的条件下，事业部制组织结构是可以发挥其特长的。

5. 矩阵制组织结构

矩阵制组织结构（Matrix Stucture）是指来自不同职能领域的专业人员被组织分派从事某个工作项目，并且在该项目完成之后返回他们原来的职能领域。矩阵制组织结构采用双重指挥链，员工既接受职能领域经理的领导，又接受项目经理的领导。矩阵制组织结构实际是将职能部门化与项目（产品）部门化两种因素交织在一起的一种组织结构形式，如图 4-10 所示。

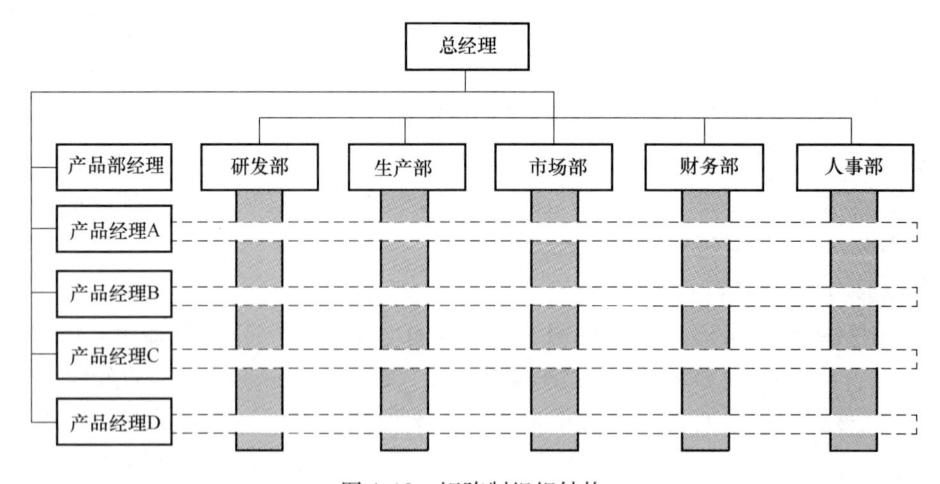

图 4-10　矩阵制组织结构

矩阵制组织结构的优点有：发挥了职能部门化与项目部门化两方面的优势，它促进了资源在各项目中的共享，有利于各项目和各职能部门之间沟通、协作和配合；具有较强的机动性，能根据特定需要和环境的变化保持适应性；把不同部门、具有不同专长的专业人员组织在一起，有利于相互启发，集思广益，有利于攻克各种复杂的技术难题，更圆满有效地完成工作任务；在发挥人的才能方面有很大的灵活性。

矩阵制组织结构的缺点主要有：部门成员要接受双重领导，工作中易产生矛盾；管理方面存在复杂性；项目的变化会导致人员的经常调动，稳定性差。

矩阵制组织结构适用于需要对环境变化做出迅速而一致反应的组织。如咨询公司和广告代理商就经常采用矩阵制组织结构，以确保每个项目按计划要求准时完成。目前，西方跨国公司和企业集团也大多数采用此结构。

6. 多维立体组织结构

多维立体组织结构是直线职能制、矩阵制、事业部制和地区、时间结合为一体的复杂机构形式。它是从系统的观点出发，建立多维立体的组织结构。

多维立体组织结构主要包括三类管理机构：一是按产品划分的事业部，是产品利润中心；二是按职能划分的专业参谋机构，是专业成本中心；三是按地区划分的管理机构，是地区利润中心。通过多维立体的组织结构，可使这三方面的机构协调一致，紧密配合，为实现组织的总目标服务。多维立体组织结构适用于多种产品开发、跨地区经营的跨国公司或跨地区公司，可以为这些企业在不同产品、不同地区增强市场竞争力提供组织保证。

7. 网络组织结构

网络组织结构（Network Structure）是一种目前流行的无边界组织形式，既利用自己的员工从事某些工作活动，也利用外部供应商网络来提供其他必需的产品部件或工作流程。在制造业也被称为模块组织。这种结构设计使得组织通过把其他工作活动外包给那些最善于从事这些活动的公司，从而能够全神贯注于本组织最擅长的业务活动。网络组织结构如图 4-11 所示。其是指这样一个小的核心组织，它通过合作关系（以合同形式）依靠其他组织执行制造、营销等经营功能。

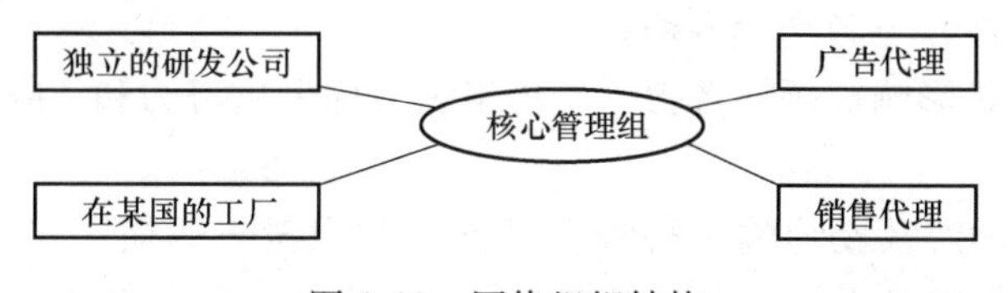

图 4-11　网络组织结构

网络组织结构的最大优点是：获得了高度的灵活性，便于适应动态变化的环境。但是它与传统组织相比，缺乏对一些职能部门的有力控制（特别是制造部门）。随着信息技术在企业的广泛运用，网络组织结构会逐渐显示出它的生命力。

网络组织结构是小企业合适的选择，比较而言，小企业在资金、技术、规模上无法与大企业相比。然而小企业结构简单、组织灵活，容易形成自身特有的优势。将这些小企业组成网络，优势互补，单个小企业保留自身关键功能，其他功能由网络中的其他企业承担，可以创造出很大的网络经济性。小企业同大企业的联合同样也可以得到类似的效果。网络组织结构同样也适用于一些大型组织。

8. 市场链

市场链是青岛海尔集团首创的一种组织设计理念。其核心思想是将市场经济中的利益调节机制引入企业内部，在集团宏观调控下，把企业内部的上下流程、上下工序和岗位之间的业务关系由原来的单纯行政关系转变成平等的买卖关系、服务关系和契约关系，通过这些关系把订单转变成一系列内部的市场订单，形成以订单为中心、上下工序和岗位之间相互咬合、自行调节运行的市场链。市场链通过流程之间、工序之间、岗位之间的“索酬、索赔、跳闸”形成市场关系、服务关系，简称“两索一跳”，用其汉语拼音首字母标注为SST。其中，索酬（S）是指上游流程、工序、岗位如果提供了优质服务，就要索取报酬；索赔（S）是指下游流程、工序、岗位如果发现上游所提供产品数量、质量、交货时间出现问题，就要索要赔偿；跳闸（T）是指相关第三方，如下一道工序最终检验部门发挥闸口的作用，如果各流程既不索酬也不索赔，第三方就会自动“跳闸”警示、制约并解决问题。由此，海尔集团在实践的基础上开发出市场链理论，并用市场链的示意图替代了公司网站主页上的事业部制组织结构图。作为中国本土的组织理论创新，市场链不仅体现了一种组织设计理念，而且指导了海尔的生产经营实践，在简化组织结构、形成协同竞争格局、提高企业的快速反应能力等方面发挥了重要作用，价值链理论和实践也因此入选美国哈佛大学商学院案例库。

4.5 领导、激励与沟通

4.5.1 领导概述

1. 领导的含义

领导是指导和影响群体或组织成员的思想与行为，使其为实现组织目标而做出努力和贡献的过程或艺术。包含以下含义：

（1）领导者一定要与所领导的群体或组织的其他人员发生联系。

（2）权力在领导者和其他成员中的分配是不平等的。

（3）领导者能对被领导者产生各种影响。

（4）领导的目的是影响被领导者去为实现组织目标做出努力和贡献。

2. 领导与管理

美国哈佛大学商学院教授约翰·科特在《变革的力量——领导与管理的差异》一书中指出，管理和领导，虽定义不同，但显然有诸多相似之处。两者都涉及对要做的事情做出决定，建立一个能完成某项计划的人际关系网络，并尽力保证任务得以完成。然而，两者之间仍然存在差异，主要体现在以下几个方面：

（1）管理趋向于注重一个相对短的时间范围，强调微观方面；而领导注重于更长的时间范围，注重宏观方面。

（2）在组织中，管理注重人员专业化，通过挑选或培训让合适的人担任各项工作，要求服从安排；而领导则注重于整体性，使整个群体朝着正确的方向前进，实现所确定的目标。

（3）管理常通过控制和约束解决问题；而领导则多采用激励和鼓舞，侧重于授权、扩展，并不时通过创新激发群众的积极性。

（4）领导与管理的根本区别体现为它们各自的功用不同，领导能带来有用的变革，而管理则是为了维持秩序。

另外，对领导与管理也可以从其权力的基础进行分析。管理是建立在合法的、有报酬的和强制性的权力基础上的，而领导更多的是建立在个人影响力和专长权以及模范作用的基础之上的。领导的本质就是被领导者的追随和服从，它不是由组织赋予的职位和权力所决定的，而是取决于追随者的意愿。因此，有些握有职权的管理者可能没有部下的服从，也就谈不上是真正意义上的领导者。对非正式组织中有影响力的人参加企业正式组织的管理，会大大有益于管理的成效。对不具备领导才能的人应该从管理人员队伍中剔除或减少。

3. 领导权力的来源

领导的核心在权力。领导权力通常是指影响他人的能力，在组织中就是指排除各种障碍完成任务，达到目标的能力。根据法兰西和雷温等人的研究，领导权力有以下五种来源：

（1）法定性权力。法定性权力是由个人在组织中的职位决定的。个人由于被任命担任某一职位，因而获得了相应的法定权力和权威地位。

（2）奖赏性权力。奖赏性权力是指个人控制着对方所重视的资源而对其施加影响的能力。奖赏性权力是否有效，关键在于领导者要确切了解对方的真实需要。

（3）惩罚性权力。惩罚性权力是指通过强制性的处罚或剥夺而影响他人的能力。这实际上是利用人们对惩罚和失去既得利益的恐慌心理而影响和改变他的态度和行为。

（4）感召性权力。感召性权力是由于领导者拥有吸引别人的个性、品德、作风而引起人们的认同、赞赏、钦佩、羡慕而自愿地追随和服从他。感召性权力的大小与职位高低无关，只取决于个人的行为。

（5）专长性权力。专长性权力是知识的权力，是指因为人在某一领域所特有的专长而影响他人。领导者绝对不可能在所有领域内都具有专长权，所以对组织中正式职位的领导者而言只要在他的工作职责范围内具有一定的专长权即可，而不必要求一定是某一领域的专家。

以上五种权力可以归纳为两大类。

一类是职位权力，即与职位有关的权力，也称行政性权力。上述的合法权、奖赏权、惩罚权都属于这一类权力。这些权力都是由上级和组织所赋予的，并且法律、制度都有明文规定，故又称为制度权。制度权不因任职者的变动而变动。不管是谁，占据职位就拥有制度权，失去职位就失去制度权。制度权的基本内容包括对组织活动的合法的决定和指挥权，以及对组织成员的奖赏和惩罚权。作为一种制度安排，组织成员往往由于组织中的种种压力而不得不服从于这种权力。

另一类是非职位权力，即与组织的职位无关，来自领导者某些个人个性化特征的权力，如上述的专长权和感召权。这类权力不是由领导者在组织中的职位产生的，而是由于领导者的某些特殊条件才具有的。例如，领导者具有高尚的品德、丰富的经验、卓越的专业能力、良好的人际关系、传奇性的个人经历和背景，以及善于创造一个良好的工作环境以满足组织成员的需要等。这种来自个人的权力，通常是在组织成员自愿接受的情况下产生的，易于赢得组织成员发自内心的、长时间的敬重。显然，有效的领导者不仅要依靠职位权力，还应该具有尽可能多的非职位权力。只有这样，才会使被领导者心悦诚服，才能提高领导工作的效率。

4.5.2 领导理论的变迁

多年来，人们一直试图通过调查研究成功的领导者的领导历程，找到在各具魅力的领导风格的背后所具有的共性的个人特质。但是，由于研究者所处的研究角度不同，采取的研究方法的差异以及其他一些不确定性因素，使得研究成果各执一词，甚至相互矛盾。为了能从这纷杂的理论丛中认清方向，我们选取具有代表性的几种理论进行探讨。

1. 领导特质理论

领导特质理论也称为“伟人理论”（Great Man Theory）。该理论认为，不管在什么样的情境下，领导者都具有相同的特质，而且这些特质在很大程度上是先天的、与生俱来的，不具备先天领导特质的人是不能成为领导者的。领导特质理论寻求区分领导者与非领导者的品质特征。巴纳德认为，领导者应具有：①活力和持久力；②决断力；③说服力；④责任感；⑤知识和技能。厄威克认为，领导者应具有：①自信心；②个性；③活力；④潜力；⑤表达力；⑥判断力。亨利认为，成功的领导者应有12点品质；美国管理学家埃德温·吉赛利提出影响领导效率的八种品质特征和五种激励特征等。

领导特质理论在解释领导行为方面并不成功，虽然具备某些特质的确可以提高领导效率，但没有一种特质可以保证有效的领导。领导特质理论的研究强调领导者的品质、特性、价值系统和生活方式，并且认为某些特质的高水平就对应着高水平的领导，但并没有雄辩的理由说明两者之间具有可验证性极高的因果关系。

尽管如此，这些理论并非一无是处，一些研究表明了个人特质与领导有效之间确实存在着相互联系。如一些研究表明，领导者的才智、广泛的社会兴趣、强烈的成就感及对员工的关心和尊重，确实与领导有效性有很大关系。此外，现代领导特质理论从领导者的职责出发，系统分析了领导者应具备的条件，向领导者提出了要求和希望，这对于培养、选拔和考核领导者也是有帮助的。

2. 领导行为理论

领导行为理论试图从研究领导者的行为特点与绩效的关系，来寻找最有效的领导风格，即研究领导者的行为风格对领导有效性的影响。其中比较有影响的是以下几种理论：

（1）领导风格理论。关于领导风格的研究最早是由心理学家勒温进行的，他将权力定位为基本变量，通过各种实验，把领导者在领导过程中表现出的工作作风分为三种基本类型，即专制型、民主型和放任型。实验结果表明：在民主型领导风格下，团体工作效率最高，对工作比较满意；在专制型领导风格下，团体的工作效率比较高，但成员间的人际关系很差；在放任型领导风格下，人际关系固然不错，但工作效率最低，在数量与质量方面都非常差，而且对领导者并不满意。

（2）领导方式的连续统一体理论。领导方式的连续统一体理论由美国学者坦南鲍姆和施密特1958年提出。他们认为领导方式是多种多样的，从专制型（以老板为中心）到放任型（以员工为中心）存在着多种过渡类型，如图4-12所示。成功的经理不一定是专权的人，也不一定是放任的人，而是在具体情况下采取恰当行动的人。当需要果断指挥时，他善于指挥；当需要员工参与决策时，他能提供这种可能。

（3）管理方格理论。管理方格理论是布莱克和穆顿提出的。该理论可用一张方格图来表示，在这张图上，横轴表示领导者对生产的关心，纵轴表示领导者对人的关心。每条轴划

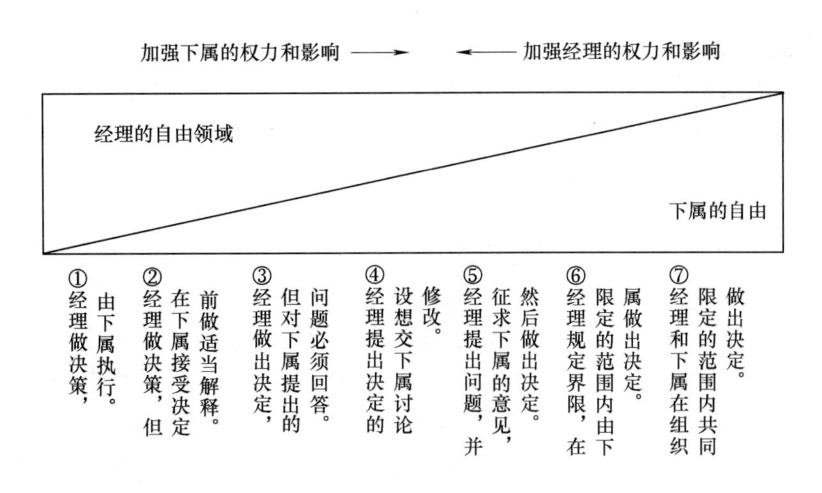

图 4-12　领导方式的连续统一体理论

分为九小格，第一格代表关心程度最低，第九格表示关心程度最高。整个方格图共有 81 个方格，每一小方格代表一种领导方式，如图 4-13 所示。布莱克和穆顿在提出管理方格时，列举了五种典型的领导方式。

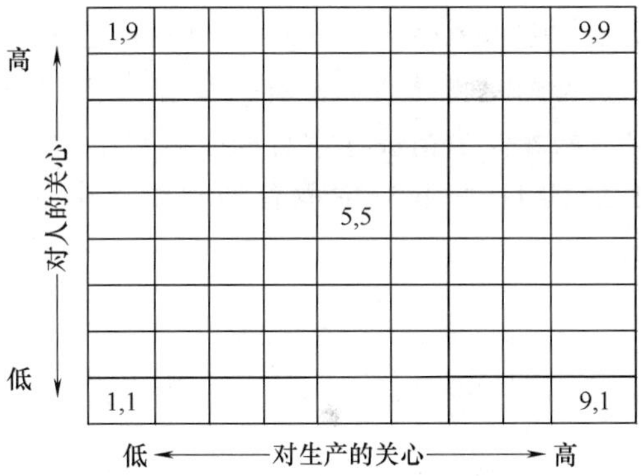

图 4-13　管理方格图

1）（9，1）型方式（任务型）。只注重任务的完成，不重视人的因素。这种领导是一种专权式的领导，下属只能奉命行事，失去进取精神，不愿用创造性的方法去解决各种问题，不能施展所有的本领。

2）（1，9）型方式（乡村俱乐部型）。与（9，1）型相反，即特别关心员工。支持此方式的领导者认为，只要员工精神愉快，生产自然会好。这种管理的结果可能很脆弱，一旦和谐的人际关系受到了影响，生产成绩会随之下降。

3）（5，5）型方式（中庸之道型）。既不过于重视人的因素，也不过于重视任务的因素，努力保持和谐和妥协，以免顾此失彼，遇到问题总想敷衍了事。这种方式比（1，9）型和（9，1）型强些。但是，由于牢守传统习惯，从长远看，其会使企业落伍。

4）（1，1）型方式（贫乏型）。对员工的关心和对生产任务的关心都很差。这种方式无疑会使企业失败，在实践中很少见到。

5）（9，9）型方式（团队型）。对生产和人的关心都达到了最高点。在（9，9）型方式下，员工在工作上希望相互协作、共同努力去实现企业目标；领导者诚心诚意地关心员工，努力使员工在完成组织目标的同时，满足个人需要。应用这种方式的结果是，员工都能运用智慧和创造力进行工作，关系和谐，出色地完成任务。

从上述不同方式的分析中，显然可以得出下述结论：作为一个领导者，既要发扬民主，又要善于集中；既要关心企业任务的完成，又要关心员工的正当利益。只有这样，领导工作才能卓有成效。

3. 领导权变理论

领导权变理论认为，并不存在具有普遍适用的领导特性和领导行为，有效的领导者能因自己当时所处情景的不同而变化自己的领导行为和领导方式。领导权变理论最具代表性的有：费德勒的领导情境理论、罗伯特·豪斯的路径-目标理论、郝赛和布兰查德的领导生命周期理论。

（1）费德勒的领导情境理论。费德勒的领导情境理论点明了领导的两个最重要的问题：为什么在特定的情境中，具有相同的领导风格的不同领导者的领导行为的有效性不同？为什么一个领导者的领导行为在某些领导情境中有效而在另一种情境中却无效？该研究将领导方式假设为两大类：关系导向型和任务导向型。为了确定领导者的领导风格，费德勒设计了最难共事者问卷（LPC问卷）用来测定领导风格。费德勒指出，在不同的情境下，领导者施加影响力的难易程度不同。他认为有三项特征决定了领导情境：上下级关系、任务结构以及职位权力。

费德勒将这三个环境变数任意组合成八种群体工作情境，对1200个团体进行了观察，收集了把领导风格与工作环境相关联起来的数据，得出了在各种不同情境下的有效领导方式。费德勒的研究结果表明：根据群体工作情境，采取适当的领导方式可以把群体绩效提高到最大限度。当情境非常有利或非常不利时，采取任务导向型领导方式是合适的，但在各方面因素交织在一起且情境有利程度适中时，关系导向型的领导方式更为有效，如图4-14所示。

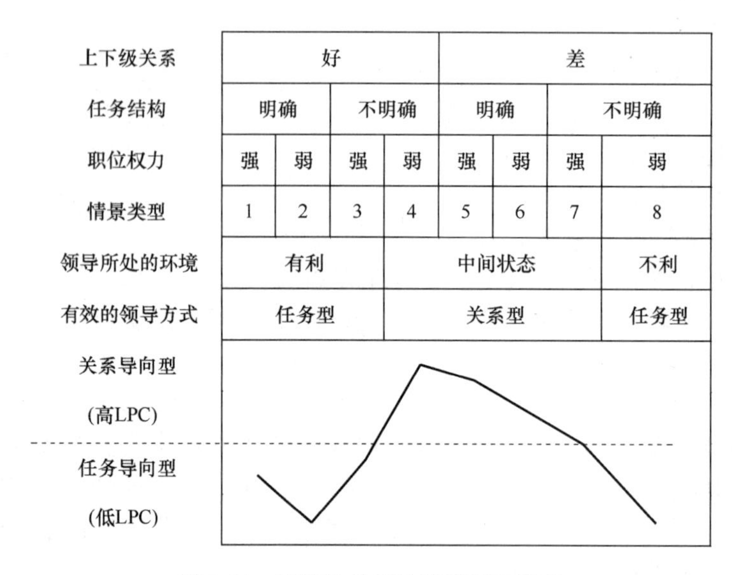

上下级关系	好				差			
任务结构	明确		不明确		明确		不明确	
职位权力	强	弱	强	弱	强	弱	强	弱
情景类型	1	2	3	4	5	6	7	8
领导所处的环境	有利			中间状态				不利
有效的领导方式	任务型			关系型				任务型

图4-14 费德勒的领导情境理论模型

（2）路径-目标理论。路径-目标理论由加拿大多伦多大学教授伊万斯于1968年提出，罗伯特·豪斯1971年进行了改进。该理论是当今最受关注的领导权变理论之一。该理论认为，领导者的工作是帮助下属达到他们的目标，并提供必要的指导和支持，以确保各自的目标与群体或组织的总体目标相一致。

按路径-目标理论观点，领导者的行为被下属接受的程度，取决于下属是将这种行为视为现在获得满足的来源，还是将来获得满足的手段。领导者行为的激励作用在于两个方面：

一方面，它使下属的需要满足取决于有效的工作绩效；另一方面，它提供了有效绩效所必需的辅导、指导、支持和奖励。

豪斯确定了指导型、支持型、参与型和成就导向型四种领导行为。

指导型领导：让下属知道期望他们的是什么，以及完成工作的时间安排，并对完成任务给予具体的指导。

支持型领导：十分友善，并表现出对下属需求的关怀。

参与型领导：与下属共同磋商，并在决策之前充分考虑他们的建议。

成就导向型领导：设定富有挑战性的目标，并期望下属实现自己的最佳水平。

豪斯认为，权变因素包括：一是下属的个性特点，即控制点、经验、知觉能力；二是环境因素，即任务结构、正式权力系统、工作群体。

豪斯研究认为，领导者是灵活的，同一领导者可以根据不同的环境表现出任意一种领导风格。领导者采用何种变通方式，需要对环境因素和下属特征给予充分的考虑。该理论还表明，当领导者弥补了员工或工作环境方面的不足时，则会对员工的绩效和满意度起到积极的影响。但是，当任务本身十分明确或员工有能力和经验处理而无须干预时，如果领导者还花时间解释这些任务，则下属会把这种指导行为视为累赘、多余甚至无用。

（3）情境领导理论（领导生命周期理论）。情境领导理论由科曼首先提出，后由美国管理学者保罗·赫塞和肯尼思·布兰查德进一步发展，也称领导生命周期理论。情境领导理论是一个重视下属并广受推崇的权变理论。该理论认为，领导的成功来自对领导风格的正确选择。郝赛和布兰查德认为，依据下属的成熟度水平选择正确的领导方式，决定着领导的有效性。所谓成熟程度，不能用年龄或生理状态来衡量，而是指心理和工作的成熟度，它符合以下几点：①有取得成就的向往（目标定得较高，又能达到）；②乐于承担责任，并有独立工作的能力；③有教育背景和经验，以及相应的技术技能，能适合具体的工作。

郝赛和布兰查德的情景领导理论模式使用的两个领导类型划分与费德勒的划分相同：任务导向型和关系导向型。只是郝塞和布兰查德更向前迈了一步，他们认为每一个类型有高低之分，从而组合成以下四种具体的风格（见图 4-15）。

S_1——指示型（高工作-低关系）：由领导者安排下属应该干什么、怎样干以及何时何地去干。

S_2——推销型（高工作-高关系）：领导者同时提供指导性的行为与支持性的行为。

S_3——参与型（低工作-高关系）：领导者与下属共同决策，领导者的主要角色是提供便利条件与沟通。

S_4——授权型（低工作-低关系）：领导者提供极少的指导或支持。

郝赛和布兰查德的情景领导理论定义了成熟度的四个阶段（见图 4-15）。

低成熟度（M_1）：被领导者对于执行某任务既无能力又不情愿。

较不成熟（M_2）：被领导者缺乏能力，但却愿意从事工作任务，他们有积极性，但目前还缺乏足够的技能。

比较成熟（M_3）：被领导者有能力却不愿意干领导希望他们做的工作。

高度成熟（M_4）：被领导者既有能力又愿意干他们做的工作。

研究表明，当下属的成熟度水平不断提高时，领导者不但可以不断减少对活动的控制，

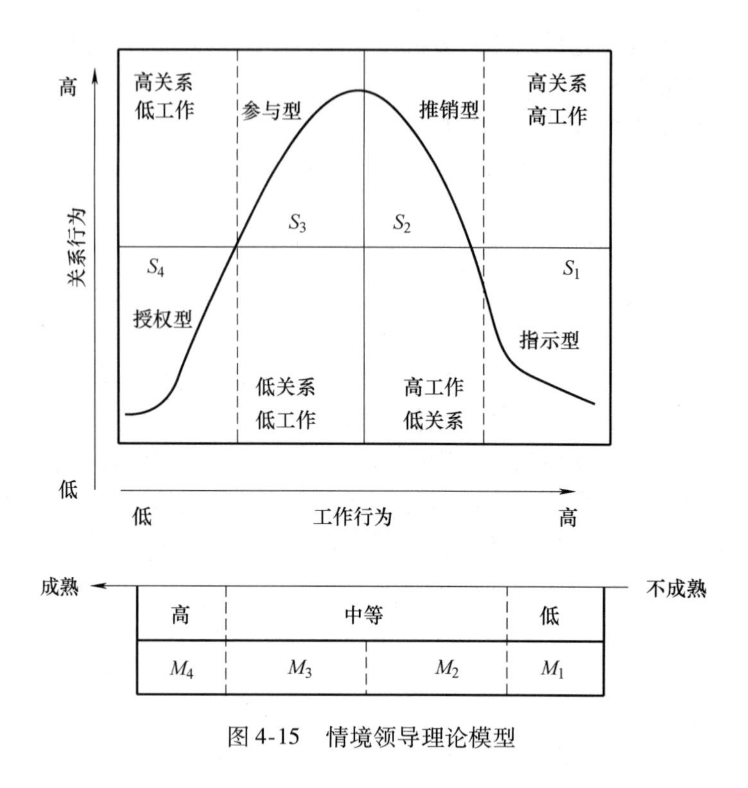

图 4-15　情境领导理论模型

还可以不断减少关系行为。在第一阶段中，下属需要得到明确而具体的指导；在第二阶段中，领导者需要采取高任务-高关系行为。高任务行为能够弥补下属能力的欠缺，高关系行为则试图使下属心理上“领会”领导者的意图。在第三阶段中，领导者可以运用支持性、非指导性的参与风格有效激励下属。在第四阶段中，领导者不需要做太多的事，因为下属既愿意干又有能力担负责任。

总之，领导生命周期理论为情景领导理论提供了又一个有用而易于理解的模型，该理论再次说明了并不存在一种能适合各种不同的情景的万能的领导方式，管理的技巧需要配合下属目前的成熟度，并帮助他们发展，加强自我控制。因此，各种领导风格必须因势利导、灵活运用。

4.5.3　激励理论

任何一个组织都有其特定的目标，为实现这个目标就需要组织中每个人的努力。但是，人是复杂多变的，在相同的情景下，组织中的人对实现组织目标的积极性是不同的，这直接影响工作的绩效。而要提高人的工作积极性，并开发人的潜能，就离不开激励。激励是领导的重要职能之一。

人的行为是由动机支配的，动机是由需要引起的，而人的行为方向就是寻求目标、满足需要。激励的过程如图 4-16 所示。激励过程从需要开始，当需要一时不能得到满足时，心理上会产生一种不安和紧张的感觉，这种不安和紧张的感觉会成为一种内在的驱动力，导致某种行为或行动，进而去实现目标，一旦达到目标就会带来满足，这种满足又会为新的需要提供强化。

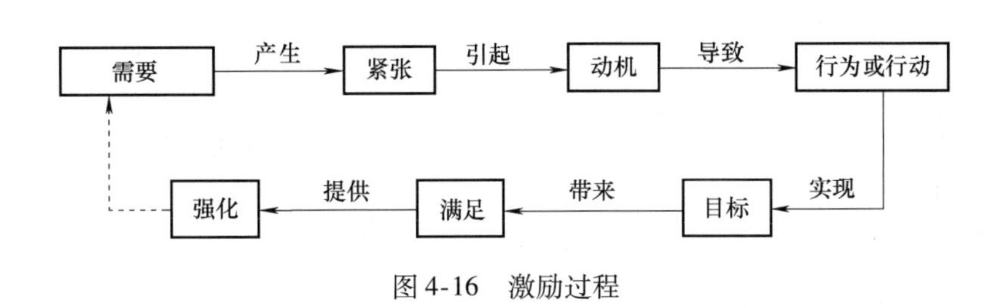

图4-16 激励过程

1. 马斯洛的需要层次理论

需要层次理论是由美国社会心理学家亚伯拉罕·马斯洛提出来的。马斯洛认为，每个人都寻求满足五个方面的需要：生理需要、安全需要、归属需要、尊重需要和自我实现需要，这些需要可以按照重要性列成层级，其中生理和安全这两种最基本的需要处于需要层次的最底部。马斯洛认为，只有当最低层次的需要得到满足时，个体才会继续寻求更高层次的需要。一旦某种需要得到满足，它就不再成为激励的来源。

马斯洛的需要层次理论有助于管理者识别员工的需要，并根据员工的需要层次提供相应的激励方式。该理论提示管理者：员工想要在工作中满足的需要彼此很可能不同，因此，对于一个员工有效的激励方式，对于另一个员工可能无效。这就意味着想要拥有一个高激励水平的团队，管理者就必须识别团队中每个员工想要在工作中满足的需要类型，并据此进行个性化的激励。并且对于那些有高水平业绩并对组织做出贡献的员工，要保证他们得到使他们的需要得到满足的结果。通过这样做，管理者将个人和组织的利益结合在一起，如果员工所作所为对组织有利（也就是说，实现的业绩水平很高），他们就会获得能够满足他们需要的结果。

2. 赫兹伯格的双因素理论

双因素理论是由美国匹兹堡心理学研究所的心理学家弗瑞德克·赫兹伯格于20世纪50年代后期提出的。赫兹伯格发现，内在因素与工作满意相关，而外在因素与工作不满意相关。赫兹伯格把这两类因素分别称为激励因素和保健因素。

激励因素往往与实际工作的特点及其挑战性有关，如工作表现机会和工作带来的愉快、工作上的成就感、由于良好的工作成绩而得到的奖励、对未来发展的期望以及职务上的责任感等。

保健因素往往与工作的物理和心理环境有关，如公司的政策、管理和监督的特点、人际关系、报酬的多少、工作条件等。

赫兹伯格研究发现：当注重激励因素的时候，员工会感到满意；当激励因素处理不当的时候，员工就没有满意感。当保健因素处理不当时，员工将会产生不满意情绪；当保健因素得到充分改善时，员工将没有了不满意，但不会因此感到满意。双因素理论对我们的启示是：要调动和维持员工的积极性，首先应注意保健因素，做好与之有关的工作，以防止不满情绪的产生。但更重要的是利用激励因素去激发员工的工作热情，努力工作。如果只满足于员工没有什么意见，只针对保健因素采取一些消极措施，那么虽然可能使管理者和员工之间相安无事，但却不能创造奋发向上的局面，从而不能取得一流的工作成绩。

3. 期望理论

期望理论（Expectancy Theory）是由维克特·弗洛姆在20世纪60年代提出的。该理论建立在公式“动机＝期望值×效价”的基础之上，其关注的是“员工如何在多种行为方向以及多种努力水平中进行选择”。期望理论假设，当员工认为自己有能力完成任务而且由此得到的奖励与所付出的努力相匹配时，就会得到激励。根据期望理论的研究，员工对待工作的态度依赖于对下列三种要素的分析与判断：

（1）期望（努力与绩效的联系）。期望是指员工感觉到通过一定程度的努力而达到工作绩效的可能性，或者说员工对其努力将产生绩效的信念。

（2）工具性（绩效与奖赏的联系）。工具性是指员工对于达到一定工作绩效后可获得理想的奖赏结果的信任程度，或者说员工对其绩效能够得到报酬的信念。

（3）效价（奖赏与个人目标的联系）。效价是指达到一定的工作绩效时，员工所获得的结果或奖赏对他的重要程度。

期望理论着眼于三对关系：“努力-绩效”关系、“绩效-奖赏”关系以及“奖励-个人目标”关系。只有当员工相信自己付出的努力能够在绩效评估中体现出来，而且好的绩效评估可以得到组织奖励，并且组织所赋予的奖励为员工所重视时，员工才有可能达到激励水平的最大化。期望理论对管理者的启示是，管理人员的责任是帮助员工满足需要，同时实现组织目标。管理者必须尽力发现员工在技能和能力方面与工作需求之间的对称性。为了提高激励，管理者可以明确员工个体的需要，界定组织提供的结果，并确保每个员工有能力和条件（时间和设备）得到这些结果。

4. 公平理论

激励的公平理论是美国心理学家斯泰西·亚当斯于1965年首先提出来的。他认为，员工经常将自己的付出与所得和他人进行比较，而由此产生的不公平感将影响到他们以后在工作中的努力程度。根据公平理论，决定员工工作激励程度的重要因素不是产出和投入的客观水平，而是员工对于产出/投入比较的主观感知，很可能不精确甚至与客观事实不相符。比较可能导致三种不同结果：报酬过高产生的不公平、报酬过低产生的不公平以及报酬公平，如表4-1所示。

表4-1　员工进行产出/投入比较可能产生的结果

比较的结果	当事人	比较	参照对象	例子
公平	产出/投入	＝（等于）	产出/投入	一个工程师觉得他比参考者的投入多，也相应地得到更多的结果
低报酬不公平	产出/投入	<（小于）	产出/投入	一个工程师觉得他比参考者的投入多，但得到的结果相同
高报酬不公平	产出/投入	>（大于）	产出/投入	一个工程师觉得他和参考者的投入相同，但得到的结果比参考者多

当一个人觉察到他的所得与投入之比与参考者的所得与投入之比相等时，公平就存在了。当公平存在时，人们就会受到激励来继续保持他们当前的投入，以此获得当前水平的收入。在公平的环境中，如果人们希望提高他们的所得，他们就会被激励提高投入。

当一个人的所得与投入之比与参考者的所得与投入之比不相等时，不公平就存在了。有两种不公平：低报酬不公平和高报酬不公平。当一个人认为他的所得与投入之比小于参考者时，低报酬不公平就存在了。这时，他就会认为在给定投入的情况下，没有得到相应的所得，因此而感到特别愤怒。当一个人认为他的所得与投入之比大于参考者时，高报酬不公平就出现了。这时，他就会认为在给定投入的情况下，参考者没有得到相应的所得，他会由于自己报酬过高而感到内疚。内疚或者愤怒都是消极的情绪，它们会驱使员工改变自己的行为。员工会尝试去创造一种公平报酬的状态。

公平理论对企业管理的启示是非常重要的，它告诉管理人员，员工对工作任务以及公司的管理制度，都有可能产生某种关于公平性的影响作用。而这种作用对仅仅起维持组织稳定性的管理人员来说，是不容易觉察到的。员工对工资提出增加的要求，说明组织对他至少还有一定的吸引力；但当员工离职率普遍上升时，说明组织已经使员工产生了强烈的不公平感，这需要引起管理人员高度重视，因为它意味着除了组织的激励措施不当以外，更重要的是，企业现行管理制度有缺陷。

4.5.4　沟通

良好的沟通是组织与组织成员相互了解的基本前提。组织与其成员以及组织成员之间认知等方面存在的种种差异决定了必须建立有效的沟通机制，以防止因沟通不畅而可能引发的认知、态度的冲突。

1. 沟通及沟通过程

沟通就是借助一定手段把可理解的信息、思想和情感在两个或两个以上的个人或群体中传递或交换的过程，目的是通过相互间的理解与认同来使个人或群体间的认知以及行为相互适应。简单来说，沟通就是传递信息的过程。在这个过程中，至少存在着一个发送者和一个接收者，即发送信息的一方和接收的信息一方。信息在二者之间的传递过程（沟通过程）如图4-17所示。

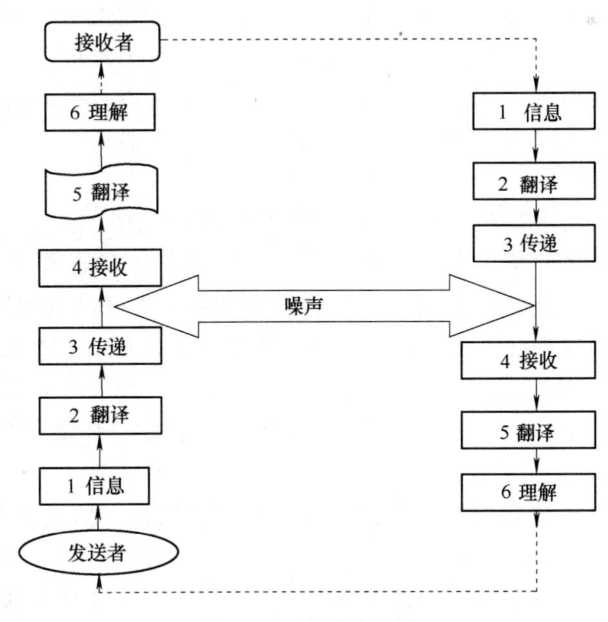

图4-17　沟通过程图

沟通在管理中的作用表现在以下几个方面：沟通是协调各个体、各要素，使组织成为一个整体的凝聚剂；沟通是领导者激励下属，实现领导职能的基本途径；沟通也是组织与外部环境之间建立联系的桥梁。

2. 人际沟通与组织沟通

沟通是传递信息和意图的过程。主要有两种沟通类型：组织沟通和人际沟通。在组织层面，沟通发生在组织之间和组织内的部门之间。在人际层面，沟通发生在人与人之间。人际沟通是组织沟通的基础，有效的管理沟通是以人际沟通为保障的。

（1）人际沟通。所谓人际沟通，是指人与人之间的信息与情感的交流。根据传递信息的形式，人际沟通可分为语言沟通和非语言沟通。

1）语言沟通。语言沟通是建立在语言文字基础上的信息传递方式，可分为口头沟通和书面沟通两种形式。

2）非语言沟通。非语言沟通是指通过某些媒介而不是讲话或文字来传达信息，包括身体语言沟通、副语言沟通、物体的操纵等多种形式。

（2）组织沟通。美国传播学研究者戈德哈伯对组织沟通进行过多年的深入研究，他对组织沟通下了这样的定义：组织沟通是由各种相互依赖关系而结成的网络，是为应付环境的不确定性而创造和交流信息的过程。组织沟通涉及组织中的各种沟通模式、网络和系统。

1）正式沟通与非正式沟通。正式沟通是指在组织规定的层级（指挥链）或组织安排内发生的沟通。非正式沟通是指不被组织的层级结构所限定的组织沟通。

2）沟通的流动方向。按照信息的流动方向可以分为下行沟通、上行沟通、横向沟通与斜向沟通四种形式。

3）组织沟通网络。横向和纵向的组织沟通可以组合成各种各样的沟通模式，把它称为沟通网络。简单来说，沟通网络就是信息流动的通道。这种通道有两种情况：正式沟通网络或非正式沟通网络。正式沟通网络一般是垂直的，它遵循权力系统，并只进行与工作相关的信息沟通；非正式沟通网络常常称为小道消息的传播，它可以自由地向任何方向运动，并跳过权力等级，在促进任务完成的同时，满足群体成员的社会需要。

3. 有效沟通的障碍

在沟通的过程中，由于存在着外界干扰以及其他种种原因，信息往往被丢失或曲解，这使得信息的传递不能发挥正常的作用。因此组织的沟通存在有效沟通的问题。所谓有效沟通，简单来说就是传递和交流信息的可靠性和准确性高。有效沟通的障碍可归结为个人因素、人际因素、结构因素和技术因素四个方面。这些因素对人际沟通和组织沟通都有不同程度的影响。

（1）个人因素。个人因素主要包括以下几个方面：过滤、知觉和情绪障碍、被动地听、沟通技巧的差异。

（2）人际因素。人际因素主要包括沟通双方的相互信任、信息来源的可靠度和发送者与接收者之间的相似程度。

（3）结构因素。结构因素包括地位差别、信息传递链、团体规模和空间约束四个方面。

（4）技术因素。技术因素主要包括语言和非语言障碍、渠道选择障碍、信息超载和噪声等因素。

4. 有效沟通的实现

要实现有效沟通，就必须克服沟通的障碍，提高传递和交流信息的可靠性与准确性。

（1）人际沟通的改善。人际沟通的改善主要包括以下几个方面：选择适合的沟通方式、恰当使用语言和非语言线索、控制情绪、善于运用反馈、学会积极倾听、减少沟通的中间环节。

（2）组织沟通的改善。组织沟通的改善主要包括以下几个方面：明确沟通的重要性，正确对待沟通；创造一个相互信任、有利于沟通的小环境；缩短信息传递链，拓宽沟通渠道，保证信息的畅通无阻和完整性；建立特别委员会，定期加强上下级的沟通；非管理工作组；加强平行沟通，促进横向交流；强化有效信息的甄选。

4.6　控制

管理的一切活动都是为了实现组织目标，计划职能确定了组织的目标和实现目标的途径，组织职能将计划落实到人员和资源的安排，要使计划的目标转化为现实，主管人员就必须在管理工作中执行控制的职能，以使工作按原来的计划进行，或适当调整计划以达到预期的目的。

4.6.1　控制与控制过程

1. 控制的含义

“控制”一词来源于希腊语“掌舵术”，意思是领航者通过发号施令将偏离航线的船舶拉回到正常的航线上来。由此可见，控制的核心就是维持正确的航向，或者说维持实现目标的正确行动路线。罗伯特·N. 卢西尔认为，控制是建立和实施确保目标得以实现的机制的过程。斯蒂芬·P. 罗宾斯认为，控制就是监控、比较和纠正工作绩效的过程。

因此可以把控制概括为：控制是指对组织内部的管理活动及其效果进行衡量和校正，以确保组织目标及为此拟订的计划得以顺利实现的管理活动。具体来讲，就是通过不断地接收和交换企业内外的信息，按照预定计划指标和标准，监督、检查实际工作的执行情况，若发现偏差，及时找出原因，并根据环境条件的变化，自我调整，使组织的活动能按预定的计划进行或对计划做适当修正，确保计划的完成和目标的实现。

2. 控制的基本类型

根据纠正措施在管理过程中发挥作用的环节不同，控制可分为同期控制、反馈控制和前馈控制。

（1）同期控制。同期控制也被称为即时控制或现场控制，是指计划执行过程中所实施的控制。同期控制主要为基层管理人员所采用。主管人员通过深入现场亲自监督检查、指导和控制下属人员的活动实施控制行动。它包括的内容有：①向下级指示恰当的工作方法和工作过程；②监督下级的工作以保证计划目标的实现；③发现不符合标准的偏差时，立即采取纠正措施。在计划的实施过程中，大量的管理控制，尤其是基层的管理控制都属于这种类型。同期控制是控制的基础。一个主管人员的管理水平和领导能力，常常会通过这种工作表现出来。

（2）反馈控制。反馈控制也被称为事后控制或成果控制，是根据计划执行的结果来实施的控制。这类控制主要是分析工作过程的输出结果，将它与控制标准相比较，发现已经发生或即将出现的偏差，分析其原因和对未来的可能影响，及时拟订纠正措施并予以实施，以防止偏差继续发展或防止其今后再度发生。由此可见，反馈控制是一个不断提高的过程。它的工作重点是把注意力集中在历史结果上，并将它作为未来行为的基础。显然，反馈控制并不是一种最好的控制方法，但目前它仍被广泛地使用，因为在管理工作中主管人员所能得到的信息，很大一部分是需要经过一段时间才能得到的延时信息。在控制中为减少反馈控制带来的损失，应该尽量缩短获得反馈信息的时间，以弥补反馈控制方法的这种缺点，使造成的损失减少到最低程度。

（3）前馈控制。前馈控制也被称为事前控制或预先控制。前馈控制发生在实际工作开始之前，它以未来为导向，在工作之前对工作中可能产生的偏差进行预测和估计，采取防范措施，以便在实际偏差产生之前，管理者就能运用各种手段对可能产生的偏差进行纠正，将其消除于产生之前。如为了保证工作的顺利进行而制定一系列规章制度，为生产出高质量的产品而对原材料质量进行控制等，都属于前馈控制。由于前馈控制是在工作开始之前进行的控制，因而可以防患于未然，避免事后控制只能亡羊补牢的弊端。又因为前馈控制是针对某项计划行动所依赖的条件进行的控制，不针对具体人员，不会造成心理冲突，所以易于被员工接受并付诸实施。前馈控制主要是通过动态地保持计划本身的正确性，包括计划所要求的资源配置的正确性、计划所要求的工作的划分和联系的正确性、计划所要求的工作流程的正确性、计划所要求的制度的正确性等，从而使计划对其实施过程起到直接有效的控制作用。

3. 控制过程

控制过程包括三个基本环节的工作：确立标准、衡量绩效、纠正偏差。

（1）确立标准。标准是人们检查和衡量工作及其结果（包括阶段结果与最终结果）的规范。制定标准是进行控制的基础。没有一套完整的标准，衡量绩效或纠正偏差就失去了客观依据。确立控制标准可分为三个步骤：①确定控制对象；②选择控制重点；③建立标准。

（2）衡量绩效。要求管理者及时掌握能够反映偏差是否产生，并能判定其严重程度的信息。用预定标准对实际工作成效和进度进行检查、衡量和比较，就是为了提供这类信息。为了能够及时、正确地提供能够反映偏差的信息，同时又符合控制工作在其他方面的要求，管理者在衡量工作成绩的过程中应注意以下几个问题：①通过衡量成绩，检验标准的客观性和有效性；②确定适宜的衡量频度；③建立信息反馈系统。

（3）纠正偏差。纠正偏差就是在此基础上，分析偏差产生的原因，制定并实施必要的纠正措施。这项工作使得控制过程得以完整，并将控制与管理的其他职能相互联结：通过纠正偏差，使组织计划得以遵循，使组织结构和人事安排得到调整，使领导活动更加完善。为了保证纠偏措施的针对性和有效性，必须在制定和实施纠偏措施的过程中注意下述问题：①找出偏差产生的主要原因；②确定纠偏措施的实施对象；③选择恰当的纠偏措施。

4.6.2　控制的方法

在一个组织的管理体系中，控制的方法与技术属于“术”的层面，发挥着使“道”落地的作用，直接决定着控制的理念和系统付诸实施的效果。

从战略层次的角度，组织的控制方法可以划分为层级控制、市场控制和团体控制三类。这三种控制方法的具体做法不同，适用范围不同，发挥的作用也不同。

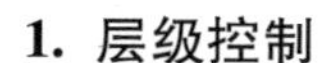

1. 层级控制

层级控制也称为“官僚控制”“科层控制”，是指利用正式的章程、规则、政策、标准、科层权力、书面文件和其他科层机制来规范组织内部门和成员的行为并评估绩效。层级控制是多数中型和大型组织最基本的控制方式。常见的层级控制方法有预算控制、审计控制和财务控制。

（1）预算控制。预算控制就是根据预算规定的收入与支出标准来检查和监督各个部门的生产经营活动，以保证各种活动或各个部门在充分达成既定目标、实现利润的过程中对经营资源进行有效利用，从而使成本费用支出受到严格有效的约束。作为一种控制手段，预算控制是通过编制和执行预算来进行的。

（2）审计控制。审计控制是指对反映组织资金运动过程及其结果的会计记录及财务报表进行审核、鉴定，以判断其真实性和公允性，从而起到控制的作用。审计是一项较独立的经济监控活动。审计包括外部审计和内部审计。外部审计是由组织外部的机构（如会计师事务所）选派审计人员对组织财务报表及其反映的财务状况进行独立的检查和评估。内部审计是由组织内部的机构或由财务部门的专职人员独立进行的，其目的是为组织内部控制提供一种手段，以检查和评价各项控制的有效性。

（3）财务控制。财务控制是指对企业的资金投入及收益过程和结果进行衡量与校正，以确保企业目标以及为达到此目标所制定的财务计划得以实现。财务控制通常对企业的偿债能力比率、盈利能力比率、营运能力比率进行分析与控制。

2. 市场控制

市场控制是指组织借助经济的力量，通过价格机制来规范组织内部门（单位）和员工的行为。市场控制的动因是企业内部组织管理成本过高。市场控制的原则是：把组织建设成为由内部企业组成的机构；用市场的机制代替直接的命令来管理组织；在内部市场中鼓励集体的合作精神。市场控制可分以下三个层次：

（1）公司层。在公司层次上，市场控制通常用于规范独立的事业（业务）部门，每个事业（业务）部门都是利润中心，企业高层管理人员一般使用盈亏指标对事业（业务）部门进行绩效评估。

（2）部门层。部门层次上的市场控制表现为公司内部交易。转移定价就是企业运用市场机制调整内部交易的一种方法。

（3）个人层。个人层次上的市场控制常常表现为激励制度和工资制度。

3. 团体控制

团体控制是指将个体融入团体之中，将个人的价值观与组织的价值观和目标相统一，通过团体的共同行为范式来实现组织成员的自我约束和自我控制。团体控制主要来自组织成员和工作性质的变化、控制环境的变化、雇佣关系的变化。组织文化是团体控制的基础。有效的团体控制需要构建创新的组织文化，创建响应顾客需求的文化，创建良好的职场精神。

思　考　题

1. 简述管理的含义及其特征。

2. 什么是管理者？管理者应具备哪些技能？
3. 简述科学管理理论、人际关系理论的主要观点。
4. 简述决策的一般过程。
5. 简述目标管理的主要思想及实施过程。
6. 简述滚动计划法的特征。
7. 简述直线职能制与事业部制的特征。
8. 如何有效授权？
9. 简述费德勒领导权变理论的主要观点。
10. 简述激励理论对管理的启示。
11. 控制有哪些类型与方法？

第5章

企业概述

企业是依法设立的、以营利为目的的、从事生产经营活动的、独立核算的经济组织；企业管理的基础工作是实现企业经营目标和管理职能的基石；现代企业制度是市场经济体制下适应社会化大生产需要的产权清晰、权责明确、政企分开、管理科学的新型企业制度。

5.1 企业的特征及分类

5.1.1 企业的产生与发展

企业是社会生产力发展到一定程度，出现了商品经济之后才产生和发展起来的。随着生产力的发展、社会的进步，企业形式也得到不断的完善与发展。企业的演进主要经历了以下三个阶段：

1. 工场手工业时期

工场手工业时期是指从封建社会的家庭手工业到资本主义初期的工场手工业时期。16世纪至17世纪，一些西方国家的封建社会制度向资本主义制度转变，资本主义原始积累加快，大规模地剥夺农民的土地，使家庭手工业急剧瓦解，开始向资本主义工场制转变。工场手工业是企业的雏形。

2. 工厂制时期

18世纪，西方各国相继开展了工业革命，大机器的普遍采用，为工厂制的建立奠定了基础。19世纪三四十年代，工厂制度在英国、德国等国家普遍建立。工厂制的主要特征是：实行大规模的集中劳动；采用大机器提高生产效率；实行雇佣工人制度；劳动分工深化，生产走向社会化。

3. 现代企业时期

19世纪末20世纪初，随着自由资本主义向垄断资本主义过渡，工厂的发展十分迅猛并产生了一系列变化，推动企业从工厂生产时期过渡到企业生产时期。主要表现在：不断采用新技术，使生产迅速发展；生产规模不断扩大，竞争加剧，产生了大规模的垄断企业；经营权与所有权分离，形成职业化的管理阶层；普遍建立了科学的管理制度并形成了一系列科学管理理论；企业的社会责任开始渗透到政治、军事、外交、文化等各个领域。这些变化，使企业不断走向成熟，成为现代企业。

企业发展的历程表明，制约和推动企业发展的因素是多方面的，但根本因素是技术革命。随着全球性的新技术革命的发展，一大批现代新兴企业正在蓬勃崛起，它们代表着现代企业的发展方向，显示出强大的生命力。

5.1.2 企业及其特征

1. 企业的含义

在我国计划经济时期，企业是与事业单位平行使用的常用词语，《辞海》（1978 年版）中，企业的解释为："从事生产、流通或服务活动的独立核算的经济单位。"事业单位的解释为："受国家机关领导，不实行经济核算的单位。"在《现代汉语词典》中，企业的解释为："从事生产、运输、贸易、服务等经济活动，在经济上独立核算的组织，如工厂、矿山、铁路等"。

在 20 世纪后期，随着改革开放以及经济体制及企业改革的推进，企业一词的含义有所变化，非计划经济体制下的企业大量涌现；较常见的用法是指各种独立的、营利性的组织（可以是法人，也可以不是），并可进一步分为公司和非公司企业，后者如合伙企业、个人独资企业、个体工商户等。

综上所述，企业就是依法设立的、以营利为目的的、从事生产经营活动的、独立核算的经济组织。

2. 企业的特征

企业作为经济组织具有以下特征：

（1）企业是依法设立、依法经营的经济组织。企业的设立必须得到政府有关部门的批准，并按规定的业务范围经营。企业只有得到法律的认可，才能取得独立的法律地位，成为合法的经济组织，才能依法享有权利、承担义务。

（2）企业以市场为导向、以营利为主要目的。企业是社会物质财富的创造者，基本职能是向社会提供各种所需要的商品和服务，营利是企业的最主要的和最终的追求。企业只有满足社会需求，得到消费者认同，才会被社会所接受。

（3）企业是独立核算的经济实体。企业在生产经营活动中实行独立核算，自主经营，自负盈亏。企业具有独立的经营决策权和管理权，可以根据市场环境和企业内部条件的变化，自主灵活地开展企业经营管理活动。

（4）企业应承担一定的社会责任。企业在谋求自身利益的同时，还要关注相关利益者的诉求。只有这样，企业才能获得可持续的发展。

5.1.3 企业的类型

在现代社会各种类型的组织中，企业占有相当重要的地位。在现实的经济生活中，企业的具体形态是多种多样的，可以按照不同的划分标准，把企业划分为多种不同的类型。

1. 按企业的生产资料所有制性质分类

（1）国家所有制企业。即国家以各种形式投资形成的企业，简称为国有企业。在这种企业中，国家是企业所有权的唯一主体，一般情况下政府设立专门的部门代表国家对国有企业实行统一领导，分级管理。

（2）集体所有制企业。这类企业的生产资料和劳动产品属于企业员工共同所有。企业员工自愿结合、自主经营、自负盈亏，实行独立核算和民主管理。

（3）混合所有制企业。这类企业是指企业的资产来自多个投资主体，盈利按资本份额进行分配的企业。如跨地区、跨行业的不同所有制企业间的联合，中外合资、合作企业以及股份制企业等。

（4）私营企业。这类企业是指由个人投资，雇用一定人数的员工和具有一定生产规模的企业。这类企业是建立和完善市场经济的重要组成部分。

2. 按企业所属的行业分类

（1）工业企业。这类企业是指从事工业生产和提供劳务的生产经营活动的企业。

（2）农业企业。这类企业是指主要从事农、林、牧、渔等生产活动的企业。

（3）商业企业。这类企业是指专门从事商品流通活动的企业。

（4）运输企业。这类企业是指专门从事运输生产以及直接为运输生产服务的企业。

（5）建筑安装企业。这类企业是指主要从事土木建筑、设备安装、室内外装修等工程施工的企业。

（6）金融企业。这类企业是指主要从事银行、保险、证券等业务的企业。

除以上按所属行业划分的企业种类外，还有旅游、邮政、电信等行业的企业。此外，还可以通过对行业的进一步细分，分成更明确的企业，如工业企业按照生产加工产品的不同又可以划分为以原材料、能源生产为主的基础工业企业和以生产制成品为主的加工制造业企业。按行业划分企业的类型，有利于企业明确经营范围，并实施具有行业特色的管理。

3. 按企业生产要素的结构分类

（1）劳动密集型企业。这类企业是指技术装备水平较低，所需劳动力较多，单位产品的成本中劳动消耗所占比重大的企业。这类企业所需投资少，工艺设备相对较为简单，技术操作要求较低。

（2）资金密集型企业。这类企业是指单位产品投资较多，技术装备水平较高，所需劳动力相对较少的企业。这类企业一般投资较大，设备工艺复杂，劳动生产率较高。

（3）知识密集型企业。这类企业是指综合运用现代高科技成果，产品中技术含量高的企业。这类企业的特点是综合运用多门学科的最新科技成果，技术设备比较先进，投资较大，科技人员比例较高，一般员工也具有较高的文化科学技术水平。

4. 按企业的投资主体分类

（1）独资企业。这类企业是指由单个投资者投资举办的企业。这类企业只有一个产权所有者，出资者享有企业的全部经营所得。

（2）多元投资主体企业。这类企业是指由两个以上出资者举办的企业，如合伙企业、公司企业。这类企业产权分属于不同的所有者，出资者分享企业经营所得的利益和承担相应的责任。投资主体多元化克服了企业进一步发展的资本局限性，大大推动了企业的发展壮大。

5. 按企业出资者承担责任的性质分类

（1）无限责任企业。所谓无限责任企业，就是出资者对企业的经营债务承担无限连带责任的企业，如自然人企业、合伙企业等。

（2）有限责任企业。所谓有限责任企业，就是出资者对企业经营债务只按出资额承担有限责任，企业以其全部资产对债务承担有限责任的企业，如有限责任公司、股份有限公司等。

6. 按企业规模分类

企业规模是指企业生产或经营的规模。企业规模一般是以企业的生产能力、营业面积、固定资产投资额、员工人数等为指标，根据一定的标准把企业划分为大、中、小三种类型。

2017 年，我国制定了《统计上大中小微型企业划分办法》。此办法按照行业门类、大类、中类和组合类别，依据从业人员、营业收入、资产总额等指标或替代指标，将我国的企业划分为大型、中型、小型、微型四种类型。

5.1.4 企业管理的基础工作

企业管理的基础工作是指为实现企业经营目标和管理职能提供资料依据、共同准则、基本手段和前提条件的工作。它一般包括标准化、定额、计量、信息、规章制度和基础教育六个方面的工作。搞好企业管理的基础工作，是组织社会化大生产、实行科学管理的客观要求，是搞好企业管理的前提条件。基础工作的完善程度，直接关系到企业经营管理水平的高低，从而影响企业的发展和经济效益。

1. 标准化工作

标准化工作是指企业各项技术标准和管理标准的制定、执行和管理。它促使企业的生产、技术、经济活动和各项管理工作达到合理化、规范化。通过标准化工作，企业建立起良好的生产秩序，为企业奠定良好的管理条件。

（1）技术标准。技术标准是指对标准化领域中需要协调统一的技术事项所制定的技术准则。它是企业标准的主体，一般包括以下几类：

1）基础标准。基础标准是指在一定范围内作为其他标准的基础，是最基本的、具有广泛指导意义的标准，如通用技术语言标准、有关精度与互换性标准等。

2）产品标准。产品标准是指对某一种（或某一类）产品的规格、质量、型号和检验方法所制定的标准。

3）方法标准。方法标准是指以试验、检查、分析、统计、计算、测定、作业等各种方法为对象制定的标准。这种标准是产品设计、制造、检验过程中各类人员所必须遵守的准则和程序。

4）安全卫生与环境保护标准。这里包括一切与人身安全、卫生以及保护环境等有关的标准。

（2）管理标准。管理标准是企业各项管理工作的一项重要内容，是企业为需要协调统一的管理工作所制定的标准。主要内容有：

1）经济管理标准。经济管理标准主要包括：产品价格标准，成本、费用标准，工资、福利待遇标准，经济核算与经济评价标准等。

2）生产组织标准。生产组织标准是指为合理利用生产能力，安排生产计划，合理利用人、财、物，提高劳动生产率所制定的标准，如期量标准、资源消耗标准等。

3）技术管理标准。技术管理标准是指为工艺、原材料、设备等技术管理所制定的有关工作程序、方法、内容的标准等，如技术情报、技术文件、技术档案的管理标准。

2. 定额工作

定额是企业在一定的生产技术组织条件下，对人力、物力、财力的消耗、占用以及利用程度所规定的标准。定额一般有以下几类：

（1）劳动定额。劳动定额是指在一定的生产技术条件和合理组织劳动的基础上，完成某项工作所消耗劳动量的标准。它包括工时定额和产量定额两种基本表现形式。前者规定完成单位工作量所需要的时间；后者规定单位时间内必须完成的工作量。

（2）物资定额。物资定额是指企业在生产过程中关于物资的消耗和使用方面的数量标准。它主要有物资消耗定额和物资储备定额两类。如原材料、辅助材料、工具等物质消耗定额，经常储备、保险储备和季节性储备等物质储备定额。

（3）固定资产利用定额。如设备利用定额、厂房利用面积定额等。

（4）流动资金占用定额。主要有储备资金、生产资金、产成品资金定额等。

（5）管理费用定额。主要有车间经费定额、企业管理费用定额等。

定额工作是对各类定额的制定、执行、修改和管理的工作。定额的制定要遵循先进性和合理性相结合的原则，可分别采用经验估计法、统计分析法和技术定额法来完成。定额的执行是在维护其严肃性的前提下，采取多种手段，保证定额的落实。定额的修改是为了适应企业生产技术组织条件的变化对定额采取定期或不定期的修改，使之达到先进、合理的要求。

3. 计量工作

计量是指用一种标准的单位量去测定另一同类量的量值。计量工作应通过准确可靠的器具来完成，以反映事物的原始数据，为经济核算提供准确的资料。

计量工作包括计量技术工作和计量管理工作两个方面。计量技术工作主要包括测试、检验、理化性能的测定和分析等。计量管理工作是对计量技术工作的组织、协调及有关规章制度的制定和执行。主要内容包括计量标准管理、计量器具管理、计量人员管理、计量数据管理以及有关计量方面政策、法规的贯彻、监督与检查。

4. 信息工作

信息工作是指对各类信息进行收集、传递、储存等的管理工作。信息是反映事物运动过程中在时间和空间上的分布状况和变化程度的各类情报、资料数据、凭证、密码等。它是企业进行计划、做出决策的依据，也是对企业生产经营活动进行有效控制的工具。信息已成为企业一种最宝贵的资源，企业管理工作是否行之有效，在很大程度上取决于企业能否及时地获得并利用这些信息。企业信息的主要来源有以下几种：

（1）原始资料。原始资料是指企业在生产经营等经济活动中最初的直接记录，包括原始报表、凭证、单据等。

（2）统计分析。统计分析即在原始资料的基础上，对有关数据进行综合分析所得出的结论。如对产品的合格率进行分析，从而得出产品生产过程中存在的问题；对物资消耗进行分析，制定物资消耗定额等。

（3）经济技术情报。经济技术情报包括国内外生产、需求情况，同行业生产经济动态，资源状况，科学技术发展趋势等。

（4）技术经济档案工作。技术经济档案工作是指将企业在生产经营过程中所积累的各种资料档案化，从这些存档的资料中获取所需要的信息。

5. 规章制度

企业的规章制度通常是指企业对生产技术经济等活动所制定的各种规则、章程、程序和办法的总称。它是对各项管理工作和劳动操作要求所做的规定，是企业全体员工在生产技术经济活动中必须遵守的规范和准则。由于现代企业中许多员工集中在一起工作，但各自的分工不同，因此需要人和人之间的协调配合才能完成整体目标。要把个人分散的活动组织成为有节奏、有秩序的工作，就必须有一套科学的规章制度来约束人们的行为，把个人的行为统一到企业整体行为中去。企业的规章制度大体包括以下几类：

（1）基本制度。基本制度主要包括企业经营制度、劳动制度、分配制度等。

（2）工作制度。工作制度是指各项专业管理的工作制度，主要规定各项管理工作的内容、程序和方法等。

（3）责任制度。责任制度即规定企业员工在自己的岗位上应该承担的任务和责任，以及相应的权力。

企业规章制度的制定，要根据企业自身的实际情况和生产经营的需要，要力求完整统一、简明扼要、通俗易懂，便于群众掌握和贯彻执行。企业规章制度应具有严肃性、权威性、稳定性和强制性，人人都应遵守，违反制度要予以处罚，以确保规章制度的贯彻实施。

6. 基础教育工作

基础教育工作主要是指对全体员工进行的思想文化教育和基本业务知识的培训。它的目的是使企业员工具备从事本职业、本岗位所必需的道德品质和进行本职工作必须掌握的基本技能、方法和手段，使其了解企业的规章制度，遵守劳动纪律，完成企业交给的工作。这既是企业管理的需要，也是企业生存发展的客观要求。

5.2 现代企业制度

现代企业制度最早产生于资本主义发展较早的西方国家，是实行市场经济体制的国家在古典企业基础上，经过近百年的发展而建立起来的一种适应社会化大生产和市场经济体制的企业制度。以股份制为特征的现代企业制度是市场经济的微观基础。我国企业改革的实践表明，建立符合我国国情与国际惯例的现代企业制度，就是构筑我国市场经济的微观基础。

5.2.1 现代企业制度的含义和特征

1. 现代企业制度的含义

企业制度是指以产权制度为基础和核心的企业组织制度，其主要表现为企业财产的组织形式。在企业发展的过程中，为了适应生产力发展的客观要求，企业的财产组织形式也在不断地发展演变，先后出现了独资企业、合伙企业和公司企业等多种企业组织形式。现代企业制度是现代市场经济体制下适应社会化大生产需要的产权清晰、权责明确、政企分开、管理科学的新型企业制度。现代企业制度的实质主要是以产权制度为核心，以完善的法人制度为基础，以有限责任制度为保证，以公司企业为主要形态，以科学管理为手段，使企业真正成为自主经营、自负盈亏、自我发展、自我约束的企业法人和市场竞争主体的一种企业微观经济体制。

2. 现代企业制度的特征

（1）产权清晰。产权清晰是指企业的财产所有权归属明确。企业中的资产所有权属于出资者，企业拥有出资者投资形成的全部法人财产权，成为享有民事权利、承担民事责任的法人实体。

（2）权责明确。权责明确是指企业作为法人，以其全部的法人财产，依法自主经营、自负盈亏，对出资者承担保值增值的责任；出资者按照投入企业的资产份额享有所有者权益；企业和出资者承担有限责任。

（3）政企分开。政企分开就是政企职责分开，这对拥有国有资产的企业来说尤为重要。企业按照市场需求独立地从事生产经营活动，政府不干预企业的运行。国有企业也不再承担政府的行政管理职能和社会职能。政府对企业的调控应通过市场来进行，以各种宏观调控手段为主，这包括政府财政政策和货币政策等。

（4）管理科学。现代企业制度要求建立健全一整套实用、科学的组织制度和管理制度，妥善调节所有者、经营者和员工之间的关系，形成激励和约束相结合的经营管理机制。管理科学是现代企业制度的本质特点，因为产权明晰与权责明确仅仅是近代意义上的公司制，只有建立一整套科学的企业管理制度，才是严格意义上的现代企业制度。

5.2.2 现代企业制度的内容

现代企业制度主要包括企业组织形式、法人制度和科学管理制度。

1. 现代企业的组织形式

现代企业的组织形式不是以所有制性质划分的，而是按照财产的组织形式和所承担的法律责任划分的。市场经济条件下企业的主要形式有：无限责任公司、合伙企业、有限责任公司和股份有限公司等。实际上，现代企业主要指有限责任公司和股份有限公司，这两种企业组织形式是现代企业制度的主体。

2. 现代企业的法人制度

建立现代企业制度，必须建立健全企业法人制度。通过一系列的规则和法律，明确企业法人的内涵、性质，明确设立、变更、终止的条件以及企业法人的财产责任等，真正赋予企业法人资格，是企业法人制度的基本内容。

（1）企业法人。建立现代企业制度，首要的问题是确立企业的法人资格。法人资格是指按照法定程序设立，自主经营、自负盈亏、独立核算，具有民事权利能力和民事行为能力，依法独立享有民事权利和承担民事义务，从事商品生产经营活动的营利性的经济组织。任何企业获得法人资格都应具备以下基本条件：一是依法成立；二是有独立支配的财产；三是要有自己独立的名称、场所和组织机构；四是能够独立享有民事权利和承担民事责任。确认企业的法律地位，赋予企业真正的法人资格，是企业法人制度的关键之一。只有这样，才能赋予企业充分的自主权，使企业在激烈的市场竞争中充分发挥其主动性和创造性，使企业真正成为自主经营、自负盈亏、自我发展、自我约束的法人实体，成为独立享有民事权利和承担民事责任的企业法人。

（2）企业法人财产权。企业法人地位的确立，必须拥有一定的法人财产权，这是企业法人行为能力的基础。一个没有独立的法人财产的企业就不可能真正地享有民事权利和承担民事责任。所谓企业的法人财产，是指设立企业法人必须要有出资者，出资者依法向企业注入资金，并与企业在经营中通过负债所形成的财产共同构成企业法人财产。企业法人财产的终极所有权归出资者所有。

一方面，企业对法人财产依法拥有的独立的支配权力就是法人财产权。法人财产权具体体现为企业法人对法人财产的占有、使用、处置等权力。法人财产依法确立后，出资者所有权就与法人财产权分离了。出资者不能再直接支配法人财产中自己注入的资本，对投入的资本不能抽回，只能在资本市场上进行转让。此时，出资者所有权在一定条件下表现为其拥有的股权，出资者可以股东身份依法享有资产收益、选择管理者、参与重大决策以及转让股份等权利，并以此权利影响企业的行为，但不能直接干预企业的经营活动。其中有限责任公司和股份有限责任公司的出资者以认缴的资本为限，对企业承担有限责任。另一方面，企业法人凭其法人财产权而具有独立的行为能力，依法享有民事权利、承担民事责任，对法人财产行使各项权利，同时对全部法人财产承担责任，依法维护股东的权益，保证企业法人财产的保值增值。

（3）有限责任。企业法人制度实行的是一种有限责任制度。所谓有限责任制度，其内容包括两个方面：一方面，企业以全部的法人财产为限，对其债务承担有限责任，破产时企业以其全部财产进行清偿；另一方面，企业破产清算时，出资人以其投入企业的出资额为限，对企业债务承担有限责任。有限责任制度是在激烈的市场竞争中出资者实行自我保护，减少风险，增加获利机会的一种有效制度。

（4）企业法人治理结构。企业法人治理结构是指由权力机构、决策机构、执行机构、监督机构构成的对企业法人财产进行有效使用和管理的组织结构和运行机制，它以法律和企业法人章程的形式，明确了上述各个机构之间，所有者、经营者和生产者之间的相互制衡关系。这种组织制度使所有者、经营者、生产者的行为受到约束，利益得到保障，积极性得以调动，从而最大化各方的利益。

现代企业制度下的企业在法人治理结构上形成以股东大会、董事会、经理人和监事会共同组成的法人治理结构。股东大会是公司的最高权力机构；董事会是公司的经营决策机构；公司的总经理负责公司的日常经营管理活动，对公司的生产经营活动进行全面领导；监事会是公司的监督机构。

3. 科学管理制度

现代企业的科学管理制度包括组织运营系统、财会制度以及人事制度等。

（1）组织运营系统。现代企业制度下，企业应根据自身生产经营特点和市场竞争的需要，按照职责明确、结构合理、权利与责任对等的原则，搞好企业组织机构的设置，完善企业组织运营系统。同时，企业应根据市场需要，重点强化研发、生产、营销、财务和信息等管理系统，提高决策水平和竞争力。

（2）财会制度。在现代企业制度条件下，所有者和经营者的权利要通过企业财务会计制度体现出来。只有科学的企业财务会计制度才能客观、准确地反映企业的经营状况。会计作为提供企业财务信息的一项管理活动，必须体现相关财务会计法规的要求，建立与国际惯例相一致的企业财务会计制度体系，并赋予企业自主理财的权利，包括自主筹资权、自主投资权、留用资金自主支配权等。同时，要深化企业内部财务管理，完善企业审计制度，通过内部审计和社会审计力量，形成对企业的有效监督和制衡。

（3）人事制度。现代企业要坚持以人为本的企业人事制度和管理制度，培育优秀的企业文化和企业团队精神，加强人力资源的开发和管理。企业人事制度的完善主要应从企业用工制度、激励制度、工资制度、社会保障制度等方面进行。企业文化是企业在长期经营实践中逐步形成的、被员工普遍认同的价值观、信念、态度及行为准则的总和，主要体现在企业以及员工独具特色的行为方式。在构成企业文化的诸要素中，人居于首要地位。企业文化的主旨与核心就是以人为本，为员工的全面发展和价值实现创造条件，从而使企业价值最大化与员工个人价值的实现有机结合起来，实现企业发展与个人价值实现的双重目标。

5.3 公司组织形式

5.3.1 公司的产生及组织形式的演变

公司在西方并不是新兴的企业组织形式，而是一种比较传统的企业形式，这种企业形式从萌芽到产生再到发展到现在已经经过了大约500年的时间。有关文献记载，早在罗马帝国时期就已经出现了公司的萌芽，该组织是以类似于股份公司的形式出现的。现代意义上的公司是在15世纪以后出现的。17世纪初，在英国和荷兰等欧洲国家出现了一些大的殖民贸易公司，例如英国东印度公司，荷兰东印度公司、西印度公司等。这些公司也是以股份公司的形式出现的。这些公司通过向社会公开招股募集资本，并在国王颁发的“特许状”下从事对外贸易和殖民活动。1553—1608年，英国先后有49个公司得以成立。其他国家如法国、荷兰、葡萄牙等也都成立了不少对外特许公司。除了贸易领域外，在银行业、保险业、公共工程领域中也出现了股份制公司。到了工业革命以后，随着生产规模的扩大，生产经营者急需大量资金扩充生产经营能力，这就刺激了公司继续在金融、保险、公用事业、基础设施、生产、销售等领域的发展。

在公司的产生和发展过程中，公司的数量在不断增多、规模在不断扩大，公司的组织形式也在不断演变，从单一的股份形式逐渐演变出现了无限公司、股份公司、两合公司、有限公司、一人公司、跨国公司、控股公司等多种公司组织形式。

公司的组织形式是指公司的权力机构、执行机构、监督机构等各主要机构的设置、产生、职责划分形式以及公司的责任承担形式。公司在发展变迁中，形成了很多不同种类的组织形式。由于各国的经济制度、文化传统等因素的影响，各国公司法规定的公司具体组织形式也有较大的差异。

公司组织形式的种类有法定种类与学理种类之分。法定种类是一国所规定的公司的法定组织形式类型，这种类型一经法律确认，该国国内设立的公司必须依照法律所规定的公司组织形式设立，否则就会导致公司设立的无效或者不能设立。学理种类是理论界根据一定标准，将历史上曾经出现过的或者各国现实经济生活中存在的公司形式加以归类并从理论上加以确定的公司组织类型。这种总结的意义在于，对公司的组织形式进行学理方面的研究，以便解决现实经济生活中遇到的问题。

5.3.2 公司的组织形式

以股东所承担的责任为标准对公司组织形式进行分类是最主要的分类形式，实践上也是公司立法对公司组织形式进行规定的基本形式。依据这一标准，公司主要包括以下几种类型的组织形式：

1. 无限公司

无限公司又称为无限责任公司，是指由两个以上股东组成，全体股东对公司债务承担无限连带责任的公司组织形式。无限公司是公司发展历史上最早出现的公司形式。这种公司的组织结构非常简单，公司中未设立股东大会、董事会、监事会等机构，公司的日常经营、管理、决策等事务由股东来完成，各个股东都有执行公司业务的权利。

无限公司的股东必须有两名以上，在经营过程中如果因股东退股而导致股东只剩下一人时，公司就应当解散。无限公司属于人合公司，要求股东之间的个人信任，股东人数必然较资合公司少。无限公司股东只能是自然人，不能是法人。

无限公司这种组织形式大陆法系国家的法律承认其为独立法人，英美法系国家基于股东负无限连带责任，不承认无限公司的法人地位，只认为其是合伙企业。

2. 有限责任公司

有限责任公司是指由法律规定的一定人数的股东组成，股东以出资额为限对公司承担责任，公司以其全部资产对债务负责的一种公司形式。这种公司本质上属于资合公司，各国法律都规定了有限公司具有法人资格。但是与股份公司相比较。有限责任公司也存在一定的人合因素，其股东的责任一般以出资额为限。

有限责任公司的组织结构比较规范，设有股东会、董事会、总经理、监事会等机构。股东会是权力机构，负责公司经营中重大事务的决策；董事会、总经理是执行机构，负责执行经营事务；监事会是监督机构，负责对公司工作人员和结构的监督。但是，有些国家也允许规模小的有限责任公司在机构设置上采取灵活的方式，例如不设置股东会和董事会，只设置执行董事，不设监事会而只设几名监事。

有限责任公司是目前被采用较多的一种公司组织形式，这种形式产生较晚，甚至晚于股份有限公司的产生，它是19世纪下半叶，资本主义进入垄断阶段后才产生的。这种公司克服了股份有限公司中股东人数过多而无凝聚力、股票交易的投机性、股东的不确定性等缺点，在德国产生后，很快在世界各国普遍推行，与股份有限公司一起成为世界各国公司的主要组织形式之一。

3. 股份有限公司

股份有限公司也称为股份公司，在日本称其为株式会社，是指公司全部资本划分为等额股份，股东以其所认购的股份为限对公司承担责任，公司以其全部资产对公司债务负责，并可以向社会公开发行股票的公司。股份有限公司是典型的资合公司，各国法律均承认这种公司的法人地位。在股份有限公司中，任何愿意出资的人都可以成为股东，没有资格限制，股东的权利体现在所认购的股份上，并且随着股份（股票）的转移而转移。股份有限公司是商品经济社会中最主要的公司组织形式，是最重要的市场主体，其组织结构和其他公司相比也是最为严密完整的。公司依法律规定，设有股东会、董事会、总经理、监事会等机构，各机构之间有严格的分工和制约，并按照各自的分工相互配合，使公司能正常地运作，完成经营和管理行为。

由于股份有限公司具有规模大、筹资范围广泛、分散风险、股份可以自由转让、便于监督、设立程序严格、规范等特点，因此这种公司形式是世界上目前被采用最广泛的一种公司形式。这种公司形式产生较晚，1600年诞生的英国东印度公司和1602年诞生的荷兰东印度公司是世界上最早的股份有限公司。在股份有限公司发展的过程中，各国相继用法律的形式对这种企业组织形式给予确认和巩固，1808年的《法国商法典》首次对股份有限公司做了规定，此后各国相继开始了股份有限公司的立法。

4. 两合公司

两合公司是指由一部分无限责任股东和另一部分有限责任股东共同组成的公司，其中无限责任股东就公司债务承担无限责任，而有限责任股东以其出资额为限对公司债务承担有限责任。两合公司是大陆法系国家公司法中所确认的一种公司形式。这种公司兼有无限公司以个人信用为基础和有限公司以股东资本为基础的双重性质。英美法系国家不承认这种组织形式的企业是公司法人，而认为它是有限合伙，例如美国1985年修订的《统一有限合伙法》仍然规定这是一种有限合伙。这种公司组织形式早在中世纪的欧洲就已经出现，公司资金的提供者向经营者提供贸易用的资金，投资者接受利润的一部分，通常是1/4，但不承担亏损的责任；如果不是经营者过错造成的损失，资金的提供者也不得要求经营者对其投资损失进行赔偿。这种安排规避了高利贷，使经营者获得了企业经营迫切需要的资金，而资金的所有者则获得了较高的回报。

两合公司属于人合兼资合性质的公司，所以资本不甚雄厚，规模有限，其组织结构也不完整。两合公司不设董事会、监事会等机构，公司业务由承担无限责任的股东执行，有限责任股东不能执行公司的经营管理业务，但是可以通过组织股东会选举监察人，以对公司业务进行监督。在两合公司中，无限责任股东与有限责任股东的权利是有差别的。一般无限责任股东均有执行公司业务的权利，而有限责任股东则无此权利。有的国家例如美国、法国还规定，如果有限责任股东或有限合伙人参与了公司的业务执行活动，或者其行为使人误认为是无限责任股东时，则对此项交易必须承担与无限责任股东相同的责任。有限责任股东对公司的业务享有监察权，如查阅公司账簿、了解公司业务和财务状况等。

两合公司、无限公司这两种公司形式在中世纪时期的意大利及地中海沿岸的商业城市中就已经出现，其中两合公司较无限公司出现要晚一些。无限公司、两合公司与合伙相比，有很多相似之处，它们是在合伙制度下演变、形成的公司形式。在几百年的公司制度的形成、完善过程中，有些国家扬弃了无限公司或两合公司这种企业组织形式，认为无限公司股东责任太重、资本不易筹集、出资转让困难，两合公司因稳定性差等缺点，使许多人宁愿与普通合伙人订立利润分享契约向其借贷资本，而不愿意作为有限合伙人冒可能承担无限责任的风险。但有的国家一直沿用这种公司组织形式，并使其继续发展。

5.4 公司的设立与分立

5.4.1 公司的设立

公司的设立是指创办公司，使公司取得法人资格的一系列法律行为的总称。其内容主要包括公司法人创建公司的意志意思表示，订立章程，决定公司的种类、名称、经营范围，履行出资义务，推选组织机构，申请设立登记等。本节主要介绍有限责任公司和股份有限公司的设立条件。

1. 有限责任公司的设立

一般来说，设立有限责任公司应当具备以下条件：

（1）股东符合法定人数。在一般情况下，设立有限责任公司的法定股东数必须是2个以上50个以下。

（2）股东出资达到法定资本最低限额。法定资本是指公司进行设立登记时实缴的出资额，即经法定程序确认的资本。在我国，法定资本又称为注册资本，既是公司成为法人的基本特征之一，又是企业承担亏损风险的资本担保，同时也是股东权益划分的标准。法定资本最低限额是法定的设立公司的最低要求，达到这个要求，才有可能具备法人资格，公司才能成立。股东出资时既可以用货币出资，也可以用实物、工业产权、非专利技术、土地使用权等作价出资。实物是指有形物，包括建筑物、设备或其他物资等。工业产权包括专利权和注册商标权。非专利技术习惯上也称为技术诀窍，指未申请或未申请到的专利、不受专利保护的技术。土地使用权为依法取得的使用土地的权利。

（3）股东共同制定章程。公司章程是关于公司组织及其活动的基本规章。制定公司章程既是公司内部管理的需要，也是便于外界监督管理和交往的需要。有限责任公司的章程由全体股东共同制定。

（4）有公司名称和组织机构。公司的名称是公司的标志。公司作为独立的企业法人必须有自己的名称。公司名称一方面表明了企业的法律性质，另一方面有利于保障公司的合法权益。公司设定自己的名称时，必须符合相关法律、法规的规定。有限责任公司的组织机构主要包括股东大会、董事会、监事会等。完善的组织机构是企业生产经营活动顺利进行的保证。

（5）有固定的生产经营活动场所和必要的生产经营条件。生产经营场所和生产经营条件是公司从事生产经营活动的物质基础，是设立公司的起码要求。

2. 股份有限公司的设立条件和方式

（1）股份有限公司的设立条件。一般情况下，设立股份有限公司应当具备以下条件：发起人符合法定人数；发起人认缴和社会公开募集的股本达到法定资本最低限额；股份发行、筹办事项符合法律规定；全体发起人共同制定公司章程，并经公司创立大会通过；有公司名称，建立符合股份有限公司要求的组织机构；有固定的生产经营场所和必要的生产经营条件。

股份有限公司的发起人既可以是自然人，也可以是法人。股份有限公司的组织结构由股东大会、董事会、总经理和监事会组成。

（2）股份有限公司的设立方式。股份有限公司的设立方式分为发起设立和募集设立两种。发起设立是由公司发起人自己认购公司应发行的全部股份而成立的公司。募集设立是由发起人认购公司应发行股份的一部分，其余部分向社会公开募集而成立的公司。

5.4.2 企业的并购

企业在设立之后并不是一成不变的。企业为了适应市场，提高效率，增强竞争力以及着眼于长远的发展，往往会进行并购重组。

1. 并购的概念

并购是兼并、合并与收购的统称。兼并是指一家企业以现金、证券或其他方式购买取得其他企业的产权，使其他企业丧失法人资格或改变法人实体，并取得对这些企业决策控制权的经济行为。合并是指两个以上的企业依照法定程序变为一个企业的行为。其形式有两种：一是吸收合并，即企业接纳一个或一个以上的企业加入本企业，加入方解散并取消原法人资格，接纳方存续；二是新设合并，即企业与一个或者一个以上的企业合并成立一个新企业，原合并各方解散，取消原法人资格。收购是指企业以现金、债券或股票购买另一家企业的部分或者全部资产或股权，以获取该企业的控制权。收购的对象一般有两种：股权或资产。收购股权为购买一家企业的股份，同时承担相应的债务，收购方将成为被收购方的股东。收购资产仅为一种资产买卖行为，收购方并未收购被收购方的股份，因而无须承担其债务。

兼并、合并与收购有许多相似之处，通常将它们统称为并购，泛指在市场机制作用下，企业为了获得其他企业的控制权而进行的产权交易活动。并购一方为买方或者并购企业，被并购方称为卖方或者目标企业。

2. 并购的类型

（1）按双方产品与产业的联系划分，并购可分为横向并购、纵向并购和混合并购。

1）横向并购。当并购方与被并购方处于同一行业、生产或经营同一产品，并购是资本在同一市场领域或部门集中时，就称为横向并购。这种并购的目主要是确立或巩固企业在行业内的优势地位，扩大企业规模。

2）纵向并购。纵向并购是对生产工艺或经营方式上有前后关联的企业的并购，是生产、销售的连续过程中互为购买者和销售者之间的并购，其目的主要是组织专业化生产和实现产销一体化。纵向并购较少受到各国反垄断和政策的限制。

3）混合并购。混合并购是对处于不同行业、产品属于不同市场，且与其产业部门之间不存在特别的生产技术联系的企业进行并购。采用这种方式可以通过分散投资、多样化经营降低企业的风险，实现资源互补和优化组合，从而扩大市场活动范围。

（2）按并购的实现方式划分，并购可分为承担债务式并购、现金购买式并购和股权交易式并购。

1）承担债务式并购。在被并购企业资不抵债或资产债务相等的情况下，并购方以承担被并购方全部或部分债务为条件，取得被并购方的资产所有权和经营权。

2）现金购买式并购。该方式有两种情况：一是并购方筹集足额的现金购买被并购方全部的资产，使被并购方除现金外没有持续经营的物质基础，成为有资本结构而无生产资源的空壳，从而在法律意义上消失；二是并购方以现金通过市场、柜台或协商购买目标企业的股票或股权，一旦拥有其大部分或者全部股本，就达到了并购的目的。

3）股份交易式并购。该方式有两种情况：以股权换股权和以股权换资产。以股权换股权是指并购方向目标企业股东发行自己企业的股票，以换取目标企业的大部分或者全部股票，达到控制目标企业的目的；以股权换资产是指并购企业向目标企业发行自己的股票，以换取目标企业的资产，并购企业在有选择的情况下承担目标企业的全部或者部分责任。目标企业也要把拥有的并购企业的股票分配给自己的股东。

（3）按并购双方是否直接进行并购活动划分，并购可分为直接收购和间接并购。

1）直接收购。直接收购也称协议收购，是指并购企业直接向目标企业提出并购要求，双方通过一定程序进行磋商，共同完成并购的各项条件，进而在协议的条件下达到并购目的。

2）间接并购。间接并购也称要约并购或标购，是指并购企业并不直接向目标企业提出并购要求，而是在证券市场上大量收购目标企业的股票，从而达到控制该企业的目的。

（4）按并购涉及被并购企业的范围划分，并购可分为整体并购和部分并购。

1）整体并购。整体并购是指被并购企业的资产和产权整体转让的并购，是产权的权益体系或资产不可分割的并购方式。整体并购有利于加快资源集中的速度，迅速提高企业规模水平和规模效益。

2）部分并购。部分并购是指将企业的资产和产权分割为若干部分进行交易而实现企业并购的行为。具体包括三种形式：一是对被并购企业的部分实物资产进行并购；二是将被并购企业的产权划分为若干部分进行并购；三是将被并购企业的经营权分为若干部分进行并购。部分并购可以扩大企业并购的范围，以取得良好的并购效果。

（5）按并购交易是否通过证券交易所划分，并购可分为要约收购和协议收购。

1）要约收购。要约收购是指并购企业通过证券交易所的证券交易，持有一个上市公司已发行股份的30%时，依法向该公司所有股东发出公开收购要约，按符合法律的价格以货币付款方式购买股票，获取目标企业股权的收购方式。

2）协议收购。协议收购是指不通过证券交易所，而由买卖双方直接协商达成协议，以双方确定的价格购买或转让股权的方式。

（6）按并购双方是否友好协商划分，并购可分为善意并购和恶意收购。

1）善意并购。善意并购是指买方获得被并购企业的同意，在友好协商的基础上进行的并购。善意并购的双方一般进行相互沟通，卖方给予买方相应的支持，买方则给予卖方优厚的回报。

2）恶意收购。恶意收购是指收购企业在未经目标企业董事会允许，不管对方是否同意的情况下所进行的收购活动。当事双方采用各种攻防策略完成收购行为，并希望取得控制性股权，成为大股东。

5.4.3 企业的剥离与分立

企业的剥离与分立并非总是经营失败的标志，有时还是企业发展战略的合理选择，属于相对于并购的企业收缩战略。

1. 剥离与分立的概念

剥离是指企业将现有部分子公司、部门、产品生产线、固定资产等出售给其他企业，并以取得现金或有价证券作为回报。分立是指将母公司在子公司中所拥有的股份按比例分配给母公司的股东，形成一个独立的新公司，从而在法律上和组织上将子公司从母公司分离出去。分立可以看作一种特殊形式的剥离，但纯粹的分立与剥离之间又存在着区别。分立后的新公司拥有独立的法人地位，且分立中一般不会发生各利益主体之间的现金或者证券支付，而这种支付在剥离中通常会发生。

2. 剥离与分立的类型

（1）剥离的类型。按照不同的标准，剥离可以划分为不同的类型。按剥离是否符合公司的意愿可以划分为自愿剥离和非自愿或强迫剥离；按剥离中所出售的资产形式可以划分为出售资产、出售生产线、出售子公司、分立和清算等形式；按交易方身份的不同可以划分为非关联方剥离、管理层收购和员工收购三种。

（2）分立的类型。按被分立公司是否存续，分立可以划分为派生分立与新设分立。派生分立是公司以其部分财产设立另一新公司的行为。在这种方式下，新设的公司必须登记注册，原公司存续，但必须办理减少注册资本的注册登记。新设分立是指将公司的全部财产分解为若干份，重新设立两个或两个以上的新公司，且原公司解散的行为。

思 考 题

1. 什么是企业？企业有何特征？
2. 现代企业制度有何特征？
3. 有限责任公司和股份有限公司有何本质区别？
4. 举例说明企业的剥离与分立。

第6章

生产运作管理

生产运作管理是对生产运作系统的设计、运行与维护过程的管理，它包括对生产运作活动进行计划、组织和控制。本章的主要内容包括生产过程组织、生产计划编制以及现代生产运作管理理论与方法。

6.1 生产运作管理概述

6.1.1 生产与生产运作系统

1. 生产的含义

生产是人类最基本的活动，世界上绝大多数人都在从事各种生产活动。只是生产方式、领域和为社会提供的产品不同而已。伴随着社会经济的发展、科学技术的不断进步以及服务业的兴起，生产的概念在不断扩展，产品的概念也广义化了。从一般意义上讲，可以给生产下这样的定义：生产是把输入转化、增值为用户所需要的输出活动。

输入是指生产活动中消耗的各种资源。这些资源概括起来说包括人、财、物、技术和时间等。

输出是生产活动的结果，可以分为有效输出、无效输出和有害输出三种。通常所说的输出是指有效输出，主要有产品、服务和信息。产品通常以实物形态存在；服务通常是无形的，其生产过程与消费过程同时进行；信息以文字、数字、图表的形式存在。输出的形态尽管千变万化，但其目的都是满足人们的需求，或者说具有一定的效用，包括方式效用、时间效用、空间效用、所有效用等。

企业要向社会提供输出，就必须要有输入，输入是由输出决定的。生产什么样的产品和提供什么样的服务，就决定了需要什么样的资源输入。输入不同于输出，它们之间需要转化。转化是通过人的劳动来实现的，转化的过程也是输入的增值过程，这个过程就是生产（或运作）。生产运作系统如图 6-1 所示。

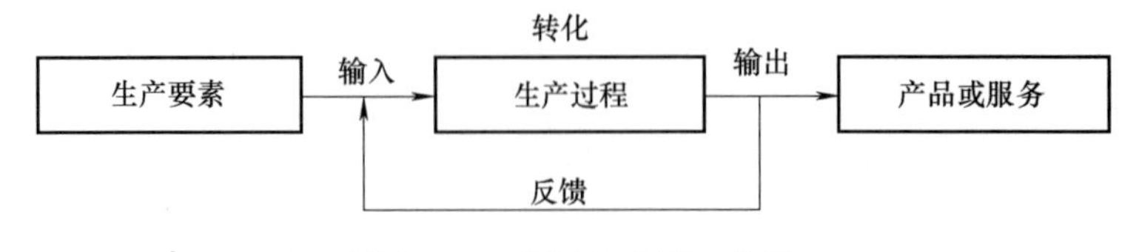

图 6-1　生产运作系统示意图

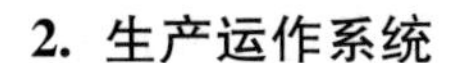

2. 生产运作系统

系统是指具有特定功能的、互相间具有有机联系的许多要素所构成的一个有机整体。系统具有整体性、相关性、目的性、环境适应性等特征。

所谓生产运作系统，是指由人和机器等要素构成的能够将一定的输入转化为特定输出的有机整体。生产运作系统的载体是各种各样的社会组织。

生产运作系统本身是一个人造系统，它也是由输出决定的。输出“质”的不同，则生产系统不同。显而易见，钢铁厂的生产系统不同于机床厂的生产系统，餐馆的运作系统不同于银行的运作系统。不仅如此，生产运作系统还取决于输出的“量”。同是生产汽车，大批量生产和小批量生产所利用的设备以及设备布置的形式是不相同的；同是提供食物，快餐店和大饭店的运作系统也是不相同的。

6.1.2　生产运作管理

1. 生产运作管理的概念

生产运作管理有狭义和广义之分。狭义的生产运作管理是指以产品基本生产过程为主要对象的管理，主要包括生产过程的组织，生产计划、生产作业计划的制定和执行及控制，以及生产调度工作等。广义的生产运作管理是指以整个企业生产系统为主要对象的管理，主要包括所有与生产运作密切相关的各方面管理工作。即从生产系统设计开始，到原材料，设备、人力、资金等资源的输入，经过生产转换系统，直到产品或服务输出为止的一系列管理工作。

综合各种表达，一般来讲，生产运作管理是指企业对生产运作系统的设计和对生产活动的计划、组织和控制等管理工作的总称。生产运作管理是企业管理的一个职能领域，它对企业提供主要产品或服务的系统进行设计、运行、评价和改进，其核心是实现价值增值。生产运作管理围绕提高价值的程度、提高价值增值效应而展开。

2. 生产运作管理的内容

生产运作管理的内容概括起来包括两个方面，即生产系统的设计和生产系统的运行。

（1）生产系统的设计。生产系统的设计包括对产品或服务的选择和设计、生产设施的定点选择、生产设施的布置、服务交付系统设计和工作设计等内容。生产系统设计工作一般在设施建造阶段进行，但在生产系统的生命周期内，不可避免地要对生产系统进行更新或改造，包括扩建设施、增加新设备或者由于产品或服务的变化，需要对生产设备进行调整和重新布置。在这些情况下，都会遇到生产系统的设计问题。生产系统的设计对其运作有先天性的影响，生产系统的设计取决于所生产的产品和提供的服务。

（2）生产系统的运行。生产系统的设计工作完成以后，就是生产系统的运作，它主要是指在现行的生产系统基础上，如何适应市场变化，按用户的要求生产合格产品和提供满意的服务。生产系统的运行主要涉及对企业日常生产活动的计划、组织和控制三方面工作。

1）对生产活动的计划。计划主要解决生产什么，生产多少，质量如何和何时投入及产出的问题。它包括预测对本企业产品或服务的需求，确定计划期的产品或服务的品种、质量、产量和产值指标，生产系统中各方面的平衡，设置产品交货期和服务的提供方式等。具体包括生产计划和生产作业计划的编制等工作。

2）对生产活动的组织。组织主要解决如何合理地组织各种生产要素，使有限的资源得到充分而合理利用的问题。生产要素主要包括劳动者、劳动资料和劳动对象等。生产管理在组织上主要包括两方面工作：一是生产过程的组织，具体来说是时间组织和空间组织工作；二是劳动组织工作，具体说来就是劳动者在时间上和空间上的合理安排与利用，并密切配合，使生产系统成为一个有机整体，并保证生产系统的正常顺利进行。

3）对生产活动的控制。控制主要解决如何保证按计划完成生产任务的问题。生产管理中的控制是对企业生产过程实行的全面控制。具体来讲，包括接受订货控制、投料控制、生产进度控制、库存控制、质量控制和成本控制等方面工作。

6.2 生产运作过程的规划与设计

6.2.1 制造企业的生产类型

生产类型是根据企业的产品结构、生产方法、设备条件、生产规律、专业化程度等对企业及其生产环节的生产所划分的类别。它是影响生产过程组织的主要因素。划分生产类型，可以掌握不同生产条件下的技术经济特点，并根据这些特点选择相应的生产组织形式、计划管理方法、合理的加工工艺等，以达到充分挖掘企业生产潜力、提高经济效益的目的。企业的生产类型可按不同的标准来划分。

1. 通用产品生产和专用产品生产

按产品的使用性能划分，企业的生产类型可分为通用产品生产和专用产品生产。

（1）通用产品生产。通用产品是按照一定的设计标准生产的产品，其适用范围广，需求量大。通用产品的规模可以很大，生产过程相对稳定，因此可以采用高效的专用生产设备，在生产计划方式上也可以有条件地采用经过优化的标准计划。

（2）专用产品生产。专用产品是根据用户的特殊需求专门设计和生产的产品，其适用范围小，需求量也小。生产专用产品的企业由于产品不断变换，生产过程运行的稳定性较差，所需设备应具有较高的柔性，生产计划工作和生产过程的控制都比较复杂。

2. 流程型生产和装配型生产

按工艺特性划分，企业的生产类型可分为流程型生产和装配型生产。

（1）流程型生产。在流程型生产过程中，物料是均匀而连续地按一定工艺流程顺序运动的。它的特点是工艺过程的连续性，如化工企业、炼油厂等。流程型生产的地理位置相对集中，生产过程自动化程度高，只要设备体系运行正常，工艺参数得到控制，生产就能正常进行，生产过程中的协作与协调任务相对较少。因此，生产管理也相对简单，但对设备和控制系统的可靠性要求较高。

（2）装配型生产。在加工装配型生产的生产过程中，产品是由离散的零部件装配而成的，物料运动呈离散状态，零部件的不同组合可以构成不同的产品。因此，加工装配型生产的特点是工艺过程的离散性，如机械制造企业、电子产品生产企业等。加工装配型生产的地理位置分散，零部件加工和产品装配可以在不同的地区甚至在不同的国家进行。由于零部件种类繁多，加工工艺多样化，又涉及多种多样的加工单位、工人和设备，导致生产过程中的协作关系十分复杂，计划、组织、协调和控制任务相当繁重，使得生产管理非常复杂。因此，生产管理研究的重点一直放在加工装配型生产方式上。

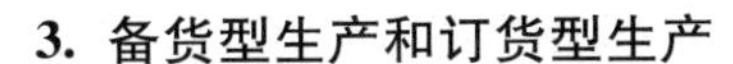

3. 备货型生产和订货型生产

按产品需求特性划分，企业的生产类型可分为备货型生产和订货型生产。

（1）备货型生产。备货型生产是指在预测市场需求的前提下，按照企业自身的条件进行有计划的生产。备货型生产的一般特点为生产的产品是社会长期、大量需要的标准化、系列化产品。因此，此种生产方式一般都有一定数量的成品库存。生产管理的重点是品种、质量和准时化生产。汽车、电视机等的生产属于备货型生产。

（2）订货型生产。订货型生产是指按用户订单进行的生产。订货型生产的一般特点为生产的产品多是社会需要量较小、产品价值量较大的非标产品。产品的性能、质量、数量和交货期需经过协商和谈判，以协议和合同的形式共同确认。订货型生产一般没有成品库存。生产管理的重点是抓质量和交货期。船舶、机车等的生产属于订货型生产。

4. 大量生产、成批生产、单件生产

按生产的重复性和工作地的专业化程度划分，企业的生产类型可分为大量生产、成批生产、单件生产三大类。

（1）大量生产。这种生产类型的特点是品种少，同种产品的产量大，产品和生产条件稳定，生产的重复性高，每个工作地固定执行一道或少数几道工序，工作地专业化程度高。大量生产中多采用高效专用设备，工人作业范围小，操作熟练程度高，生产过程连续性强，各种资源能够得到充分利用，经济效益一般较高。

（2）成批生产。这种生产类型的特点是产品品种较多，但相对稳定，各种产品的产量多少不等，生产条件比较稳定，各工作地担负较多的工序，各种产品成批生产的专业化程度和连续性都比大量生产低。按照生产的稳定性、重复程度的不同，成批生产又可具体分为大批生产、中批生产和小批生产。大批生产具有产量大、生产持续时间长、品种变化较小、生产稳定性和专业化程度较高等特点，因而接近于大量生产。小批生产接近于单件生产，品种很多且经常改变，每批数量少，虽有重复但不稳定。

（3）单件生产。这种生产类型的特点是产品品种繁多，产量很少或是单件，生产很不稳定，不重复生产或偶尔重复生产，工作地的专业化程度低。在单件生产条件下，所用的设备和工艺装备具有通用性，对工人技术和操作水平要求高，生产过程的连续性差。

不同的生产类型有不同的特点，从而对企业的生产组织和经济技术指标有不同的影响。从生产的经济效益来看，大量生产是最优的生产类型，成批生产次之，单件小批生产最差。在市场经济条件下，企业既要适应市场需求的变化，又要提高生产的经济效益。这样就提出了改变生产类型的问题，即努力提高工作地的专业化程度，对单件生产按成批生产的方式，对成批生产按大量生产的方式来组织生产。改变生产类型的主要途径可以归纳为以下五个方面：大力开展专业化协作生产，改进产品设计，采用工艺典型化和成组技术，采用具有现代化科技水平的先进设备，加强计划工作。总之，尽可能地从各个方面减少生产品种，扩大生产批量，提高工作地的专业化程度，以实现提高经济效益的目的。

6.2.2　制造企业生产过程组织

生产过程组织就是要以最佳的方式，将企业输入的各种生产要素在时间上和空间上有机地结合起来，对生产中的各个环节、各个方面有效地加以组织，使其形成一个相互协调、匀速的生产系统。实现产品在生产过程中行程最短，占用和耗费最小，而又能取得尽可能高的生产效率和经济效益的目标。

1. 生产过程及其组织要求

（1）工业企业的生产过程。工业企业的生产过程是企业所进行的全部生产活动的总和。工业企业完整的生产过程，按其各部分在产品制造中所起的作用不同，可分为生产技术准备过程、基本生产过程、辅助生产过程和生产服务过程四部分。

1）生产技术准备过程。生产技术准备过程是指产品在投入生产前所进行的一系列准备工作。主要包括产品设计，工艺设计，工艺装备的设计与制造，标准化工作，定额工作，设备的调整布置，劳动组织的调整，新产品的试制及鉴定等工作过程。

2）基本生产过程。基本生产过程是指直接对劳动对象进行加工，使之成为企业基本产品的过程。从性质上看，它就是基本产品的工艺加工过程。所谓企业的基本产品，是指能够代表企业专业方向的产品，如汽车制造企业生产的汽车，纺织企业生产的布匹，电子企业生产的电视机等。基本生产过程是企业生产过程中最基本、最主要的部分，它代表了企业生产的基本特征、专业方向和专业技术水平。

3）辅助生产过程。辅助生产过程是指为保证基本生产过程的正常进行所必需的各种辅助性生产活动过程。如机械制造企业的夹具、模具、刀具的制造，各种设备的维修，生产所需动力的生产与供应等工作过程。

4）生产服务过程。生产服务过程是指为基本生产和辅助生产所提供的各种生产性服务活动的过程。如原材料、半成品、工具等的保管与收发，场内外的运输、技术检验等工作过程。

另外，有的企业还有附属生产过程或副业生产过程，前者是指为基本生产过程提供附属材料的生产过程，如产品包装箱的生产过程。后者是指利用企业的边角余料或废料生产某些非专业化方面产品的生产过程，如飞机制造公司利用废料生产铝制日用品的过程。

上述企业生产过程的几个组成部分中，基本生产过程是核心和主体，其他各部分都是围绕基本生产过程展开各自的工作。它们的任务都是为保证基本生产过程正常进行而创造必要的条件。

（2）生产过程组织的基本要求。合理组织生产过程就是将输入企业的各种生产要素在生产过程的各个阶段和各个环节合理地安排，从而使产品在生产过程中行程最短，时间最省，耗费最小，又能按市场的需要提供优质产品和满意服务。要实现这一目的，在生产过程的组织中就必须满足以下几个基本要求：

1）连续性。生产过程的连续性是指生产过程各阶段的物流处于不停的运动中，且流程尽可能短。生产过程的连续性好，可以缩短产品的生命周期，降低在制品库存，加速资金周转，提高资金利用率。为保证生产过程的连续性，首先要合理布置企业的各个生产单位，使物料流程合理。其次要组织好生产过程的各个环节，包括投料、运输、检验、工具准备和设备维修等，使物料始终按工艺流程不停地运动着，尽量消除迂回和停歇。

2）比例性。生产过程的比例性是指生产过程中，基本生产与辅助生产之间，基本生产中各车间、各工段和各工序之间，以及各种设备之间，在生产能力上具有并保持符合产品制造数量与质量要求的比例关系。比例性好，有利于充分利用企业的各种资源。

3）平行性。生产过程的平行性是指生产过程的各个环节平行地进行作业。例如不同产品同时生产，一批零件在不同工序上同时加工，各工艺阶段平行作业等。增加生产过程的平行性，可以大大缩短产品的生产周期。

4）均衡性。生产过程的均衡性是指产品在生产过程中各个阶段，从投料到最后完工入库，都能保证按计划、有节奏地均衡进行。要求在相同的时间间隔内，生产大致相同的数量或递增数量的产品。保持生产过程的均衡性，能充分地利用生产能力，稳定生产正常秩序。

5）准时性。生产过程的准时性是指生产过程的各阶段、各工序都按后续阶段和工序的需要进行生产。即在需要的时候，按需要的数量生产产品或零部件。准时性不仅将企业的生产过程与市场紧密联系起来，而且也是生产过程组织合理性的综合检验。

6）适应性。适应性是指企业生产过程系统能适应外界环境变化的要求。企业生产过程系统能经常与外部环境保持最佳适应状态，才有生命力。

2. 生产过程的空间组织

生产过程的空间组织，就是根据生产的需要和经济合理的原则，研究企业内部生产单位如何设置以及生产单位及其设施在空间上如何布置等问题，使之形成一个既有分工又有密切协作的有机整体。其中，企业内部各生产单位应该按照什么专业化形式来设置，是生产过程空间组织要研究和解决的一个基本问题。

企业内部的车间、工段、班组等生产单位的设置，通常有三种基本组织原则，相应地存在着三种专业化组织形式。

（1）工艺专业化形式。工艺专业化是按照生产工艺性质的不同来建立生产单位的一种专业化形式。在工艺专业化的生产单位里，集中着同种类型的机器设备和同工种的工人，对各种制品（产品、零部件）进行相同工艺的加工。即加工对象是多样的，但工艺方法是同类的。由于是同种设备集中在一起，故这样生产单位又称“机群式”生产单位。例如，机械制造企业里的铸造车间、锻压车间、机械加工车间、装配车间，机械加工车间里的车工组、铣工组等。工艺专业化形式示意图如图6-2所示。

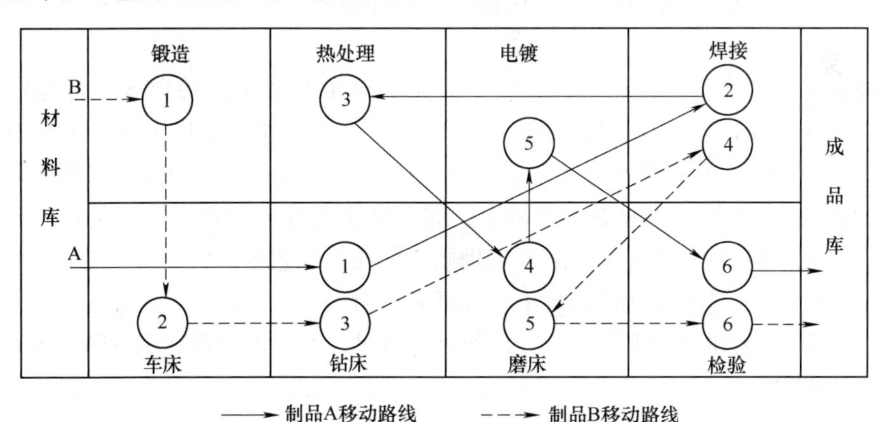

图6-2　工艺专业化形式示意图

按照工艺专业化形式组织的生产单位具有以下优点：对产品品种的变换有较强的适应性；有利于充分利用生产设备和生产面积；有利于进行专业化的技术管理和技术指导工作。缺点是：产品生产过程中的运输路线长，增加了运输费用和时间；产品在生产过程中停放、等待时间较长，使生产周期延长，增加了在制品和资金的占用量；各生产单位之间在制造一批产品过程中的协作关系复杂，使计划管理、半制品管理、质量管理、成本核算等复杂化。根据工艺专业化组织形式的特点可知，它适用于多品种的中小批和单件生产。

（2）对象专业化形式。对象专业化是按照劳动对象的不同来设置生产单位的一种生产组织形式。在对象专业化的生产单位里，集中着为制造某种制品所需要的各种设备和各工种的工人，对同种制品进行不同工艺方法的加工。即加工对象是一定的，工艺方法是多样化的。在一个生产单位里可以完成制品的全部或大部分工艺过程工艺，不必跨越生产单位去进行加工，故工艺过程是封闭的，因而也称为“封闭式”的生产系统。例如，机械制造企业中的齿轮车间、发动机车间、减速器车间等。对象专业化形式示意图如图 6-3 所示。

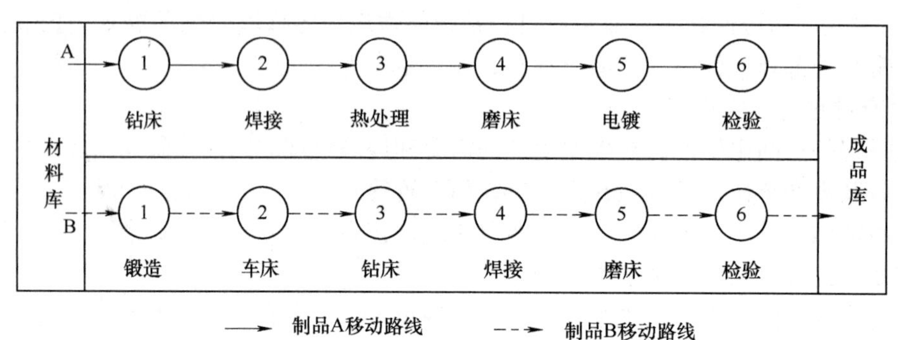

图 6-3　对象专业化形式示意图

在对象专业化形式的生产单位里，由于相同的加工对象集中在一起，顺序地进行各种不同工艺方法的连续加工，所以具有以下优点：节约运输费用；缩短了生产周期，减少在制品和资金占用量及中间仓库；便于采用先进的生产组织形式，从而大幅度提高生产效率，并有利于保证产品质量；简化了各项管理和经济核算等工作。缺点是：对产品品种变化适应性差；不便充分利用设备能力和进行专业化技术管理和技术指导。对象专业化形式一般适用于大批量生产。

（3）混合形式。在实际工作中，工艺专业化和对象专业化两种形式往往是结合起来使用的，称为“混合形式。”它吸收了上述两种形式的优点，同时又尽可能地避免其缺点，是一种较为灵活的生产单位的组织形式。它主要有两种具体形式：一种是在对象专业化的基础上，局部采用工艺专业化形式建立生产单位，如一电子元件厂按对象专业化形式建立电阻车间、电容车间等，而这些加工对象的表面处理则集中在按工艺专业化形式建立的表面处理车间中进行；另一种是在工艺专业化的基础上，局部采用对象专业化形式组成车工段、钳工段、铣工段、磨工段等，而标准件因产量大而专门组成标准件工段。混合形式示意图如图 6-4 所示。

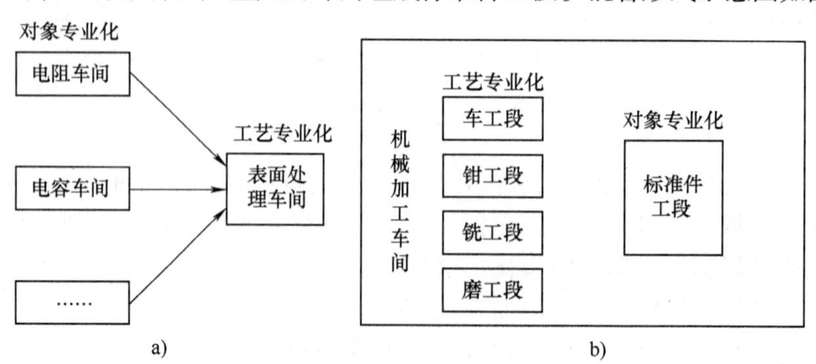

图 6-4　混合形式示意图

3. 生产过程的时间组织

合理生产过程，不仅要求企业的各生产单位在空间上合理布置，而且要求加工对象在车间之间、工段之间、工作地之间的运动在时间上也应紧密衔接，从而使生产过程满足连续性和节奏性的要求，以提高劳动生产率和设备利用率，缩短生产周期。对于一批制品在各工序间移动，有顺序、平行、平行顺序三种移动方式。下面通过一个具体的实例说明三种移动方式的特点、加工周期的计算及适用条件。

[例6-1]　某成批生产企业，在机械加工工艺阶段，生产制造的制品为齿轮轴。每次投入生产过程中的毛坯数量为 $n=4$ 个，要经过车削、刨削、铣削和磨削四道工序的加工，才能完成全部工艺过程，每道工序的单件加工时间分别为：车削需10min，即 $t_1=10\text{min}$；刨削需5min，即 $t_2=5\text{min}$；铣削需15min，即 $t_3=15\text{min}$；磨削需5min，即 $t_4=5\text{min}$。试计算该批制品在不同的移动方式下的加工周期分别是多少分钟？

（1）顺序移动方式。顺序移动方式是指每批制品在前一道工序全部加工完毕后，才开始整批集中运送到后一道工序进行加工的移动方式。其移动规则是：整批移动。顺序移动方式示意图如图6-5所示。

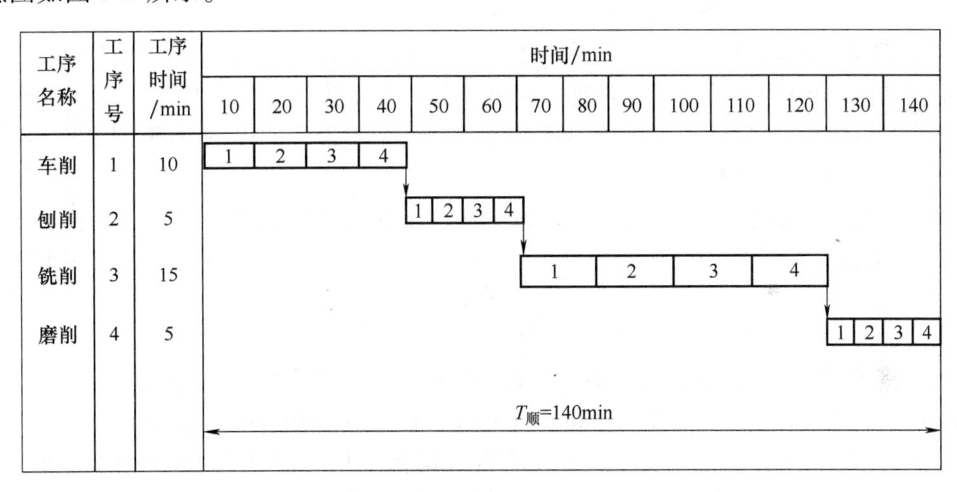

图6-5　顺序移动方式示意图

从图6-5的移动过程可以看出，这种移动方式的特点是：从整批制品来看，制品在工序间的移动是顺次连续的；但从单个制品来看，制品在各个工序都是有等待加工时间的。因此，加工周期较长。

如果不考虑工序间的运输、等待、停顿时间，该批齿轮轴的工艺周期就等于各道工序的单件加工时间之和与批量的乘积。用公式可表示为

$$T_{顺}=n\sum_{i=1}^{m}t_i$$

式中　n——加工批量；

m——工序总数；

t_i——第 i 道工序单件加工时间。

对例6-1来说，$T_{顺}=4\times(10+5+15+5)\text{min}=140\text{min}$。

（2）平行移动方式。平行移动方式是指当前道工序加工完一批制品中的每一个制品后，

立即转移到后一道工序继续加工的移动方式。其移动规则是：单件移动。平行移动方式示意图如图 6-6 所示。

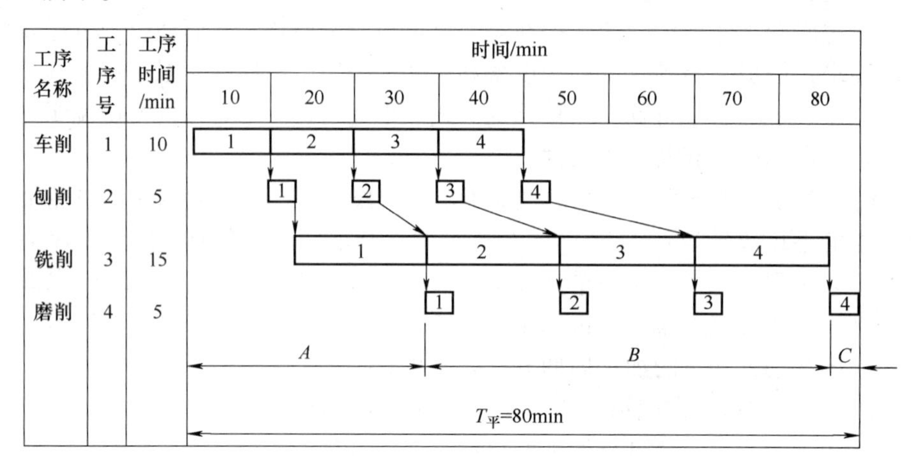

图 6-6　平行移动方式示意图

平行移动方式的特点是：一批制品在不同的工序上平行地进行加工，因此，缩短了加工周期。由于前后两道相邻的工序单件加工时间不等，当前道工序的单件加工时间大于后道工序的单件加工时间时，后道工序就会出现设备空转和工人操作的停歇时间，因此，不利于设备及工人有效工时的利用。

如果不考虑工序间的运输、等待、停歇时间，则在这种移动方式下，一批制品的加工周期的计算公式为

$$T_{平} = \sum_{i=1}^{m} t_i + (n-1)t_{长}$$

式中　$t_{长}$——单件加工时间最长的那道工序的单件加工时间。

对例 6-1：$T_{平} = (10+5+15+5)\text{min} + (4-1) \times 15\text{min} = 80\text{min}$

（3）平行顺序移动方式。平行顺序移动方式是指一批制品在各道工序连续加工的条件下，组织平行生产的移动方式。它是上述两种移动方式的有机结合。其移动规则有两条：当 $t_i > t_i+1$ 时，前道工序加工完的制品要等待足以保证后道工序能够加工时，才将完工的制品转入后道工序进行加工；当 $t_i \leqslant t_i+1$ 时，前道工序加工完的制品立即转入后道工序进行加工。平行顺序移动方式示意图如图 6-7 所示。

平行顺序移动方式的特点是：既考虑了生产过程的平行性，又考虑了生产过程的连续性要求，因此，加工周期较短，设备和工时利用得较好，但组织管理较复杂，需要工人密切配合。如果不考虑工序间的运输、等待、停歇时间，则在平衡顺序移动方式下，一批制品的加工周期计算公式为

$$T_{平顺} = n\sum_{i=1}^{m} t_i - (n-1)\sum_{i=1}^{m-1} t_{i短}$$

式中　$t_{i短}$——相邻两工序间单件加工时间较短的那道工序的单件加工时间。

对例 6-1，$T_{平顺} = 4 \times (10+5+15+5)\text{min} - (4-1) \times (5+5+5)\text{min} = 95\text{min}$

劳动对象在工序间的三种移动方式各有特点，所以在选择移动方式时，应权衡各种影响因素，并结合企业的实际条件来确定。需要考虑的影响因素主要有：制品的批量大小，劳动

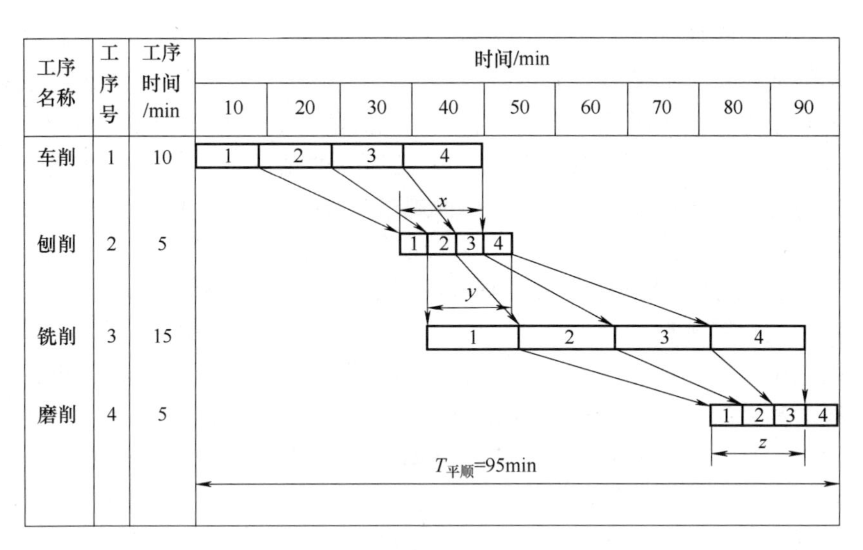

图 6-7　平行顺序移动方式示意图

对象的大小（体积、重量），企业内部生产单位的组织形式，各工序的单件加工时间的长短。

在一般情况下，凡批量不大，单件工序时间短，劳动对象较小及生产单位按工艺专业化形式组织时，采用顺序移动方式为宜；反之，凡批量较大，生产单位按对象专业化形式组织时，则应采用平行移动方式或平行顺序移动方式。

以上是仅对一种劳动对象的生产过程而言的。对于多品种（两种以上）的生产过程的时间组织，除主要考虑劳动对象本身的移动方式外，还应考虑各个劳动对象在移动中的配合关系。

4. 常用的生产组织形式

（1）流水线。流水线又称流水生产，是指加工对象在生产过程中，按照规定的工艺路线和一定的速度，顺序地、连续不断地通过各个工作地进行加工并出产产品的生产组织形式。流水线具有以下基本特点：工作地的专业化程度高；生产具有明显的节奏性；工艺过程基本封闭；生产具有高度的连续性；各工序的生产能力基本平衡。从上述特点可以看出，流水线具有很大的优越性，它能够满足合理组织生产过程的基本要求。在流水线上，可以采用先进工艺和高效率的技术装备；能够充分利用工时和设备，提高劳动生产率；还可以改善产品质量，缩短生产周期，减少在制品数量，加速资金周转，降低产品成本，获得更好的经济效益。流水线在大量生产类型企业中占有十分重要的地位。采用流水线的前提条件：一是产品品种稳定，产量足够大；二是产品结构和工艺相对稳定；三是其他条件能够满足组织流水线生产的需要，如厂房建筑生产面积允许安装流水线；原材料协作件符合标准，并能够保证及时供应；机器设备经常处于完好状态等。

（2）生产线。生产线是按对象专业化形式组织起来的多品种生产单位。它拥有或基本拥有完成某几种产品一定加工阶段的机器设备，这些设备是按生产线上多数产品或主要产品的工艺路线和工序劳动量比例来排列和配备的。在不具备组织流水生产条件下，通过采用生产线的组织形式，也能达到良好的经济效益。生产线是流水生产的初级组织形式。同流水线相比，生产线具有以下基本特点：一是没有严格的节拍，不需要大量采用专用的高效率的技术设备；二是一条生产线上可生产多个品种，即使品种发生变化，但只要有同类型零件，生产线可不需调整或仅做小的调整，就可以进行生产。因此，生产线虽无流水线那样高度的生产连续性，生产效率比流水线低，但它却有较大的灵活性，能够适应多品种生产的需要。尤其是在品种规格比较复杂，而每种产品的产量又不大的情况下，组织生产线有明显的优越性，正因为这些特点，生产线这种形式在品种规格繁多，生产不够稳定的中小批生产企业中得到了广泛的应用。

（3）自动线。自动线是由自动化机械体系实现产品工艺过程的一种生产组织形式。在自动线上，按工艺顺序排列若干台自动设备，自动地进行加工、检测、装卸和运输。它是一种高度连续的完全自动化的生产组织形式。自动线是在连续流水线基础上进一步发展起来的，是流水线的高级形式。同流水线相比，自动线有两个基本特点：一是整个生产过程具有高度的连续性；二是生产过程完全自动化。自动线的不足之处在于：投资较大且回收期长；维修技术和生产管理水平要求较高；调整产品、变动工艺较困难，容易因其一小的故障造成整条生产线停顿。总之，自动线适用于品种工艺稳定、产量较大、生产技术复杂、质量要求很高或劳动环境恶劣、劳动力资源稀缺的情况。自动线的发展也是一个技术和工艺水平逐步提高的过程。最初是个别联动机和操作自动化，后来过渡到部分生产过程的自动化，再进一步向全部生产过程的车间自动化或全厂自动线发展。在加工对象上，从单一品种的自动线向具有可调性的适应多品种生产的自动线发展。近代自动线的发展是自动线与以电子计算机为中心的自动控制系统结合成一个整体，成为自动化车间或自动化工厂。这种形式已在汽车制造、炼油、化工、水泥等生产过程连续性较强的企业得以应用。

6.3 生产运作能力

生产运作能力是企业制订生产经营计划的重要依据。从广义的生产经营角度讲，生产运作能力常被视为一个特定的生产系统在一定时间内可以实现的产出量，笼统称为生产能力。在餐饮企业中，生产能力可以表现为从上午11:00到下午1:00能被服务的顾客人数；而在制造企业中，生产能力又可能表现为一个生产班次产出的产品数量。

工业企业的生产能力，一般是指在一定时期内（通常为一年）企业参与生产的固定资产，在一定的技术组织条件下，经过综合平衡后所能生产一定种类合格产品的数量或者能够加工处理一定原材料的最大数量。工业企业的生产能力是企业内部各生产环节生产能力综合平衡的结果。

服务企业的生产运作能力，通常用一定时期内可同时服务的人数来表示。在某些由设备反映生产运作能力的服务行业，生产能力也可以用一定时期内设备产出的产品数量来表示。

以下主要讲述制造企业的生产能力。

6.3.1 生产能力的类型及其影响因素

企业的生产能力在一定时期内是相对稳定的。但随着生产的发展和技术组织条件的变化，生产能力将发生相应的变化。

1. 生产能力的类型

根据生产能力核定时所依据的条件及其用途不同，一般可把生产能力划分为设计能力、查定能力和计划能力三种类型。

（1）设计能力。设计能力是指企业进行新建、改建或扩建等基本建设时，由设计任务书和技术文件所规定的生产能力。它是根据设计中确定的企业产品生产方案全部技术装备和各种设计数据计算出来的，需要等企业建成投产后，经过一段熟悉和掌握生产技术的过程，才能达到的生产能力。

（2）查定能力。查定能力是指在企业没有设计能力或虽有设计能力，但企业的产品生产方案及生产条件已经发生了很大的变化时，经过重新调查核定后确定的生产能力。通常以企业现有固定资产等条件为依据，综合考虑查定时期内各种技术组织措施的效果，然后确定的生产能力。

（3）计划能力。计划能力也称现实能力，是指企业在计划期内能够达到的生产能力，是根据企业现有生产条件和计划期内采取的相应技术组织措施，通过计算所确定的生产能力。计划能力又可分为年初能力、年末能力和年平均能力。

上述三种生产能力，反映了不同时期、不同生产技术组织条件下企业生产能力的不同水平。三种生产能力分别有不同的用途。设计能力和查定能力主要用于确定企业的生产规模，编制长期计划，安排基本建设规划和确定重大的技术组织措施项目；计划能力主要用于编制生产计划。

2. 影响生产能力的基本因素

机械制造企业生产能力水平受多种因素影响，这些因素可归纳为三个基本因素，即固定资产的数量、固定资产的工作时间、固定资产的生产效率。

（1）固定资产的数量。固定资产的数量是指企业拥有的可用于生产的所有机器设备数量和生产面积（厂房和其他生产性建筑物的面积）数量。机器设备包括：正在运转、正在修理或等待修理、正在安装调试的设备。已经判定报废的、不配套的、留作备用的、封存待处理的机器设备，不列入生产能力的计算范围之内。生产面积的数量，除了计算车间的生产面积之外，还要考虑辅助面积与生产面积相配套。生产面积的数量对于铸造、铆焊、装配等车间计算生产能力有重要意义。但一切非生产用房和场地都不应列入生产能力的计算范围。

（2）固定资产的工作时间。固定资产的工作时间分为制度工作时间和有效工作时间。制度工作时间是在企业工作制度的规定下，固定资产可工作（利用）的时间，它等于制度工作日数与每日制度工作小时数的乘积。以年度为例，计算公式为

$$F_s = (D_y - D_h)f$$

式中　F_s——年制度工作时间（h）；

D_y——全年日历日数；

D_h——全年节假日数；

f——每日制度工作小时数。

有效工作时间是在制度工作时间内扣除设备修理停顿时间后的工作时间总数。其计算公式为

$$F_e = F_s(1 - \theta)$$

式中　F_e——全年有效工作时间；

θ——设备修理停工率。

计算生产设备能力时，使用有效工作时间；计算生产面积能力时，使用制度工作时间。

（3）固定资产的生产效率。固定资产的生产效率包括设备的生产效率和生产面积的生产效率。设备的生产效率可以用设备的产量定额（单位设备在单位时间内的产量）来表示，也可以用产品的时间定额（制造单位产品的台时消耗）来表示。生产面积的生产效率是指单位产品占用生产面积的大小和占用时间长短定额，它有两种表示方法，即单位产品占用平方米小时定额和单位平方米小时的产量定额。

在影响生产能力的三个基本因素中，固定资产的生产效率是最易变化且变化幅度较大的一项因素，因而是最难确定的一项因素，也是决定生产能力水平的最重要的因素。在核定生产能力时，必须正确确定这些定额水平，使之先进合理，只有这样才能使生产能力保持在先进、适宜的水平上。

6.3.2 生产能力的核定

生产能力的核定是指根据影响生产能力的三个基本因素，在查清现状和采取措施的基础上，对企业车间工段（小组），或联动机在一定时期内的生产能力水平进行计算和确定。通过生产能力的核定，可以掌握企业的生产能力状况，为改进技术，改善组织，克服生产中的薄弱环节指明方向，从而充分挖掘潜在的生产能力，有效地利用现有生产能力提高生产能力水平，并为企业决定投资方向、确定生产任务、编制年度生产计划提供依据。

核定生产能力要同确定企业专业方向和生产纲领工作结合起来，在明确了企业生产的产品品种和各种产品数量的基础上，从基层开始按照自下而上的程序进行。即先计算设备或设备组的生产能力，而后确定生产线及工段（小组）的生产能力，然后计算各车间的生产能力，最后确定企业的生产能力。

1. 按设备计算生产能力

（1）单一品种生产情况。当企业仅生产单一品种时，产量很大，生产状况一般比较稳定，适宜采用流水线、自动线等先进的生产组织形式。计算生产能力，从单台设备开始，逐步计算设备组、流水线联动机的生产能力。

1）单台设备生产能力的计算

$$\text{某设备的生产能力}=\frac{\text{设备计划期有效工作时间}}{\text{单位产品台时定额}}$$

或

$$\text{某设备的生产能力}=\text{该设备计划期有效工作时间}\times\text{单位时间产量定额}$$

2）设备组生产能力的计算

$$\text{设备组的生产能力}=\frac{\text{单位设备计划期有效工作时间}\times\text{设备台数}}{\text{单位产品台时定额}}$$

或

$$\text{设备组的生产能力}=\text{单位设备计划期有效工作时间}\times\text{设备台数}\times\text{单位时间产量定额}$$

3）流水线生产能力的计算。要在各道工序生产能力综合平衡的基础上来确定。在流水线上，当工序由一台设备承担时，工序生产能力就是单台设备的生产能力；当工序由多台设备承担时，工序生产能力为设备台数与单台设备生产能力之积。一般情况下，采用以下公式计算

$$\text{流水线的生产能力}=\frac{\text{流水线计划期有效工作时间}}{\text{流水线节拍}}$$

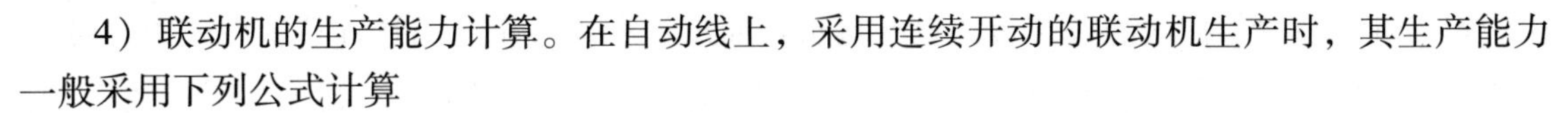

4）联动机的生产能力计算。在自动线上，采用连续开动的联动机生产时，其生产能力一般采用下列公式计算

$$联动机的生产能力=原料数量\times单位原料的产量系数\times\frac{联动机计划期有效工作时间}{原料加工周期的延续时间}$$

（2）多品种生产情况。当企业产品品种比较多时，每种产品的产量就不会很大。一般为多品种成批生产或单件小批量生产。计算生产能力时，前者应采用代表产品法，后者应采用假定产品法。

1）代表产品法。代表产品法是指能反映企业专业方向，产量与劳动量的乘积最大，在结构或工艺上具有代表性的产品。用代表产品法计算生产能力时，其他产品可以通过换算系数折合成代表产品。一般采用台时定额或产量定额作为换算标准。

[例 6-2]　某车间铣床组拥有铣床 4 台，两班制工作，设备停修率为 9%。该铣床组需生产 A、B、C、D 4 种产品，每种产品年计划产量及在铣床上加工的台时定额见表 6-1，每周按 5 天工作计算。试核定铣床组的生产能力，并计算该铣床组的负荷率。

解：根据产量与劳动量乘积的大小，经计算，选定 C 产品为代表产品，则铣床组的生产能力为

$$\begin{aligned}铣床组的生产能力&=\frac{铣床组全年有效工作时间}{代表产品台时定额}\\&=\frac{[(365-114)\times2\times8\times(1-9\%)\times4]\text{h}}{4\text{h/件}}\\&\approx3654\ 件\end{aligned}$$

表 6-1　按代表产品计算生产能力换算表

产品名称	计划产量（件）	单位产品台时定额/h	代表产品台时定额/h	换算系数	折合为代表产品产量（件）
	①	②	③	$④=\frac{②}{③}$	⑤=①×④
A	800	2	4	0.5	400
B	1000	3		0.75	750
C	1250	4		1.00	1250
D	600	8		2.00	1200
Σ					3600

由以上计算可知，铣床组生产 C 产品的年生产能力为 3654 件。为了与生产任务进行平衡，还要把各种产品的计划产量折合为代表产品产量，将各种产品的折合总数与铣床组的生产能力进行比较。具体产品用换算系数折合为代表产品产量，4 种产品的计划产量即折算后求和，即得到生产任务为 3600 件。换算过程详见表 6-1。把折合的计划产量总和与铣床组生产能力相除，就可求得铣床组的设备负荷率。即

$$铣床组的设备负荷率=\frac{折合后的计划产量总和}{铣床组的生产能力}=\frac{3600}{3654}=0.985$$

设备负荷率为 0.985，接近于 1，表明生产能力的利用比较适宜。

2）假定产品法。在单件小批生产条件下，企业生产的产品品种比较复杂，不易确定代表产品，因此，可采用假定产品作为计量单位。假定产品是一种假想的产品，实际并不存

在。其台时定额由各种产品按产量比重结构折合而成。利用假定产品法计算生产能力，可按以下步骤进行：

第一步，计算假定产品的台时定额。

$$假定产品台时定额 = \sum (某产品台时定额 \times 该产品产量占假定产品总产量的比重)$$

第二步，计算设备组生产假定产品的生产能力。

$$假定产品生产能力 = \frac{设备台数 \times 单位设备计划期有效工作时间}{假定产品台时定额}$$

第三步，根据假定产品生产能力，折算出各种计划产品的生产能力。

$$计划产品生产能力 = 假定产品生产能力 \times 该产品产量占假定产品总产量的比重$$

［例 6-3］ 某车间车床组生产甲、乙、丙、丁 4 种不同产品，每台车床年有效工作时间为 3820h，该车床组共有 9 台车床。各种产品的计划产量、单位产品车床台时消耗定额，以及按假定产品计算的车床组生产能力的计算过程如表 6-2 所示。

表 6-2　按假定产品计算车床组生产能力计算过程表

产品名称	计划产量（台）	各产品产量占总产量的比重	单位产品车床台时消耗定额 /h	单位假定产品台时消耗定额 /h	以假定产品表示的生产能力（台）	换算成具体产品的生产能力（台）
	①	$② = \frac{①}{\sum ①}$	③	$④ = \sum (③ \times ②)$	$⑤ = \frac{3820 \times 9}{④}$	$⑥ = ⑤ \times ②$
甲	75	0. 25	100	107	321	80
乙	60	0. 2	140			64
丙	120	0. 40	60			128
丁	45	0. 15	200			48
Σ	300					320

2. 按生产面积计算生产能力

生产面积对于地面造型、装配等生产单位的生产能力核定具有重要意义。按生产面积核定生产能力的计算公式为

$$生产面积生产能力 = 生产面积数量 \times 生产面积利用时间 \times 单位生产面积产量定额$$

或

$$生产面积生产能力 = \frac{生产面积数量 \times 生产面积利用时间}{单位产品占用生产面积时间定额}$$

3. 企业生产能力的核定

企业生产能力的核定是在计算设备组和生产面积生产能力的基础上，按照自下而上的程序，经过反复综合平衡，逐步核定工段（小组）、车间的生产能力后，最终核定企业的生产能力。

（1）工段（小组）生产能力的确定。工段（小组）生产能力是在对各设备组（工作地）生产能力综合平衡的基础上确定的。具体的综合平衡按主导设备（组）进行。主导设备（组）一般是指担负产品劳动量较大，对生产起关键作用的设备（组）。与主导设备（组）生产能力相比较，其他非主导设备（组）的生产能力很难完全一致，很可能出现能力过剩的“富裕环节”和能力不足的“薄弱环节”。综合平衡的主要任务就是要采取一定的技

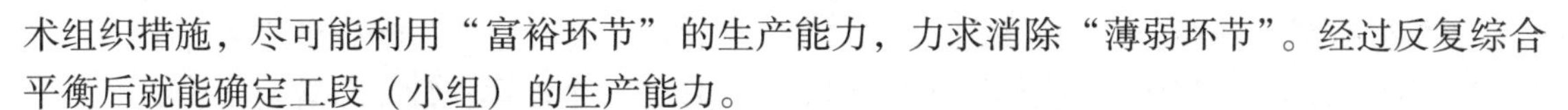

术组织措施，尽可能利用“富裕环节”的生产能力，力求消除“薄弱环节”。经过反复综合平衡后就能确定工段（小组）的生产能力。

（2）车间生产能力的确定。车间生产能力取决于主导工段（小组）的生产能力。以主导工段（小组）的生产能力为基础，综合考虑其他工段（小组）的生产能力，经过反复综合平衡后，再确定车间的生产能力。

（3）企业生产能力的核定。企业生产能力是在对各车间生产能力综合平衡的基础上确定的。综合平衡包括两方面内容；一是各基本生产车间之间生产能力的平衡；二是基本生产环节与辅助生产环节之间生产能力的平衡。当各基本生产车间的生产能力不一致时，按主导车间的生产能力进行综合平衡，以确定企业的生产能力。

总之，当各生产环节的生产能力不平衡时，要采取措施，消除薄弱环节，利用富裕环节，使企业的生产能力保持先进、适宜的水平。

6.3.3　生产能力的开发

基于企业自身发展的需要或战略考虑，或因市场需求的变化，企业会适时地对生产能力做出必要的调整。

1. 生产能力扩充时间的选择

对于生产能力扩充的时间，一般是基于决策者对生产能力的浪费或短缺的态度不同而做出不同的选择。通常来说，生产能力扩充时间的选择有三种典型策略：

（1）生产能力扩充超前于市场需求。该策略是一种积极的生产能力扩充选择策略，是指决策者将企业的生产能力水平始终保持在超过市场需求的水平之上。该策略比较适合处于不断扩张的产业或者生产能力短缺、成本高于生产能力建设成本的情形。但是该策略可能会造成生产能力资源闲置，导致生产成本增加。

（2）生产能力扩充同步于平均市场需求。该策略是指决策者每一次调整生产能力，都是将企业生产能力水平调整到该阶段的平均市场需求的水平左右。在该策略下，生产能力闲置或短缺相对较小，是一种相对稳妥的中间策略。生产能力闲置成本与生产能力不足的机会成本相当时，选择该策略比较合适。

（3）生产能力扩充滞后于市场需求。该策略是指决策者将企业生产能力水平始终保持在低于市场需求的水平。选择该策略，生产能力的短缺将会在一定时期不断增加，是一种相对保守的生产能力扩充策略。一般不会出现生产能力闲置现象，但会造成市场机会的损失，甚至会损害企业的长期市场份额。

2. 提升企业生产能力的途径

（1）增加设备和生产面积的数量。

（2）增加有效工作时间。

（3）提高设备和生产面积的利用程度。

（4）提高生产系统各环节的均衡性。

6.4　生产运作计划

生产运作计划系统是生产运作管理的重要内容，也是企业进行生产运作活动的依据。规划生产运作计划系统是一项复杂的工作，它以需求预测为起点，将生产任务由粗至细层层落实，最后形成车间、班组，直至个人的具体的操作任务。生产运作计划系统包含了综合生产计划、主生产计划、生产作业计划的编制。

6.4.1 综合生产计划

综合生产计划是在工厂设施规划、资源规划和长期预测的基础上做出来的，它是指导企业各部门生产经营活动的纲领性文件，因此也被称作生产计划大纲。企业综合生产计划的内容是对未来较长一段时间（2~18个月）内不同产品系列做概括性安排。如一家生产24种不同型号电视机的制造商，为了制订综合计划，可能把产品分为平板、液晶、背投、等离子电视几个大类，分别制订大类产品的计划量。综合生产计划只考虑总量的做法方便衡量企业的生产能力资源能否满足总的需求，同时也方便计算可能实现的经济效益。综合生产计划的目标可以归结为用最小的成本、最大限度地满足需求。

1. 综合生产计划指标

综合生产计划是指企业在计划期内应当生产的产品品种、质量、产量、产值和出产期等指标。

（1）产品品种指标。产品品种指标是指企业在计划期内应该出产的产品品名和品种数。品种的表现形式随企业产品而不同，这一指标，既反映了企业在产品品种方面满足社会需要的程度，也反映了企业的生产技术水平和管理水平。

（2）产品质量指标。产品质量指标是指企业在计划期内各种产品应该达到的质量标准。产品质量指标反映了企业产品满足用户使用要求的程度，也综合地反映了企业的生产技术水平和管理水平。

（3）产品产量指标。产品产量指标是指企业在计划期内应该出产的合格产品的实物数量和工业性劳务用于销售的数量。产品产量指标是反映企业生产成果的一个重要指标。它一方面反映了企业在一定时期内向社会提供的使用价值的实物数量和企业生产发展水平；另一方面又是企业进行产销平衡、物资平衡、计算和分析实物劳动生产率、原材料消耗、成本和利润等其他指标的基础，也是安排生产作业计划、组织日常生产活动的依据。

（4）产值指标。产值指标是产量指标的货币表现，即用货币表示的企业在计划期内的生产成果。产值指标按其具体内容和作用不同，分为商品产值、总产值和净产值。商品产值是企业在计划期内生产的可供对外销售的成品、半成品和工业性作业的价值，一般按现行价格计算。总产值是用货币计算的企业在计划期内应该完成的工作总成果数量，一般按不变价格计算（但在计算净产值的公式中作为被减项时按现行价格计算）。它反映了企业在计划期内的生产规模和水平。净产值是企业在计划期内应该新创造的价值，它是从总产值中扣除各种物资消耗价值以后所剩的余额。

2. 综合生产计划策略

在确定综合生产计划方案时，管理者需要收集很多相关的信息，考虑各项可能发生的成本，在此基础上再确定几种策略方案，以供评估选优。

（1）编制综合生产计划所需要的信息。编制综合生产计划所需的信息包括三大类：一是需求预测信息；二是计划期内可利用的资源状况；三是《劳动法》的有关规定（我国《劳动法》对员工的加班有明确的关于时间与薪资的规定）。

（2）综合生产计划涉及的相关成本。综合计划涉及五种相关成本，具体如下：

1）基本生产成本。基本生产成本是指计划期内生产某种产品的固定成本和变动成本，包括直接和间接劳动力成本、正常工资和加班工资。

2）与生产率变化相关的成本。这一类成本是与雇用、培训以及解雇人员相关的成本。雇用临时工是一种降低这种成本的好方法。

3）转包成本。当企业生产能力不足时或者企业觉得转包更加适合时，企业转包一些生产项目给外部厂商，就会产生转包成本。

4）库存成本。库存占用的资金成本是其中一个主要组成部分，另外还包括存储费用、保险费、税收、损坏或折旧造成的费用等。

5）延期交货成本。延期交货成本包括由于延期交货引起的赶工生产成本、企业信誉损失和销售收入下降而造成的成本。这一类成本往往很难做精确的衡量。

（3）三种基本的计划思路。一个好的生产计划应该既能够保证生产运作系统的稳定性以确保效率，同时又具有良好的响应需求的应变能力。根据对不同要求的侧重，制订综合生产计划有三种基本思路：一是当需求（或订货）发生变化时，通过招聘或解聘员工以适应需求波动；二是不改变劳动力数量，以柔性的工作进度计划或调整工作时间来适应需求波动；三是通过调节库存水平，允许订单拖欠或缺货等方法，来保持稳定的产出率和稳定的劳动力水平，以适应需求波动。实际上，企业应广泛采用三种思路的融合。

（4）需求与能力的选择策略。基于上述三种基本的思路，在进行综合计划决策时可以从生产能力和需求两个方面选择策略。

1）生产能力选择策略。通过改变库存水平、调整劳动力数量、超时或减时工作、转包、使用非全日制员工等策略，企业的产出率和需求保持一致。

2）需求选择策略。通过影响需求、延迟交货、不同季节的产品或服务混合生产等策略，企业的供需平衡。

上述策略可混合使用来制订一个可行的生产计划。例如，海尔集团在冰箱销售旺季利用了超时工作、影响需求（营销手段）以及调整库存水平这三种策略的组合。组合的形式多种多样，做一个最佳的综合计划必须参照企业的实际情况，因势利导加以实施。混合策略的选择在服务业不同于生产企业。例如，服务业没有库存，所以库存不能作为一种选择策略；另外，转包可能带来竞争等。因此，服务企业通常通过员工的变化来解决综合计划问题。其通常有以下几种方式：改变劳动力需求、交叉培训、工作轮换以及使用非全日制员工等。

3. 综合生产计划的编制

编制综合生产计划通常包括以下几个步骤：确定计划期需求量；识别备选方案、约束条件和成本；制订有预见性的计划；执行和更改计划；进入下一个计划阶段。综合生产计划的编制可以采用滚动计划模式，以应对不确定性需求，体现计划的连续性和应变性。在制订综合生产计划的方法中，试错法与线性规划法是两种常用的编制方法。

（1）试错法。试错法虽然不能保证形成最佳的计划方案，但是由于计算较少且简单易行，一直在制造企业中得到普遍采用。它是用图表的形式列出计划内的综合生产计划、库存规模、劳动力需求量及相关的费用。每个计划方案都列出一张图表，然后对不同方案进行比较、选优。一般而言，有五个步骤：①确定每个时期的需求量；②确定正常生产、加班生产及转包的生产能力；③确定正常生产成本、加班成本、转包成本、延期交货、聘用成本、解

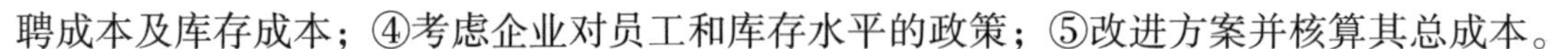

聘成本及库存成本；④考虑企业对员工和库存水平的政策；⑤改进方案并核算其总成本。

（2）线性规划法。在综合生产计划中，可以采用线性规划法配置现实的生产能力以满足预测需求。线性规划法是根据成本最小或利润最大的原则来分配有限资源，以获得最优解决方案的方法。一般情况下，综合计划的目标是总成本最小，总成本包括正常生产、加班、外协、库存持有成本、改变劳动力的相关成本等，限制条件则是劳动力、生产能力、库存水平和外协能力。

4. 服务业中的综合运作计划

相对于制造业的综合生产计划，服务业在做综合计划时，需要考虑以下的特征：①纯服务不能使用改变库存的策略；②服务需求难以预计；③服务业的服务能力难以评估；④服务业的劳动力柔性比制造业大，一个人往往能够从事多种服务。

6.4.2 主生产计划

在制造企业中，主生产计划（Master Production Schedule，MPS）是根据客户订单与市场需求预测，将综合计划中的产品系列具体化，确定各项具体的最终产品在具体时间段内生产数量的安排。主生产计划是展开物料需求计划的主要依据，起到了从综合生产计划向物料需求计划过渡的承上启下的作用。

1. 综合生产计划、总进度计划与主生产计划的关系

（1）从综合生产计划到总进度计划。综合生产计划的结果是形成企业各产品系列的生产时间安排。但是综合生产计划对企业各单位的生产作业不具有实际指导价值，因为并没有明确各个具体产品的计划要求。分解综合计划的结果是生成总进度计划（也称为时间进度总表），总进度计划显示了各个产品而不是总的产品的计划产出以及生产时间安排。

（2）从总进度计划到主生产计划。总进度计划包括具体产品的需求量与时间安排，但它并没有说明计划出产量的多少。主生产计划是根据总进度计划的需求量与时间的要求，为具体各项产品的生产数量与时间做安排，它同时考虑了预测需求量、需求时间和现有库存等因素。它显示了各种产品需要组织生产的时间和数量。

主生产计划在企业的生产计划体系中起着主控的作用。在实际中，需求和客户订单是动态的、不均衡的，直接用来安排生产将会出现有时加班加点也无法完成任务的情况，有时又会出现设备长时间闲置、没有生产任务的现象。加上主生产计划这一环节后，通过人工干预，使得在一段时间内主生产计划量和预测的需求总量（含订单量）相匹配，而不追求每一时刻都与需求相匹配，从而均衡安排生产。因此制订主生产计划是绝对必要的。

2. 主生产计划的编制

（1）主生产计划的计划对象。主生产计划是针对产品系列中的具体产品而做的计划，对于企业来讲，其产品可以是最终完成、具有独立需求特征的整机、部件或零件，可以是直接用于消费的成品，也可以是将要装配的部件或配件。在不同的制造环境下，主生产计划的计划对象是不同的。

在备货生产环境下，通常是用很多种原材料和部件制造出少量品种的标准产品，本着减少计划量的原则，在这种情况下，产品、备品备件等独立需求项目通常成为主生产计划的计划对象。而装配生产企业的主生产计划对象通常是那些基本组件、通用部件和可选件，这样可以减少计划工作量。但订货生产的最终产品一般是按订货要求设计的产品，呈现个性化、多样化的特征，此时，主生产计划的计划对象可以放在产品结构的底层。例如，对于生产钢材的企业，同一型号的钢坯可轧制出规格多样的钢材，这时主生产计划的计划对象可以放在按钢号区分的钢坯上，以减少计划的物料数量，之后按具体的客户订单来计划生产相应的钢材。

（2）主生产计划的输入数据。主生产计划的编制需要输入三个方面的信息，以作为计划编制的依据。

1）期初存货，即来自上一期的实际存货持有量。

2）计划期内的各期预测需求。

3）客户订单，即已经承诺给客户的产品或服务数量。

（3）主生产计划的编制步骤

1）计算计划持有存货。根据需求信息与期初存货，逐期计算计划持有存货，直到它降到特定值以下。如果没有安全存货，这个特定值一般为零，这时可以一直计算到计划持有存货为负值。在没有考虑主生产计划的条件下，计划持有存货的计算公式为

本期计划持有存货 = 上周存货 - max（本期预测需求量，本期客户订单量）

当计划持有存货为负值时，就说明计划持有存货不足以满足客户需求，需要进行生产以补充两者之间的差额，而生产往往以批量为单位，此时批量生产的数量就将补充进计划表中。

2）确定各期主生产计划的产量和时间。当主生产计划有生产量加入其间，这时的计划持有存货计算公式修改为

本期计划持有存货 = 本期 MPS 量 + 上周存货 - max（本期预测需求量，本期客户订单量）

3）确定可承诺存货量（未授权的）。可承诺存货量是指还没有签订的，但是可以用来答应客户在确切的时间内供货的产品需求。对于临时的、新到的订单，营销部门可以根据可承诺存货量来签订供货合同，确定具体的供货日期。

（4）保持主生产计划的相对稳定性。主生产计划是所有零部件等物料需求计划的基础。如果主生产计划发生改变，尤其是对开始执行但尚未完成的主生产计划或即将执行的主生产计划的内容进行修改，将会引起由主生产计划生成的一系列计划的改变，因此主生产计划的改变极具破坏性。当主生产计划的计划量在原定基础上增加时，可能会导致物料短缺而使企业不能按期交货，相应地企业也必须重新安排作业计划，日常的生产秩序可能会变得混乱；当主生产计划的计划量在原定基础上减少时，会导致已经投入的物料或采购的物料变得多余，成为不必要的库存，诸如此类的主生产计划的变动，最终会导致企业的管理、库存等成本增加。

6.4.3 生产作业计划

企业的生产作业计划在生产运作计划系统中属于执行层面的操作计划。它以综合生产计划、主生产计划及物料需求计划为依据，对每个生产单位（车间、工段、班组等），在每个具体的时期（月、旬、班、小时等）内的生产任务做出详细规定，使生产计划得到落实。它是企业日常生产活动的行为指南。

生产作业计划的目标主要在于两个方面：一是保证生产计划任务能够按质、按量、按期、按品种完成；二是尽可能实现均衡生产，防止出现或减少生产过程中的前紧后松、加班突击等现象，建立良好的生产秩序，避免不必要的在制品积压，缩短生产周期，减少人、

财、物的闲置和浪费现象，提高生产效率。

1. 生产作业计划的工作内容

生产作业计划需要将综合生产计划、主生产计划及物料需求计划落实到各个生产环节的具体投入和产出的生产进度中。生产作业计划的工作内容包括以下几个方面：

（1）制定合理的期量标准。期量标准又称作业计划标准或日历标准，就是为加工对象（产品、部件、零件等）在生产期限和生产数量方面所规定的标准数据。企业的生产类型和生产组织形式不同，各生产环节在生产期限和生产数量方面的联系方式也就不同，因而形成了不同的期量标准。大量流水生产的期量标准有节拍、运送批量和节奏、在制品占用量定额、流水线工作指示图表等。成批生产的期量标准有批量、生产间隔期、生产周期、提前期、在制品定额等。单件生产的期量标准有生产周期、提前期等。

（2）编制各级生产作业计划。编制厂级、各车间的生产作业计划，规定各种产品的投入期、出产期、投入量、出产量及生产批量。在此基础上，将车间作业计划任务下达给各工段、小组以及各工作地，规定它们在旬、周、日、轮班甚至各小时内应完成的产品品种、出产量、投入量、出产期、投入期等。

（3）进行生产能力的核算与平衡。在编制生产作业计划过程中，要对各生产能力（包括各生产设备、生产面积等生产资源）进行核算与平衡，既要保证生产任务得到具体落实，又要使得生产能力得到充分利用。

（4）检查生产作业准备。生产作业计划的顺利执行需要做好原材料供应、外协件的准备、设备维修、工具准备、技术文件准备、劳动力调配等生产技术准备工作，因此在生产作业计划过程中需要检查其准备工作的完备性。

（5）生产作业控制。检查和监督生产作业的执行情况，包括生产调度、进度管理、在制品管理等内容。

2. 大量大批生产作业计划

大量大批生产类型企业多采用流水线或自动生产线的生产组织形式。其生产作业计划所要解决的主要问题是保证整个生产过程及其各个生产环节按规定的节拍有计划、有组织、连续地进行生产。

（1）大量大批生产的期量标准

1）节拍。节拍是流水线上相邻两件相同制品投产或出产的时间间隔，是流水线最重要的工作参数。它表明流水线生产速度的快慢或生产率的高低。流水线节拍的计算公式为

$$节拍=\frac{计划期有效工作时间（\mathrm{min}）}{计划期产量（件）}$$

计划期有效工作时间是制度工作时间中除去必要的停歇时间，包括机器设备的调整和修理、更换工具、工人休息等时间。其计算公式为

$$计划期有效工作时间=计划期制度工作时间\times时间利用系数$$

时间利用系数可根据每日开动班次来加以确定，其取值范围为0.9～0.96。

计划期产量包括计划期出产量和计划期预算的废品数量及半成品外销数量。

如果节拍很短，加工对象的体积、重量也很小，不适宜按件运输时，则可考虑按批运送。这时，流水上前后两批相同制品运送的时间间隔就称为节奏。其计算公式为

$$节奏=节拍\times运输批量$$

2）流水线工作指示图表（看管期）。在间断流水线中，由于各工序的工序节拍与流水线的节拍不同步，各道工序的生产率不协调，生产中就会出现以下两种情况：第一种情况是，当前道工序生产率低于后道工序时，后道工序将出现停工待料，工人和设备的能力不能充分利用的问题；第二种情况是，当前道工序生产率高于后道工序生产率时，后道工序将出现在制品积压等待加工的问题。为了使间断流水线能有节奏地生产，一般是规定一段时间，使流水线的各道工序能在该段时间内生产相同数量的制品。这一事先规定的能平衡工序间生产率的时间，通常称为间断流水线的看管期。

3）在制品占用量定额。在制品占用量定额是指在一定的时间、地点、生产技术组织条件下，为保证生产的连续进行而制定的必要的在制品数量标准。在制品是指从原材料投入到产品入库为止，处于生产过程中尚未完工的所有零件、组件部件、产品的总称。在制品占用量按存放地点划分，可分为流水线（车间）内在制品占用量和流水线（车间）间在制品占用量；按性质和用途划分，流水线（车间）内在制品占用量包括工艺占用量、运输占用量、周转占用量和保险占用量，流水线（车间）间在制品占用量包括线间运输占用量、库存周转占用量和库存保险占用量。一定数量的在制品，是保证生产不断进行的必要条件；但是，在制品过多，会使工作场所拥挤，产品生产周期延长，流动资金占用过多，运费、保管费用增加。因此，必须合理地确定在制品占用量定额。

（2）厂级生产作业计划编制。厂级生产作业计划的主要内容是为各车间分配生产任务，使各车间的任务在时间上和空间上相互衔接，保证按时、按量、配套地完成生产任务。编制厂级生产作业计划时采用的计划单位有产品、部件、零件组、零件，同一个企业中可以同时存在几种计划单位。安排车间生产任务的方法随车间的生产类型和生产组织形式不同而不同。如果各车间彼此之间没有依次提供半成品的关系，那么只要将计划期的生产任务根据各车间的产品分工、生产能力和具体的生产条件直接分配给各个车间即可。如果各车间彼此之间有依次提供半成品的关系，在规定生产任务时就应检查各车间在产品品种、数量、出产日期上是否彼此衔接，考虑各车间的生产能力平衡，减少在制品占用。大量流水线生产企业分配车间生产任务的方法有两种，即在制品定额法和订货点法。

1）在制品定额法。这种方法是根据在制品定额来确定各车间的生产任务，保证各车间生产的衔接。大量流水线生产企业生产作业计划的编制，重点在于解决各车间在生产数量上的协调配合。这是因为同一时间各车间都在完成同一产品的不同工序，这就决定了“期”不是最主要的问题，而“量”是重要的。在制品定额法正好适合这种特点。这种方法还可以很好地控制在制品数量。在制品定额法运用预先制定的在制品占用量定额，按工艺过程相反的次序依次计算各车间的产出量和投入量。它首先根据生产计划的要求规定最后车间的出产量，再以这个出产量为基础计算其投入量，然后根据最后车间的投入量计算前一车间的出产量，依次类推直到第一个车间。其计算公式为

$$\text{某车间出产量}=\text{后车间投入量}+\text{该车间对外销售量}+\left(\begin{matrix}\text{库存}\\\text{半成品定额}\end{matrix}-\begin{matrix}\text{期初库存半成品}\\\text{预计结存量}\end{matrix}\right)$$

$$\text{某车间投入量}=\text{本车间出产量}+\text{计划废品量}+\left(\begin{matrix}\text{车间}\\\text{在制品定额}\end{matrix}-\begin{matrix}\text{期初车间在制品}\\\text{预计结存量}\end{matrix}\right)$$

2）订货点法。这种方法是根据库存在制品下降到订货点的时间来确定零件投产时间的一种方法。这种方法用来安排需求量大的标准件和通用件的生产。所谓订货点，就是标准件

和通用件库存量的一个限度，当库存量下降到这个限度时，就投入下一批。订货点储备量是指仓库应该提出订货时的零件储备量。其计算公式为

$$订货点储备量=平均每日需要量\times订货周期+保险储备量$$

式中，订货周期是指提出订货到制品完工入库的时间。在该段时间内，应该在不动用保险储备量的情况下，能保证正常生产领用的需要。保险储备量是为了防止零件由于意外原因延期入库而设置的储备量，正常情况下是不允许动用的。采用这种方法的关键是合理确定订货点储备量。

（3）车间内生产作业计划的编制。车间内生产作业计划的编制主要包括车间生产作业计划日程安排、工段（班、组）生产作业计划的编制、工段（班、组）内部生产作业计划的编制等。具体的编制工作由车间及工段计划人员完成。若厂级生产作业计划采用的计划单位是零件，则对其略加修改就可作为车间内部的生产作业计划，不必再作计算；若采用的计划单位是产品或部件，则首先需要分解，然后再以零件为单位将任务分配到各流水线（工段）。

3. 成批生产作业计划

成批生产介于大量大批生产和单件小批生产之间，是指企业在一定时间间隔内依次成批轮番生产多种制品。成批生产不是单纯的存货生产方式，也不是单纯的订货生产方式，而是两种生产方式的结合。成批生产的期量标准有批量、生产间隔、生产周期和生产提前期。

（1）批量与生产间隔期。批量与生产间隔期是成批生产的两个主要期量标准。批量是指同时投入生产并花费同样的时间生产的同种制品的数量。生产间隔期是指相邻两批同种制品投入或出产的时间间隔。在周期性重复生产条件下，批量和生产间隔期有如下关系

$$批量=平均日产量\times生产间隔期$$

在生产任务稳定的条件下，日产量不变，则批量与生产间隔期成正比。批量大，则间隔期长，相应地在制品数量也大，这样对使用流动资金是不利的；反之，如批量小，会导致频繁变动产品，增加准备结束的次数，多消耗准备结束时间，对提高设备利用率也是不利的。因此，确定批量和生产间隔期，需要在这些因素之间进行平衡，达到既有利于流动资金的有效使用，又提高设备利用率的目的。

确定批量和生产间隔期通常有两种方式，即以量定期法与以期定量法。

1）以量定期法。以量定期法就是先确定批量，然后根据批量确定生产间隔期的方法。

批量可以由批量与费用的关系来确定。这种确定批量的方法称为经济批量法。批量与费用的关系可用图 6-8 来表示。图中，F_1 为批量与设备调整费用关系曲线，批量越大，计划期内设备调整的次数就越少，设备调整费用相应降低；F_2 为批量与在制品占用资金损失费用关系曲线，随着批量增加，在制品占用量增加，导致在制品占用资金和保管费用增长；F 为总费用曲线，是上述两种费用之和。当总费用最低时，对应的批量即为经济批量。

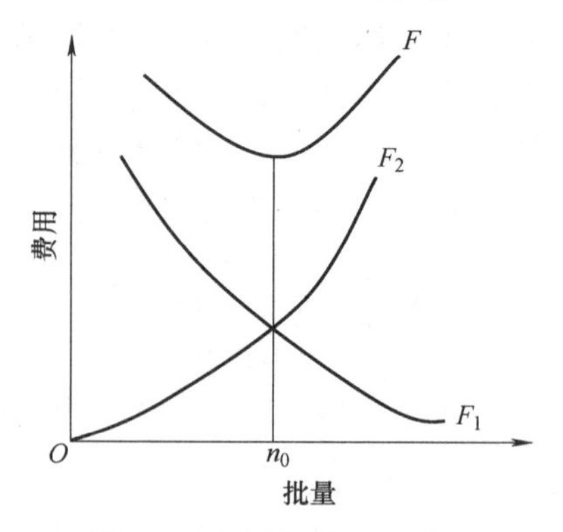

图 6-8 批量与费用的关系

设备调整费用的计算公式为

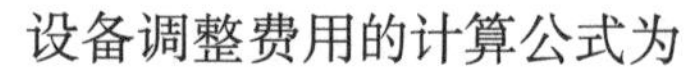

$$F_1 = A\frac{Q}{n}$$

在制品占用资金损失费用计算公式为

$$F_2 = \frac{1}{2}nCI$$

式中　A——设备一次调整费用；

Q——计划期制品产量；

n——批量；

C——单位制品价格；

I——在制品占用资金损失率。

总费用为

$$F = F_1 + F_2 = A\frac{Q}{n} + \frac{1}{2}nCI$$

根据求极值原理，可求得经济批量为

$$n_0 = \sqrt{\frac{2AQ}{CI}}$$

上述计算的结果是理论上最合理的批量，还需根据其他一些因素进行调整。考虑的因素主要包括：批量应和月产量相等或为月产量的约数；批量应为主要设备一次装夹工件数或容量（如热处理炉烘窑等）的整数倍；批量最小应不少于主要工序半个轮班的产量；毛坯批量应整数倍于机械加工批量，再考虑以上诸因素进行修正调整后得出的数值，即可确定为标准批量。根据标准批量再确定生产间隔期。

2）以期定量法。以期定量法是先确定生产间隔期，然后根据生产间隔期确定批量的方法。实际工作中，生产间隔期往往是根据实践经验确定的。一般是先根据计划期产品产量、生产组织特点以及生产稳定情况等因素，把生产间隔期预先规定为0.25个月、0.5个月、1个月、2个月、季等几种，然后按制品在各生产环节的价值、工艺复杂程度、体积大小等因素把制品分类，分别确定各种制品在不同的工艺阶段的生产间隔期。生产间隔期确定下来之后，根据生产间隔期与批量的关系就可求得批量。用这种方法确定批量简便易行，在多品种成批生产中广泛采用。

（2）生产周期。从大的方面看，生产周期即产品生产周期，但是构成产品生产周期，落实到各工序的安排，还需要考虑零件工序生产周期与零件加工生产周期。

1）产品生产周期。它是指从原材料投入生产起，到最后完工为止，制品在生产过程中所经历的日历时间。对于不同的制品，其生产周期的内涵也不同，对于机械产品而言，其生产周期是由产品中零件的毛坯准备周期、机械加工周期、部件装配周期、总装配周期以及各工艺阶段之间的保险期构成的。一批产品的生产周期的确定，是通过工序生产周期、零件生产周期、零件组生产周期直到产品生产周期逐步计算出来的。

2）零件工序生产周期。它是指一批零件在某道工序上的作业时间。

其计算公式为

$$T_{序} = \frac{nt_{单件}}{st_{日}k} + \frac{t_{准}}{t_{日}}$$

式中　$T_{序}$——一批零件的工序时间长度（日）；

n——批量；

$t_{单件}$——工序单件加工时间（h）；

$t_{日}$——制度规定的每日工作小时数；

$t_{准}$——工序的准备和结束时间之和（h）；

s——该工序的工作地数；

k——定额完成系数。

3）零件加工生产周期。零件加工的生产周期是指零件从投入时刻起至加工完毕止的时间长度。生产周期在很大程度上与零件在工序间的移动方式有关。零件在工序间的移动方式有三种，即顺序移动、平行移动、平行顺序移动。不同移动方式的生产周期计算不同。

（3）生产提前期。生产提前期是指一批制品在各工艺阶段投入或出产的日期比成品出产的日期应提前的时间。生产提前期分为投入提前期和出产提前期。在计算制品在各工艺阶段的生产提前期时，都是以产品装配出产时间为计算基准，按反工艺顺序方向确定的。即先确定装配阶段，其次是加工阶段，最后是毛坯准备阶段的生产提前期；在每一个工艺阶段，先确定出产提前期，后确定投入提前期。计算生产提前期要利用生产周期和生产间隔期等期量标准。

1）投入提前期。投入提前期是指各工艺阶段（车间）一批制品投入的日期比成品出产的日期应提前的时间。

其计算公式为

$$D_{投}=D_{出}+T$$

式中　$D_{投}$——工艺阶段的投入提前期；

$D_{出}$——同一工艺阶段的生产提前期；

T——该工艺阶段的生产周期。

2）出产提前期。出产提前期是指各工艺阶段（车间）一批制品出产的日期比成品出产的日期应提前的时间。

其计算公式为

$$D_{前出}=D_{后段}+T_{保}+(R_{前}-R_{后})$$

式中　$D_{前出}$——前一工艺阶段的投入提前期；

$D_{后段}$——后一工艺阶段的生产提前期；

$T_{保}$——该工艺阶段的生产周期；

$R_{前}$——前一工艺阶段的生产间隔期；

$R_{后}$——后一工艺阶段的生产间隔期。

应当注意：在计算出产提前期时，如果前一工艺阶段的生产批量是后一工艺阶段生产批量的几倍，那么前一工艺阶段的生产间隔一定是后一工艺阶段生产间隔期的几倍；如果前后两个工艺阶段生产批量相等，那么它们的生产间隔期也一定相等。

（4）生产作业计划编制。当生产的批量以及各生产环节的提前期等期量标准确定下来后，就可以进行各车间出产量与投入量的确定，由此可编制生产作业计划。根据预先制定的提前期标准和最终产品的平均日产量，把提前期转化为提前量，采用累计编号的形式来规定各车间的生产任务。采用这种方法来规定各车间生产任务时，必须对生产的产品进行累计编号。即从年初或从开始出产这种产品起，依成品出产的先后顺序，为每一个产品编上一个累计号码。如果计算出各车间期末投入、出产累计号，也就确定了各车间的投入、出产应该达到的累计数量，然后再减去计划期初已经达到的累计数量，就可以确定出车间计划任务数量。其计算公式为

$$\frac{\text{某车间期末出产}}{\text{（投入）累计号数}}=\frac{\text{成品出产}}{\text{累计号数}}+\frac{\text{该车间出产}}{\text{（投入）提前期}}\times\frac{\text{成品的平均每日出产量}}{\text{（投入）累计号数}}$$

$$\frac{\text{某车间出产}}{\text{（投入）任务量}}=\frac{\text{该车间期末出产}}{\text{（投入）累计号数}}-\frac{\text{该车间期初出产}}{\text{（投入）累计号数}}$$

计算出的任务量，还应按批量进行修正，使其与批量相等或是批量的整数倍，以便于生产组织与管理。

4. 单件小批生产作业计划

单件小批生产都是面向订单的生产，签订了订货合同后才组织生产，生产组织工作难度大。需要解决的关键问题是：①保证交货期；②保证各生产环节之间的相互衔接。为此，单件小批生产作业计划常使用生产周期法和综合日历进度计划法来进行编制。

（1）生产周期法。生产周期是单件小批生产最基本的期量标准，其构成与成批生产条件下产品生产周期的构成基本相同。实际工作中，该数据可以通过实践经验和分析同类产品的相关统计资料信息得到。由于单件小批生产的品种多，因此通常只确定主要产品和代表产品的生产周期，其他产品的生产周期可以通过类比或重点抽样而得到。安排单件小批生产的作业计划可以通过绘制产品生产周期图表的方式进行。具体步骤如下：

1）编制产品装配顺序图，反映各种零件装配成最终产品的各项作业顺序。

2）计算各工艺阶段的生产周期，计算方法与成批生产相同。

3）根据成品的出产时间要求和各工艺阶段的生产周期，按反工艺顺序编制出产品生产周期图表。可采用甘特图的方式来反映各阶段的进度，也可以根据订货合同为每种产品编制一份出产进度计划表，规定该产品在各车间的投入时间和出产时间。

（2）综合日历进度计划法。编制综合日历进度计划，是把各项订货产品的生产周期进度表汇集在一张图表上。其主要内容是编制各项订货的生产进度计划以及进行生产能力与生产任务的平衡。需要分车间、分科室进行能力平衡，做好品种的科学搭配和时间上的相互衔接。

6.4.4 作业排序

为了让生产作业计划更具有操作性，不仅要解决各车间、工段、班组等各级工作中心的投入、出产的时间及量的安排问题，并将其落实到每项作业任务上，还必须解决各项具体操作任务的先后工作顺序问题。作业排序即确定作业处理的顺序。在生产运作过程中，经常会遇到这样的问题：N项作业任务需要依次经过一个或几个工作中心（如机床、工作地、生产小组、工段等），各项作业任务在每个工作中心耗费的时间不等，如何安排这些作业任务的顺序，才能使全部作业任务完成的时间最短或费用最省，这就是作业排序的问题。作业排序不仅存在于制造业中，也存在于服务业领域。

1. 作业排序的标准要求

（1）使完成时间最短。这可由作业的平均流动时间来评价。作业的流动时间是指作业从到达车间、工作区或工作中心开始，到离开车间、工作区或工作中心的时间长度。它不仅包括实际加工时间，还包含等待加工时间、各操作之间的运送时间，以及与设备故障、质量等问题有关的等候时间。

（2）使用率最大化。这可由该工作系统的有效工作时间占总流动时间的百分比来表示。

（3）使顾客等待时间最少。这可由作业延期时间来表示。作业延期时间是指作业的实际完成时间与预定日期之差。

（4）在制品库存量最小化。这可由该系统的平均工作数量来评价。系统中工作数量与在制品库存量高度相关，系统中工作数量越少，在制品库存量也就越少。

2. 制造业中的作业排序

在制造业的生产排序中，对于多台机器的排序问题，按工件加工路线的特征，可以分为单件作业排序问题和流水作业排序问题。单件作业排序的基本特征是工件的加工路线不同或不完全相同，而流水作业排序的基本特征则是所有工件的加工路线完全相同。

（1）*N* 项作业在一个工作中心的排序。*N* 项作业在某个工作中心的排序，需要根据生产目标的不同要求，确定优先调度的规则。

1）先到先服务，即按工件到达车间的先后顺序或者订单的先后顺序进行加工。

2）最短作业时间优先，即按加工时间大小的次序，加工时间最短者最先加工。

3）交货期最早优先，即优先选择完工期限最紧张的工件进行加工。

4）最小松弛时间优先，即根据松弛时间由短到长进行排序。所谓松弛时间，是指当前时点距离交货期的剩余时间与工件剩余加工时间之差。松弛时间一定程度上反映了任务的紧急、松缓状况。

5）紧急性优先规则，即优先安排紧急任务的加工。

6）随机规则，即随机安排一个工件。

（2）*N* 项作业在两个工作中心的流水型排序。*N* 项作业在两个工作中心的流水型排序（简称为 *N*/2 排序）中，常用的规则是约翰逊-贝尔曼规则。约翰逊-贝尔曼规则（以下简称约贝规则）是一种管理者用来使一组待加工作业通过两台机器或两个连续工作中心的操作时间最少的技术，它还能使工作中心内的总空闲时间最少。

1）约贝规则的使用条件。约贝规则的使用必须满足以下几项条件：①各项作业在各工作中心的作业时间（包含换产与加工）必须已知且固定；②作业时间必须独立于作业顺序；③所有作业都必须遵循同样的两步式工作顺序；④没有工作优先级；⑤在作业被移送到第二个工作中心之前，其在第一个工作中心的所有工作内容都必须完全结束。

2）约贝规则的操作步骤。第一步，列出全部作业及其在各个工作中心的时间；第二步，选取时间最短的作业，如果最短时间在第一个工作中心，就将该作业排在第一位，如果在第二个工作中心，则将其排在序列的最后一位；第三步，消除这项作业及其时间，进行下一步的考虑；第四步，重复第二、三步，直到所有作业都已进入序列。

对于三台机器上 *N* 项作业的排序，以及 *M* 台机器上 *N* 项作业的排序，也可用约贝规则的扩展方法求得最优解或近似的最优解。

6.5　物料需求计划和精益生产方式

随着市场竞争越来越激烈，顾客对产品性能、规格、品种不断地提出新的需求，多品种、小批量订货生产成为主导生产形式。如何快速、灵活地组织生产，以最快的速度响应市场的需求成为企业生产运作的关键。30 多年来，在制造领域陆续提出了许多新思想、新概念、新方法，产生了许多新的生产运作技术和制造模式，如准时生产（JIT）、精益生产（LP）、物料需求计划（MRP）、企业资源计划（ERP）、计算机集成制造（CIM）、敏捷制造（AM）等。这些技术或模式对提高产品质量及生产率，缩短产品设计及制造周期，降低生产成本，提高企业的竞争能力有重要作用。

6.5.1　物料需求计划

物料需求计划（MRP）是对传统库存计划方法——订货点法的改进，是为了解决在新的环境下，如何有效地进行库存管理，以更好地符合生产计划的要求应运而生的。物料需求计划经历了开环物料需求计划（Open loop MRP）、闭环物料需求计划（Closed-loop MRP）、制造资源计划（Manufacturing Resource Planning，MRPⅡ）和企业资源计划（Enterprise Resource Planning，ERP）四个阶段。

1. 物料需求计划的基本原理

物料需求计划是根据销售预测和订货情况制订主生产计划（MPS），再利用计算机将未来时段的产品需求按照产品结构分解为零部件需求计划，以作业指令的形式提出采购部门所需购买的原材料和推动生产部门制造产品的零部件及成品的一种管理方法。早在 20 世纪 60 年代初期，人们就提出了物料需求计划理论的雏形（即开环物料需求计划）。到 20 世纪 70 年代中期，物料需求计划的理论与方法体系发展成熟，并形成闭环物料需求计划，20 世纪 80 年代又进一步发展为制造资源计划，20 世纪 90 年代拓展为企业资源计划。

物料需求计划的基本原理可归结为以下两点：

（1）从最终产品的生产计划导出相关物料（零部件、原材料等）的需求量和需求时间。

（2）根据物料的需求时间和生产（订货）周期来确定其开始生产（订货）的时间。

物料需求计划的运作机制是由主生产计划导出零部件、原材料的相关需求量、需求时间以及订货时间，以此为基础导出对各种制造资源的需求数量和需要时间。

物料需求计划以物料为中心组织生产运作，要求企业的所有生产经营活动必须以用户的需求为标准，要以需求产品的物料转化来组织一切制造资源，反映了按需生产的思想理念，体现了以顾客为中心的服务宗旨。这与传统的强调以设备为中心组织生产运作的思想是截然不同的。

物料需求计划广泛适用于各种类型的企业，尤其适用于多品种、中小批量的加工装配型生产企业的生产运营。

2. 物料需求计划的输入

物料需求计划系统由输入、计算处理、输出三部分组成。物料需求计划的输入主要有三个数据来源，即主生产计划、物料清单和库存记录文件。

（1）主生产计划。主生产计划是在一定时间段内企业将要生产的产品品种和数量。制订主生产计划首先需要参考企业的经营规划和生产大纲（即综合生产计划或年度生产计划），要预计企业的库存目标，并综合考虑客户的订单、市场研究部门的预测和企业的关键能力资源；然后确立企业将生产的产品大类、产品组；最后依据各个产品组中的比例把具体产品项目和数量进行计划分解，确立依时间段分布的产品项目和数量。

（2）物料清单。物料清单通常称为产品结构文件或产品结构树，物料清单不仅反映了物料、零部件的数量组成，而且反映了产品的制造顺序。物料清单中物料的层次码反映了物料在整个产品中的位置。在建立物料清单时，系统把最上层物料的层次码用零层表示，以后依次增加层次码，层次码的数目越大表示越处于产品结构清单的低层。当产品结构信息输入计算机后，计算机根据输入的结构关系自动赋予各部件、各零件一个低层码。低层码概念的引入，是为了简化物料需求计划的计算。当一个零件或部件出现在多种产品结构的不同层次，或者出现在一个产品结构的不同层次上时，该零部件就具有不同的层次码。当一个零部件有一个以上层次码时，应以它的最低层码（数字最大者）为其低层码，这称为低层码处理。当物料需求计划展开需求时，如果遇到某个零件的层次码与该层其他零件的层次码不一样，表明处理层次还没有到达低层码所表示的层次，该零件的净需求将暂时不做处理。当继续进行需求分解后，处理层次到达了该低层码所在的层次时，则把各层相同低层码的共用件毛需求进行合并，然后再计算出净需求。

（3）库存记录文件。库存记录文件又称库存状态文件。库存记录文件提供成品、半成品、在制品、原材料等物料项目的订货信息和可用量信息。库存记录文件及时登记所有物料的库存事务，包括入库、出库、残废料损失、报废零部件和取消订单等，并不断进行数据更新。

一般每种物料的库存记录文件由三个部分组成。

1）物料主数据段，记载物料名称、价格、提前期、订货批量、安全库存与数据。

2）库存状态段，记录数量和位置。

3）辅助数据段，记录订单详细情况和其他事宜。

物料需求计划系统中的库存记录文件是很全面的，包含了每一项物料的详细资料，物料需求计划系统的程序根据特定时间段来存取库存记录文件，在每次运行物料需求计划系统程序时将访问这些文件。因此，物料需求计划要求库存管理的数据非常精确。

3. 物料需求计划的输出

物料需求计划系统（计算机处理系统）依据主生产计划、物料清单和库存记录文件进行物料需求计划计算后，再通过能力需求计划等系统进行企业资源能力和生产能力平衡，最后输出计划报告。

物料需求计划系统能够对多种数据进行处理，并根据要求输出各种格式的报告文件，以便对物料的订购、库存、生产安排进行有效的管理。物料需求计划输出的报告通常分为主报告和辅助报告。

主报告包含各种用于物料的生产、订购和库存管理的报告，如生产指令、订货指令、订单更改指令或报告等。

物料需求计划系统除了生成必要的主报告之外，还可以选择性地生成一些辅助报告。这些辅助报告可分为四大类，即库存和需求预测报告、生产和订货差异报告、指出严重偏差的例外报告、辅助财务分析报告。

4. 企业资源计划

企业资源计划是从制造资源计划发展而来的新一代集成化企业资源管理系统，是企业资源计划的核心主体，是一种融合了企业最佳实践和先进信息技术的新型管理工具。它扩展了管理信息系统（MIS）、制造资源计划的管理范围，给出了新的结构，将客户需求和企业内部的制造活动及供应商的制造资源整合在一起，体现了完全面向用户的管理思想。

（1）制造资源计划（MRPⅡ）。生产管理系统是企业经营管理系统中的一个子系统。它与其他子系统，尤其是经营与财务子系统有着密切的联系。在MRP完成对生产计划与控制的基础上，进一步扩展、完善，将经营、财务与生产管理子系统相结合，形成制造资源计划（MRPⅡ）。MRPⅡ的新功能和新特点概括如下：

1）MRPⅡ将生产作业和财务系统整合在一起，使用同一套数据同步处理各种管理事务。

2）具有模拟能力。这是MRPⅡ系统对管理决策支持的重要特征。所谓模拟能力，就是能利用MRPⅡ系统中现有的运作数据来分析某种方案或决策的可能后果，依此做出决策或方案选择。

3）MRPⅡ是整个企业的运作系统。企业所有部门、所有人员都要根据MRPⅡ的规划来开展自己的业务，系统会使他们能够紧密地协作起来。

（2）企业资源计划（ERP）。企业资源计划（ERP）是在MRPⅡ的基础上通过前馈的物流和反馈的信息流和资金流，把客户需求和企业内部的生产活动以及供应商的制造资源整合在一起，体现完全按照客户需求进行经营管理的一种全新管理方法。企业资源计划被认为是顾客驱动的、基于时间的、面向整个供应链管理的制造资源计划。其核心思想是，通过加强企业间的合作，强调对市场需求快速反应、高度柔性的战略管理以及降低风险成本，实现高效率目标等优势，从集成化的角度管理供应链问题。企业资源计划具有以下特点：

1）把企业所有制造场所、营销系统、财务系统紧密地结合在一起，可以实现全球范围内的多工厂、多地点的跨国经营运作。

2）能很好地支持管理混合型制造环境。20世纪80年代末、90年代初期，企业为了紧跟市场变化，生产从单一方向向混合型生产发展，许多企业的生产方式是多品种小批量生产和大批量生产并存，很少有单纯的离散制造环境和单纯的流程环境。

3）具有较强的适时性。

4）具有较强的应用功能。企业资源计划不仅在制造资源计划上，而且在质量管理、项目管理、人事管理、综合信息管理与高层决策上提供支持。

5）具有较广泛的应用范围。企业资源计划支持连续型制造企业，也支持离散型制造企业和服务企业，可以拓展到金融、通信、零售、外贸、咨询服务等各行业。

6）企业资源计划系统具有较强的网络支持功能。企业资源计划系统是由多个子系统构成的网络系统，不但支持客户/服务器计算模式，也支持浏览器/服务器计算模式，而且后者的应用会越来越多。

6.5.2 精益生产方式

1. 精益生产方式的起源

精益生产起源于早期的丰田生产方式（TPS），也称准时生产制或准时生产方式（JIT）。准时生产方式的基本思想可用一句话来概括，即“只在必要的时间，按必要的数量，生产必要的产品”。这种生产方式的核心是追求一种零库存、低成本的生产系统，为此开发了包括“看板”在内的一系列具体方法，并逐渐形成了一套独具特色的生产经营体系。

精益生产方式（LP）是美国在全面研究以准时生产方式为代表的日本式生产方式在西方发达国家以及发展中国家应用情况的基础上，于1990年提出的一种较完整的生产经营管理理论。

2. 精益生产方式的基本思想

精益生产方式是指运用多种现代管理方法和手段，以社会需要为依据，以充分发挥人的积极性为根本，有效配置和合理使用企业资源，以彻底消除无效劳动和浪费为目标，最大限度地为企业谋取经济效益的生产方式。

精益生产方式致力于追求七个“零”极限目标，即零转换（指作业转换时间）浪费、零库存、零浪费（准时生产方式的七种浪费，特别是生产过剩的浪费）、零缺陷、零故障、零停滞、零灾害。精益生产方式的核心思想就是追求零库存和快速应对市场变化。

精益生产方式最核心的思想是“杜绝一切形式的浪费”。“无浪费”是丰田生产方式和管理方法的核心，也是精益生产永恒的追求。准时生产方式的创始人，大野耐一曾多次强调：“丰田生产方式及其管理方法的最重要的精神就是要杜绝一切形式的浪费。”什么是浪费？“凡是超出增加产品价值所必需的绝对最少的物料、机器和人力资源的部分，都是浪费。”即不增加价值的活动，是浪费；尽管是增加价值的活动，但所用的资源超过了“绝对最少”的界限，也是浪费。不增加价值的活动如库存、质量检验、搬运等。

3. 精益生产方式的核心内容

由于精益生产的核心是准时生产，因此实现准时生产的基本手段就构成了精益生产的核心内容。为了达到“降低全企业整体性成本，彻底消除浪费”这一基本目标，准时生产方式采取了以下的基本手段：

（1）适时适量生产。适时适量生产即准时生产，也就是“只在必要的时间，按必要的数量，生产必要的产品”。适时适量生产（即准时生产）是避免由于生产过剩所引起的人员、设备、库存费用等一系列浪费的重要手段。

（2）弹性配置作业人数。根据生产量的变动，弹性地增减各生产线的作业人数，以及尽量用较少的人力完成较多的生产。这里的关键在于能否将生产量减少了的生产线上的作业人员数减下来。首先，在设备布置上要合理布局，特别是要采取U形单元联结而成的组合U形生产线，以便能够在需求减少时，将作业所减少的工时集中起来，以整顿削减人员；其次，在作业人员方面，为了适应这种变更，人员必须是具有多种技能的多面手。

（3）质量保证。在准时生产方式中，通过将质量管理贯穿于每一道工序之中使提高质量与降低成本达成一致，具体方法就是“自动化”。这里所讲的自动化是指融入生产组织中的两种机制。第一种机制是，设备或生产线能够自动检测不良产品，一旦发现异常或不良产品可以自动停止运行。为此在设备上开发、安装了加工状态检测装置和各种自动停止装置。第二种机制是，生产第一线的设备操作工人发现产品或设备有问题时，有权自行停止生产。这是一种工人自治的现场管理机制。

（4）生产批量极小化。在准时生产方式理念中，完美的批量规模是1单位，这个数量通常不太现实，实际过程一般都有一个最小的批量规模限制。生产过程与供应商运送过程中的小批量给准时生产方式系统的有效运行带来了很多好处。

(5) 缩短作业转换时间。作业转换是指工序由一种作业转换为另一种不同的作业的过程。生产现场作业转换动作的类型有很多，如模具、刀具、工装夹具的切换；基准变更的切换；组装生产的零部件、材料的切换；制造前的一般准备作业，如机械加工前的图面确认、工作指派等作业。

作业转换时间就是指前一品种加工结束到下一品种加工出合格品的这段时间。作业转换时间分为外部时间和内部时间。外部时间是指即使不停机也可以进行的作业转换，如模具、工夹具的准备、整理的时间。内部时间是指必须停机才能进行的作业转换时间，及为保证质量所进行的调整、检查等所需的时间。减少内部时间就能减少设备或流水线的停止。

缩短作业转换时间有六种方法：①将外部转换作业标准化；②只把该设备必要的部分标准化；③使用快速紧固件；④使用辅助用具，最好在外部转换阶段将模具或刀具事先装到辅助用具上；⑤推行同时作业；⑥采用利用机械的自动作业转换方式。

(6) 同步化生产。所谓同步化生产，是指工序间不设置仓库，当加工件从第一个工序段投产之后，依照产品加工工艺流程所规定的顺序，每个工序耗用相同的作业时间，即以相同的工作节拍，不堆积、不停滞、不间断，连续地流经各工序，直到产品入库，一气呵成。在铸造、锻造、冲压等必须成批生产的工序，则通过尽量缩短作业转换时间来缩小生产批量。

在精益生产方式中，生产同步化是通过后工序领取的方法来实现的，即“后工序只在需要的时间到前工序领取所需的加工件，前工序中按照被领取的数量和品种进行生产”。除后工序领取方法外，同步化生产还需要通过采取相应的设备布置方法以及人员配置方法来实现。即在设备布置上，不能采取通常的按照车、铣、刨等工艺专业化的组织形式，而应按照零部件加工顺序来布置设备；在人员配置上要尽量安排多面手。

(7) 生产均衡化。生产均衡化，不管是对利用看板的生产来说，还是在把劳动力、设备的闲置时间和在制品库存减少到最小限度方面，都是最重要的前提条件。只有生产的均衡化，才是准时生产方式的基础。所谓均衡生产，即平均制造产品，使物流在各作业之间、生产线之间、工序之间、工厂之间平稳、均衡地流动。均衡化生产的目的，就是把产品流量的波动尽可能控制到最低程度，从而可以迅速应对需求的变化。

思　考　题

1. 简述生产运作管理的内容及目标。
2. 大量生产、批量生产、单件生产生产类型各有何特点？
3. 如何核定生产能力？
4. 综合生产计划、总进度计划和主生产计划有何关系？
5. 各种基本生产类型主要有哪些期量标准？其含义如何？
6. 如何编制主生产计划？
7. 试述物料需求计划的输入与输出。
8. 简述制造资源计划与企业资源计划的关系。
9. 简述精益生产的思想及核心内容。

第7章

市 场 营 销

在现代市场经济条件下，企业必须重视市场营销的作用，根据市场需求的现状与趋势，制订计划，配置资源。通过有效地满足市场需求，来赢得竞争优势，求得生存与发展。本章主要内容包括：市场和市场营销观念、市场营销管理、市场营销调查与预测、市场细分与目标市场、市场营销组合策略、网络营销等。

7.1 市场和市场营销观念

7.1.1 市场的含义

市场（Market）是指某种产品的实际购买者和潜在购买者的集合。市场规模取决于具有这种需要及支付能力，并且愿意进行交换的人的数量。

市场最原始的概念是指商品交易的场所。从经济关系的角度定义，市场是指商品交换关系的总和，即所有买者和卖者实现商品交换关系的总和。市场包括供给与需求两个相互联系、相互制约的方面，是二者的统一。

市场营销学从微观角度去研究企业所经营的某种特定产品的市场，市场是某种商品的购买者的集合。1960 年，美国市场营销学会（American Marketing Association，AMA）曾给市场提出了如下定义：“市场是指一种货物或劳务的潜在购买者的集合需求。”1967 年，菲利普·科特勒在他的《市场营销管理》一书中指出：“市场是购买或可能购买某种货物或劳务的所有人和所有企业单位。”因此，从市场营销的角度来看，对于既定的商品，市场由具有购买意向、具有支付能力的人群组成，人群、购买意向和购买能力是构成市场的不可或缺的三个基本要素。即

市场 = {人群 + 购买意向 + 购买能力}

“购买者”论认为，商品的供应者（卖方）构成行业，商品的购买者才构成市场，并按照市场上购买者的属性和购买目的将市场划分为消费者市场、生产者市场、中间商市场和政府市场四种类型。

从企业经营的角度来看，“市场是卖方、买方、竞争者的集合”。对某种特定商品具有需求的购买者构成总体市场，企业与其竞争者的优势比较则是影响企业市场大小的决定因素。

市场 = 对某种特定商品具有需求的购买者 ×（企业优势/竞争者优势）

从“关系营销”的角度将市场界定为：“市场是由所有利益相关者构成的集合。”企业营销中所要研究的市场，主要包括以下六类：顾客市场、供应商市场、内部市场、竞争者市场、分销商市场、相关利益者市场。

根据竞争程度的不同市场分为四种类型：完全竞争市场、完全垄断市场、垄断竞争市场、寡头垄断市场。

7.1.2 市场营销的含义

市场营销学的研究对象是市场营销，但是市场营销的定义有很多种。1960年，美国市场营销协会将市场营销定义为：“市场营销是把产品和劳务引导到消费者和用户的一切企业的活动。”这个定义仅把市场营销看作产品生产出来以后的一种企业活动，实际上，市场营销活动在产品生产出来以前就开始了。1985年，美国市场营销协会又提出了一个新的市场营销定义：“市场营销是关于构思劳务和产品的概念，以及定价、促销和分销的策划和实施的全过程，即为了实现个人和组织的目标而进行的交换过程。”这一定义比较明确地表达了市场营销的含义，指出市场营销是一种交换过程，即买卖双方为了实现各自的目标而进行的交换过程，这种交换是关于构思、定价、促销和分销的策划与实施过程。菲利普·科特勒对市场营销的定义是：“市场营销是致力于通过交换过程满足需要和欲望的人类活动。”

总之，营销学家关于市场营销的定义还有很多，我们主要是从企业经营的角度来研究市场营销，一般可称之为微观市场营销学，这也是国外研究市场营销的主流，即主要站在卖方的角度研究如何满足消费者的需求，实现企业利润的整个营销管理活动。因此我们认为，所谓市场营销，就是在不断变化的市场环境中，为适应、刺激和满足消费者的需求，企业通过有计划地组织整体销售，实现企业的目标市场、产品开发、产品定价、渠道选择、促销、提供服务等一系列与市场有关的企业业务经营活动。

7.1.3 市场营销哲学

市场营销作为一种有意识的经营管理活动，是在一定的经营思想的指导下进行的。企业在满足消费者的需求、实现企业经营目标的活动过程中，用以指导市场营销活动的基本经营思想就是市场营销观念，这种经营思想也可称为“营销管理哲学”。

从理论上看，西方发达资本主义国家的企业形成的现代营销观念可归纳为产品导向营销观、顾客导向营销观、市场导向营销观和关系导向营销观，并且在这些观念形成和发展的基础上，新的营销思想正在酝酿和萌芽之中。

1. 产品导向营销观

产品导向营销观产生于19世纪末至20世纪40年代，主要包括生产观念、产品观念和推销观念。

（1）生产观念。生产观念是以产品生产为中心，以提高效率、增加产量、降低成本为重点的营销观念。19世纪末至20世纪20年代中期各主要资本主义国家已完成了工业革命，当时的生产率还不高，并且工业化促进了城市化的发展，城市人口剧增，从而造成对商品的需求猛增，形成了有利于生产企业的卖方市场。对于企业来说，只要把产品生产出来就能立刻卖掉，所以企业的中心任务是不断提高生产效率、有效降低成本、扩大生产规模，向市场提供价廉的商品以获取更多的利润。这样就形成了“我能生产什么，就销售什么”的以生产为中心的经营指导思想。一直到现在，仍然有一些企业执行生产观念。这些企业认为，只要能降低生产成本，就能用价格与其他企业进行竞争，把顾客拉到自己的身边。

（2）产品观念。产品观念是以产品的改进为中心，以提高现有产品的质量和功能为重点的营销观念。产品观念认为，只要产品的质量上乘，具有其他产品无法比拟的优点和特征，就会受到消费者的欢迎，消费者也愿意花更多的钱去购买优质产品。产品观念最终会使企业感染“营销近视症”，即企业不适当地把注意力放在产品生产上，而不是放在市场的需求上。其结果会导致企业失去市场，失去竞争力。这是因为产品只不过是满足市场消费需求的一种媒介，一旦有更好的满足消费者需求的新产品出现，现有的产品就会被淘汰。同时，消费者的需求是多元化的，并且呈不断变化的态势，并不是所有的消费者都偏好价高质优的产品。

（3）推销观念。推销观念是以产品的生产和销售为中心，以激励销售、促进购买为重点的营销观念。推销观念是生产观念的发展和延伸，盛行于20世纪初期至20世纪40年代，在这一时期，由于科学技术的进步，科学管理和大规模生产的推广，市场上某些商品出现了供过于求的现象。特别是1929年至1933年的世界经济大危机，导致生产严重过剩，商品销售十分困难，卖主之间竞争日益加剧。在产品供过于求的情况下，企业会自觉或不自觉地运用推销观念来指导企业的营销活动。推销观念认为，消费者通常表现出一种购买惰性或抗衡心理，如果听其自然的话，消费者一般不会足量购买某一企业的产品。因此，企业的中心任务是把生产出来的产品销售出去，以销售为中心，技术为销售服务，注重推销术和广告术，向现实消费者和潜在消费者大量推销产品，以期压倒竞争对手，获取最大的利润。这时的营销观念是“我卖什么，就设法让人们买什么”，推销观念并没有脱离以生产为中心，“以产定销”的范畴，其本质仍然是着眼于现有产品的销售，而对于如何满足消费者需求，达到消费者完全满意，则没有给予足够的重视。

2. 顾客导向营销观

顾客导向营销观产生于20世纪50年代以后。其核心是以顾客需求为导向组织生产经营活动，包括市场营销观念、大市场营销观念、顾客满意营销观念以及服务营销观念。

（1）市场营销观念。市场营销观念是单纯以顾客的市场需求为中心，以研究如何满足市场需求为重点的营销观念。第二次世界大战结束后，美国等发达国家经济迅速恢复和发展，特别是20世纪50年代以后出现的新的科技革命，使劳动生产率大幅度提高，生产规模大幅度增长，商品供过于求，市场竞争日益激烈。在这种形势下，企业的一切经营活动只有以顾客需求为中心，才能实现其经营目标。由此形成了“顾客需要什么，我就生产和销售什么”的营销观念。市场营销观念的理论基础是“消费者主权论”，即在生产者和消费者的关系上，消费者是起支配作用的一方，生产者应当根据消费者的意愿和偏好来安排生产。市场营销观念的基本内容是：企业要实现自己的经营发展目标，关键在于如何开发目标市场的需求和欲望，比其他竞争对手更加有效地满足这些需求与欲望。市场营销观念的主要特征是：注重顾客需求，坚持整体营销，谋求长远利益。从本质上说，市场营销观念是一种以顾客需要和欲望为导向的哲学，是消费者主权论在企业市场营销管理中的体现。

（2）大市场营销观念。大市场营销观念是以市场需求为中心，以引导需求、创造需求为宗旨的营销哲学。进入20世纪80年代以后，世界经济一体化的进程不断加快，企业国际化的趋势也更为明显，各国企业纷纷把注意力转向国外市场。在这种形势下，企业如何有效地开拓国际市场，在国外市场寻求新的营销机会和生存环境，在世界范围内赢得优势，就成为发展的关键问题。大市场营销观念认为，任何企业和国家都不应消极地顺从、适应外部环境和市场需求，而应积极主动地改变或影响外部环境和市场需求，以便使产品打入目标市场。所谓大市场营销，是指企业为了成功地进入特定市场，并在那里从事业务经营，在策略上协调地施用经济的、心理的、政治的和公共关系等手段，以博得各有关方面的支持与合作的活动过程。首先运用政治权力（Political Power）和公共关系（Public Relations）以打开市场；然后运用传统的4P，即产品（Product）、价格（Price）、渠道（Place）、促销（Promotion）组合去满足该市场的需求，进一步巩固市场地位。

（3）顾客满意营销观念。顾客满意研究兴起于20世纪70年代。顾客满意是指顾客通过一个产品的可感知的效果（或结果）与他们的期望值相比较后所形成的感觉状态。菲利普·科特勒从顾客让渡价值和顾客满意的角度来阐述顾客价值。其研究的前提是：顾客将从那些他们认为提供最高认知价值的公司购买产品。所谓顾客让渡价值，是指总顾客价值与总顾客成本之差。总顾客价值就是顾客从某一特定产品或服务中获得的一系列利益，包括产品价值、服务价值、人员价值和形象价值等。顾客总成本是指顾客为了购买产品或服务而付出的一系列成本，包括货币成本、时间成本、精神成本和体力成本。顾客是价值最大化的追求者，在购买产品时，总希望用最低的成本获得最大的收益，以使自己的需求得到最大限度的满足。实现顾客满意的营销对策包括：合理确定目标顾客；建立顾客满意度监控体系；建立价值让渡的顾客满意（Customer Satisfaction，CS）战略系统（战略目标，培育和提高顾客忠诚；产品和服务系统；内部员工管理系统；企业与顾客的沟通系统；绩效评估系统）。美国营销专家罗伯特·劳特朋教授在1990年提出了市场营销组合4C理论，即消费者（Consumer）、成本（Cost）、便利（Convenience）和沟通（Communication）。4C理论强调企业首先应该把追求顾客满意放在第一位，其次是努力降低顾客的购买成本，然后要充分注意到顾客购买过程中的便利性，而不是从企业的角度来决定销售渠道策略，最后还应以消费者为中心实施有效的营销沟通。与产品导向的4P理论相比，4C理论有了很大的进步和发展，它重视顾客导向，以追求顾客满意为目标，这实际上是当今消费者在营销中越来越占据主动地位的市场对企业的必然要求。

（4）服务营销观念。服务营销的核心，就是要将为顾客服务的观念贯彻到企业所有的经营活动中去，而不是仅仅将服务视为依附于产品的售前或售后服务。服务观念应贯穿于从产品设计到产品销售的整个过程之中，乃至产品生命周期的各个阶段。要把服务营销的思想真正落到实处，必须有相应的组织保证，比如一些企业设立与生产、销售等并列的为顾客服务的独立部门，如维修、咨询指导、培训等部门。随着经济的发展，市场竞争的日益激烈，消费者的要求越来越高，服务营销已经成为企业树立良好形象，创造新顾客，留住老顾客的最有效的途径。

3. 市场导向营销观

市场导向营销观从市场需求和市场竞争两个焦点出发，通过企业自身的比较优势的分析和发挥，比竞争对手更有效地满足市场需求，取得满意的营销绩效。

（1）生态营销观念。生态营销观念是以市场为导向，以市场需求和市场竞争为中心，以寻找和满足最能发挥企业优势的市场需求、提高企业经营效益为重点的营销观念。20世纪70年代以后，市场营销观念被经济发达国家的企业广泛采用。但有些企业片面强调满足消费者的需求，忽视了企业自身的生产能力，往往把资源投入到并非企业所擅长的产品上，其结果是既不能很好地满足用户的需求，又不能使企业获得满意的利润。生态营销观念把生态平衡理论引入企业经营学，认为企业应当像生物一样要同它的生存环境相适应，相互协调平衡，才能获得生存和发展。生态营销观念认为，市场上的需求多种多样，任何一个企业都不可能满足市场上的所有需求，而只能将那些最能发挥企业优势的市场需求作为企业的营销方向，设法去满足。企业一方面坚持以消费者需求为中心，另一方面强调发挥自身的优势和特长。

（2）双焦点市场导向营销观念。双焦点市场导向营销观念强调企业在市场营销中必须注重市场需求和市场竞争两个焦点。由此形成的市场营销过程包括以下环节：寻找、识别未被竞争者满足或者还未被充分提及的需求和欲望；估量其总体需求潜力及企业销售潜力的大小；各种竞争力量及自身比较优势分析；选择和确定具有比较优势且能获得优秀财务业绩的目标市场；市场营销环境及主要竞争对手的战略分析；以合作竞争和超越竞争为主导，制定、实施与控制自身发展战略、营销战略和策略。

（3）社会市场导向营销观念。20 世纪 70 年代以来，企业以获利为目的营销活动，导致了种种损害社会利益进而损害消费者利益的现象，如生态的破坏、环境的污染、各种商业欺骗等，从而引起了全社会消费者的不满，并产生了以维护消费者权益和社会长远利益的“消费者保护运动”，各国也相继以立法措施对消费者和环境进行保护，在这种背景下就产生了社会市场导向的营销观念。社会市场导向营销观念包括社会营销观念和绿色营销观念。社会营销观念认为，企业的营销活动不仅要满足消费者的欲望和需求，而且要符合消费者和全社会的最大长远利益，要变“以消费者为中心”为“以社会为中心”。其主要思路为：满足市场需求，发挥企业的优势，注重社会利益。绿色营销观念认为，企业在营销活动中，要顺应可持续发展战略的要求，注重地球生态环境保护，促进经济与生态协同发展，以实现企业利益、消费者利益、社会利益及生态环境利益的统一。社会市场导向营销观念实质上是把企业的社会责任从市场营销的角度来实施，通过协调社会、企业和消费者之间的关系，以实现一个尊重消费者主权和利益，使企业有一个在发展中提高全社会的福利和满足人类不断发展需要的经营环境。

4. 关系导向营销观

20 世纪 70 年代末到 20 世纪 90 年代初，在西方国家兴起了关系营销理念。它是由美国营销学家巴巴拉・杰德・杰克逊于 1985 年首先提出的。在激烈的市场竞争中，企业产品质量差异趋于缩小，推销和服务也极为相似，甚至产品也趋于一样，已无明显差别。人们在购买产品时，往往是既买产品又买概念，把提升生活品位融于产品消费之中，从而使企业竞争转向品牌和企业形象竞争。企业要建立竞争优势，只有依赖于伴随着产品出售所提供的服务。而关系营销正是以改善服务质量、建立伙伴关系为目的，促进企业与消费者之间的相互信任。关系营销理念认为，企业的营销活动应在盈利的基础上，努力建立和促进与顾客和其他相关利益伙伴之间的关系，形成一种兼顾各方利益的长期关系。关系营销的重点对象是顾客，目的是尽可能使每一位顾客都成为未来的长期客户，成为与企业有伙伴关系的忠诚顾客。关系营销理念是现代市场营销理论的重要组成部分，是促进企业营销组合的重要内容。关系营销旨在加强企业与顾客的关系，从公众利益的角度确定企业的经营方针和经营活动，通过宣传推广活动，使广大公众认识企业，进而取得支持，树立企业形象和促进产品的销售。关系营销的关键过程是：建立与维持与顾客的良好关系；促进企业合作，共同开发市场机会（促进与竞争者的合作；加强与供应商的关系；建立与巩固同分销商的关系）；协调与促进同企业内部利益攸关者的关系；协调与政府及其他利益攸关者的关系，营造良好的营销环境。

5. 未来营销观念

1998年，美国西北大学凯洛格管理学研究生院营销学副教授格雷戈里·卡彭特在《改变营销活动准则》的文章里，阐述了未来营销观念。主要内容如下：

一般的营销观认为营销就是给消费者想要的东西，即公司先弄清消费者想要什么，尔后想出行之有效的办法予以满足，因此从根本上讲，营销就是一种发现行为。未来营销观念认为，营销战略越来越基于这样一种假设，即消费者至少在一开始并不知道自己想要什么，而是"学会"想要什么，消费者偏好某种品牌的产品是学来的。因为一开始，消费者不知如何评价产品的特性，也就无从评判可供选择的品牌，只有通过询问或广告的宣传或重复购买的经验这一过程，才能对品牌有一定的认识并形成对某种品牌的偏好。这表明消费者的需要取决于其消费体验，包括企业对消费者的消费引导、培训等。如果消费者的消费是学来的，那么对品牌的看法和偏爱便是学习的结果。与之相适应，企业的营销活动就应随着消费者的不断学习而演变，这种演变在一定程度上取决于企业教给消费者的消费内容。因此，营销就是半学半教。半学是指企业了解消费者现在的需要和消费者的学习过程如何进行；半教是指企业要在消费者的消费学习行为过程中主动发挥作用。因此营销是一种既受市场驱动又"驱动市场"的行为。

7.2 市场营销管理

企业营销活动是涉及众多因素的复杂的系统工程，企业要保证其市场营销目标得以实现，就必须对营销的全过程实施有效的管理。

7.2.1 市场营销管理过程

企业的市场营销管理就是对市场营销活动实施控制，其一般包括市场机会的识别、选择细分市场、制定营销战略、设计营销战术以及实施并控制营销计划等环节。

1. 市场机会识别

市场机会应当是一种消费者尚未得到满足的潜在需要。从市场机会的产生和存在形式来看，大体上可以分为以下四种：

（1）显在的市场机会，即已经存在于市场上的，所有企业都能看到的那部分潜在需要。

（2）前兆型市场机会，即可通过市场上存在的某些迹象预示到的未来可能产生的某些潜在需要。

（3）突发型市场机会，即由于环境因素某种突然变化而引发的潜在需要。

（4）诱发型市场机会，即消费者本身不能自觉意识，而必须通过营销者加以启发诱导才能发现的潜在需要。

企业要准确、及时地把握和利用市场机会，一般应具备以下三个基本条件：一是对自身资源和能力的正确估价；二是对市场信息资料的广泛收集；三是具有强烈的进取心和高度的敏感性。

2. 选择细分市场

对同样需要的满足，不同人群所要求的满足形式、程度和成本等是不一样的，企业只有认识了这些对需要满足方式所存在的差异，才能提供最受欢迎的满足方式，去满足一个或几个消费群体的特定需要，从而在市场上建立起自己的相对优势。这就需要对市场进行细分（Segmenting）、选择目标市场（Targeting）和进行市场定位（Positioning）。

3. 制定营销战略

营销战略是指业务单位意欲在目标市场上用以达成其各种营销目标的普遍原则。营销战略的内容主要由三部分构成，包括目标市场战略、营销组合战略以及营销费用预算。营销战略的选择必须从企业实际的市场地位和竞争实力出发。企业通常会处于不同的市场地位，如领导者、挑战者、追随着和弥缺者等，企业只有从实际的市场地位出发去选择相应的营销战略，才可能取得成功。

4. 设计营销战术

营销战略的实施必须转化为具体的营销方案。营销战术规定了营销活动的每一个步骤和每一个细节，从而可付诸实施。营销方案中一般至少应包括以下四项内容：

（1）具体的营销活动。包括产品的开发、价格的制定、渠道的选择、后勤的保障、人员的推销、广告和新闻宣传以及营业推广活动等。营销计划不仅应当对各项活动做出具体的设计和安排，而且还应当强调它们之间的协调与配合，以形成整合效应。其中关键在于4P设计。

（2）市场营销组合（Marketing Mix）。它是指企业可以控制的各种市场营销手段的综合运用。一个企业要有效地进行市场营销活动，必须针对不同的内外环境，针对目标市场的实际情况把企业可以控制的各种市场营销手段，即产品（Product）、定价（Price）、销售渠道（Place）和促销（Promotion）进行最佳组合，使之相互配合，综合发挥作用。

（3）营销的费用预算。要达到营销目标，必然需要相应的营销费用的投入。

（4）营销资源的分配。在具体的营销计划中，应当对营销资源（包括营销费用）在各项具体的营销中进行合理的分配，以形成整合营销的效果。

5. 实施并控制营销计划

经过前几个环节，企业就基本形成了自己的营销计划以及保证营销计划执行的营销组织。在现实的营销活动中，由于未来环境多数是未知的，企业执行计划往往会出现许多意外的情况，这就使营销活动不能完全按照营销计划进行，这时企业就必须要有相应的控制程序，以对计划本身或者计划的实施过程进行必要的调整，这样才能保证企业营销目标的实现。

7.2.2 营销计划及执行

市场营销计划是指在研究目前市场营销状况（包括市场状况、产品状况、竞争状况、分销状况和宏观环境状况等），分析企业所面临的主要机会与威胁、优势与劣势以及存在问题的基础上，对财务目标与市场营销目标、市场营销战略、市场营销行动方案以及预计损益表的确定和控制。

1. 市场营销计划的内容

一般来说，营销计划的制订主要包括以下几个部分的内容：

（1）计划概要。这一部分主要是关于营销计划的主要目标和注意事项的简短摘要，要求高度概括、用词准确，使高层的管理部门能准确把握计划的要点。

（2）营销计划编制的原则。营销计划编制的一般原则为：① 年度营销计划由公司财务部门与营销部门联合制订；②营销部门按年度计划自行制订月营销计划；③市场营销计划以年度为单位，由企划部门、财务部门、营销部门联合制订；④营销部门负责按月落实企业的营销计划；⑤计划控制阶段，营销部门必须按要求出具书面报告。

（3）营销计划内容的基本要素。营销计划内容的基本要素包括执行纲领、目前营销状况、威胁与机会、营销目标、营销策略、行动方案、预算和控制。

2. 营销计划的执行

执行市场营销计划，是指将营销计划转变为具体营销行动的过程，即把企业的经济资源有效地投入到企业的营销活动中，完成计划规定的任务、实现既定目标的过程。营销计划执行的过程包括制订行动方案、建立组织结构、设计决策和报酬制度、开发人力资源、建设企业文化、市场营销战略实施系统各要素间的关系协调。

7.2.3　营销组织的基本形式

市场营销是通过一定的组织机构来进行的，因此有效地制定和实施市场营销战略必须以完善的市场营销组织为基础。市场营销组织就是为了实现企业营销目标，而对企业的全部市场营销活动从整体上进行平衡协调的有机结合体。市场营销组织的基本形式有以下四种：

1. 功能性组织

这是最常见的市场营销组织形式，即按不同的营销活动功能建立职能部门以开展市场营销活动。功能性组织简便易行，但随着营销产品的增加和市场的扩大，过于专业化的分工会导致部门之间的冲突和协调难度加大，从而难以协调企业全部的营销活动。

2. 地区性组织

一个企业的营销范围如果是跨地区的，就可以按照地理区域安排市场营销组织，这种组织形式中通常设有专门负责全部销售业务的销售主管经理，并下辖各个地区的销售经理，从而形成一个销售网络。地区性组织结构适于在全国以及国际市场销售产品的企业，但是应注意地区层次的划分既必须有利于产品的销售，又必须有利于企业的统一管理。

3. 产品管理型组织结构

生产多种产品或多种不同品牌产品的企业，往往按产品或品牌建立管理组织。即在一名产品经理的领导下，按每类产品分设一名经理，再按每一具体品种设一名经理，分层管理。在这种组织结构中，产品经理的作用是制订产品的计划，监督产品计划的执行，检查执行结果并采取必要的调整措施，以及制定竞争战略等。

4. 市场管理型组织形式

企业还可以按照市场的不同划分建立市场管理组织。这种组织形式由副总经理统一领导，协调各职能部门的活动，其中市场主管经理又监督管理若干个具体的市场经理。这种组织结构与产品管理型组织结构基本相同，只是由面对不同类型的产品改为面对不同类型的市场，所以有类似的特点。市场经理要为自己负责的市场制订长期计划和年度计划，分析市场趋势及所需要的产品。

7.2.4 市场营销控制

对市场营销活动进行控制通常有三种基本方式：年度计划控制、营利性控制和战略控制。

1. 年度计划控制

年度计划控制的目的是确保企业达到年度计划规定的销售、利润以及其他目标。在控制中，企业首先应当把年度计划分解为每月或每季的目标；其次应随时跟踪掌握销售情况，并及时对营销实际业绩与计划的偏离行为做出判断，采取纠正措施，或改进方法或修正计划目标，以缩小实际执行结果与计划目标之间的差距。这一控制模式适用于企业内部各个组织层次。

2. 营利性控制

营利性控制主要通过测算企业的各类产品在不同地区、不同市场、通过不同分销渠道出售的实际获利能力，以帮助主管人员决策哪些产品或哪些市场应扩大，哪些市场应缩减甚至放弃。

3. 战略控制

战略控制是对企业的市场营销环境、营销目标、营销战略、营销组织和营销方法、程序、人员等方面进行系统客观的评价，是更高层次的市场营销控制。这种全面的检查评价也可称为“市场营销审计”。通过市场营销审计，可以进而发现企业市场营销中存在的机会和问题，并提出改进企业市场营销活动的计划。总的来说，营销控制是使营销计划与计划实施过程保持吻合的必不可少的手段，它有助于及早发现问题，以避免可能出现的失误和损失，因而在企业的市场管理活动中具有重要的作用。

7.3 市场营销调查与预测

7.3.1 市场营销调查

所谓市场营销调查，是指通过对影响企业市场营销的有关资料的收集、整理与分析，了解企业市场的历史、现状及其影响因素的变化，为企业的市场预测及营销决策提供依据。

1. 市场营销调查的内容

市场营销调查主要包括以下内容：

（1）市场营销环境调查。企业的市场营销环境可分为微观环境和宏观环境两大类。微观环境是指环境中直接影响企业营销活动的各种因素，包括企业本身、供应商、营销中介、竞争者、顾客和社会公众等。宏观环境是指环境中间接影响企业营销活动的不可控制的较大社会力量，包括人口环境、经济环境、自然环境、技术环境、政治法律环境和文化环境等。

（2）市场需求调查。市场需求调查主要包括市场需求总量及其构成的调查、各细分市场及目标市场的需求调查、消费者行为调查以及市场份额及其变化情况的调查。

（3）市场营销组合因素调查。市场营销组合因素调查主要包括产品状况、产品价格、销售渠道、广告和促销状况及企业形象的调查。

1）产品状况调查包括产品实体调查、产品形体调查和产品服务调查。

2）产品价格调查包括产品成本及比价调查、价格与供求关系调查和定价效果调查。

3）销售渠道调查包括现有销售渠道调查、经销单位调查和渠道调整的可行性分析。

4）广告和促销状况调查包括广告及促销客体的调查、广告及促销主体的调查、广告及促销媒体的调查、广告及促销受众的调查、广告及促销效果的调查。

5）企业形象调查包括企业理念形象、行为形象、视觉传递形象等方面的调查。

2. 市场营销调查过程

市场营销调查一般包括四个主要的步骤：确定问题及调查目标；制订调查计划；实施调查计划；调查结果的解释与报告。

（1）确定问题及调查目标。寻求调查课题的目的主要有三个：一是正在进行的业务出现了问题，必须及时调查，分析原因和采取措施；二是针对潜在的问题，需要防防微杜渐；三是为了规划新的营销活动，需要从市场营销的规律和趋势去探索问题。

（2）制订调查计划。在这一步骤中，首先说明“为什么要进行这项调查”“想要知道什么”“知道以后怎么办”等问题；然后确定调查项目、调查方法、调查样本，预算调查经费，安排调查日程等；最后提交书面的调研计划。

（3）实施调查计划。调查计划的实施主要包括收集、整理、分析信息等工作。收集信息的过程可由企业内部的营销调研人员完成，也可委托外部专业调研公司来完成。

（4）调查结果的解释与报告。调研报告不能只是一系列的数据，而应当是简明扼要的结论和说明，并且这些结论和说明应当对营销决策具有直接意义。在很多情况下，对同一调研资料可能做出不同的解释，因此调研人员应当与营销管理人员紧密合作，协调一致，共同探讨可能的最恰当的解释。此外，管理人员还要检查调研目标是否达到，所需要的分析是否完成，以及是否还有新的问题需要补充。最后，营销管理人员还要决定是否采用调研人员提出的建议。

3. 市场营销调查方法

（1）询问法。询问法是一种通过询问的方式，向被调查者提出问题，收集市场信息资料的方法。询问法又可分为以下几种：

1）面谈调查。这种方法提出问题的方式和深度可以灵活掌握，对不清楚的问题可以当面解释和补充，所得资料比较准确，但这种方法调查费用支出较大。

2）电话调查。这种方法收集市场信息快，调查成本低，但这种方法不易取得被调查者的合作，无法询问较复杂的问题。

3）邮寄调查。这种方法的调查范围可以很广，被调查者有足够的时间考虑答案，调查费用也低，但调查表的回收率低，花费的时间较长。

（2）观察法。观察法是调查者通过直接观察，或借助各种仪器间接观察被调查者的行为或现场情况的一种收集资料的方法。进行观察时，调查者与被调查者应保持一定的距离。这种方法多用于对零售活动、用户购买习惯、广告效果、橱窗设计等的调查。这种方法所取得的资料比较直接真实，但不能了解被调查者的内心感受。

（3）实验法。实验法是选择某一特定的市场进行某项小规模的实验，以了解市场信息的方法。采用这种方法可以获得较为准确的原始资料，有利于提高工作的预见性，但所用时间较长，成本较高。

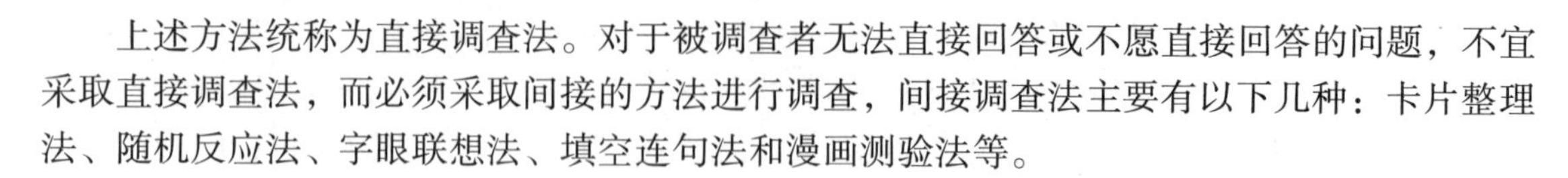

上述方法统称为直接调查法。对于被调查者无法直接回答或不愿直接回答的问题，不宜采取直接调查法，而必须采取间接的方法进行调查，间接调查法主要有以下几种：卡片整理法、随机反应法、字眼联想法、填空连句法和漫画测验法等。

7.3.2 市场营销预测

市场营销预测是指通过对市场营销信息的分析和研究，寻找市场营销的变化规律，并以此规律去推断未来的过程。

1. 市场营销预测的类型

（1）根据预测范围划分，市场营销预测可分为宏观预测与微观预测两类。宏观预测是从总体上对投放市场的商品供求情况进行预测，它涉及面广、综合性强，可以为国民经济的发展规划提供决策依据；微观预测主要是对某一工业部门、某一公司或某一企业的产品市场的潜在需求量以及未来供应情况和发展趋势进行预测。

（2）根据预测期时间的长短划分，市场营销预测可分为长期预测、中期预测和短期预测。长期预测是指企业对 5 年或 5 年以上的市场发展变化趋势的预测；中期预测是指对 1 年以上 5 年以下的市场发展变化趋势的预测；短期预测是指对企业年度内营销情况的预测。

（3）根据预测时所用方法的性质划分，市场营销预测可分为定性预测和定量预测两种。定性预测是根据调查资料和主观经验，通过分析和推断，估计未来一定时期内市场营销的变化。定量预测是根据营销变化的数据资料，运用数字和统计方法进行推算，寻找营销变化的一般规律，对营销变化的前景做出量的估计。在预测中，往往是将定性预测与定量预测相结合，进行综合预测。

2. 市场营销预测方法

（1）市场调研预测法。市场调研预测法即在营销调查的基础上，通过对调查资料的分析，直接做出预测的一类方法。

（2）经验判断预测法。经验判断预测法即依据一部分人凭经验所做出的判断来进行预测的一类方法。

（3）回归分析法。回归分析法即通过分析，找出预测目标与影响因素之间的统计规律，并以此规律来进行预测的一类方法。

（4）时间序列分析法。时间序列分析法即以时间序列资料为依据来进行预测的一类方法。

除此之外，还有一些现代先进的预测方法可用来进行营销预测。

前两种为定性预测法，后两种为定量预测法。

7.4 市场细分与目标市场

7.4.1 市场细分的概念及细分标准

1. 市场细分的含义

市场细分（Segmentation）又称为市场分割，是指企业根据顾客购买行为与购买习惯的差异性，将某一特定产品的整体市场分割为若干个消费者群体，以选择和确定目标市场的活动。市场细分的目的，在于帮助企业发现和评价市场机会，以正确选择和确定目标市场。例如，在手表市场上，有的消费者需要计时准确、价格低廉的低档手表，有的消费者则要求计时准确、耐磨且价格适中的中档手表，而有的消费者需要计时准确、永不磨损的名贵手表。因此，手表市场也就被相应地细分为低档、中档、名贵这三个子市场。

市场细分的本质就是“同中求异，异中求同”地划分顾客群体的过程。要准确掌握市场细分这一概念需要注意两个问题：一是所谓的市场细分，并不是为产品分类，而是指企业根据顾客对同类产品需求所表现出的差异性，将所有顾客划分成若干个群组。因此，市场细分实质上是将顾客分类。二是市场细分的基础是顾客同质需求的差异性，如果不存在这种差异性，企业就不可能也没有必要进行市场细分。实际上，绝大部分同质需求都或多或少有一定的差异性，即绝大部分市场都可以细分。

2. 市场细分的意义

从市场营销理论上讲，市场细分是市场营销思想的战略性发展。美国市场学家温德尔·史密斯在1956年发表的《市场营销战略中的产品差异化与市场细分》一文中首先提出了“市场细分”这个新概念。这个概念的提出是市场营销的思想和战略的重大突破，为企业经营开拓了新视野。从实践上讲，市场细分的意义体现在以下几个方面：

（1）有利于企业分析、发掘和利用新的市场机会。

（2）有利于掌握目标市场的特点。

（3）有利于企业集中人、财、物和信息等资源条件投入目标市场。

（4）有利于制定和调整市场营销组合策略。

（5）有利于提升企业的竞争优势。

3. 消费者市场细分变量

消费者市场的细分变量有地理变量、人口统计变量、心理变量和行为变量四大类。

（1）地理变量包括地区、城镇、人口密度、气候条件等。

（2）人口统计变量包括年龄、性别、婚姻状况、家庭规模、收入、职业、教育程度等。

（3）心理变量包括社会阶层、生活方式（朴素型、时髦型、享受型）、个性（创新型、冲动型、谨慎型）、态度（乐观型、悲观型）等。

（4）行为变量包括购买动机（基本生活、生活享受）、购买频率、品牌偏好等。

7.4.2　市场细分的程序

美国市场学家麦卡锡提出了细分市场的一整套程序，这套程序包括以下七个步骤：

（1）选定产品市场范围，即确定进入什么行业，生产什么产品。产品市场范围应以顾客的需求为导向，而不是以产品本身的特性来确定。

（2）列举潜在顾客的基本需求。

（3）了解不同潜在顾客的不同要求。

（4）抽掉潜在顾客的共同要求，而以特殊需求作为细分标准。

（5）根据潜在顾客的基本需求差异，将其划分为不同的群体或子市场，并赋予每一子市场一定的名称。

（6）进一步分析每一细分市场需求与购买行为的特点，并分析其原因，以便在此基础上决定是否可以对这些细分出来的市场进行合并，或做进一步细分。

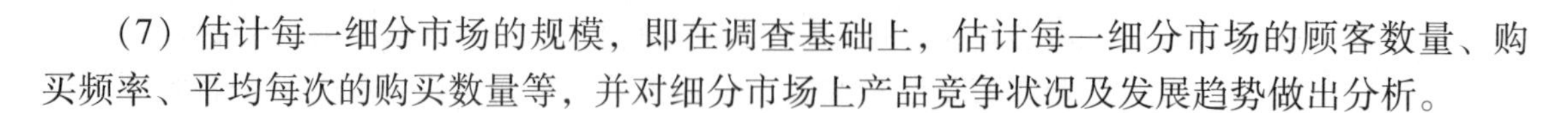

（7）估计每一细分市场的规模，即在调查基础上，估计每一细分市场的顾客数量、购买频率、平均每次的购买数量等，并对细分市场上产品竞争状况及发展趋势做出分析。

7.4.3 目标市场

1. 目标市场的含义及应具备的条件

目标市场是企业在细分市场的基础上，根据自身资源优势所选择的、主要为之服务的那部分特定的顾客群体。

目标市场是企业经过比较和选择，确定作为服务对象的相应的子市场。目标市场可以包含一个、多个或全部的子市场。一个成功有效的目标市场除了具有一定规模和发展前景以及足够大的市场吸引力以外，还应具备的条件是：必须与企业的战略目标相一致；必须与企业的资源相适应；必须能使本企业在竞争中取得绝对或相对优势；必须能给企业带来较高的利润。企业根据选择的目标市场来制定符合自身状况和发展需要的目标市场策略。

2. 目标市场营销策略

目标市场营销策略包括以下三种类型：

（1）无差异目标市场策略。企业把整体市场看作一个大的目标市场，不进行细分，用一种产品、统一的市场营销组合对待整体市场。例如，美国可口可乐公司早期就以单一口味品种、单一标准的包装和统一的广告宣传向所有的消费者进行销售。特点：着眼于消费需求的共性；适应条件：消费需求偏好比较一致，市场集中的产品。最大的优点是：成本的经济性；最大的缺点是：顾客的满意度低，适用范围有限。

（2）差异性目标市场策略。企业在市场细分的基础上，根据自身的资源及实力选择若干个细分市场作为目标市场，并分别为各目标市场提供互有差异的产品且实施各具特色的市场营销组合策略。特点：着眼于消费者需求的差异性；适应条件：消费需求偏好比较分散，产品选择性较强。最大的优点是：可以有针对性地满足不同顾客群体的需求，提高产品的竞争能力，能够树立起良好的市场形象，吸引更多的购买者；最大的缺点是：市场营销费用大幅度增加，缺乏价格竞争优势。

（3）集中性目标市场策略。企业在市场细分的基础上，根据自身的资源及实力选择某一个细分市场作为目标市场，并为此制订市场营销计划。优点是：专业化经营，能满足特定顾客的需求；集中资源，节省费用。缺点是：经营者承担风险较大。适应条件：适合资源薄弱的小企业。

3. 影响目标市场策略选择的主要因素

（1）企业实力。如果企业在生产、销售、科研、管理等方面的实力较强，就可以选择无差异目标市场策略或差异性目标市场策略；如果企业实力不足，则应选择集中性目标市场策略。

（2）产品特点。对于那些自身差异小，或者在事实上存在着品质差别但多数消费者不加区分的产品，应采用无差异市场策略；对于那些特性变化大的产品，如时装、汽车等则可以采用差异性目标市场策略或集中性目标市场策略。

（3）市场特征。如果消费者的需求比较接近，即市场是同质的或类似的，则应采用无差异目标市场策略；如果市场差异程度很大，则应选择差异性目标市场策略或集中性目标市场策略。

（4）产品生命周期。产品处于引入期，一般采用无差异目标市场策略，以探测市场需求和潜在消费者；产品处于成长期，应采用差异性目标市场策略或集中性目标市场策略；当产品进入成熟期时，宜采用差异性目标市场策略；当产品进入衰退期时，则应采用集中性目标市场策略。

（5）竞争者的市场策略。当竞争者是一个强有力的企业并采用无差异目标市场策略时，本企业就应考虑到自身的弱点，采取其他市场策略，可以获得一定优势；若企业实力较强，在竞争中优于竞争者，则可以采取与之相同的目标市场策略。

（6）竞争者数量。当市场上竞争者众多时，消费者对产品和品牌的印象很重要。为了使不同的消费者对企业的品牌有较深刻的印象，应当采用差异性目标市场策略或集中性目标市场策略；当市场上竞争者较少时，消费者的需求从本企业的产品中就能得到满足，可采用无差异目标市场策略。若消费者对产品单一、服务简单提出不满，企业则应根据消费者的需求，考虑采用差异性目标市场策略。

7.4.4 市场定位

1. 市场定位的概念

市场定位（Positioning）是指企业为在目标顾客心目中寻求和确定最佳位置而设计产品和经营特色的活动。

具体来讲，就是企业根据目标市场上同类产品的竞争状况，针对顾客对该类产品的某些特征或属性的重视程度，为本企业产品塑造强有力的、与众不同的鲜明个性，并将其形象生动地传递给顾客，求得顾客认同。市场定位的实质是使本企业与其他企业严格区分开来，使顾客能明显感觉和认识到这种差别，从而在顾客心目中占据与众不同的有价值的位置。

2. 市场定位策略

（1）根据具体的产品特点定位。构成产品内在特色的许多因素都可以作为市场定位的依据。比如所含成分、材料、质量、价格等。“七喜”汽水的定位是“非可乐”，强调它是不含咖啡因的饮料，与可乐类饮料不同。“泰宁诺”止痛药的定位是“非阿司匹林的止痛药”，显示药物成分与以往的止痛药有本质的差异。

（2）根据特定的使用场合及用途定位。为老产品找到一种新用途，是为该产品创造新的市场定位的好方法。比如脑白金本是一种保健药品，可是企业定位为礼品，取得了好的销售效果。

（3）根据顾客得到的利益定位。产品提供给顾客的利益是顾客最能切实体验到的，也可以用作定位的依据。

（4）根据使用者的类型定位。企业常常试图将其产品指向某一类特定的使用者，以便根据这些顾客的看法塑造恰当的形象。

7.5 市场营销组合策略

市场营销组合（Marketing Mix）是企业综合利用并优化组合多种营销变量，以实现预期营销目标的活动总称。美国学者麦卡锡将这些变量归纳为四大类，即产品（Product）、价格

(Price)、渠道(Place)和促销(Promotion),从而使企业的营销策略围绕这四个方面形成了不同的策略组合,即4P策略组合。

7.5.1 产品策略

所谓产品策略,主要是指企业以向目标市场提供各种适合消费者需要的有形和无形产品的方式来实现其营销目标,其中包括与产品有关的品种、规格、式样、质量、包装、特色、品牌以及各种服务措施等可控因素的组合和运用。

1. 产品与产品组合

(1)产品整体的概念。产品整体是指能够提供给市场以满足需要和欲望的任何东西。它包括实物(如计算机、西服)、服务(如美容、理发)、人员(如雷锋、乔丹)、地点(如北京、香港)、组织(如青少年基金会)和观念(如可持续发展)等。具体可使用核心产品、形式产品、附加产品三个层次来表述产品整体的概念。

1)核心产品。核心产品是指消费者购买产品时所追求的核心利益或产品的基本效用。核心产品体现产品的内在质量。

2)形式产品。形式产品是产品核心实现的外在形式与载体。它主要表现在品质、特征、式样、商标、包装等方面,一般是可感知的,并且是有形的。

3)附加产品。附加产品是指随产品而来的各种附加利益或价值。它包括产品的品质保证、送货上门、安装调试、维修、技术培训、融通资金等服务带来的附加价值以及由产品的品牌与文化、企业的形象与员工技能与形象带来的价值等。

产品整体的概念是对市场经济条件下产品概念的完整、系统、科学的表述。它对市场营销管理的意义在于:它以消费者基本利益为核心,指导整个市场营销管理活动,是企业贯彻市场观念的基础;只有通过对产品三个层次的最佳组合才能确立产品的市场地位;产品差异构成企业特色的主体。总之,在产品整体概念的三个层次上,企业都可以形成自己的特色,而与竞争产品区别开来。

(2)产品组合。产品组合是指某一企业所生产或销售的全部产品大类、产品项目的组合,产品大类又称产品线,产品线由产品项目组成。

1)产品组合的宽度、长度、深度和关联性。产品组合的宽度是指一个企业有多少产品大类。产品组合的长度是指一个企业的产品组合中所包含的产品项目总数。产品组合的深度是指产品大类中每项产品有多少品种规格。产品组合的关联性是指一个企业的各个产品大类在最终用途、生产条件、分销渠道等方面的密切相关程度。

2)产品组合调整策略。产品组合不是固定不变的,企业要根据自身条件和外部环境的变化,对生产经营的产品品种做出及时的分析、调整,以满足市场不断变化的需要。这种对产品组合进行综合分析平衡的工作,称为产品组合的动态平衡。产品组合调整策略包括:扩大产品的组合策略(平行式扩展、系列式扩展、综合利用式扩展),缩减产品的组合策略(削减产品系列、减少产品项目、增加产品产量),产品的延伸策略(向下延伸、向上延伸、双向延伸)。

2. 产品生命周期

产品生命周期是指产品从最初投入市场到最终退出市场的全过程,包括导入期、成长期、成熟期和衰退期。产品生命周期曲线如图7-1所示。

产品定义范围不同，所表现出来的生命周期曲线不同；产品生命周期理论只适用于工业产品，不适用农副产品的研究；不同性质的产品，产品生命周期曲线模式不同；不同国家、不同地域同一产品的生命周期也不一样；随着科技的发展，产品生命周期呈现不断缩短的趋势。产品生命周期各阶段的市场特点不同，所采取的营销策略也有差异。

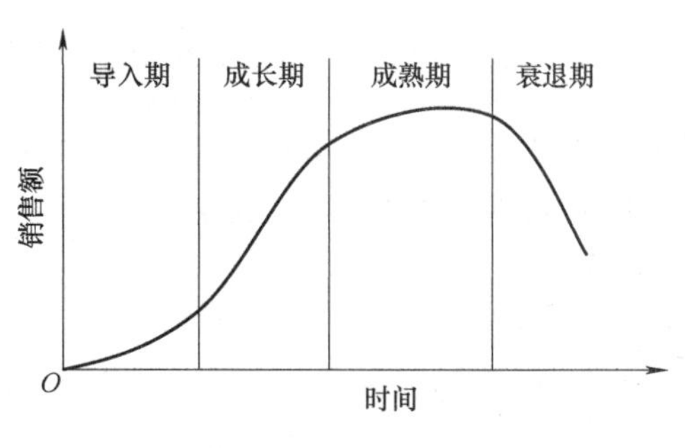

图7-1 产品生命周期曲线

（1）导入期的市场特点与营销策略。导入期的市场特点为：消费者对该产品不了解，大部分顾客不愿放弃或改变自己以往的消费行为，销售量小，相应地增加了单位产品的成本；尚未建立理想的营销渠道和高效率的分配模式；价格决策难以确立，高价可能限制了购买，低价可能难以收回成本；广告费用和其他营销费用开支较大；产品技术、性能还不够完善；利润较少，甚至出现经营亏损，企业承担的市场风险最大；市场竞争者较少。导入期可采取的营销策略有快速掠取策略、缓慢掠取策略、快速渗透策略、缓慢渗透策略。导入期要突出一个“短”字，即大力加强新产品的宣传，使用户尽快了解该产品，同时下大力保证和提高产品质量，降低成本，提高生产效率，尽量缩短这一时期。

（2）成长期的特点与营销策略。成长期的市场特点为：消费者对新产品已经熟悉，销售量增长很快；由于大规模的生产和丰厚的利润机会，吸引大批竞争者加入，市场竞争加剧；产品已定型，技术工艺比较成熟；建立了比较理想的营销渠道；市场价格趋于下降；为了适应竞争和市场扩张的需要，企业的促销费用水平基本稳定或略有提高，但占销售额的比例下降；由于促销费用分摊到更多销售量上，单位生产成本的下降快于价格下降，因此，企业利润将逐步抵达最高峰。成长期可采取的营销策略有：根据用户需求和其他市场信息，不断提高产品质量，努力发展产品的新款式、新型号，增加产品的新用途；加强促销环节，树立强有力的产品形象。促销策略应从以建立产品知名度为中心转移到以树立产品形象为中心，主要目标是建立品牌偏好，争取新的顾客；重新评价渠道选择决策，巩固原有渠道，增加新的销售渠道，开拓新的市场，扩大产品销售；在价格决策上，应选择适当的时机调整价格，以争取更多顾客。

（3）成熟期的特点与营销策略。成熟期的市场特点为：成长中的成熟期，各销售渠道基本呈饱和状态，增长率开始下降，还有少数后续的购买者继续进入市场；稳定中的成熟期，由于市场饱和，消费水平平稳，销售增长率一般只与购买者人数成比例；衰退中的成熟期，销售水平显著下降，原有用户的兴趣已开始转向其他产品和替代品；全行业产品出现过剩，竞争加剧，销售增长率下降，一些缺乏竞争能力的企业将逐渐被淘汰；竞争者之间各有自己特定的目标顾客，市场份额变动不大，突破比较困难。成熟期可采取的营销策略有：一是市场改良策略，即开发新市场，寻求新用户；开发产品的新用途，寻求新的细分市场；刺激现有顾客，增加使用频率；重新为产品定位，寻求新的买主。二是产品改良策略，也称为“产品再推出”，即可以进行品质、特性、式样、服务等方面的改进。三是营销组合改良策略，即通过改变定价、销售渠道及促销方式来延长产品的成熟期。

（4）衰退期的特点与营销策略。衰退期的市场特点为：产品销售量由缓慢下降变为迅

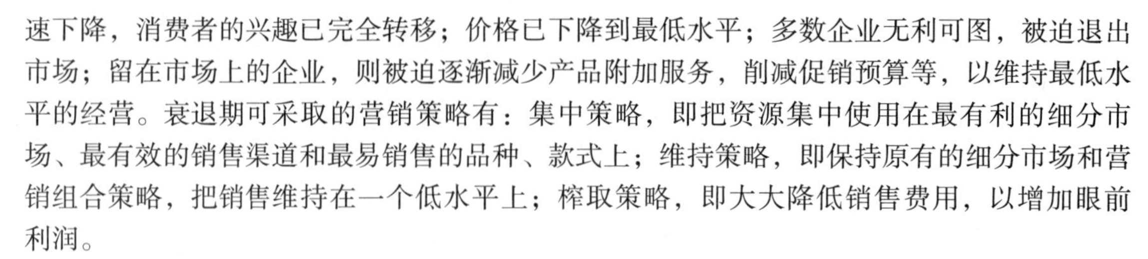

速下降，消费者的兴趣已完全转移；价格已下降到最低水平；多数企业无利可图，被迫退出市场；留在市场上的企业，则被迫逐渐减少产品附加服务，削减促销预算等，以维持最低水平的经营。衰退期可采取的营销策略有：集中策略，即把资源集中使用在最有利的细分市场、最有效的销售渠道和最易销售的品种、款式上；维持策略，即保持原有的细分市场和营销组合策略，把销售维持在一个低水平上；榨取策略，即大大降低销售费用，以增加眼前利润。

3. 新产品开发策略

（1）新产品的概念。从严格意义上说，新产品是指采用新技术、新工艺、新材料和新方法所生产的市场上从未有过的产品。但作为企业市场营销活动的一项重要内容，企业进行新产品的开发是为了能诱发和满足消费者新的需求，给企业带来新的利益的满足。因此，凡是能给消费者带来新的需求满足的产品都是新产品。新产品是一个相对的概念，可以用以下两个标准来界定：一是本公司的新产品；二是市场的新产品。根据以上两个标准，可以将新产品分为六种类型，即新问世产品、新产品线、现有生产线的补充、现有产品的改进更新、市场重新定位产品和成本降低的产品。

（2）新产品的类型。依据产品的创新程度，新产品可分为独创型新产品、换代型新产品、改进型新产品、仿制型新产品等。

1）独创型新产品。独创型新产品是指新发明的具有新原理、新构思、新材料、新元件、新性能、新用途的产品。其特点为：研制时间长、费用大、在新产品中的比重小（10%）。

2）换代型新产品。换代型新产品是指采用新材料、新技术、对现有产品进行较大的革新的产品。其特点为：比原有产品的性能更好、功能更齐全。

3）改进型新产品。改进型新产品是指对原有产品做较小幅度改进的产品，如包装、式样、形状、颜色上的改进。SONY 公司 80% 的新产品是改进和变革现有的产品。

4）仿制型新产品。仿制型新产品是指企业完全仿照其他企业已生产的，而本企业从未生产过的产品。其特点为：开发的技术难度较小，风险较小，获利快。

（3）新产品开发的程序。新产品开发经历以下几个阶段，即创意产生、创意筛选、概念发展和测试、营销战略、产业分析、产品开发、市场试销、商品化八个环节。

4. 品牌与包装策略

（1）品牌策略。品牌是指用来识别出售者产品或劳务的某一名词、标记、符号、图案和颜色，或它们的组合。其基本的功能是使企业的产品或劳务与其他竞争者区别开来。品牌是一个集合的概念，具体包括品牌名称、品牌标志和商标等。品牌具有识别功能、保护功能、促销功能、增值功能等。企业在进行品牌决策时，有以下几种策略可供选择：

1）品牌有无策略，即企业决定是否给其产品规定品牌名称。产品是否选用品牌，要根据产品的具体特点来决定。

2）品牌使用者策略，即制造商在决定对产品使用品牌后，还要决定如何使用品牌。制造商的产品在品牌的使用上有三种选择：制造商品牌策略、中间商品牌策略和混合策略。

3）统分品牌策略，即如果企业决定采用自己的品牌，那么还要进一步决定其产品是分别使用不同的品牌，还是使用统一的品牌。一般有以下两种选择：一是统一品牌，即企业对自己生产的多种产品统一使用同一个品牌名称；二是个别品牌，即企业对不同产品分别使用不同的品牌名称。

4）品牌延伸策略，即企业利用已成功品牌的声誉来推出改良产品或新产品。

5）多品牌策略，即企业为一种产品设计两个或两个以上互相竞争的品牌的策略。

6）品牌重新定位策略，即随着时间的推移，由于消费者的偏好发生了变化或竞争者推出了新的品牌，此时企业品牌的需求会减少。此时企业应重新评价原品牌与细分市场，对品牌进行重新定位。

（2）产品包装策略。包装是指对某一品牌商品设计并制作容器或包扎物的一系列活动。产品包装有两方面的含义：一是指采用不同形式的容器或物品对产品进行包装和捆扎；二是泛指装盛产品的容器和包装物。包装具有保护产品质量和便于流通的基本功能，是商品的重要组成部分。包装具有以下作用：保护产品，维护产品质量；美化产品，方便消费者；指导消费，扩大销售；提高产品档次，增加企业利润。产品包装策略有以下几种：

1）统一包装策略。企业生产的多种产品在包装上采用相同的图案，相近的颜色，体现共同的特点，既可降低包装成本，又可使消费者从包装联想到产品质量的可靠性，消除对新产品的不信任，有利于新产品迅速打开销路。如果企业不同产品的质量过于悬殊，则不宜采用这种策略。

2）综合包装策略。企业把各种有关的产品放在同一包装容器之内，成套供应。这种配套包装既可以方便消费者的购买和使用，又有利于带动多种产品的销售，特别是有利于新产品的销售。

3）复用包装策略。消费者将产品使用完后，包装物退回生产者继续使用，或消费者作为别的用途的包装策略。供消费者使用的复用包装物本身成为一种附属商品，可刺激消费者购买。

4）附赠品包装。在包装物内附赠物品，以吸引消费者。

5）等级包装策略。对同一种产品，采用不同等级的包装，以适应不同的购买力水平或不同消费者的购买心理。

6）改变包装策略。当企业的某种产品在市场上打不开销路，或一种包装采用的时间较长，产品销售量有明显下降趋势时，可考虑改进包装以改变产品形象。

以上是常用的几种包装策略，实际中如何使用应视具体情况而定。

7.5.2 价格策略

产品定价是企业营销组合策略的重要内容，也是不断开拓市场的重要手段。产品价格的合理与否，很大程度上决定了购买者是否接受这个产品，直接影响产品和企业的形象，影响企业在市场竞争中的地位。因此，从营销的角度出发，企业应尽可能合理地制定价格，并随着环境的变化，及时对价格进行修订和调整。

1. 定价的目标

影响定价的因素包括产品成本、产品的供求状况、竞争状况、营销策略的一致性、法律政策等 。一般而言，定价目标可分为利润导向型、销量导向型以及竞争导向型三大类型。具体内容如下：

（1）利润导向型目标。利润导向型目标包括以下几种：

1）利润最大化目标。利润最大化是所有企业共同追求的目标，它可以分为短期利润最大化和长期利润最大化两种类型。

2）满意利润目标。满意利润目标是一种使企业经营者和股东（所有者）都感到比较满意、比较适当的利润目标，利润既不是太高也不是太低。

3）预期投资收益率目标。预期投资收益率目标是指企业确定一定的投资收益率或资金利润率。产品定价是在成本的基础上加上一定比例的预期收益。企业的预期销售量实现了，预期收益也就实现了，这种定价方法也称为“成本加成定价”。

（2）销售导向型目标。销售导向型目标包括以下几种：

1）销售收入最大化目标。这种定价目标是在保证一定利润水平的前提下，谋求销售收入的最大化。这是一种常见的定价目标。

2）保持和扩大市场占有率目标。市场占有率是指某企业某个产品在该市场的销售量占该产品在该市场销售总量中的比例。它是衡量企业经营绩效和市场竞争态势的重要指标。一个企业只有在市场份额逐渐扩大、销售量逐渐增加、竞争力逐渐增强的情况下，才有可能得到正常的发展。

3）保持与分销渠道良好关系目标。良好的渠道关系能保持分销渠道畅通、高效，是企业营销成功与否的重要条件。渠道中的每一个成员都追求自身利益的最大化，这就要求企业必须充分研究价格对渠道成员的影响。

（3）竞争导向型目标。竞争导向型目标包括以下几种：

1）避免和应付竞争目标。这种定价目标是在激烈竞争的市场上，企业为了适应竞争的需要而制定的。

2）保持和稳定价格目标。为了达到保持和稳定价格目标，市场中各企业之间有时候形成一种默契，由行业中的一家企业决定产品的价格，其他企业则相应跟着定价。这种价格形成方式被称为“价格领袖模式”。

3）生存目标。$V \leqslant P \leqslant C$，即只要价格能够弥补可变成本和部分固定成本，公司就能暂且生存下去。

2. 定价方法

（1）成本导向定价法。成本导向定价法是一种常见的定价方法，它是以产品成本作为定价基础，强调企业定价必须以产品成本为最低界限，在保本的基础上综合考虑不同的情况制定价格。

1）成本加成定价法。成本加成定价法又称“标高定价法”“加额法”，是以单位产品全部成本加上按加成比率计算的利润额来定价的方法。

2）变动成本定价法。变动成本定价法又称“增量分析定价法”。只要产品价格高于单位变动成本，产品的边际收入就大于零，销量增加就能导致总收入的增加，该价格就可以接受。

3）盈亏平衡点定价法。盈亏平衡点定价法是以企业总成本与总收入保持平衡为依据来确定价格的一种方法。

（2）需求导向定价法。需求导向定价法也称为“顾客导向定价法”“市场导向定价法”，是以顾客对产品的需求和可能支付的价格水平为依据来制定产品价格的定价方法。

1）认知价值定价法。认知价值定价法也称为“感受价值定价法”“理解价值定价法”，是根据购买者对产品的认知价值来制定价格的一种方法。这种定价方法认为，某一产品的性能、质量、服务、品牌、包装和价格等，在消费者心目中都有一定的认识和评价。消费者往往根据他们对产品的认识、感受或理解的价值水平，综合购物经验、对市场行情和同类产品的了解而对价格做出评判。当商品的价格水平与消费者对商品价值的理解水平大体一致时，消费者就会接受这种价格；反之，消费者就不会接受这个价格，商品就卖不出去。在运用认知价值定价法对产品进行定价时应注意两个问题：一是企业应获得消费者对产品认知价值的准确资料；二是企业应充分应用各种营销组合策略，影响和提高消费者对产品的认知价值。

2）零售价格定价法。这种定价方法又称为“可销价格定价法”“倒算价格定价法”“反向定价法”等。企业根据消费者的购买能力确定市场零售价格，以此为基础，推定销售成本和生产成本，决定出厂价格。

3）差别定价法。差别定价法是指同一产品对不同的细分市场采取不同的价格。一般来说，差异定价以市场在以下几方面的差异为依据来定价：顾客差异、产品差异、空间差异、时间差异。实行差异定价法必须具备以下三个条件：一是企业对价格有一定的控制能力；二是产品有两个或两个以上被分割的市场；三是不同市场的价格弹性不同。

（3）竞争导向定价法。竞争导向定价法是以市场上主要竞争对手的同类产品的价格为定价依据，并根据竞争态势的变化来调整价格的定价方法。包括以下三种：

1）随行就市定价法。随行就市定价法又称为“流行价格定价法”，是指在一个竞争比较激烈的行业或部门中，某个企业根据市场竞争格局，跟随行业或部门中主要竞争者的价格，或各企业的平均价格，或市场上一般采用的价格，来确定自己的产品价格的定价方法。

2）限制进入定价法。限制进入定价法是指企业的定价低于利润最大化的价格，以达到限制其他企业进入的目的，是垄断和寡头垄断企业经常采用的一种定价方法。

3）投标竞争定价法。投标竞争定价法是指由投标竞争的方式确定商品价格的方法。一般由招标方（买主）公开招标，投标方（卖主）竞争投标，密封递价，买方择优选定价格。投标竞争定价的基本特点是，招标方只有一个，处于相对垄断地位，而投标方有多个，处于相互竞争地位。

3. 定价策略

（1）新产品定价策略。新产品定价策略包括以下三种：

1）取脂定价策略。取脂定价策略又称为“撇脂定价策略”，是指企业以高价将新产品投入市场，以便在产品市场生命周期的开始阶段取得较大利润，尽快收回成本，然后再逐渐降低价格的策略。

2）渗透定价策略。渗透定价策略是指企业将其新产品的价格定得相对较低，尽可能快速打开销路，获得较大的市场占有率，待产品在市场站稳脚跟以后，再将价格提高的一种定价策略。

3）温和定价策略。温和定价策略又称为满意定价策略或君子定价策略，是指企业为了兼容取脂定价策略和渗透定价策略的优点，将价格定在适中水平上的价格策略。

（2）产品组合定价策略。产品组合定价策略包括以下几种：

1）产品线定价。根据产品线内不同规格、型号、质量、顾客的不同需求和竞争者产品的情况，确定不同的价格。

2）选择品定价。许多企业在提供主要产品的同时，还提供某些与主要产品密切关联的选择品。

3）互补产品定价。互补产品是指需要配套使用的产品。如剃须刀架和刀片、计算器的硬件和软件等。企业对互补产品定价，常常把主要产品的价格定低一些，而将其互补使用的产品定价高一些，借此获取利润。

4）副产品定价。某些行业，如肉类加工、石油化工等，在企业生产过程中会生成副产品。若副产品价值高，能为企业带来收入，则主要产品价格在必要的时候可定低一些，以提高产品的竞争力。若副产品价值低、处理费用高，则主要产品的定价必须考虑副产品的处理费用。

5）产品系列定价。企业经常将其生产和经营的产品组合在一起，制定一个成套产品的价格。成套产品的价格低于分别购买其中每一件产品的价格总和。这种定价策略就是产品系列定价策略。常见的有化妆品组合、学生用具组合、名贵药材组合和旅游套餐组合等成套产品定价。

（3）心理定价策略。心理定价策略包括以下几种：尾数定价、整数定价、小计量单位定价、声望定价和招徕定价。招徕定价是指零售商利用消费者的求廉心理，特意将某几种商品的价格定得较低以招徕顾客。

（4）地区性定价策略。地区性定价策略是指企业依据商品的特性、所在地区的市场情况、交货条件、费用分摊等不同情况，对不同的地区实行不同价格的策略。

地区性定价策略包括原产地定价、统一交货定价、分区定价、基点定价和运费免收定价。

（5）折扣与让价策略。折扣与让价策略是企业为了更有效地吸引顾客，鼓励顾客购买自己的产品，而给予顾客一定比例的价格减让的策略。主要包括现金折扣、数量折扣、功能折扣（交易折扣）、季节性折扣等。

7.5.3 分销渠道策略

1. 分销渠道的含义

分销渠道是促使产品或服务顺利地被使用或消费的一整套相互依存的组织。分销渠道的基本功能是实现产品从生产者向用户的转移。具体表现为以下几种功能：寻找客户；实现产品所有权的转移；搜集与传递有关现实与潜在顾客的信息；促进销售；产品的储存运输、编配分类、包装；融资；风险承担等。

分销渠道所涉及的是产品实体和产品所有权从生产向消费转移的整个过程。在这个过程中，起点为生产者出售产品，终点为消费者或用户购进产品，位于起点和终点之间的为中间环节。中间环节包括参与从起点到终点之间商品流通活动的个人和机构，如生产者、各种类型的中间商、运输公司、仓储公司、银行和广告代理商等。分销渠道的结构如图 7-2 所示。

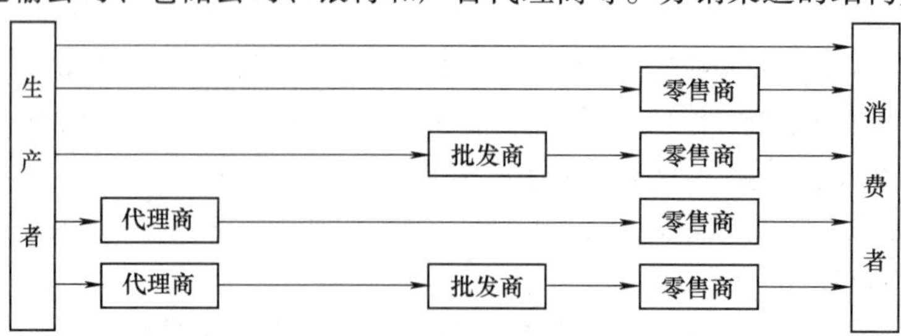

图 7-2　分销渠道的结构

2. 分销渠道的类型

市场营销人员有必要了解分销渠道的各种类型特征，以便选择适当的分销渠道，使产品顺畅地销售出去。

（1）直接分销渠道与间接分销渠道

1）直接分销渠道。直接分销渠道又称直接销售，是指产品在从生产领域流向消费领域的过程中不经过任何中间商转手的渠道类型。主要形式有邮购、电话订购、厂家自设门市部或摊点、上门销售、多层网络传销等。直接分销渠道的优点是：企业控制权增大（如产品的定价权、促销权等）；便于生产者与消费者直接沟通，改进产品和服务；为人们的特殊购物需要提供了可能；返款迅速，加快了资金的周转；有利于降价售价，提高产品的竞争能力。直接分销渠道主要适应于下列情况：生产企业在产品销售过程中需提供特殊的服务（如技术性较强的产品，运输、安装不方便的产品）；生产企业希望对产品的市场销售拥有较大的控制权；生产企业具有较强的实力（资金、声誉、高素质的营销队伍等）。

2）间接分销渠道。间接分销渠道是指生产者通过中间商向消费者销售产品的渠道。其具体形式有：只经过零售商的；经过批发商和零售商的；经过代理商、批发商和零售商的。间接分销渠道的优点是：由于生产企业不从事过多的产品销售业务，因而可以节省人力、物力和财力，加速资金周转，集中力量搞好生产。运用众多的中间商也便于扩大产品销售，开拓市场。间接分销渠道的缺点是：由于产销之间被中间商隔离开，不能及时沟通产销联系，消费需求的信息反馈缓慢，因而不利于生产企业及时地组织生产适销对路的产品。

（2）长分销渠道与短分销渠道。产品在从生产者转移到消费者或用户的流通过程中，要经过若干“流通环节”或“中间层次”（如批发商、代理商、零售商等）。在商品流通过程中，经过的环节或层次越多，分销渠道越长；反之，分销渠道越短。

（3）宽分销渠道与窄分销渠道。在分销渠道中，每个层次使用同种类型中间商的数目越多，分销渠道越宽；反之，分销渠道越窄。分销渠道的宽与窄是和生产企业所采取的分销战略相关联的，一般有三种类型：密集分销，即在同一渠道环节层次上，生产企业尽量通过众多的中间商来推销其产品；选择分销，即企业在某一地区仅通过几个最合适的中间商推销产品；独家分销，即生产企业在某一市场对一种产品仅选择一家批发商或零售商销售，通过双方协商签订独家经销合同，规定生产企业不得让第三方承担购销业务。

（4）传统分销渠道与分销渠道系统

1）在传统分销渠道中，生产企业和各个中间商彼此独立决策，购销交易是建立在相互激烈竞争基础上的，联系松散，对象也不固定。这种渠道中的每个成员都是一个独立的经济实体，各自为了追求自己利润的最大化，不惜减少整个渠道的利润，而且没有一个渠道成员有能力控制渠道的其他成员。

2）在分销渠道系统中，渠道成员之间都采取不同程度的一体化经营或联合经营。现代企业倾向于建立一种垂直型分销渠道系统，在这种渠道系统中，各个层次的成员（生产者、批发商、零售商）之间形成一种更为密切的联系。系统中的成员，或者拥有并将专卖特许权授予其他成员，或者拥有某种权力可以迫使其他成员合作。在垂直渠道系统中，生产者、批发商或零售商都可能处于支配地位。

3. 中间商的功能与种类

（1）中间商的功能。中间商是介于生产者和消费者之间专门从事组织商品流通的独立行业，是生产者与消费者之间的纽带与桥梁，起着调节生产与消费矛盾的重要作用。中间商的功能主要表现在以下几个方面：减少交易次数，降低流通费用；代替企业完成市场营销的大部分功能；中间商多是市场经销专家，对扩大商品流通有较大作用；中间商履行商品集中、平衡分配的功能；把生产者和消费者联系在一起；充当信息源。

（2）中间商的种类。在市场经济条件下，大多数企业的多数产品都要经过中间商转送到消费者手中。在销售渠道中的中间商主要有三种类型，即批发商、零售商、代理商。

1）批发商。批发商是指专门从事大宗商品买卖活动的中间商。对批发商的分类方法有很多，按照不同的标准，可将批发商分为不同的类型。按经销商品分类，可将批发商分为一般商品批发商和专业商品批发商；按服务地区分类，可将批发商分为地方批发商、区域批发商和全国批发商。按是否拥有商品所有权分类，可将批发商分为经销批发商和代理批发商。按服务内容分类，可将批发商分为综合服务批发商和专业服务批发商。

2）零售商。零售商是指向最终消费者销售商品的中间商。它对商品拥有所有权，介于生产者、批发商和消费者之间，以零售活动为基本职能。零售商主要包括商店零售商和非商店零售商。商店零售商主要有超级市场、百货公司、专用品商店、方便店、折扣商店、仓库商店、连锁店、购买中心等，其特点是店内零售。非商店零售商是指无店铺零售，主要形式有直接销售和自动售货。

3）代理商。代理商是指接受生产者委托，从事销售业务，但不拥有商品所有权的中间商。代理商的主要职责是接受生产者委托，代替生产者在市场上从事营销活动。它负责寻找顾客，代表生产者与顾客洽商，办理代销、代运、代存业务，从中收取佣金或代理手续费。代理商没有商品的所有权，也没有出售商品的决定权，不必代垫商品资金和承担市场风险。按其经营的特点，代理商可具体分为经纪人、独家代理商、销售代理商、厂家代理商等。

4. 分销渠道的设计与管理

（1）分销渠道的设计。分销渠道设计的内容主要有：分销渠道类型设计、分销渠道层次设计、分销渠道各层次中间商数目设计、渠道成员的条件与责任设计（价格条件、销售条件、地区划分权、每一渠道成员提供的服务）等。分销渠道设计应考虑以下因素：

1）企业产品性质，如体积、重量、单价、物理和化学性质、时尚性、技术性、季节性等。

2）市场的性质，如市场的供求状况、集散性、市场潜力的大小。

3）企业自身的状况，包括企业对产品销售控制权的大小、企业在特定的市场寻求合适中间商的难易程度。

4）消费需求特性，如目标消费者的集中度、消费者购买规模与购买频率、服务要求。

5）竞争者的分销渠道策略。

6）政策性因素和分销习惯等。

（2）分销渠道的管理。分销渠道管理包括分销渠道成员的选择、激励、评估、协调等内容。

1）分销渠道成员选择。分销渠道成员选择应考虑的主要因素有：中间商经营产品的范围；中间商的营销网络、营销努力、发展前景；中间商的声望、信誉、企业实力、合作态度；中间商的财务状况、经营管理水平；中间商的商店地址、市场定位等。

2）渠道成员的激励。渠道成员的激励关键在于确定绩效标准和奖惩条件。为了对中间商绩效能进行有效的评价，首先要求双方在一开始合作时就应签订有关绩效标准与奖惩条件的合同条款，在合同中尽可能明确地规定中间商的责任，如销售强度、市场覆盖率、送货时间、对次品及遗失品的处理方法、对顾客提供的服务等。同时，制造商可定期发布各中间商的销售业绩成果，并依销售额的大小排出名次。对中间商的激励首先要求制造商要正确处理好与中间商的利益关系，要更多地站在中间商的角度来看问题，要尽量与中间商建立长期的合作关系。制造商还可以从以下几个方面采取对中间商的激励措施：开展促销活动，资金支持，协助中间商搞好经营管理、提供情报等。

3）渠道成员的评估。评估渠道成员（中间商）绩效的主要方法有：一是纵向对比，即将每一中间商的销售绩效与上期的绩效进行比较，并以整个群体的升降百分比作为评价标准。二是将各中间商的绩效与该地区基于销售潜量分析所设立的配额相比较，分析影响中间商销售业绩的原因。

4）渠道成员的协调。协调渠道成员的关键在于协调和处理各种冲突。销售渠道的冲突有三种类型，即水平渠道冲突、垂直渠道冲突和多渠道冲突。水平渠道冲突是指存在于渠道同一层次的成员企业之间的冲突。如经营同一品牌啤酒的经销商由于相互间的竞价销售造成了冲突。垂直渠道冲突是指同一渠道中不同层次成员之间的冲突。如制造商与经销商之间关于价格、广告、服务等方面的冲突。多渠道冲突是指企业采用双重渠道营销时，各个销售渠道之间在互相把产品推销给同一市场顾客时产生的冲突。

5. 供应链管理与分销渠道

（1）供应链的含义。供应链是指围绕核心企业，通过对信息流、物流、资金流的控制，从采购原材料开始，制成中间产品以及最终产品，最后由销售网络把产品送到消费者手中的将供应商、制造商、分销商、零售商直到最终用户连成一个整体的功能网结构模式。

（2）供应链与分销渠道的关系。供应链与渠道的概念有相似之处。供应链包括一种产品在达到顾客手中之前所有参与生产、分配和销售的公司和企业。供应链的流程与渠道流程类似，包括物流、所有权流、资金流和信息流。但供应链的概念与分销渠道的概念有所不同：一是供应链在重视销售的同时也重视储运；二是供应链既重视消费者（下游活动）又重视供应者（上游活动）；三是供应链重视所有参与供应链的有关部门、企业、厂家和顾客（如顾客的顾客、供应者的供应者）。

7.5.4 促销策略

促销是指企业把产品或服务向目标消费者及其对目标消费者的消费行为具有影响的群体进行宣传、说服、诱导、唤起需求，并最终促使其采取购买行为的活动。促销组合是指有计划、有目的地对促销要素——人员销售、商业广告、公共关系、营业推广等促销工具的综合运用。

1. 广告

广告是企业采用各种广告媒介，有计划地把各种产品或服务的信息传递到可能的顾客身上，以达到增加信任和扩大销售的目的。其基本功能是传播有关产品的信息，扩大市场，促进交易。广告一般是由明确的发起者、以付费的方式、通过各种媒体对观念、产品或服务进行的非人员形式的促销。广告具有以下作用：介绍产品，指导消费；扩大销售，促进生产；树立形象，有利竞争。

（1）广告的类型。依据不同的标准，广告可划分为不同的类型。

1）依据产品广告的预期效果，广告可分为直接行动的产品广告与间接行动的产品广告。

2）依据产品生命周期不同阶段，广告可分为通知广告、劝说广告和提示广告等。通知广告主要投放投入期，以促使初步需求的产生。劝说广告主要投放成长期，促使顾客形成品牌偏爱。提示广告主要投放成熟期，提示顾客购买。

3）依据企业广告的功能，广告可分为宣传性广告和公共关系广告。宣传性广告主要向消费者宣告企业的某种政策或某件事情。公共关系广告主要通过企业的公共关系来建立企业的良好商誉或改变人们对企业的印象。

（2）广告媒体。广告媒体是企业向消费者进行广告宣传时所采用的物质手段。不同媒体的广告具有不同的传播方式，其作用与特点也各不相同。传统广告媒体主要有以下几种：

1）报纸。如日报、晚报、周报等。其优点是读者稳定，传播面广，内容可以详尽些，便于剪贴存查。缺点是不如电视、广播普遍，印刷不易精美，不易吸引消费者的注意力。

2）电视。电视是一种集声、形、色于一体的广告媒体。其优点是传播面广，形象生动，感染力强，表现手法丰富，能反复播放，使观众视觉和听觉都有深刻的印象。其缺点是费用较高，播放时间较短，内容不能太多。

3）广播。广播是一种大量、广泛使用的听觉媒介。其优点是听众比较普遍，费用较低，传播迅速及时。缺点是有声无形，转瞬即逝，广告内容难以记忆，无法存查。

4）杂志。杂志也是一种印刷媒体。其优点是宣传对象明确，读者群稳定，与读者反复接触机会多，并且可以留存查阅。印刷精美，广告内容集中单一，易引人注目。特别是一些针对性强的广告，更宜在专业性杂志上刊登。缺点是发行周期长，时效性差，篇幅少，专业性强的杂志广告接触对象不广泛。

5）户外广告。户外广告主要有广告牌、灯箱等形式。其优点是利用灯光色彩、美术造型等多种艺术手段，显得鲜明、醒目、美观，内容简明、易记，使人印象深刻，持续时间长，灵活性好。缺点是针对性差，信息内容少，表现形式有局限性。

6）邮寄广告。这类广告通过邮寄进行广告宣传。其优点是对象明确，选择性强，传递较快，提供信息全面、准确，效果显著。缺点是不易生动，传播面较小，成本较高，可信度较差。

（3）影响广告媒体选择的因素。企业在选择广告媒体时，需要充分考虑各种媒体的优缺点，并综合考虑以下因素，方可做出最好的选择。

1）产品性质。对于技术复杂的产品，应选择专业性报纸、杂志等媒体，以便进行较为详尽的介绍；对于化妆品、家用电器等生活消费品适宜在电视上做广告或在杂志上做彩色广告；对于某一层次的消费者常用的产品，可选择适合该层次的刊物，如老年人用品，以老年报刊为好。

2）目标消费者接受媒体的习惯。对科技人员的广告宜选择技术性强的杂志；对青少年的广告宜选择广播、电视；对牧民、渔民的广告宜选择广播。

3）目标市场范围。如果企业产品在全国范围内销售，就应在全国性的报纸、杂志、广播和电视上做广告；在一定范围内适销的产品可选用地方性的报纸、杂志、广播和电视等媒体做广告。

4）广告费用与支付能力。企业发布广告要依据自身的财力来合理地选择广告媒体，力求在一定的预算条件下达到一定的覆盖面和影响力。

在具体选择媒体时，还要考虑发行量、收听率、收视率，能接触该媒体的人数，什么时间以什么方式刊出或播出等因素。有时还可将几种媒体交错运用，可产生相辅相成、互相补充的作用。

（4）广告效果的测定。广告效果的测定就是用一定的科学方法，鉴定广告所能带来的经济效益和社会效益。重视广告效果的测定，有利于降低广告费用，有效制定广告决策。广告传播效果的测定方法主要有以下几种：

1）对广告注意度的测定，即消费者是否接触到广告及广告使其注意的吸引程度。

2）对广告记忆度的测定，即消费者对广告印象的深刻程度。

3）对购买动机形成的测定，即测定广告对消费者购买动机的形成能起多大的作用。

对广告销售效果的测定是通过计算广告费与销售额的比率来进行的。这种方法简单易行，但受其他因素影响较大，不能全面反映广告宣传的持续效果。其计算公式为

$$\text{广告效果比率} = \frac{\text{销售增长率}}{\text{广告费增长率}} \times 100\%$$

2. 人员推销

（1）人员推销的作用及特点。人员推销是指企业派出销售人员，直接向消费者或用户推销产品或服务。人员推销的作用体现在：①使产品供给者与需求者双方直接见面，消除顾客在购买中的心理障碍；②把产品信息直接传递给各类顾客；③能够说服顾客产生购买欲望，采取购买行动；④为顾客提供各种服务；⑤把各种市场信息迅速地反馈到企业。人员推销的优点是：灵活性强，针对性强，及时地促成购买，巩固营业关系。缺点是：市场广阔分散时，推销的成本较高；推销人员管理困难；理想的推销人员不易得。

（2）人员推销的方式与步骤。人员推销的方式主要包括：推销员对单个买主，推销员对采购小组，推销小组对采购小组，会议推销，研讨会推销等。人员推销包括以下步骤：

1）了解有关资料。包括企业知识、产品知识、竞争知识以及市场知识。

2）计划推销活动。推销活动计划的内容包括以下几个方面：确定推销的数量、金额，确定推销的对象，确定实施推销活动的时间，确定推销线路。

3）实施推销活动。包括访问推销对象，自我介绍，说明意图；介绍产品，出示样品或说明书，说明产品的特点与优点，引起兴趣；沟通意见，洽谈成交条件；抓住时机，达成交易。

4）售后服务工作。包括监督按签订的销售条件执行；保持与顾客的联系，及时处理出现的问题等。

3. 营业推广

营业推广是指为刺激需求而采取的能够迅速激励购买行为的促销方式。其特点是：短期内促进销售，长期的效果不是很明显。营业推广的主要对象是：消费者、中间商和企业推销人员。

（1）营业推广的形式。营业推广的主要形式如下：免费赠送样品、销售奖励、交易印花、发放优惠券、附送礼品、现场陈列和表演、消费信贷、服务促销、展销、交易折扣等。

（2）营业推广决策。营业推广决策的过程包括以下几个步骤：确定营业推广的目标，

制定营业推广的方案，对营业推广的评价。

4. 公共关系

公共关系（简称“公关”）是经济性的公共关系，是指企业通过一系列社会活动来沟通与公众的关系，在社会公众中树立良好的企业形象的管理活动。公共关系是广告等其他促销活动的辅助工具。企业开展公共关系的活动方式有很多种，应根据公关工作的具体任务、对象、条件及企业规模、活动范围、市场环境等因素灵活选择。常见的方式主要有以下几种：

（1）赞助某些公益活动。这一活动可使企业在社会上树立起为大众服务的良好形象，可以提高企业的知名度。

（2）利用新闻媒介的宣传。企业应争取一切机会和新闻界建立联系，及时将具有新闻价值的信息提供给新闻媒介，然后由它们以大众传播方式将消息告知社会公众，这必将扩大企业在消费者中的影响。

（3）听取和处理公众意见。企业应重视任何的来访、来函、来电所提出的意见和建议，并将处理结果告知对方。

（4）建立与消费者和社会各界的密切联系，争取他们的支持。

（5）加强企业内部员工的公共关系活动。承认和尊重员工的个人价值，给员工的成长和发展提供充分的机会，充分调动全体员工的积极性，解决员工思想、工作和生活上的困难，重视员工思想、文化、业务技术水平的提高，搞好员工团结。

7.6 网络营销

网络营销是随着互联网进入商业应用而产生的，尤其是在万维网、电子邮件、搜索引擎等得到广泛应用之后，网络营销的价值越来越明显。网络营销是市场营销的重要组成部分，其本质与市场营销是相同的，在技术手段和应用背景上又有其特点。概括来说，网络营销是企业整体营销战略的组成部分，是为实现企业总体经营目标所进行的以互联网为基本手段的、营造网上经营环境的各种活动。

7.6.1 网络营销的职能

网络营销的职能不仅表明了网络营销的作用和网络营销工作的主要内容，同时也说明了网络营销应该实现的效果。对网络营销职能的认识有助于全面理解网络营销的价值和网络营销的内容体系，因此网络营销的职能是网络营销的理论基础之一。通过对网络营销实践应用的归纳总结，网络营销的基本职能表现在以下八个方面：网络品牌、网站推广、信息发布、网上销售、销售促进、顾客服务、顾客关系和网上调研。

1. 网络品牌

网络营销的重要任务之一就是在互联网上建立并推广企业的品牌，以及让企业的网下品牌在网上得以延伸和拓展。网络营销为企业利用互联网建立品牌形象提供了有利的条件，无论是大型企业还是中小企业都可以用适合自己企业的方式展现品牌形象。网络品牌建设是以企业间网站建设为基础，通过一系列的推广措施，达成顾客和公众对企业的认知和认可。网络品牌价值是网络营销效果的表现形式之一，通过网络品牌的价值转化实现持久的顾客忠诚

和更多的直接收益。

2. 网站推广

获得必要的访问量是网络营销取得成效的基础，尤其对于中小企业而言，由于经营资源的限制，发布新闻、投放广告、开展大规模促销活动等宣传的机会比较少，因此，通过互联网手段进行网站推广的意义就显得更为重要，这也是中小企业对于网络营销更为热衷的主要原因。即使对于大型企业，网站推广也是非常必要的，事实上，许多大型企业虽然有较高的知名度，但网站访问量并不高。因此，网站推广是网络营销最基本的职能之一，是网络营销的基础工作。

3. 信息发布

网络营销的基本思想就是通过各种互联网手段，将企业的营销信息以高效的方式向目标用户、合作伙伴、公众等群体进行传递，因此，信息发布成为网络营销的基本职能之一。互联网为企业发布信息创造了优越条件，不仅可以将信息发布在企业网站上，而且可以利用各种网络营销工具和网络服务商信息发布渠道向更大的范围传播信息。

4. 网上销售

网上销售是企业销售渠道在网上的延伸。一个具备网上交易功能的企业网站本身就是一个网上交易场所。网上销售渠道建设并不限于企业网站本身，还包括建立在专业电子商务平台上的网上商店，以及与其他电子商务网站不同形式的合作等。因此，网上销售不只是大型企业才能开展，中小规模的企业也可以拥有适合自己需要的网上销售渠道。

5. 销售促进

市场营销的基本目的是为最终增加销售量提供支持，网络营销也不例外。各种网络营销方法大都直接或间接地促进了销售。同时，还有许多有针对性的网上促销手段，这些促销方法并不限于对网上销售进行支持。事实上，网络营销对于促进网下销售同样很有价值，这也就是为什么一些没有开展网上销售业务的企业有必要开展网络营销。

6. 顾客服务

互联网提供了更加方便的在线顾客服务手段，从形式最简单的常见问题解答（FAQ），到电子邮件、邮件列表，以及在线论坛和各种即时信息服务等。在线顾客服务具有成本低、效率高等优点，在提高顾客服务水平、降低顾客服务费用方面具有显著的效果，同时也直接影响到网络营销的效果，因此，在线顾客服务成为网络营销的基本组成内容。

7. 顾客关系

顾客关系对于开发顾客的长期价值具有至关重要的作用，以顾客关系为核心的营销方式成为企业创造和保持竞争优势的重要策略。网络营销为建立顾客关系、提高顾客满意度和忠诚度提供了更为有效的手段。增进顾客关系成为网络营销取得长期效果的必要条件。

8. 网上调研

网上调研具有调查周期短、成本低的特点。网上调研不仅为制定网络营销策略提供支持，也是整个市场研究活动的辅助手段之一，合理利用网上市场调研手段对于市场营销策略具有重要价值。网上调研与网络营销的其他职能具有同等地位，既可以依靠其他职能的支持开展，又可以相对独立进行，网上调研的结果反过来又为其他职能更好地发挥提供支持。

7.6.2 网络营销策略

1. 网络营销产品策略

通过网络销售产品，使传统的面对面买卖方式逐渐消失，消费者与企业通过网络对话是买卖双方的主要交流形式。消费者通过访问企业的网站或网店考察产品的性能、价格等有关信息，通过填写表单表达自己对产品品种、规格、颜色及数量等的要求，卖方将符合消费者要求的产品送货上门或邮寄。

在网络营销中，产品的整体概念可分为五个层次，相应地有不同的策略。

（1）核心利益层次。企业在设计和开发产品核心利益时要从顾客的角度出发，要根据上次营销的效果来制定本次产品设计与开发的策略。要注意的是网络营销的全球性，企业在提供核心利益和服务时要针对全球市场提供，如对于医疗服务，可以借助网络实现网络远程医疗。

（2）有形产品层次。对于物质产品来说，必须保障品质、注重产品的品牌、注意产品的包装，在式样和特征方面要根据不同地区的文化来进行针对性的加工。

（3）期望产品层次。在网络营销中，顾客处于主导地位，消费呈现出个性化的特征，不同的消费者可能对产品的要求不一样，因此，产品的设计和开发必须满足顾客这种个性化的消费需求。现代社会已由传统的企业设计开发、顾客被动接受转变为以顾客为中心、顾客提出要求、企业辅助顾客来设计开发产品、满足顾客个性需求的新时代。

（4）延伸产品层次。在网络营销中，对于物质产品来说，延伸产品层次要注意提供满意的售后服务、送货、质量保证等。

（5）潜在产品层次。在延伸产品层之外，由企业提供能满足顾客潜在需求的产品。潜在产品与延伸产品的主要区别是，顾客没有潜在产品层次的需要时，仍然可以很好地使用所需要的产品核心利益，但得到潜在产品，消费者的需求会得到超值的满足，消费者对产品的偏好程度与忠诚程度会得到大大强化。

2. 网络营销价格策略

网络营销价格是指企业在网络营销过程中买卖双方成交的价格。网络营销价格的形成是极其复杂的，它受到成本、供求关系和竞争等多种因素的影响和制约。企业在进行网络营销决策时，必须综合考虑各种因素，从而采取相应的定价策略。很多传统营销的定价策略在网络营销中得到应用，同时也得到了创新。根据影响营销价格因素的不同，网络定价策略可分为如下几种：

（1）竞争定价策略。通过顾客跟踪系统（CTS）经常关注顾客的需求，时刻注意潜在顾客的需求变化，才能保持网站向顾客需要的方向发展。在大多数购物网站，经常会将网站的服务体系和价格等信息公开声明，这就为了解竞争对手的价格策略提供了方便。随时掌握竞争对手的价格变动，调整自己的竞争策略，时刻保持同类产品的相对价格优势。

（2）个性化定价策略。消费者往往对产品外观、颜色和样式等方面有具体的内在个性化需求。个性化定价策略就是利用网络互动性和消费者的需求特征，来确定产品价格的一种策略。网络的互动性能实时获得消费者的需求，使个性化营销成为可能，也使个性化定价策略有可能成为网络营销的一个重要策略。

（3）自动调价、议价策略。根据季节变动、市场供求状况、竞争状况及其他因素，在计算收益的基础上，设立自动调价系统，自动进行价格调整。同时，建立与消费者直接在网上协商价格的集体议价系统，使价格具有灵活性和多样性，从而形成创新的价格。例如团购网站中的定价，就是商家依据薄利多销的原理，对于团购者给出低于零售价格的团购折扣和单独购买得不到的优质服务，从而使消费者获得更多实惠。

（4）特有产品特殊价格策略。特有产品特殊价格策略需要根据产品在网上的需求来确定产品的价格。当某种产品有它很特殊的需求时，不用更多地考虑其他竞争对手，只要制定自己最满意的价格就可以了。这种策略往往分为两种类型：一种是创意独特的新产品（炒新），它利用网络沟通的广泛性和便利性，满足了那些品位独特、需求特殊的顾客“先睹为快”的心理；另一种是纪念物等有特殊收藏价值的产品（炒旧），如古董、纪念物或其他有收藏价值的产品。

（5）捆绑销售策略。捆绑销售20世纪80年代在美国快餐业得到广泛应用，麦当劳通过这种策略促进了食品的销售。网上购物可以通过购物车或其他形式巧妙运用捆绑手段，使顾客对所购买的产品价格感觉更满意。采用这种方式，企业会突破网上产品的最低价格限制，利用合理、有效的手段，降低顾客对价格的敏感程度。

（6）众筹自定价策略。众筹自定价中保证价格的定位准确是一大核心任务。在达到最低筹资目标后，价格依据参与众筹的买家数量而调整，买家越多，平均下来每位买家实际支付的价格越低。该模式下，消费者在定价环节的主动性得到了极大释放，人人都能够以自己的力量去参与并影响最终的价格。

3. 网络营销渠道策略

营销渠道是产品和服务从生产者向消费者转移过程的具体通道或路径。网络营销渠道就是借助互联网将产品和服务从生产者转移到消费者的中间环节。完善的网上销售渠道应该具有订货、结算和配送三大功能。

（1）网络直接销售。网络直接销售简称网络直销，是指生产厂家通过网络直接分销渠道销售产品，中间没有任何形式的网络中介商。目前常见的做法有两种：一是企业在互联网上建立自己独立的站点，申请域名，建设网站，由网络管理员专门处理有关产品的销售事务；二是企业委托信息服务商（ISP）在其站点上发布信息，企业利用有效信息与顾客联系，直接销售产品。虽然有企业委托信息服务商参加，但主要的销售活动是在买卖双方之间完成的。网络直销的优点是多方面的。

1）网络直销促成产需双方直接见面。企业可以直接从市场上搜集真实的第一手资料，合理安排生产。

2）网络直销对买卖双方都有直接的经济利益。由于网络直销大大降低了企业的营销成本，企业能够以较低的价格销售自己的产品，消费者也能够买到低于现货市场价格的产品。

3）营销人员可以利用网络工具，如电子邮件、论坛、微博等，随时根据顾客的愿望和需要开展各种形式的促销活动，迅速扩大产品的占有率。

4）企业能够通过网络及时了解到顾客对产品的意见和建议，并针对这些意见和建议提供技术服务，解决疑难问题，提高产品质量，改善经营管理。

（2）网络间接销售。为了克服网络直销的缺点，网络商品交易中介机构应运而生。这类机构成为连接买卖双方的枢纽，使网络间接销售成为可能。虽然网络商品交易中介仍然存在许多问题，但它在未来虚拟网络市场中的作用却是其他机构所不能替代的。

(3) 双道法。双道法是指企业同时使用网络直接分销渠道和网络间接分销渠道，以达到销售量最大化的目的。在买方市场的现实情况下，通过两种渠道推销产品比单一渠道更容易实现“市场渗透”。在现代化大生产和市场经济条件下，在建立网站的同时，大部分企业都积极利用网络间接渠道销售自己的产品，通过中介商信息服务和广告服务的撮合服务，扩大企业的影响，开拓企业产品的销售领域，降低销售成本。

(4) 线上线下融合渠道。“互联网 +”时代给传统的渠道管理与运营也带来极大挑战。消费者的生活及消费轨迹开始融合，企业应该快速整合各种线上线下的渠道，聚合二者的优点，多角度、全方位地接近消费者，从各个方面关注并提升顾客体验，让传统企业和互联网企业也进入体验圈竞争的新时代。

4. 网络营销促销策略

网络促销是指利用现代化的网络技术向虚拟市场传递有关产品或服务的信息，以启发需求，激发消费者购买欲望和购买行为的各种活动。它与传统促销的目的一样，都是为了让消费者了解产品或服务，引起消费者的注意和兴趣，激发他们的购买欲望，并最终实现其购买行为。但由于网络促销具有其独特性，与传统促销在信息传播模式、时间和空间观念，以及顾客参与程度上都与传统的促销手段有较大差别。

(1) 网络促销的形式。网络促销一般有四种形式，即网络广告、站点推广、销售促进和关系营销。

1) 网络广告主要是借助网上知名站点，或者提供免费电子邮件服务，或者在一些免费公开的交互站点发布企业的产品或服务信息，对企业及企业产品或服务进行宣传推广。网络广告已形成了一个很有影响力的产业市场，因此，企业首选的促销形式应是网络广告。

2) 站点推广是利用网络营销策略扩大站点的知名度，吸引访问网站的流量，起到宣传和推广企业、产品或服务的效果。

3) 销售促进就是企业利用可以直接销售的网络营销站点，采用一些销售促进方法，如价格折扣、有奖销售、拍卖销售等方式，宣传和推广产品。

4) 关系营销是借助互联网的交互功能吸引顾客与企业保持密切联系，培养顾客忠诚度，提高顾客的收益率。

(2) 网络促销的实施过程

1) 确定网络促销对象。网络促销对象是针对可能在网络市场上产生购买行为的消费者群体提出来的。它主要包括产品的使用者、产品购买的决策者和产品购买的影响者。

2) 设计网络促销内容。消费者在做出购买行为之前一般会经历认知、感知和行动这三个阶段。企业需要了解消费者所处的阶段，并制定出适合这一阶段的促销活动内容。

3) 选择网络促销的组合方式。网络促销策略主要有推策略和拉策略两种。所谓推策略，其主要功能是将企业的产品或服务推向市场，获得广大消费者的认可。而拉策略，其主要功能是将顾客牢牢地吸引过来。企业应根据自己产品的特性，将两种策略有机地组合起来，达到最佳促销效果。

4) 制定网络促销预算方案。根据企业的网络促销内容和目标，对整体的投资做好促销预算方案。

5) 网络促销的执行与效果评价。在执行网络促销活动之后，应对已经执行的促销内容进行效果评价，以便对促销的内容、形式做出调整和改进。主要评价数据来源于两个方面：

一是通过访问量的数据统计做出促销活动效果的评价；二是通过分析市场占有率、销售量、利润等数据，来判断促销决策的正确与否。

思　考　题

1. 简述市场营销的含义。
2. 简述市场营销观念的演变及不同阶段的主要特征。
3. 简述市场营销管理的过程。
4. 如何进行市场细分和选择目标市场？
5. 举例说明某个企业或品牌的营销组合策略。
6. 网络营销的职能有哪些？

第8章

人力资源管理

人力资源是现代企业的第一资源，是企业获取竞争力的关键要素。人力资源管理是指运用科学的方法，协调人与事的关系，处理人与人的矛盾，充分发挥人的潜能，使人尽其才，事得其人，人事相宜，以实现组织目标的过程。从内容上看，人力资源管理主要包括人力资源规划、工作分析、员工培训、绩效管理、薪酬管理等。

8.1 人力资源管理概述

8.1.1 人力资源的内涵及其特征

1. 人力资源的概念

人力资源是指推动经济和社会发展的人的劳动能力，包括现实劳动能力和潜在劳动能力。

人力资源与人口资源、劳动力资源的界定有所不同。人口资源是一个国家或地区在一定时期内所有人的总和。劳动力资源是指人口中达到法定的劳动年龄，具有现实的劳动能力，并且参加社会就业的那一部分人。

从企业管理的角度看，企业人力资源是由企业支配并加以开发的、依附于企业员工个体的、对企业效益和企业发展具有积极作用的劳动能力的总和。

2. 人力资源的特征

人力资源是进行社会生产最基本、最重要的资源，与其他资源相比较，它具有以下特点：

（1）能动性。这是人力资源区别于其他资源的最根本的特点。人力资源具有思想、情感和思维，具有主观能动性，能主动利用其他资源去推动社会和经济的发展，其他资源则处于被动使用的地位。另外，由于人具有创造性思维的潜能，人力资源还是唯一能发挥创造作用的因素。人力资源的能动性体现在：①自我强化，即通过接受教育或主动学习，使自己的素质得到提高；②选择职业，即个人均可按照自己的爱好与特长自由地选择职业；③积极劳动，即人在劳动过程中能够积极主动地利用自己的知识与能力，有效地利用其他资源为社会和经济发展创造性地工作。

（2）两重性。人力资源既是投资的结果，同时又能创造财富。根据舒尔茨人力资本的理论，对人力资源教育的投资、卫生健康的投资和对人力资源迁移的投资因素决定了人力资源质量的高低。从生产与消费的角度看，人力资本投资是一种消费行为，并且这种消费行为是必需的，没有这种先期的投资，就不可能有后期的收益。另一方面，人力资本与一般资本一样具有投入产出的规律，并具有高增值性。研究证明，对人力资源的投资无论是对社会还是个人所带来的收益都要远远大于对其他资源投资所产生的收益。

（3）时效性。人力资源是一种居于生命的资源，它的形成、开发和利用都要受到时间的限制。人在生命周期不同阶段的体能和智能是不同的，因而这种资源在各个时期的可利用程度也不相同。与物质资源相似，人力资源在使用过程中也会出现有形磨损和无形磨损。有形磨损是指人自身的衰老和疲劳，这是一个不可避免的、无法抗拒的损耗；无形磨损是指个人的知识技能与科学技术发展相比的相对老化。因此，人力资源在使用过程中有一个可持续开发、丰富再生的独特过程。人在工作的同时，确立终身学习的观念，不断地更新知识，提高技能，积累经验，增强素质，可以在一定程度上减少人力资源的无形磨损。

（4）社会性。由于每一个民族都有其自身的文化特征，每一种文化都是一个民族的共同的价值取向，但是这种文化特征是通过人这个载体而表现出来的。由于每个人受自身民族文化和社会环境影响的不同，其个人的价值观也不同，他们在生产经营活动、人与人交往等社会性活动中，其行为可能与民族文化所倡导的行为准则发生矛盾，可能与他人的行为准则发生矛盾，这就要求人力资源管理注重组织文化建设，重视人与人、个体与群体、人与社会的关系及利益的协调与整合。

8.1.2 人力资源管理及其职能

1. 人力资源管理的含义

人力资源管理（Human Resource Management，简称 HRM）是管理学中的一个崭新的和重要的领域。作为对一种特殊的经济性和社会性资源进行管理而存在，人力资源管理是指对员工的有效管理和使用的思想和行为。也就是指一切对组织中的员工构成有直接影响的管理决策及其实践活动，包括对人力资源进行有效开发、合理配置、充分利用和科学管理的制度、法令、程序和方法的总和。

简单来讲，人力资源管理（HRM）是吸引、培养、维系有效劳动力的一系列组织活动。有效的人力资源管理具有普遍性意义，任何一种社会形态中各种各样的组织都需要。

2. 人力资源管理的基本职能

人力资源管理的任务是，把企业所需人力资源吸引到企业中来，将他们保留在企业之内，开发他们的潜能，充分发挥他们的积极作用，为实现企业目标服务。人力资源管理包括以下五项职能：

（1）获取。包括人力资源规划、员工招聘。

（2）整合。这是使员工之间和睦相处、协调共事、取得群体认同的过程，是员工融入组织使个人认知与组织理念、个人行为与组织规范的同化过程。

（3）奖酬。包括薪酬管理、福利管理和激励计划，它是指为员工对组织所做出的贡献而给予奖酬的过程。根据员工在实现企业目标过程中做出的贡献给予适当、公平的奖酬，公平合理的奖酬反过来可以激励员工为企业做出更大的贡献。

（4）调控。包括绩效考核和素质评估，以此为基础决定员工的奖惩、升迁、离退、解雇等，对员工实行公平的动态管理。

（5）开发。包括员工培训、职业生涯设计。

8.1.3 人力资源管理未来发展趋势及面临的挑战

1. 人力资源管理的未来发展趋势

（1）知识经济时代是一个人才主权的时代，也是一个人才“赢家通吃”的时代。人才有就业选择权与工作自主决定权，高素质人才易获工作，拥有优势人才的企业有竞争力。

（2）员工是客户。站在员工的需求角度，为企业各层级的员工提供一揽子人力资源系统解决方案。

（3）人力资源管理的重心是对知识型员工的管理。知识型员工独立性强，不愿长久在一个单位工作，报酬不仅是物质满足，工作成果难以衡量。

（4）人力资源管理的核心是人力资源价值链管理。

（5）企业与员工关系的新模式——以劳动契约和心理契约为双重纽带的战略合作伙伴关系：建立信任与承诺的关系，是双赢的战略合作伙伴关系。

（6）人力资源管理在组织中的战略地位上升，管理责任下移，下移到直线经理手中。

（7）人力资源管理全球化、信息化。如国资委进行全球选秀。

（8）人才流动速率加快，流动交易成本和流动风险增加。

（9）沟通、共识，信任、承诺，尊重、自主，服务、支持，创新、学习，合作、支援，授权、赋能将成为人力资源管理的新准则。

（10）人力资源管理的核心任务是构建智力资本优势，人力资源管理角色的多重化、职业化。

2. 人力资源管理面临的挑战

（1）如何依据企业的战略要求设计和开发出企业的人力资源管理系统、绩效评估指标体系、薪酬体系。

（2）人力资源管理如何适应工作方式变化的要求。

（3）人力资源管理如何推动企业的组织与管理变革。

（4）组织的扁平化使员工承担更多的自我开发与自我管理。

（5）如何构建新的职位分析系统（在知识经济下）。

（6）员工的差异化，企业应如何针对不同类型的人才采取不同的雇佣模式。

（7）如何为员工提供适当的培训。

8.2 工作分析与人力资源规划

8.2.1 工作分析

1. 工作分析的定义及作用

工作分析是人力资源管理的一项核心的基础职能。所谓工作分析，就是对组织中某个特定工作职位的目的、任务或职责、权力、隶属关系、工作条件、任职资格等相关信息进行收集与分析，以便对该职位的工作做出明确的规定，并确定完成该工作所需要的行为、条件、人员的过程。工作分析通常需要解决三个问题：一是确定工作任务是什么；二是从技能和经验的角度确定应该招聘哪些类型的人来承担这一工作；三是形成书面文件，即工作说明书和工作规范。

工作分析是人力资源规划的基础，它提供的信息有助于企业招聘合格的员工，有助于确定员工的绩效考核标准，有助于实现公平报酬，有助于加强对员工的技能培训，确保所有的工作职责都落实到人。

2. 工作分析的步骤

企业在进行工作分析时必须确定收集什么信息，如何收集信息，怎样整理、分析所收集的信息，最后将信息做成文件。为此，应当按照以下步骤进行：

（1）成立工作分析小组。企业可以组成由外聘专家、内部主管及工作人员参加的工作小组。编制工作计划，确定工作分析信息的用途，制订调查方案。

（2）收集与工作有关的背景资料。与工作有关的背景资料包括企业组织机构图、管理系统图及企业进行 ISO 9000 质量体系认证的资料等。收集企业这方面的资料主要用于了解各个部门的岗位以及各岗位上的人数和大致的工作职责。

（3）收集工作分析的信息。这是为正确编写工作说明书提供依据。为达此目的，需要使用恰当的工作分析方法。

（4）整理、分析所收集到的工作信息。这方面的工作包括：仔细审核、整理获得的各种信息；创造性地分析、发现有关工作和工作人员的关键素质；归纳、总结出工作分析的必需材料和要素。

（5）编写工作说明书和工作规范。工作说明书和工作规范可以分成两份文件来写，也可以合并在一份工作说明书之中。

3. 工作分析的方法

（1）文献分析法。文献分析法是通过对现存的与工作相关的文档资料进行系统性分析来获取工作信息的方式。一般用于收集工作的原始信息，编制任务清单初稿。坚持收集信息的“参考”地位，切忌先入为主。

（2）非定量问卷调查法。非定量问卷调查法是以书面调查问卷的形式，通过任职者或其他职位相关人员单方信息传递来实现的职位信息收集方式。

（3）观察法。观察法是由职位分析师在工作现场通过实地观察、交流、操作等方式收集工作信息的过程。它适用于相对稳定的重复性的操作岗位，不适用于职能与业务管理岗位。有直接观察法和工作参与法。

（4）访谈法。访谈法是两个或更多的人交流某项或某系列工作的信息的会谈。它是对中高层管理职位进行深度职位分析效果最好的方法。

（5）主题专家会议法。主题专家（Subject Matter Experts，SME）会议法通常是指与熟悉目标职位的组织内部人和外部人，包括任职者、直接上司、曾经任职者、内部客户、其他熟悉目标职位的人以及咨询专家、外部客户、其他组织标杆职位任职者的集思广益的过程。

（6）工作日志法。工作日志法是通过任职者在规定时限内，实时、准确地记录工作活动与任务的工作信息收集方法。其主要用途是作为原始工作信息的收集方法，为其他职位分析方法提供信息支持。

4. 工作说明书与工作规范

（1）工作说明书。工作说明书是对有关工作职责、工作活动、工作条件以及工作环境等工作特性方面的信息所进行的书面描述。通常包括以下几个方面的内容：工作名称、工作活动和工作程序、物理环境、社会环境、聘用条件等。

1）工作名称。工作名称是指组织对所从事的一定工作活动所规定的工作名称或工作代号，以便于对各种工作进行识别、登记、分类以及确定组织内外的各种工作关系。工作名称应当简明扼要，力求做到能识别工作的责任以及在组织中所属的地位或部门，如一级生产统计员、财务公司总经理就是比较好的工作名称，而统计员、部门经理则不够明确。如果需要，工作名称还可以有别名或工作代号。

2）工作活动和工作程序。工作活动和工作程序是职务描述的主题部分，必须详细描述，列出所需的内容。它包括所要完成的工作任务与承担的责任；执行任务时所需要的条件，如使用的原材料和机器设备；工作流程与规范；与其他人的正式工作关系；接受监督以及进行监督的性质和内容等。

3）物理环境。物理环境包括工作地点的温度、光线、湿度、噪声、安全条件等，此外还包括工作的地理位置，可能发生意外事件的危险性等。

4）社会环境。社会环境包括工作群体中的人数及相互关系，工作群体中每个人的个人资料，如年龄、性别、品格等；完成工作所要求的人际交往的数量和程度；与各部门之间的关系；工作点内外的公益服务、文化设施、社会习俗等。

5）聘用条件。聘用条件主要描述工作人员在正式组织中的有关工作安置等情况。它包括工作时数、工资结构及支付方法、福利待遇、该工作在组织中的正式位置、晋升的机会、工作的季节性、进修机会等。

（2）工作规范（任职资格）。工作规范是全面反映工作对从业人员的品质、特点、技能以及工作背景或经历等方面要求的书面文件。它通常包括以下几方面的内容：

1）一般要求，包括年龄、性别、学历、工作经验。

2）生理要求，包括健康状况、力量与体力、运动的灵活性、感觉器官的灵敏度。

3）心理要求：包括观察能力、集中能力、记忆能力、理解能力、学习能力、解决问题能力、创造性、数学计算能力、语言表达能力、决策能力、交际能力、性格、气质、兴趣爱好、领导能力等。

8.2.2 人力资源规划

人力资源规划又称人力资源计划（Human Resource Planning，HRP），是人力资源管理的重要部分和重要领域，是预测未来的组织任务和环境对组织的要求以及为此而提供人员的过程。人力资源计划的目的是使一个企业或一个组织实现其发展目标；人力资源计划的基础是科学的人力资源供求预测；人力资源计划的内涵包括人力资源的有关政策措施和具体的计划子系统。

1. 人力资源规划系统

人力资源规划系统包括以下几项具体的相互关联的活动：

（1）人员档案资料。人员档案资料用于估计目前的人力资源（技术、能力和潜力）和分析目前人力资源的利用情况。

（2）人力资源预测。预测未来的人员要求（所需的工作者数量、预计的可供数量、所需的技术组合、内部与外部劳动力供给量）。

（3）制作目标树。制作目标树就是将企业的总目标分解成若干子目标。

（4）行动计划。行动计划包括制订总体规划、具体业务规划和相应的人事政策。在制订各项具体业务计划时要全面考虑，注意各项业务计划间的相互关联性，而不能分散地制订个别单一的计划。企业通过招募、录用、培训、工作安排、工作调动、提升、发展和酬劳等行动来增加合格的人员，弥补预计的空缺。

（5）实施、控制与评价。将人力资源总体规划与各项业务计划付诸实施，并根据实施结果进行人力资源规划评估，并及时将评估结果反馈，以修正人力资源规划。

2. 人力资源需求预测

根据企业的发展战略规划和本企业的内外部条件，选择预测技术，然后对人力需求的结构和数量、质量进行预测。

（1）人力资源需求预测需掌握的信息。人力资源需求预测需掌握以下信息：组织结构设置、职位设置及其必要性；现有员工的工作情况、定额及劳动负荷情况；未来的生产任务计划，生产因素的可能变动情况；宏观经济状况；技术发展状况；市场竞争状况。

（2）人力资源需求预测的方法。人力资源需求预测的方法包括定性预测法和定量预测法。

1）定性预测法。主要有经验预测法和岗位分析法。经验预测法是指组织根据以往的员工或员工与其他事物之间的组合经验数据而对人力资源进行预测的一种方法。岗位分析法根据具体岗位的工作内容和职责范围，在假设岗位的工作人员完全适岗前提下，确定其工作量，最后得出人数。其基础是职位说明书。

2）定量预测法。主要有总体需求结构分析预测法、人力资源成本分析预测法和人力资源发展趋势分析预测法。

总体需求结构分析预测法的计算公式为

$$\mathrm{NHR} = P + C - T$$

式中，NHR 为未来一段时间内所需要的人力资源；P 为现有的人力资源；C 为未来一段时间内需要增减的人力资源；T 为由于技术提高或设备改进后节省的人力资源。

这种方法考虑了生产计划和技术的改正，因而既能确保生产计划的完成，又能充分挖掘技术进步对人力资源的节约。

人力资源成本分析预测法的计算公式为

$$\mathrm{NHR} = \frac{\mathrm{TB}}{(S + \mathrm{BN} + W + O) \times (1 + a\% \times T)}$$

式中，NHR 为未来一段时间内所需要的人力资源；TB 为未来一段时间内人力资源的预算总额；S 为目前每位员工的平均工资；BN 为目前员工的平均奖金；W 为目前每位员工的平均福利；O 为目前每位员工的平均其他支出；$a\%$ 为企业计划每年人力资源成本增加的平均百分比；T 为未来一段时间的年限。

这种方法更多地从企业的财务预算出发，确保有多大的财务能力来配备多少员工，因而比较经济，但可能由于财务预算有限，人力资源不足，从而导致生产计划量难以完成。

人力资源发展趋势分析预测法的计算公式为

$$\mathrm{NHR} = P[1 + (b\% - c\%)T]$$

式中，P 为目前现有的人力资源；$b\%$ 为企业计划平均每年发展的百分比；$c\%$ 为企业计划人力资源发展与企业发展的百分比差异；T 为未来一段时间的年限。

3. 人力资源供给预测

（1）人力资源外部供给预测。人力资源外部供给预测实质就是分析社会劳动力资源的供给状况。而社会劳动力供给状况受到人口数量与结构、经济与技术、社会、文化、教育等外界条件的影响。主要分析地区性因素和全国性因素。地区性因素主要包括：企业所在地和附近地区的人口密度；其他企业对劳动力的需求状况；企业当地的就业水平和就业观念；企业当地的科技文化和教育水平；企业所在地对人们的吸引力；企业当地临时工人的供给状况；企业当地的住房、交通、生活条件等。全国性因素主要包括：全国劳动人口的增长趋势；全国对各类人员的需求程度；各类学校的毕业生规模与结构；因教育制度变革而产生的影响，如延长学制、改革教学内容对员工供给的影响；国家就业法规和政策的影响。

（2）人力资源内部供给预测。人力资源内部供给预测的方法包括人力资源盘点法、马尔科夫模型、替换单法等。人力资源盘点法即对现有企业内人力资源质量、数量、结构和在各职位上的分布状态进行核查，以便确切掌握人力拥有量；马尔科夫模型是用来预测具有等时间间隔（1 年）的时刻点上各类人员的分布状况，根据以往各类人员之间流动率的概率来推测未来各类人员数量的分布；替换单法是通过职位空缺来预测人力需求的方法，而职位空缺的产生主要是因离职、辞退、晋升或业务扩大产生的。通过替换单，可以得到由职位空缺表示的人员需求量，也可得到由在职者年龄和晋升可能性所将要产生的职位空缺，以便采用录用或提升的方式弥补空缺。

4. 人力资源供给与需求的匹配

对未来需求与企业内部的供给加以比较后，管理者就可以制订相应的计划和人力资源政策，以有效应对预计会出现的人员短缺或人浮于事的问题，从而保持人力资源供需的平衡。企业平衡劳动力资源有两种人事政策：一是解决人力资源缺乏的政策，二是处理冗员的政策。

（1）人力资源短缺时的政策。人力资源短缺时，主要政策有：重新调整企业各部门人员，将人员补充到空缺岗位上；实行加班加点方案，延长工作时间；招正式员工、临时工和兼职人员；提高设备和员工的工作效率；部分业务转包或外包；增加新设备。

（2）人力资源富余时的政策。人力资源富余时，处理冗员的主要政策有：扩大有效业务量，例如提高销量、提高产品质量，改进售后服务等；培训员工，即通过培训提高自己的素质、技能和知识，以利于走上新的工作岗位；提前退休；降低工资，其实质是可能间接地导致部分人员离职。

8.3 员工招聘

8.3.1 员工招聘的概念及流程

1. 员工招聘的概念

员工招聘是组织通过各种信息渠道，吸引或寻找具有一定任职资格和条件的求职者和适合者，并采取一定的方法和手段从中甄选和确定合适的候选者弥补岗位空缺的过程。它由两个相对独立的过程组成：一是招募，即通过各种宣传渠道扩大影响，以达到吸引应聘者的目的，这个环节的效果好坏直接影响到甄选阶段应试者的质量和数量；二是甄选，即采用各种技术或手段对可供任用的人选做出进一步的甄别、比较，挑选出符合要求的员工。招募是选拔聘用的前提和基础；甄选聘用是招募的目的。

2. 员工招聘的流程

根据招聘活动本身的规律性，可以把招聘过程划分为几个既相互独立又相互联系的阶段。

（1）制订招聘计划。人力资源管理部门在制订招聘计划时要有一定的依据，具体包括企业的生产经营规模、内部人员的变动情况、相关业务变动需要的人才。通过对这些数据的收集和整理，提出可行的招聘计划。一般来说，招聘计划的具体内容包括：招聘的岗位人员需求量及岗位的具体要求；招聘信息发布的时间、方式、渠道和范围；招聘对象的来源和范围；招聘的方法；招聘实施的部门；招聘经费预算；招聘结束的时间和新员工到位的时间。

（2）组建招聘班子。在通常情况下，大规模招聘员工，不论是周期性的还是临时性的，都必须组建专门的招聘班子。它一般由人力资源部门负责，吸收各方面的用人部门人员参加，必要时也可以请一些专家、学者参加。西方一些大公司里设有专门的招聘办公室，直接归人力资源管理部门负责。我国目前设有专职招聘部门的企业较少，一般是由各部门抽调人员组成。为保证招聘工作的有效进行，在落实招聘班子时，有必要对招聘班子组成人员进行培训，使他们更好地掌握招聘政策和技巧。

（3）发布招聘信息。企业要通过各种渠道向社会发布招聘信息，将本企业的用人计划、所需人员素质要求、招聘时间、招聘地点、联系电话和联系人等情况告诉公众。发布招聘信息时应注意以下问题：一是信息发布的范围应依据招聘对象、范围来确定，发布信息的面越广，接收到信息的人越多，可能应聘的人就越多，招聘到高素质人才的可能性也就越大；二是招聘信息应该尽早向社会发布，这样有利于缩短招聘时间，同时也可以吸引更多的人前来应聘；三是信息发布要根据招聘岗位的要求与特点，选择特定的渠道，向某些特定的人员发布招聘信息。

（4）接收应聘者的资料并进行甄选。向社会发布招聘信息后，有意向的应聘者会开始向招聘单位提出应聘申请。这时，招聘部门可以开始收集应聘者的个人资料。这些资料包括：申请表；简历；应聘者原工作单位的评价材料；各种学历、技能、成果（包括获得的奖励）证明；收集好应聘者的资料后，就可根据招聘职位的要求，对应聘者进行甄选。一般来说，甄选必须经过初选、测试、面试、背景调查和体格检查等若干环节。

（5）录用决策。这是整个招聘过程的最后一个环节。在对应聘者个人信息进行审查，通过笔试、面试、心理测试和体格检查等环节的基础上，招聘小组对各个应聘者的综合素质和能力进行综合评价，根据岗位要求，选择最为合适的员工，做出录用决策。

8.3.2　员工招聘的渠道和选择

通过何种渠道以及采取何种方式吸引并招聘员工，是招聘计划中要重点考虑的问题，它在很大程度上决定了组织在招募时能够吸引到的应聘者的数量。组织招聘的渠道一般分为两种：内部招聘和外部招聘。就内部招聘和外部招聘而言，又有多种方法可供选择。组织在招聘时，需要根据自身发展阶段、发展战略、人力资源政策、招聘人员的类型、应聘者的市场供应状况以及招聘成本进行综合考虑。

1. 内部招聘

内部招聘是员工招聘的一种特殊形式。严格地说，内部招聘不是人力资源获取的范畴，而是人力资源开发的范畴。

（1）内部招聘的途径。内部招聘的途径主要有提升、调动、工作轮换和返聘等。内部提升是组织在某些岗位上出现人员（特别是管理人员）短缺时，从组织内部寻找合适的人填补空缺，是最常用的方法。调动是指职务和职别不发生变化，工作岗位发生变化。工作轮换是指暂时的工作岗位变动。返聘是指组织重新聘用一些已经解雇、退休或下岗待业的员工。

（2）内部招聘的方法。内部招聘的主要方法包括职位公告法、员工推荐法、档案查阅法等。职位公告法是指通过向员工通告现有职位空缺，优先招募内部符合条件的员工的方法。这种方法一般将招聘公告通过内部公告栏、内部通信或报纸杂志、内部有线网络和媒体予以公告。员工推荐法是指通过内部员工推荐符合条件的内部人员填补岗位空缺，也是内部招聘的常用方法。档案查阅法是指通过查阅人事档案资料获取人选信息，最终确定人选。

2. 外部招聘

内部招聘由于选择范围有限，往往无法满足组织用人的需要，尤其是企业在初创或需要大规模招聘员工时，仅通过内部无法解决人力资源的短缺问题，必须借助于外部的劳动力市场。

（1）外部招聘的来源。外部招聘的来源主要有以下几种：各类大中专院校学生、竞争者和其他组织、特殊群体人员以及个体经营者等。一些组织的人力资源部门与一些大中专院校保持长期的紧密联系，及时掌握院校的专业设置和毕业生的情况，并根据组织的需要定期到学校招聘；对于一些岗位来说，要求应聘者有从业工作经验才能胜任，一些竞争组织或同一行业或同一地区的其他组织可能是最为重要的招聘渠道；特殊群体人员包括残疾人员、退役的人员、少数民族、失业人员或老年人等；个体经营者有自我经营的经历，往往具有组织内部各类岗位所需要的专业技术、行政管理和企业经营等多方面的知识、技能和素质。

（2）外部招聘的渠道。外部招聘的渠道主要有媒体广告、职业介绍机构、校园招聘、员工推荐和网络招聘等途径。

1）媒体广告。组织通过大众媒体对空缺职位进行广告宣传是外部招聘的一条重要渠道。通过广播、报纸、电视和行业出版物等媒体向公众传达组织的就业需求信息。组织可以根据招聘的需要，选择不同的媒体方式。但无论选择何种媒体，招聘广告都应该包含以下内容：组织的基本情况；招聘的职位、数量和基本条件；招聘的范围；薪资与待遇；报名的时间、地点、方式以及所需的材料；其他有关注意事项等。媒体广告招聘的优点是：信息传播范围广、速度快、应聘人员数量大、层次丰富、组织的选择余地大，组织可以招聘到素质较高的员工。媒体广告招聘的缺点是：招聘时间较长，广告费用较高，筛选的时间也较长。

2）职业介绍机构。职业介绍结构主要有两类：一类是私人机构，另一类是公共机构。近年来，私人职业介绍机构“猎头公司”在招聘高级管理人员中发挥着越来越重要的作用。一般来说，这些“猎头公司”对组织的人力资源需求状况和求职者的状况较为了解，其匹配的成功率较高，但收费也较高，求职者无论成功与否，都得缴纳一定的费用给这类公司，用人企业招聘成功后，也要付给“猎头公司”相当于被招聘者第一年工资的30%～35%。公共职业介绍机构主要包括：人才交流市场、职业介绍所、劳动就业服务中介等。这些机构通过定期或不定期举行人才交流会，让供需双方面对面地进行商谈，增进了彼此的了解，缩短了招聘与应聘的时间，提高了招聘的效率和效果。经过多年的发展，我国公共职业介绍机构已经较为成熟，基本形成了覆盖全国的劳动力市场体系。

3）校园招聘。一般而言，对学校毕业生的招聘方法主要是一年一次或两次的人才供需洽谈会，供需双方直接见面，双向选择；组织也可以有针对性地到一些院校召开专门招聘会、在学校散发招聘广告等；有的则通过定向培养和委托培养的方式直接从学校获得所需要的人才。但是，由于大学毕业生普遍缺少实际经验，需要较长时间的培训，而且无法满足组织即时的用人需要，要经过一段较长的相互适应期。另外，招聘所花费时间较多，成本也相对较高，在大学中招聘的员工到岗率较低，并且经过一段时间后，离职率常常较高。

4）员工推荐。该方法是由本组织员工根据组织的用人需要，推荐其熟悉的符合条件的人员供用人部门和人力资源部门进行选择和考核。由于推荐人对用人部门和被推荐者的情况比较了解，使被推荐者更容易获得组织与职位的信息，便于被推荐者决策，也使用人部门更容易了解候选人情况。因此，有研究认为，员工推荐是所有招聘渠道中最好的一种。员工推荐方法由于推荐人对组织招聘的政策、要求、候选条件以及对被推荐人的基本情况较为了解，推荐时可以有的放矢，减少了组织人力资源的搜寻成本，节约了时间，提高了招聘的成功率。但同时这种方法容易成为一些人趁机安插亲信的手段，造成组织的拉帮结派现象；为了安插自己的亲朋好友，可能降低条件要求，会影响员工的素质；特别是一些高层管理者的推荐，为以后自己控制企业创造了条件；容易造成组织内部管理规章无法贯彻落实的现象，从而影响组织效率。

5）网络招聘。随着信息技术的发展和计算机的不断普及，网上招聘日益盛行。这种方式主要有两方面的价值：一方面招聘组织可以在互联网上登出招聘广告；另一方面组织可以利用求职人员输入计算机的资料进行搜寻，为自己物色雇员。网络招聘信息传播范围广、速度快、成本低、供需双方选择余地大，且不受时间、空间的限制，因而被广泛采用。

8.3.3 员工甄选测评与录用

员工甄选测评是评定应聘者素质与行为能力的重要手段，运用科学有效的测评方法才能保证企业能够招聘录用到组织所需要的合格人选，并将其安排到组织最合适的岗位上。常用的员工招聘测评方法有笔试、面试、测试等。经过甄选后，就进入员工录用环节。

1. 笔试

笔试又叫知识考试，是指通过纸笔测验的形式对应聘者的知识广度、深度和知识结构进行了解的一种方法。在设计笔试题型与题目时，要根据岗位分析科学设置，在测试内容、范围、题量、考察重点等方面要按照全面性、科学性、针对性、实用性的原则综合考虑。知识考试的优点是花费时间少、效率高，一次评价人数多，对报考者的知识、技术、能力考察的可靠性和有效性较高，成绩评定比较客观。因此，笔试至今仍然是企业最常用的人才选拔方法。但笔试也存在一定的局限性，它不能考察应聘者的工作态度、品德修养以及组织管理能力、口头表达能力和操作技能等。

2. 面试

面试是人员选拔中最传统也是最重要的一种方法，通过应聘者和考察者双方的正式交谈，组织能够客观公正地了解候选人，获取候选人的第一手材料，如业务知识水平、仪表、举止、表达能力、工作经验、求职动机等。同时，求职者也可以通过面试进一步加深对组织的了解，比较自己的期望与组织的发展是否一致。因此，面试是员工招聘过程中非常重要的一步。面试的类型可以从不同的角度来区分。

（1）根据面试要达到的效果，可以区分为初步面试和诊断面试。初步面试的主要目的是增进组织与候选人之间的相互了解，形式是人力资源主管人员向候选人介绍组织情况，候选人向组织介绍自己的基本情况，类似于面谈，比较简单、随意。诊断面试是测试初步面试合格者的实际能力与潜力，目的在于招聘双方深入了解各自的情况，如应聘者的表达能力、交际能力和思维能力。这种面试由用人部门负责，形式上类似正式考试。

（2）根据参与面试过程的人员，可以区分为个别面试、小组面试和成组面试。个别面试是一个面试人员与一个应聘者面对面地交谈。小组面试是由 2～3 人组成面试小组对应聘者分别进行面试。成组面试是由面试小组同时对若干个应聘者进行面试，形式上通常是面试者提出问题，然后应聘者进行讨论，通过这种方式，比较应聘者的表达、思维、组织、交际和解决问题的能力等。

（3）根据面试的组织形式，可以区分为结构式面试、非结构式面试和压力面试。结构式面试是指在面试之前，已有一个固定的框架或问题清单，面试主持人根据面试框架控制整个面试过程，严格按照问题清单对应聘者进行提问。非结构式面试无固定的模式，面试主持人只要掌握组织、职位的情况即可，问题多是开放式问题，着重考察应聘人的理解与应变能力。压力面试是向应聘者提出一个意想不到的问题，通常具有敌意和攻击性，借此观察应聘者的反应。这种面试方法主要考察应聘者承受压力、调整情绪的能力，测试应聘者的应变能力和解决紧急问题的能力。

（4）BD 面试和能力面试。BD 面试即行为描述面试，是基于行为的连贯性发展起来的。面试主持人可以通过这种方式来了解两个方面的信息：一是应聘者过去的工作经历，判断他选择本组织的原因，预测应聘人在本组织的未来行为模式；二是了解面试者对特定行为所采取的行为模式，并将他的行为模式与组织空缺职位所要求的行为模式进行比较。这种面试中所提的问题都是从应聘者过去的工作行为出发，借此判断应聘者的行为模式哪些是无效的，哪些是有效的，通过对应聘者问题回答的考察，判断他的行为模式是否符合组织的需要。能力面试是继 BD 面试后发展的另一种较新的面试方式。这种方式与考察应聘者过去的成绩不同，着重考察的是应聘者如何去实现所追求的目标。面试过程大致如下：先确定空缺职位的责任与能力，明确它们的重要性；然后询问应聘者过去是否承担过与空缺职位类似的职位或是否处于类似的“情景”，如果应聘者有类似的工作经历，则再确定他们过去负责的任务，进一步了解一旦出现问题他们所采取的“行动”以及“行动”的结果。

3. 测试

测试也叫测评，是指为了获取有关应聘者的特殊兴趣、特征、知识、能力或者行为的信息而采取的一种客观的测量方法。测试是在面试的基础上对面试者进行了解的一种手段。测试可以消除在面试过程中面试主持人因主观因素对面试的影响，提高招聘的公平性，剔除应聘者资料中与面试中的一些“伪信息”，提高录用决策的准确性。根据应用方法与范围的不同，测试可以分为以下类型：

（1）认知能力测试。认知能力测试又可分为一般认知能力测试和特殊认知能力测试。一般认知能力测试主要借助智力测试的方法。特殊认知能力测试则主要测试应聘者的归纳演

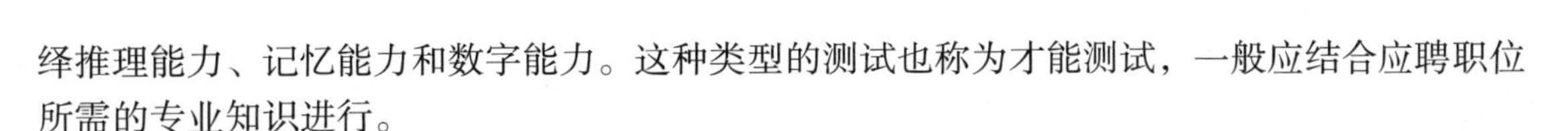

绎推理能力、记忆能力和数字能力。这种类型的测试也称为才能测试，一般应结合应聘职位所需的专业知识进行。

（2）体格测试。体格测试主要包含对应聘者身体健康状况的检查、身体协调能力和应变能力的测试，如手指的灵活性、手臂的灵活性、身体的平衡性、举重能力等方面的测试。通过这种测试判断应聘者是否具有担任某些工作的能力以及应聘者的基本身体素质情况。

（3）个性测试和兴趣测试。个性测试常用的方法主要有两类：一类是自陈式测试，另一类是投射式测试。自陈式测试常常借用卡特尔16种个性特征问卷进行。该问卷由美国的卡特尔教授于1963年提出，由187个问题组成。通过对应聘者问题回答的分析，得出应聘者个性特征剖面图，以此进一步分析其心理健康、专业有无成就、创造力和成长能力等状况。投射式测试依据的原理是：人的一些个性特征与倾向性，是深藏于意识深层，即处于潜意识状态的，自己并没明确认识它们。该测试主要采用图片作为工具而展开，测试人将意义含糊的一张图或照片出示给应聘者，并不容有考虑的时间，要求被测试人快速说出对图片的认识和解释。由于应聘者猝不及防，没有思考时间，就会把自己的心理倾向“投射”到对图片的解释上，因而结果较为可信。兴趣测试的主要目的是了解应聘者想做什么和喜欢做什么。因此，如果能根据应聘者的职业兴趣进行职位与人员的合理配置，就可以最大限度地发挥员工的潜力，保证工作效率。

（4）情景模拟测试。情景模拟测试是根据工作岗位的特点、性质和要求，设计一种与岗位工作近似的情景，让应聘者置身其中处理和协调有关事务，以观察和考察其能力。情景模拟测试方法主要包括无领导小组讨论法、公文筐测试法、企业决策模拟法、模拟面谈法等。

1）无领导小组讨论法，也称“无会议主持人测试法”。该方法由美国管理学教授麦克尔·米修斯提出。所谓“无领导”，就是没有指定人员充当讨论的主持人，也不布置议题和议程，更不提出任何要求。讨论一般围绕一个简短案例进行，其中隐含一个或多个待决策的问题，以引导小组开展讨论。具体做法是：在测试中，将应聘者4～5人分为一个小组，在不明确主持人的情况下，大家就某一个问题开展讨论。在讨论过程中，管理部门和其他测评人在一边观察，同时进行记录和评价。待讨论结束后，测评者根据讨论中各应聘者的表现进行评分。这种测试方法不仅能考察应聘者的有关能力（领导组织能力、应变能力、语言表达能力、人际协调能力和创新能力等），而且具有培训的功能。

2）公文筐测试法是测评人将一批待处理的文件提交给设定在某一岗位的应聘者，限定应聘者在一定的条件下进行处理，以考核应聘者有关能力和素质的测试方法。这种方法相对来讲较为科学，因为情景十分接近真实的现场工作环境，对每个被测试者都是公平的，所有的被测试者都面临同样的标准化测试情景，所以这种方法在近年来采用较多。

3）企业决策模拟法的具体做法是：应聘者4～7人组成一个小组，该小组就是模拟中的企业，小组在协商的基础上规定好每人应担任的职位，各个“企业”根据组织者提供的统一“原材料”在规定的时间内“生产”出自己的产品，再将这些产品“推销”给组织者。通过这种方式，测评者可以考察每个人在测试过程中的表现，主要包括进取心、主动性、组织计划能力、沟通能力、群体内协调能力、创造性思维能力等。近年来，这种活动越来越借助计算机进行，比如每年在全球组织的“国际企业管理挑战赛”中，组织者向各参赛小组提供“贷款”来源与市场、市场需求、销售渠道、竞争者情况及市场调研咨询服务的信息，由各组自行决定筹款、生产与经营策略，并以最后的企业股票价格上升幅度作为评判表现的依据。

4）模拟面谈法是让应聘者模拟所应聘的角色与相关人员进行谈话，如所应聘职位的下属、客户或其他可能与其在工作中发生关系的角色。按照具体情境的要求向应聘者提出问题、建议或反驳应聘者的意见、拒绝应聘者的要求等。由评价者对面谈的过程进行观察和评价。这种方法主要考察应聘者的说服能力、表达能力、人际交往能力和处理问题的能力以及思维的灵活性和敏捷性等。

除以上测试方法之外，还有角色扮演法、即席发言法和案例分析法等方法。

4. 员工录用过程

应聘者经过几轮的选拔之后，最后就是录用了。录用过程主要有以下几个步骤：试用合同的签订、员工的初始安排、试用、正式录用。

（1）试用合同的签订。员工进入组织前，一般要与组织签订试用合同，员工试用合同是对员工与组织双方的约束和保证。试用合同应该包含以下内容：试用的职位、试用的期限、员工在试用期的报酬与福利、员工在试用期应接受的培训、员工在试用期的工作绩效与应承担的义务和责任、员工在试用期应享受的权利、员工转正的条件、试用期组织解聘员工的条件与应承担的义务和责任、员工辞职的条件与义务、员工被延长试用期的情况等。

（2）员工的初始安排。员工进入组织以后，组织要为其安排适当的岗位。一般来说，员工的职位均是按照招聘的要求和应聘者的应聘意愿来安排的。有时组织可以根据需要，在征询应聘者意见的基础上，充实到别的职位上。

（3）试用。解雇已被录用的员工对组织和应聘者来说都是不愿发生的事情，但是录用不合格的员工对组织来说也存在较大的风险。为了避免此类事情的发生，组织在正式录用之前一般会安排几个月的时间作为试用期，在试用期内由人力资源管理部门对新员工进行培训和进一步考察。为使新员工尽快熟悉组织的内部情况和业务，应该将一些组织介绍资料和组织内部刊物等发给新员工，用人部门主管应给新员工介绍本部门的业务范围、业务流程。在试用期内表现合格的员工可以正式录用，有差距的员工可以通过职位调整或继续培训的方式进行处理。

（4）正式录用。试用期满后，如果新员工表现良好，能够适应组织要求，就可以如期正式录用。员工能否被正式录用的关键在于试用部门对他或她的考核结果。在正式录用过程中，用人部门与人力资源管理部门应完成以下主要工作：员工试用期的考核鉴定。根据考核情况做出正式录用决策、与员工签订正式录用合同、给员工提供相应的待遇、制订员工发展计划、为员工提供必要的帮助与咨询等。

8.4 员工培训

8.4.1 员工培训概述

员工培训是指组织实施的有计划的、连续的系统学习行为或过程，目的是通过定向培训改进员工的知识、技能、态度，乃至行为，确保员工能够按照预期的标准或水平完成所承担的或将要承担的工作任务。员工培训的终极目标是要实现个人发展与组织永续的和谐统一。

对于企业而言，员工培训有助于新员工尽快适应其工作岗位，提高员工绩效，提升员工的价值，减少员工流动的可能性，增进员工对组织的认同感和归属感，促进组织变革与发展，使组织更具有生命力和竞争力。依照不同的标准，员工培训的分类也不同。

（1）根据培训对象在组织中的身份和地位，可以分成操作人员培训、基层管理人员培训、中层管理人员培训和高层管理人员培训。

（2）根据培训的内容，可以分成知识培训、技能培训、态度培训、思维培训和心理培训。

（3）根据培训时员工与工作岗位的关系，可以分成新员工导向活动、在职培训和离职培训。

完整的培训系统包括三个阶段：培训需求评估阶段、培训方案的设计与实施阶段、培训效果评估阶段。

8.4.2 员工培训需求评估

任何培训活动都产生于组织、工作任务及人员的某种需求。因此培训需求评估通常包含三个层面的分析：组织需求分析、任务需求分析和个人需求分析。

1. 组织需求分析

组织需求分析是指确定组织范围的培训需求，以保证培训支持组织的目标和战略，确定组织如何为培训活动提供资源与支持。组织需求分析的内容包括组织目标分析、组织战略分析、组织资源分析和组织氛围分析。

（1）组织目标分析。清晰的组织目标决定着培训的重心，对员工知识和技能的提升有着约束作用，有助于确立更有效的培训目标，明确组织实现目标所需的知识、技能和能力以及组织现有的知识、技能和能力。

（2）组织战略分析。组织的经营战略在很大程度上影响着培训的类型、数量及所需的资源等。如果企业实行集中战略，则相应的培训需求是团队建设、交叉培训等，以巩固自身的竞争力。如果这时把培训的侧重点放在创新上，那么就会削弱企业的竞争力；如果企业实行内部成长战略，那么需要培训管理者处理问题、调和冲突、沟通和反馈的技能；此外，外部成长战略强调人员合并程度的培训，紧缩战略强调时间管理、压力管理和沟通技能的培训等。例如，海尔公司采取的是顾客服务战略，海尔的新员工都要接受产品组装、拆卸及原理的培训。组织战略也会影响培训活动的频率和公司员工开发部门的组建方式。

（3）组织资源分析。组织资源是指组织的资金、时间和人力资源。服务于培训的组织资源分析的内容包括组织培训投入、组织现有的培训设施、组织配备的培训工作人员等，这些决定着企业开展培训活动的范围和频率，以及需要在内部还是外部进行。例如，如果公司没有自己的培训场所，那么就需要向外部机构借用，无疑会增加培训成本。

（4）组织氛围分析。组织氛围是决定培训活动能否成功的重要因素，影响着培训活动的设计和实施。例如，管理者和他的下属之间缺乏信任，那么管理者就不能正确评价下属的绩效，不能充分了解员工的培训需求，也不会积极支持员工参与培训活动。高层管理者和中层管理者之间如果缺乏良好的沟通，也会产生同样的问题。此外，组织良好的培训氛围建设还决定着学习者的动机和学习成果的迁移。良好的氛围有助于员工做好学习准备，克服对学习的恐惧心理，同时也有利于受训者在工作中积极运用培训所学。

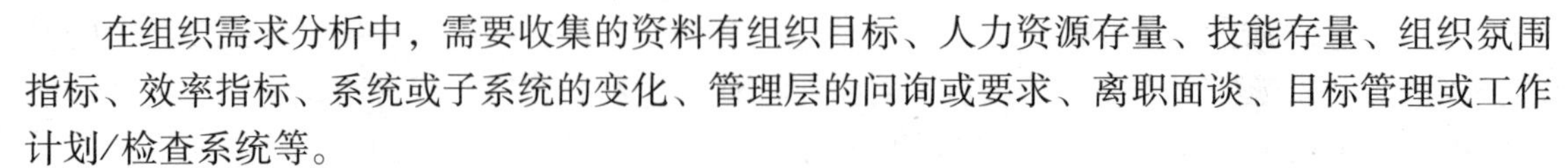

在组织需求分析中，需要收集的资料有组织目标、人力资源存量、技能存量、组织氛围指标、效率指标、系统或子系统的变化、管理层的问询或要求、离职面谈、目标管理或工作计划/检查系统等。

2. 任务需求分析

任务需求分析是指系统地收集职务或职务系列的相关资料，以决定员工需要什么培训来提高职务效率。与工作分析不同的是，任务分析只需鉴别关键职务及其关键任务，不必追求全面和完整。任务需求分析可以按照以下步骤进行：

（1）鉴别关键职务。

（2）确认三个层次的任务，重点是确认关键任务。

（3）由关键任务引出 KSAIS（即知识、技能、能力、态度、动机）分析，并对 KSAIS 进行排队，分析哪些应该先培训，哪些是在工作中积累的，哪些需要专门的培训活动才能改善。

（4）由 KSAIS 分析引出行为分析，把 KSAIS 转变为可衡量的行为。例如，对大学教师的 KSAIS 分析得出的态度之一是关心学生差异。这样还不够，还需要转化为行为：询问班级中特殊学生需求的次数、在分组时照顾有特殊要求的学生、为特殊学生安排个性化的学习材料和活动、回应学生诉求的时间等。

（5）由行为分析确定绩效标准。

（6）以绩效标准为尺度衡量任职者的培训需求。

在任务需求分析中，需要收集的资料包括工作描述和工作说明书；绩效标准；观察工作样本；有关职务的文献回顾；任职者、主管及高层管理者对职务的提问；培训委员会的意见；运作问题如停工、维修、质量控制等的分析材料，等等。

3. 个人需求分析

个人需求分析是确定每个员工的培训需求，为此要逐一考核评价员工的工作过程、工作结果和工作态度，尤其要测评关键工作、关键岗位的人员素质。个人需求分析与任务分析密切相关，它以绩效标准为尺度衡量员工个人的绩效，分析绩效的差距，再进一步分析产生绩效差距的原因。进行个人需求分析的最佳人选是能直接观察员工工作的人，一般是员工的直接上级和员工本人。高层管理者、参谋机构人员、员工下属及外部人员也可以参与。在个人需求分析中，需要收集的资料有绩效评价数据；观察工作样本；访谈材料；调查问卷；对职务知识、技能和成绩的测试；态度调查情况；培训进度表、等级量表；关键事件；日常记录；虚构情景如角色扮演、商业游戏等资料；判断性分级；评价中心；目标管理或工作计划/检查系统，等等。

8.4.3 员工培训方案的设计与实施

员工培训方案的设计是指培训课程的组织与协调，要考虑培训目标和受训者的学习方法等多方面的因素，以达到最佳的培训效果。

1. 制订员工培训计划

员工培训计划是从组织的战略出发，在全面、客观的培训需求分析基础上做出的对培训时间、培训地点、培训者、培训对象、培训方式和培训内容等的预先系统设定。员工培训计划必须满足组织、任务及员工个人的需求，兼顾组织资源条件及员工素质基础，并充分考虑

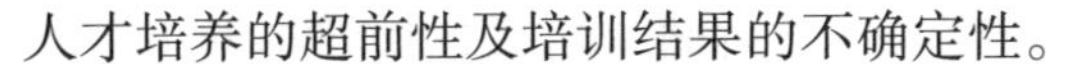

人才培养的超前性及培训结果的不确定性。

2. 设计员工培训方案

培训方案设计是指培训课程的组织与协调。在设计培训方案时必须要考虑如何才能达到最佳的效果。

（1）根据培训能力与个体差异设计培训方案。培训能力是指一个人在一定时间内获得完成工作所需的技能、知识或行为的能力。培训方法应能适应受训人能力和特点的不断变化。

（2）根据学习原则设计培训方案。组织培训的主要理论基础是依据学习理论研究中发现的“学习原则”。这些原则有：①了解学习结果。对结果的认识（即反馈）可以使学习者及时纠正学习错误，提高学习兴趣，加强内在激励。其中受训人的直接主管提供的反馈最有力。②培训结果的转化。培训结果的转化是指培训中学到的内容能够应用到工作中去。转化可能是改进或降低工作绩效，也可能不影响工作绩效。为了最大限度地提高转化的积极性，应做好四个方面的工作：一是尽可能使培训情境与工作情境相一致；二是在尽可能多地讲授各种任务、概念或技能的同时，尽量培养受训者的经验，使其能够处理不完全符合教科书范例的各种情况；三是确保受训者完全了解讲授的原则，特别是工作中的要求及这些原则在解决问题时的实际应用；四是加强培训内容与工作内容的紧密联系。

（3）设计培训课程。培训课程设计的程序大致可分为课程决策、课程设计、课程改进和课程评估四部分，其顺序是先有决策，然后再根据决策进行设计，经多方面征询意见后再修正，最后以适合的标准评估课程安排的效果。培训课程体系的制定分为五大层面，分别是企业文化与企业战略培训、新员工入职培训、岗位技能培训、专业技术培训和专项培训等。

3. 实施员工培训方案

实施培训是培训工作的主要阶段，是培训目标和计划的落实，并根据目标和计划，对培训过程中出现的问题及时做出调整，以促进整个过程的顺利进行。实施培训方案需要落实以下工作：①做好培训准备；②做好分工配合；③做好培训控制，包括收集培训相关资料、比较目标与现状之间的差距和培训计划纠偏；④公布并跟进落实。

8.4.4　员工培训效果评估

培训效果评估是依据组织的目标和需求，运用科学的理论、方法和程序，从培训项目中收集数据，以评价培训的价值和质量的过程。培训效果评估一般可以分为即时评估、中期评估和长期评估。即时评估与培训刚结束时知识、技能和行为的改变有关；中期评估用来判断培训中所学知识、技能和行为在工作中是否已得到应用；长期评估用来判断培训对学员与组织的长期影响。目前国内外运用最为广泛的培训效果评估方法是柯克帕特里克于1959年提出的四级评估模型，即反应层评估、学习层评估、行为层评估、结果层评估。

（1）反应层评估。反应层评估是对培训表面效果的测评，主要是征询受训者关于培训的印象、培训的实用性等主观感受，决定培训项目是需要重新设计还是继续进行。主要内容包括培训内容、培训师、方法、材料、设施、场地、报名程序等。

（2）学习层评估。学习层评估通常是通过各种试卷或考试方式，直接测试受训者对原理、事实、技术和技能的掌握程度。

（3）行为层评估。行为层评估是为了确定从培训项目中所学到的技能和知识能在多大程度上改进实际工作行为。它往往发生在培训结束后的一段时间，通常包括学员的主观感受，上级、同事或客户对其培训前后行为变化的比较以及学员本人的自评。主要内容包括受训者现在能不能做以前做不到的事情、在工作中是否有新的行为、表现是否有进步等。

（4）结果层评估。结果层评估是从组织高度进行的，即是否提高了组织的经营绩效。主要内容包括产值、事故率、生产率、员工流动率、质量、员工士气以及组织对客户的服务等。通过对这样一些指标的分析，组织能够了解培训带来的收益，确定培训对组织整体的贡献。

8.5 绩效管理

对任何一个组织而言，如何有效地调动组织与员工的积极性和创造潜力，持续地提高他们的绩效水平，是十分重要的。弄清绩效及绩效管理的含义，把握绩效管理的一般流程，掌握绩效管理的方法都是极其重要的工作。

8.5.1 绩效考核概述

1. 绩效的含义

对于绩效的理解主要有以下三种观点：

（1）“绩效是结果”。这种观点认为，绩效是工作所达到的结果，是工作成绩的记录。根据不同的标准，结果又可以分为财务结果和非财务结果，也可以分为长期结果、中期结果和短期结果。一般而言，生产人员、销售人员和财务人员会比较关注财务结果，而知识型员工会对非财务结果更加关注，股东对长期结果的关注要胜于对短期结果的追求，而员工对短期结果的追求更胜于对长期结果的关注。这也和企业的具体情况相关。

（2）“绩效是行为”。这种观点认为，绩效是一个人与他所服务的组织或组织单元的目标有关的一组行为。绩效不是行为的后果或结果，而是行为本身。绩效由个体控制下的与目标相关的行为组成，不论这些行为是认知的、生理的、心智活动的或人际的。

（3）“绩效是能力”。这种观点认为，绩效是员工的实际工作能力，同样按规则办事，能力强的人可以收到更好的效果。在实际应用中，对于劳动过程不可见、工作结果难以评估的员工，就应当对他们的价值观、能力和技能进行管理，通过记录他们的内在主动性，使其尽力工作。

从上述观点可以看出，绩效是一个多义的概念，在不同情景下有不同的解释和侧重。从管理实践的历程来看，人们对于绩效的认识是不断发展的：从单纯地强调结果绩效到强调行为绩效，从强调绩效是过去历史的反映发展到强调绩效在未来的潜力。因此，应综合考虑素质、过程、方式、结果以及时间的因素来理解绩效的概念。将上述观点结合起来，就能够对绩效有一个完整的认识：绩效是员工在一定时期内以个人知识、技能等的投入，通过某种方式、方法实现某种结果的过程。一般而言，绩效具有以下性质：①多因性。它是指一个员工绩效的好坏不是由单一因素决定的，而是要受到主客观多种因素的影响；②多维性。它是指需要从多个角度和方面去分析和评价绩效；③动态性。它是指员工的绩效会随着时间的推移而发生变化，不能用一成不变的思维来看待有关绩效的问题。

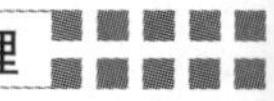

2. 绩效考核

绩效考核是指针对企业中每个员工所承担的工作，应用各种科学的定性和定量方法，对员工行为的实际效果及其对企业的贡献或价值进行考核和评价。绩效考核是现代组织不可或缺的管理工具。它是一种周期性检讨与评估员工工作表现的管理系统，是指主管或相关人员对员工工作系统的评价。有效的绩效考核，不仅能评价每位员工对组织的贡献或不足，还能在整体上对人力资源的管理提供决定性的评估资料，从而改善组织的反馈机能，提高员工的工作绩效，也可作为公平合理地奖赏员工的依据。

3. 绩效管理

绩效管理是管理者为确保员工的工作活动和产出与组织目标保持一致而实施的管理过程。绩效管理的基本流程主要包括绩效计划、绩效管理实施、绩效考核和绩效反馈。其中，绩效计划是指预先制定绩效考核的内容和目标；绩效管理实施主要是指绩效沟通和员工数据、资料、信息的收集与分析；绩效考核是绩效管理的关键阶段，是具体的实施过程；绩效反馈则是将绩效结果以一定方式反馈给员工。绩效管理不是简单的目标管理，它特别强调持续的沟通、反馈，甚至强调辅导的过程，以帮助企业和员工提高实现工作目标的能力。绩效管理是将集体和个人的努力与企业的战略目标相连接，并通过计划、组织、领导和控制的手段来实现的过程。

绩效考核与绩效管理两者既相互关联又有所区别：绩效管理是一个完整的管理过程，侧重于信息沟通与绩效提高，强调事先沟通与承诺，伴随着管理活动的全过程。绩效考核则是管理过程中的局部环节和手段，侧重于判断和评估，强调事后的评价，只出现在特定时期。绩效考核是绩效管理的重要部分。绩效考核成功与否不仅取决于评估本身，而且很大程度上取决于与评估相关联的整个绩效管理过程。有效的绩效考核有赖于整个绩效管理活动的成功开展，而成功的绩效管理也需要有效的绩效考核来支撑。

8.5.2　绩效考核办法

1. 绩效考核的类型

根据绩效管理的考核内容侧重点的不同，绩效考核可以分为品质主导型、行为主导型和效果主导型三种类型。

（1）品质主导型。品质主导型着眼于“他这个人怎样”，考核的内容以被考核员工在工作中表现出来的品质为主。品质主导型的考核需要使用如忠诚、可靠、主动、有创造性、有自信、有协作精神等定性的指标，这些指标很难具体掌握，并且操作性与效度差，但是它适合对员工的工作潜力、人际沟通能力等的考核。

（2）行为主导型。行为主导型着眼于“干什么”“如何去干的”，考核内容以员工的工作行为为主，重在工作过程，而非工作结果。考核的标准较易制定，操作性强。行为主导型适合对管理性、事务性工作进行考核。

（3）效果主导型。效果主导型着眼于“干出了什么”，考核内容以考核工作效果为主，重点在于工作的产出和奉献。由于考核的是工作业绩，而不是品质和行为，所以考核的标准容易制定，而且考核也容易操作。目标管理考核方法就是对效果主导型内容的考核。效果主导型具有短期性和表现性的缺点，它对从事具体生产的员工较适合，但不太适合对从事事务性工作人员的考核。

2. 绩效考核的方法

我们可以通过将重点集中在员工的个人特征、行为或者结果方面来对绩效进行考核。常见的方法有以下几种：

（1）比较法。比较法包括交替排序法、配对比较法和强制分布法。

1）交替排序法。交替排序法是一种应用非常普遍的工作绩效考核方法。其操作步骤是：①列出需要评价的员工名单；②在评价某个绩效要素上，选出表现最好和最差的两名员工；③在剩下的员工中挑选出最好和最差的员工，依此类推，直到所有必须被评价的员工被排成一个纵队，得出员工的绩效排名。

优点：简单易行，能够避免居中趋势以及平均主义。缺点：主观性强，缺乏明确具体的绩效考核标准，当组织或部门的员工人数众多时，可能会引起员工的不同意见，而且当所有的员工都表现很优异时，会造成不公平。

2）配对比较法。配对比较法要求评价者将每一位员工与工作群体中的所有其他员工进行一对一的比较。其操作步骤是：①确定评价要素，并列出评价要素对比表；②把每位员工按照所有的评价要素，分别与其他的员工进行比较；③通过比较，用符号“+”表示好、“-”表示差（注意选择比较方向：纵向、横向）；④把每位员工所得的“+”号加总，获得的“+”号越多，在单项中的表现就越好；⑤把各个单项成绩加总，就得到了员工的总成绩。

优点：较易设计、较易使用，所以被认为是可以接受的绩效考核方法。缺点：在扁平化的组织结构中，由于管理者的控制幅度大，这种方法会非常耗时；员工的考核结果都取决于他们自己与部门中其他员工之间的绩效比较情况，而不是像优秀、良好、一般和较差这样一些绝对的绩效标准。

3）强制分布法。强制分布法是采取排序的形式，只不过对员工的排序是以群体的形式进行的。考核者先根据部门绩效，确定好各绩效等级在总数中的比例，再根据员工的个人实际绩效将员工分别放入适当的等级中，从而得出不同的等级群体。

优点：不同绩效部门的员工绩效等级在总数中的比例分布是不同的，可以很好地把部门绩效与员工绩效结合起来，有利于促进团队合作，降低了出现趋中效应、过宽或过严倾向的可能性。缺点：管理者在对员工的绩效等级进行归类时，可能被迫根据分布规则的要求，而不是根据员工的实际绩效。例如，即使所有员工的表现都较好，考核者也必须将某些员工评为第一级，而在绩效差的部门则有“矮子里拔将军”之嫌。这些都不利于调动员工的积极性。

（2）图评价尺度法（Graphic Rating Scale，GRS）。图评价尺度法是普遍应用的绩效考核方法之一。其操作步骤是：①找出评价员工的绩效维度，把每一个绩效维度划分为若干评价等级，并对每一等级赋予合理的分值；②针对每一个员工，对每项评价要素找出最符合其绩效状况的等级分数；③把各项等级得分加总，就可以得到员工的最终考核得分。

优点：容易开发，对各种不同的工作、不同的战略以及不同的组织都有普遍的适用性，所以是运用最为广泛的绩效评价方法之一。缺点：一是图评价尺度法的评价维度和评价尺度通常是主观认定的，不是工作分析的结果；二是同一评价体系往往要广泛地应用于各种不同的工作岗位，忽略了不同岗位中的特定任务要素，绩效考核的结果很难全面和准确；三是评价维度和评价尺度都没有确切的定义，使这种方法的效度和信度通常都比较低。

（3）关键事件法。关键事件法是指主管把每位员工在工作活动中表现出来的代表有效绩效与无效绩效的具体事例记录下来，在预先确定的时间里，主管和员工进行面谈，根据记录讨论、评价员工的绩效。

优点：可以为向员工解释其绩效考核结果提供确切的证据，让员工了解自己哪些方面做得好，哪些方面做得不够，找到具体的绩效改进方向；保证对员工的评价是整个考核期中的全貌，而不只是近期表现；可以重点强调那些能够最好地支持组织战略的关键事件，从而与组织的战略紧密联系起来。缺点：关键事件的记录和观察费时费力；衡量指标上缺乏统一的规范，而且是对不同员工的不同工作侧面进行描述，只能做定量分析，不能做定性分析，无法比较员工之间的工作情况，容易产生误差。

（4）行为锚定评价量表法。行为锚定评价量表法通过整合关键事件法和图评价尺度法的优点，为每一职务的各考核维度都设计出一个考核量表，并有一系列典型行为描述句与量表上的一定等级尺度（评分标准）相对应和联系（即锚定），以供考核者在评分时作为参考依据。尽管这些典型行为描述数量有限（一般不多于 10 条），不可能涵盖员工工作表现的方方面面，被考核者的实际表现也很难与描述句所描述的完全吻合，但有了量表上的这些典型行为锚定点，考核者打分时就有了分寸感。

优点：不仅具有关键事件法的优点，还明确地定义每一个评价项目，可以提供一种精确、完整的绩效维度定义来提高评价者的信度。缺点：考核体系的设计难度大，经常需聘请外部的人力资源管理专家帮助设计，而且在实施之前要多次测试和修改，设计和实施的成本高，且关键事件的记录和观察费时费力；在信息的回忆方面存在偏见。也就是说，那些与行为锚定最近似的行为是最容易被回忆起来的。

（5）关键绩效指标法（KPI）。KPI 指标体系是实施绩效考核的一种有效工具，是通过对组织内部流程的输入端、输出端的关键参数进行设置、取样、计算、分析，衡量流程绩效的一种目标式量化管理指标，是把企业的战略目标分解为可操作工作目标的工具，是企业绩效管理的基础。KPI 可以使部门主管明确部门的主要责任，并以此为基础，明确部门人员的业绩衡量指标。建立明确的切实可行的 KPI 体系，是做好绩效管理的关键。

优点：KPI 指标共同指向了组织成功的关键要点，并能够发挥指标本身的责任成果导向作用，对于纯粹的绩效考核来说是一种有效的方法。缺点：由于指标之间没有明确的内在联系，考核还是过多定位在部门及其内部个体绩效的结果上，忽视了部门绩效之间的内在逻辑与组织战略实施之间的关系，因此这种考核还没能跨越其职能障碍，没能让员工了解并利用其中内在的多重相互关系，发挥员工推动组织战略实施的整体优势，使战略的导向牵引作用贯穿于员工的绩效考核与行为改进方面。

（6）360 度评价法。360 度评价法是指通过不同的考核者（上级主管、同事、下属、自己、内部客户、外部客户）从不同的角度，全方位地考核员工工作绩效的一种方法。这种方法最早被 Intel 公司所采用。据调查，在《财富》排出的全球 1000 家大公司中，超过 90% 的公司在绩效考核过程中应用了 360 度绩效评价系统。

优点：由于考核集中了多个角度的反馈信息，所以综合性强，且可以减少偏见对考核结果的影响。通过强调团队、内部客户和外部客户，推动了全面质量管理。从员工周围的人那里获取反馈信息，可以增强员工的自我发展意识。缺点：绩效考核参与者未必都对被考核者的工作信息有全面的了解，所以做出的判断往往较主观片面。另外，众多考核者提供的考核信息重要性难以界定，所以很难确定各自的权重大小。

3. 绩效考核的实施者

绩效考核的实施者一般可以由五种人组成，即直接上级、同级同事、被考核者本人、直属下级、外界考核专家或顾问。合格的考核执行者应当了解被考核职务的性质、工作内容、要求、考核标准及企业政策，熟悉被考核者本人的工作表现，最好有直接近距离密切观察的机会，还应当客观公正、没有偏见。

（1）直接上级。直接上级一般能够了解被考核的职务及被考核者本人的工作表现。授权他们来考核，也是组织的期望。他们握有奖惩手段，无此手段的考核便失去了权威，但他们在公正性上不太可靠，因为频繁的日常直接接触很容易使绩效考核掺入个人感情色彩。

（2）同级同事。他们最熟悉被考核的职务，也很了解被考核同事的情况，但同事之间必须关系融洽、相互信任、团结一致，有一定的交往与协作，而不是独立作业，这样才能使同级同事之间的考核有意义。这种办法多用于考核专业性强的组织以及企业中专业性很强的部门，还可以用于考核很难由其他人员考核的职务。

（3）被考核者本人。此方法就是通常所说的自我鉴定，被考核者陈述对自身绩效的看法，他们也的确是最了解自己工作情况的人。自我考核能令被考核者感到满意，抵制少，而且有利于工作的改进。不过自我评价中，本人对考核维度及权重的理解可能与上级不一致，自我考核的评语通常要优于上级的评语。

（4）直属下级。有相当一部分人不太主张运用此法。首先，下级若对上级提出缺点，害怕被记恨而遭报复，所以只报喜不报忧；其次，下级还易于仅从上级是否照顾自己的个人利益去评判其好坏，坚持原则、严格要求、维护企业利益的上级得到的考核结果反而可能不太好。对上级而言，他们常会顾虑由下级来考核自己会削弱自己的威信和奖惩权，而且可能在管理中缩手缩脚，尽量少得罪下级，导致管理工作受损。

（5）外界考核专家或顾问。外界考核专家或顾问有考核方面的专门技术与经验，理论修养也高，而且他们在企业中无个人利害关系，较易做到公正。但这个方法的缺点是成本较高，而且外界考核专家或顾问可能不是被考核专业的内行。

8.5.3 绩效反馈

1. 绩效反馈的内容

一旦界定清楚预期的绩效，并且评价了员工的实际绩效，接下来就需要将绩效信息反馈给员工，帮助他们改进绩效。在面谈与反馈的一开始，就应该将绩效考核的结果明确而委婉地传达给员工。对于上一个绩效周期内的优秀业绩和值得肯定的行为，一定要毫不吝啬地表扬与称赞；但面谈重点应该放在诊断不良业绩上，因为这可能是阻碍员工发展、影响业绩提高的“瓶颈”。具体来说，绩效反馈的内容应包括：正在做的事与应该做的事之间的区别是什么；什么事情能使个人说事情进展得不令人满意；个人现在的技能能否满足所要取得业绩的需要；技能多长时间使用一次；是否有对业绩的固定反馈；准确地说，一个人如何才能知道他做得是否已经足够好；有没有妨碍取得业绩的障碍；个人是否知道工作预期是什么；限制条件，或“马上去做”，或“按我们通常采用的方式去做”等，是否应该要改变；是否可以采取一些办法来减少干扰，哪种解决办法是最好的；找出所有可能的解决办法；是否每种办法着重解决分析中发现的一个或几个问题（如技能不足、缺乏潜力、奖励不正确或精神不佳等）。

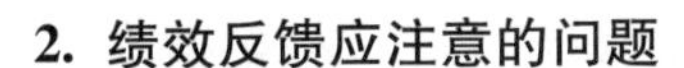

2. 绩效反馈应注意的问题

如果不让员工们意识到他们的工作绩效并没有达到预期要求，那么几乎可以肯定的是，他们的绩效是不会有所改善的。事实上，情况可能会变得更糟。因此，有效的管理者应当以一种能够诱发积极行动反应的方式来向员工提供明确的绩效反馈。下面的这些反馈原则将会有利于增强绩效反馈过程的潜在作用：反馈应当是经常性的，而不应当是一年一次；在评价面谈之前让员工本人先对个人的绩效进行自我评价；鼓励员工积极参与到绩效反馈过程中；通过赞扬肯定员工的有效业绩；把重点放在解决问题上；尽量少批评；制定具体的绩效改善目标，然后确定检查改善进度的日期。

8.6　薪酬管理

8.6.1　薪酬与薪酬管理

1. 薪酬的含义

从渊源上看，薪酬是工资与薪金的统称。薪金又称薪给、薪俸、薪水。工资与薪金的划分纯属习惯上的考虑。如在日本，工资被认为是对工厂劳动者的给予，薪金是对职员的给予；而在我国台湾，薪金、工资统称为薪资。一般而言，劳心者的收入称为薪金，劳力者的收入称为工资。从本质上看，薪金与工资没有本质的区别。目前多数薪酬管理专家喜欢用compensation一词来指代劳动者在企业中获得的各项收益。例如，美国薪酬管理专家米尔科维奇对薪酬的定义是："薪酬是雇员作为雇佣关系中的一方，所得到的各种货币收入以及各种具体的服务和福利之和。"而另一位美国薪酬管理专家马尔托齐奥则将薪酬定义为："是雇员因完成工作而得到的内在和外在奖励。"可见米尔科维奇将薪酬看作是雇主与雇员之间的一种价值交换，并主要局限在经济性薪酬方面；而马尔托齐奥则更多地将薪酬作为企业奖励员工，从而提高对员工的吸引、保留和激励的一种手段和工具来看待，并将薪酬划分为内在薪酬和外在薪酬。内在薪酬是指由于雇员努力工作而受到晋升、表扬或受到重视等，从而产生的工作的荣誉感、成就感、责任感，它是一种心理思维形式；外在薪酬包括货币奖励和非货币奖励。

因此，我们用compensation与中文的"薪酬"一词相对应，将薪酬定义为：雇员从组织中获得的基于劳动付出的各种补偿，包括经济的（Financial）和非经济的（Non-financial）补偿。

2. 薪酬的构成

根据上述对薪酬的定义，薪酬包括经济性薪酬与非经济性薪酬。其中，经济性薪酬又包括直接经济性薪酬和间接经济性薪酬。直接经济性薪酬主要有基本工资（基于职位或基于技能的薪酬）、绩效工资、津贴、奖金、利润分享、股权等。而间接经济性薪酬是指企业向雇员提供的各种福利，如各种保险、补助、优惠、服务和带薪休假等。非经济性薪酬包括工作本身、组织内部工作环境以及组织外部特征为雇员所带来的效用和满足。

在企业薪酬设计中，主要对经济性薪酬进行研究。经济性薪酬包括以下组成部分：

（1）基本工资（Base Pay）。基本工资是企业按照一定的时间周期，定期向员工发放的固定报酬。基本工资主要反映员工所承担的职位的价值或者员工所具备的技能或能力的价值，往往忽视了员工之间的个体差异，即分别是以职位为基础（Pay for Job）的基本工资和以能力为基础（Pay for Competency）的基本工资。有一些薪酬制度把基本工资看作是雇员所受教育、所拥有技能的函数。在国外，基本工资往往有小时工资、月薪和年薪等形式；在我国大多数企业中，提供给员工的基本工资往往是以月薪为主，即每月按时向员工发放固定工资。可基于整个生活水平发生变化或通货膨胀，其他雇员对同类工作的薪酬有所改变，雇员的经验进一步丰富，或其业绩、技能有所提高等，雇主对基本工资一般会做定期调整。

（2）绩效工资（Merit Pay）。绩效工资是根据员工的年度绩效评价的结果而确定的对基础工资的增加部分，因此，它是对员工的优良工作绩效的一种奖励。对它的另一提法是绩效提薪。

（3）激励工资（Incentive Pay）。激励工资也称为奖金或可变工资，是薪酬中根据员工的工作绩效进行浮动的部分。它可以是长期的，也可以是短期的；它可以与雇员的个人业绩挂钩，也可以与雇员的团队或整个公司的业绩挂钩，还可以与个人、团队、公司混合为一体的业绩挂钩。但需要注意的是，奖金不仅要与员工的业绩相挂钩，同时也与员工在组织中的位置和价值有关，它通常等于两者的乘积。

奖金和绩效工资是不同的。一方面，虽然二者对雇员的业绩都有影响，但奖金以支付工资的方式影响雇员将来的行为；而绩效工资侧重于对过去突出业绩的认可。另一方面，绩效工资通常会加到基本工资上去，是对基本工资永久的增加；而奖金是一次性付出，对劳动成本也没有永久的影响。雇员业绩下降时，奖金也会自动下降。

（4）津贴（Allowance）。津贴往往是对员工工作中的不利因素的一种补偿，它与经济学理论中的补偿性工资差别相关。如企业对从事夜班工作的人，往往会给予额外的夜班工作津贴；对于出差的人员，也往往会给予一定的出差补助。但津贴往往并不构成薪酬中的核心部分，它在整个薪酬中所占的比例较小。

（5）福利（Benefit）。福利也是经济性报酬中十分重要的组成部分，而且在现代企业的薪酬设计中占据了越来越重要的位置。在中国企业的市场化改革过程中，为了改变企业办社会的局面，中国企业曾经大幅度削减提供给员工的福利，将福利转变为给予员工的货币报酬，但现在越来越多的企业开始转变观念。

3. 薪酬管理

薪酬管理是指一个组织在经营战略和发展规划的指导下，根据所有员工所提供的服务对他们应当得到的报酬总额以及报酬结构和报酬形式进行确定、分配和调整的过程。在这一过程中，企业必须就薪酬水平、薪酬体系、薪酬结构、薪酬形式以及特殊员工群体的薪酬做出决策，同时，作为一种持续的组织过程，企业还要持续不断地制订薪酬计划、拟定薪酬预算、就薪酬管理问题与员工进行沟通，同时对薪酬系统本身的有效性做出评价并不断予以完善。在这里，我们将企业的薪酬管理决策概括为六类，其中包括薪酬体系、薪酬水平、薪酬结构三大核心决策，以及薪酬形式、特殊群体的薪酬、薪酬管理政策三大支持性决策。

（1）薪酬体系。薪酬体系决策的主要任务是确定企业的基本薪酬以什么为基础。在目前情况下，国际上通行的薪酬体系有三种，即职位或岗位薪酬体系、技能薪酬体系以及能力薪酬体系，其中以职位薪酬体系的运用最为广泛。

（2）薪酬水平。薪酬水平是指企业中各职位、各部门以及整个企业的平均薪酬水平，薪酬水平决定了企业薪酬的外部竞争性。

（3）薪酬结构。薪酬结构是指同一组织内部的不同职位所得到的薪酬之间的相互关系，它涉及的是薪酬的内部一致性问题。

（4）薪酬形式。所谓薪酬形式，是指员工所得到的总薪酬的组成成分。在通常情况下，将薪酬形式划分为直接薪酬和间接薪酬，前者主要是指直接以货币形式支付给员工并且与员工所提供的工作时间有关的薪酬；而后者则包括福利、有形服务等一些具有经济价值却以非货币形式提供给员工的报酬，这些报酬往往与员工的工作时间没有直接的关系。

（5）特殊群体的薪酬。在一个较为复杂的组织里往往会存在着若干不同的员工群体，这种员工群体的划分要么是以管理层次来划分，要么是以职能类型来划分。尽管企业的薪酬目标很可能是向所有的员工群体提供相似或可比的薪酬，但是有些时候不同员工群体之间还是存在着工作目标、工作内容、工作方式以及工作行为等方面的区别，并且这些区别往往是由工作的性质本身决定的。因此，在有些情况下，对不同类型的员工加以薪酬方面的适当的区别，无论是对于企业，还是对于员工，都是有利的。在通常情况下，销售人员、专业技术人员、管理人员尤其是企业的高层管理人员都可以被视为特殊员工群体。

（6）薪酬管理政策。薪酬管理政策主要涉及企业的薪酬成本与预算控制方式以及企业的薪酬制度、薪酬规定和员工的薪酬水平是否保密的问题。薪酬管理政策必须确保员工对于薪酬系统的公平性看法以及薪酬系统有助于组织以及员工个人目标的实现。

4. 薪酬的功能

薪酬的功能是指薪酬作为生产投入和分配的结果，作为市场经济的杠杆和企业的激励机制，在社会经济活动中客观上应当发挥最大的功能。下面将从员工、企业和社会三个方面来介绍薪酬的功能。

（1）员工方面。员工方面主要体现薪酬的补偿功能、激励功能和价值实现功能。

1）补偿功能。薪酬对员工的补偿功能是其最基本的功能。劳动者通过付出劳动来换取薪酬，以满足个人及家庭的基本生活需求，从而实现劳动力的再生产。薪酬对劳动者及其家庭生活所起到的保障作用是其他保障手段无法替代的。在现代社会，员工必须持续地接受教育培训，才能应对产业结构变化和技术更新的挑战。因此，薪酬的功能还应包括满足员工再教育、娱乐及自我开发方面的发展需要。同时，薪酬也应当适应经济发展和员工生活内容不断扩展的需要。

2）激励功能。薪酬与员工的物质利益密切相关，它是根据员工提供的劳动数量与质量、所做出的工作业绩来支付的，具有强大的激励功能。从心理学的角度讲，薪酬作为雇佣合同中的核心部分，可以看作是员工和企业之间的一种心理契约，这种契约通过员工对薪酬状况的感知来影响员工的工作行为、工作态度以及工作绩效，即产生激励作用。经验表明，在其他条件相同的情况下，不能满足员工的合理薪酬期望的企业，很容易出现员工满意度低和流动率高的现象。

3）价值实现功能。薪酬是员工工作业绩的显示器，是对员工工作业绩、综合素质能力的认可和回报，是个人价值实现的重要信号。薪酬水平的高低反映了员工在组织中的地位和作用。薪酬不仅能从物质上保障员工的生存需要，而且还有利于从精神上增强员工对组织的信任感和归属感。

（2）企业方面。对企业来讲，通过对薪酬的管理，有效控制经营成本，改善经营绩效。

1）控制经营成本。一方面，企业为了获得和保留企业经营过程中不可或缺的人力资源，不得不付出一定的代价；另一方面，企业出于对产品或服务市场上竞争压力的考虑，不能不注意控制薪酬成本。劳动力成本在不同行业和不同企业的经营成本中所占的比重各不相同，比如薪酬成本在制造业总成本中的比重很少会低于20%，而在服务业总成本中的比重就更大，往往高达80%～90%。有效地控制薪酬成本对大多数企业的经营具有重大意义。

2）改善经营绩效。企业薪酬制度和管理系统，向员工传递着一种特别强烈的信号，通过这种信号可以让员工了解企业鼓励什么样的行为和态度，从而引导员工的工作行为和工作态度以及最终的业绩朝着企业期望的方向发展。相反，不合理和不公正的规则会导致员工采取不符合企业利益的行为，从而导致企业经营目标难以实现。因此，如何充分利用薪酬这一利器来改善企业的经营绩效，是企业薪酬管理的又一个重大课题。

（3）社会方面。薪酬具有对社会劳动力资源配置的功能。薪酬作为劳动力价格的信号，调节着劳动力的供求和劳动力的流向。当某个地区、某个部门或某种职业、某个工种的劳动力供不应求时，薪酬就会上升，从而促使劳动力从其他地区、部门、单位及工种向紧缺的区域流动，使流入区域劳动力供给增加，逐步趋向平衡；反之亦然。薪酬也影响着人们对于职业和工种的评价，调节着人们择业的愿望和就业的流向。

8.6.2 职位薪酬体系设计

在经济性薪酬中，一个重要的概念是基本薪酬（或者称为基本工资）。基本薪酬是组织按照一定的周期，定期向员工发放的固定报酬。这种薪酬的运用范围较广，而且通常也是员工总收入中最有保障的部分。基本薪酬主要反映员工所承担的职位价值或者员工所具备的技能价值，因此这部分薪酬又可以划分为两种类型：一种是以职位或工作为基础的基本薪酬决定体系；另一种是以人为基础的基本薪酬决定体系，包括技能薪酬体系和能力薪酬体系。

所谓基于职位的薪酬体系，就是首先对职位本身的价值做出客观的评价，然后再根据这些评价的结果来支付承担这一职位工作的人与该职位的价值相当的薪酬的一种基本薪酬决定制度。职位薪酬体系是一种传统的确定员工基本薪酬的制度，它最大的特点是：员工担任什么样的职位，就得到什么样的薪酬。

1. 职位薪酬体系设计流程

基于职位的薪酬体系是依据职位价值来确定薪酬水平的，因此职位薪酬必须建立在职位分析和职位评价的基础上，具体的操作流程如下：

（1）通过职位分析形成职位说明书。职位说明书包括该职位的主要工作职责、业绩标准、任职资格要求、工作条件及工作特征。

（2）在职位分析的基础上进行职位评价。职位评价是建立职位薪酬的最主要的基础和前提。职位评价是通过采用一整套标准化、系统化的评价指标体系，对组织内部各职位的价值进行评价，得到各职位的评价点值，这个评价点值就可以作为该职位基本薪酬水平的主要依据。

（3）在准确界定外部劳动力市场的基础上进行市场薪酬调查。通过对外部市场尤其是竞争者薪酬水平进行调查，并将外部薪酬调查的结果与职位评价的结果相结合，企业就可以制定反映各职位平均市场价值的市场薪酬线。

（4）确定组织的薪酬竞争政策。企业是否完全按照市场薪酬线来确定实际的薪酬水平，取决于企业的薪酬竞争策略。企业的薪酬策略包括领先型、匹配型和拖后型。根据薪酬策略和薪酬政策，企业对市场薪酬线进行修正得到企业的薪酬政策线，从而将职位点值转换为具体的金钱价值。

（5）建立薪酬结构。上述步骤只是确定了每个职位的平均价值以及基准薪酬，企业还要把价值相同或相近的职位归入同一个等级中，为每个职位等级确定一个价值和薪酬区间（或者称为带宽），它包括中点工资、最高工资和最低工资。这样就最终形成了企业的薪酬结构。

（6）建立薪酬结构的管理机制。薪酬结构建立之后，整个企业的薪酬框架就已经基本完成。接下来就需要建立对薪酬结构进行管理的机制。它主要包括两个方面：一是现有人员和新员工如何进入这样的薪酬框架，即人员的入轨机制；二是如何根据业绩、能力和资历的变化及其他因素（比如通货膨胀）对人员的薪酬进行调整。建立管理机制是实现对薪酬的动态调整以及完善薪酬结构的关键。

2. 职位评价的方法

职位评价的方法可以分为以下四种：职位排序法、职位分类法、因素比较法、要素计点法。

（1）职位排序法。职位排序法是最原始、最简单的一种方法。职位排序法是由负责工作评价的人员，凭借自己对企业各项工作的经验认识和主观判断，对各项工作在企业中的相对价值进行整体的比较，并加以排序。职位排序法可分为三种类型：直接排序法、交替排序法和配对比较排序法。

1）直接排序法。直接排序法是指简单地根据职位的价值大小，从高到低或从低到高对职位进行总体上排列的方法。

2）交替排序法。交替排序法是指首先从待评价职位中找出价值最高的一个职位，再找出价值最低的一个职位，然后从剩余的职位中找出价值最高的职位和价值最低的职位，如此循环，直到所有的职位都被排列起来为止的方法。

3）配对比较排序法。配对比较排序法是指首先将每一个需要评价的职位分别与其他职位加以比较，然后根据职位在所有比较中的最终得分来划分职位等级顺序的方法。评分的标准是价值较高者得1分，价值较低者减1分，价值相同者双方得零分。

（2）职位分类法。职位分类法就是通过制定出一套职位级别标准，将职位与标准进行比较，将它们归到各个级别中去。具体操作步骤为：

1）分析职位类型，得到职位描述和职位规范信息。

2）成立一个评估小组对职位进行分类，接下来需要建立一个职位级别体系，确定等级的数量，定义并描述每一个等级。定义和描述每一个等级时要依据一定的要素进行，这些要素可以根据组织的需要来选定。

3）将组织中的各个职位归到合适的级别中去。

（3）因素比较法。因素比较法是一种量化的工作评价方法，是在确定关键职位和付酬因素的基础上，运用关键职位和付酬因素制成关键职位排序表，然后就付酬因素比较待评职位与关键职位，确定待评职位的工资额。其实施步骤为：

1）选择适当的付酬因素。付酬因素一般包括智力、技能、责任、体力、工作环境和劳动条件六方面因素。

2）确定关键职位。选择在企业中涵盖面广，足以代表不同难度的同类型职位，一般选择15～20个，详细描述每个职位的职责和任职资格。

3）将每个主要职位的每个影响因素分别加以比较，按程度的高低进行排序。

4）确定关键职位的工资额。

5）对待评职位就不同付酬因素与关键职位逐一进行比较，并参考关键职位各付酬因素的工资额，确定待评职位在各付酬因素上的工资额。

6）当每个职位的工资额确定以后，按其价值归级列等，编制出职位序列等级表。

（4）要素计点法。要素计点法是目前国内外应用最广泛的一种职位评价方法，是一种定量方法，也称因素计点法、点值法等。其实施步骤为：

1）首先确定职位评价的主要因素。职位评价所选定的因素是与该职位工作任务直接相关的重要因素。次要的、关系不大的、意义重叠的、不易明确界定的、待评职位不含有的及不是职位性而是个人性的因素，应避免纳入量表。

2）根据职位的信念感知和特征，确定各类职位评价的具体项目。

3）确定评价要素时，无论何种性质的职位，应用比较普遍的评价项目一般包括劳动负荷量、工作危险性、劳动环境、脑力劳动紧张疲劳程度、工作繁简程度、知识水平、业务知识、熟练程度、工作责任、监督责任。确定职位评价的主要因素和具体项目之后，为了提高评价的准确程度，还应把各评价要素区分出不同的级别，并赋予一定的点数。

4）对付酬因素指派分数。就是决定对每一付酬因素应指派多少总分及这些分数应在各因素的各等级之间如何分配。

5）对每个职位付酬因素进行打分，评出职位总分数。要素计点法要对付酬因素做逐一评价而不是仅做一次总体性综合评价，并且专家利用定量技术来为每一因素划分等级和分配分数。

6）将职位分数转换为薪酬金额。利用一张表或转换线，便能把职位分数转换为相应的薪酬金额。较常见的不是给每一个职位都确定一个与总分相对应的工资额，而是将所有的职位合理组合，划分成一些职级，给每一个职级指派与其价值相当的薪酬或薪幅，在同一职级中的诸职位按同一工资付酬或在制定的薪酬范围内付酬。

3. 薪酬结构设计

薪酬结构设计的步骤为：

（1）通观被评价职位的点值状况，根据职位评价点数对职位进行排序。

（2）按照职位点数对职位进行初步分组。

（3）根据职位的评价点数确定职位等级的数量及其点数变动范围。

（4）将职位等级划分、职位评价点数与市场薪酬调查数据相结合。

（5）考察薪酬区间中值与市场水平的比较比率，对问题职位的区间中值进行调整。

（6）根据确定的各职位等级或薪酬等级的区间中值建立薪酬结构。一是确定薪酬等级的上下限。薪酬等级的上限和下限分别代表企业愿意支付给该等级职位的最高薪酬和最低薪酬。由上限和下限所决定的区间即为该等级的薪酬区间。上下限之差除以下限，即为薪酬等级的浮动幅度。在确定薪酬结构的过程中，我们一般不直接确定薪酬等级的上限和下限，而是确定该等级的浮动幅度，再根据浮动幅度和中点值计算出薪酬等级的上限和下限。二是确定薪酬等级之间的交叉。交叉指的是较高薪酬等级的薪酬区间与较低薪酬等级的薪酬区间之

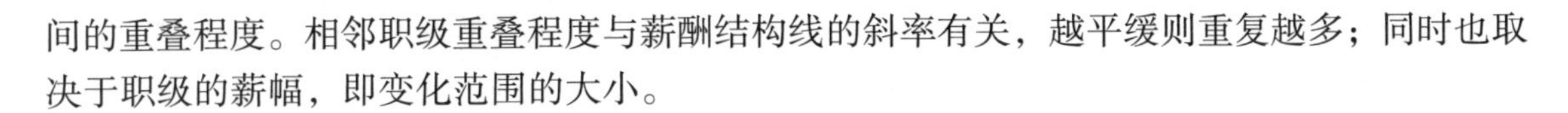

间的重叠程度。相邻职级重叠程度与薪酬结构线的斜率有关，越平缓则重复越多；同时也取决于职级的薪幅，即变化范围的大小。

8.6.3　奖金设计

奖金就是为了奖励那些已经（或超标）实现某些绩效标准的完成者，或为了激励追求者去完成某些预定的绩效目标，而在基本工资的基础上支付的可变的、具有激励性的报酬。简单地说，奖金就是为了奖励完成者和激励追求者所支付的报酬。

1. 绩效工资计划

（1）绩效加薪。绩效加薪是最为常用的一种加薪方式，它体现了对已发生的工作行为或已取得的绩效成果的认可和奖励，它的一个显著特点是增加部分直接加到基本工资中，每一次加薪后基本工资额都获得增长，下一次加薪是在已经增加了的基本工资额的基础上进行的。

（2）一次性奖金。一次性奖金是一种没有累加性的绩效加薪方式。一次性奖金同样强调加薪与绩效评价结果的直接联系，但是在每次加薪时并不增加工资基数，而是在每一次加薪期时按该周期内的绩效评价水平给予一次性的奖金，这部分奖金不累加到基本工资中去，下一次加薪仍然在原来基本工资额的基础上进行。

（3）个人绩效特别奖。个人绩效特别奖是一种针对个人特别突出的优质业绩进行奖励的方式，类似于“个人突出贡献奖”等奖项。其最突出的特点在于这样的奖励具有极强的针对性和灵活性，往往可以通过这种奖项来突破一些基本奖励制度在交付额度、支付周期及支付对象上的局限。它的机制比较简单，即谁做出特别突出的业绩就奖励谁，而且这种奖励往往是一般奖励所难以一次达到的水平。

2. 激励计划

（1）个人激励计划。个人激励计划是用来激励员工个人为实现其绩效目标而运用的一种奖金支付方式。个人激励计划的种类很多，一般包括：针对生产人员的产出激励计划、针对一般管理人员的管理激励计划以及关注员工行为的行为鼓励计划。

（2）团队激励计划。团队激励计划是用于对员工的集体绩效而不是员工个人绩效进行奖励的方式。它的激励对象是群体，这种群体可以是一个团队、一个部门、一个公司的分部，甚至扩大到整个公司。总之，团队激励计划所关注的是群体的整体绩效，目的在于激励人们实现群体绩效目标。团队激励计划的种类大致有这样几种：班组或小团队奖励计划；收益分享计划；利润分享计划；风险收益计划。

3. 组织激励计划

运用于组织全员的组织激励计划就是通过向员工提供股票、股份、股权之类以达到激励目的的持股计划。这类计划通常属于以超过一年的时间为考核、支付周期的长期激励计划。这类计划所支付的激励方式一般包括股票、股份、股权。

8.6.4　员工福利

福利泛指工资、奖金之外的所有待遇，包括社会保险在内。员工福利是组织基于雇佣关系，依据国家强制性法令及相关规定，以组织自身的支付能力为依托，向员工所提供的用以改善其本人和家庭生活质量的各种以非货币工资和延期支付形式为主的补充性报酬与服务。

根据不同的划分标准，员工福利的分类有所不同。根据福利项目的提供是否具有法律的强制性，可以划分为法定福利和自愿性福利。根据福利项目的实施范围，可以划分为全员性福利、特种福利以及特困福利。根据员工对福利项目是否具有可选择权，可以划分为固定福利和弹性福利。

1. 法定福利

法定福利是国家通过立法强制实施的对员工的福利保护政策，包括社会保险、住房公积金及各类休假制度。

（1）养老保险。养老保险又称老年社会保障，是社会保障体系中的一项重要内容。它是指由国家立法强制实施，由社会集中建立基金，在劳动者完成或基本退出劳动生涯后，由国家和社会满足其基本生活需求的社会保障制度。我国根据具体国情，在借鉴国外养老保险制度的基础之上，提出了“社会统筹与个人账户相结合”的基本养老保险模式。这种模式在基本养老保险金的筹集上采用基本养老保险费用的传统筹集模式，即由国家、单位和个人共同负担；基本养老保险基金实行社会互济；在基本养老金的计发上采用结构式计发办法，强调个人账户养老金的激励因素和劳动贡献差别。

（2）医疗保险。医疗保险是指由国家立法规定并采用强制手段，向法定范围的劳动者及其他社会成员提供必要的疾病医疗服务和经济补偿的一种社会化保险机制。基本医疗保险费由用人单位和员工共同缴纳。基本医疗保险基金由统筹基金和个人账户构成。

（3）失业保险。失业保险是指国家通过立法强制实行，由社会机构建立基金，对因失业而暂时中断生活来源的劳动者提供物质帮助的制度。它是社会保障体系的重要组成部分，是社会保险的主要组成项目之一。失业保险与其他险种一样具有普遍性、强制性和互济性的特点。

（4）工伤保险。工伤保险是指国家和社会为在生产、工作中遭受事故伤害和患职业性疾病的劳动者及其亲属提供医疗救治、生活保障、经济补偿、医疗和职业康复等物质帮助的一种社会保障制度。工伤保险由用人单位缴纳，缴纳数额为本单位员工工资总额乘以单位缴费费率之积，员工个人不缴纳任何费用，这是工伤保险与养老、医疗、失业保险的区别之处。

（5）生育保险。生育保险是指当法定范围内的女性劳动者因怀孕、生育子女而暂时丧失劳动能力时，国家和社会为其提供物质帮助、医疗服务及身体恢复条件的一种社会保险制度。生育保险费的具体提取比例由政府根据计划内生育人数、生育津贴、生育医疗费等确定。

（6）住房公积金。住房公积金计划是依据国家的政策法令所建立起来的一项由国家所承办的，单位和个人共同承担缴费责任的强制性住房储蓄计划。住房公积金计划对于企业来说，是一种具有强制性和义务性的缴费计划。企业要承担为员工在住房公积金管理中心办理公积金缴存和支取手续，建立员工个人的住房公积金账户，缴纳住房公积金费用以及每月为员工代扣代缴员工个人住房公积金费用等责任。

2. 带薪休假和单位福利

（1）带薪休假。带薪休假包括公休假日和法定休假日，员工还可享受年休假、探亲假、婚丧假、产假、看护假、计划生育假等。

（2）单位福利。单位福利主要是指各种补充福利计划，如企业补充养老金计划、企业补充医疗保险计划等。企业自行建立企业的补充养老金（企业年金）计划作为退休员工收入（主要是社会养老保险）的一个补充来源，已成为养老保险体系的一个重要支柱。企业可在参加基本医疗保险制度的基础上，建立补充医疗保险，用于对城镇员工基本医疗保险制度支付以外由职工个人担负的医药费用进行的适当补助，以减轻参保职工的医药费负担。

3. 员工福利的设计和管理

员工福利方案的制订包括以下几个步骤：

（1）明确实施福利的目标。组织实施福利管理首先要明确目标，虽然每一个组织的福利管理目标不完全相同，但有些内容是相同的。主要包括：必须符合组织的长远目标；满足员工的需求；符合组织的薪酬政策；满足员工的眼前需求和长远需求；能激励大部分员工；符合组织的经济负担能力；符合政府政策法规的规定。

（2）确定福利总额。确定福利总额是福利管理的重要内容。主要涉及以下几个方面：通过人工费率或附加价值劳动分配率，以及薪酬结构，计算出组织最高可能支付的福利总额；与外部福利水平进行比较，尤其是与竞争对手的福利水平进行比较；做出主要福利项目的预算；估算出每一名员工福利项目的费用；制订书面的员工福利方案计划。

（3）确定福利支付形式和对象。福利的支付形式多种多样，具体形式企业可依具体情况而定。福利的支付对象一般是全体员工，但有时企业也可根据激励的重点对象不同，把正式员工和临时员工分开激励，或者把管理者和一般员工分开激励等。

（4）评价福利措施的实施效果。可以采取福利满意度调查或沟通，具体方法如下：可以用问卷调查的形式对员工福利满意度进行调查反馈和分析；可以找一些典型的员工进行面谈，反馈某一层次或某一类型员工的福利评价及需求。

思 考 题

1. 简述人力资源管理的基本职能（或内容）。
2. 简述人力资源规划系统的内容。
3. 简述工作说明书的主要内容。
4. 如何进行培训需求分析？
5. 简述培训效果评估的方法。
6. 如何应用行为锚定评价量表法与关键绩效指标法？
7. 简述设计基本薪酬的步骤。
8. 简述法定福利政策的具体内容与要求。

第9章

财务管理

财务管理是企业管理的一个组成部分，它是根据财经法规制度，按照财务管理的原则组织企业的财务活动，处理财务关系的一项经济管理工作。财务管理的主要内容包括资产的购置（投资）管理、资本的融通（筹资）管理、经营中现金流量（营运资金）的管理以及利润分配的管理。

9.1 财务管理概述

财务（Finance）就是与资金相关的事务或活动。其中，“财”是指以货币计量的资金的价值；“务”则是指事务或活动。财务管理（Financial Management）是组织财务活动、处理财务关系的一项经济管理工作。

9.1.1 企业财务活动与财务关系

1. 企业财务活动

企业财务活动是指企业资金收支活动的总称。在市场经济条件下，资金是进行生产经营活动的必要条件。企业财务活动可以分为筹资活动、投资活动、经营活动和分配活动四个方面。

（1）筹资活动。筹资活动是指企业在一定时期内根据资金投放和资金运用的需要，通过多种渠道，采取适当的方式筹措、募集所需资金的行为。在筹资过程中，企业必须充分考虑资本成本和筹资风险，以确定适当的筹资规模，选择合理的筹资渠道和筹资方式，确立最佳的资本结构。

（2）投资活动。投资活动是指企业将筹集到的资金投入使用的行为。投资的结果是企业拥有资金的流出，并由此形成一定的资产结构。企业投资是指以收回本金并取得收益为目的，因此，在投资过程中要考虑投资规模是否符合自身的财务能力，尽量规避风险，提高投资效率，选择合理的投资方向和投资方式。

（3）经营活动。企业因日常业务活动而发生的资金流入和流出活动就是资金的日常经营活动。这是企业保持持续经营所必须进行的最基本活动，对企业有重要作用。在企业经营引起的财务活动中，主要涉及的是流动资产和流动负债的管理问题，其中最关键的是加速资金的周转。

（4）分配活动。企业在取得各种收入之后，必然要发生资金的分配活动。伴随着企业

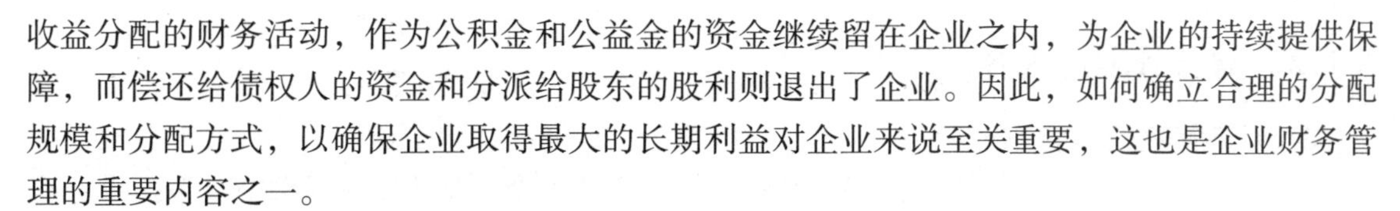

收益分配的财务活动，作为公积金和公益金的资金继续留在企业之内，为企业的持续提供保障，而偿还给债权人的资金和分派给股东的股利则退出了企业。因此，如何确立合理的分配规模和分配方式，以确保企业取得最大的长期利益对企业来说至关重要，这也是企业财务管理的重要内容之一。

2. 企业财务关系

企业财务关系是指企业在组织财务活动过程中与各有关方面发生的经济关系。企业财务关系包括以下几个方面：

（1）企业与投资者之间的财务关系。投资者作为企业的资产所有者，可以参与企业剩余价值的分配，同时也必须承担一定的经营风险。企业与投资者之间的财务关系带有资产的所有权性质，体现了经营权和所有权的关系。

（2）企业与债权人之间的财务关系。企业在获得债务资金后，必须按照约定的利息率及时向债权人支付利息，在债务到期时必须及时偿还本金。这样两者之间的财务关系就带有权利和义务的性质。这种债权与债务关系是建立在契约基础之上的。

（3）企业与受资者之间的财务关系。这是指企业以股票或直接投资的形式向其他企业投资所形成的经济利益关系。企业与受资者之间也体现了所有权性质的投资与受资关系。同时，这也是一种共同承担风险并共同享受剩余收益的关系。

（4）企业与债务人之间的财务关系。这是指企业将其资金以购买债权、提供贷款或商业信用等形式出借给其他单位所形成的经济利益关系。企业有权要求债务人按照合同、协议等规定的利息率以及约定的日期支付利息，按时归还本金。当债权人破产时，企业也有权按相应的地位享有优先求偿权。企业与债务人之间的财务关系也体现了一种债权债务关系。

（5）企业与内部各经济责任主体之间的财务关系。企业内部各经济责任主体以责、权、利相结合的原则为基础，各自执行不同的职能，在相互合作过程中构成一个完整的企业系统。企业只有分清各经济责任主体的经济责任，确认各方责、权、利，制定科学合理的内部岗位责任制，才能真正落实约束与激励措施。

（6）企业与员工之间的财务关系。企业与员工的财务关系体现在两个方面：一方面，企业应该按照员工在生产经营中所提供的劳动数量和质量，向员工支付工资、奖金，还应该为提高其劳动数量与质量而发放津贴和福利等。企业与员工之间的财务关系体现的是各尽所能、按劳分配的关系。另一方面，员工对企业投资，如以购买公司股票的方式、以技术作价出资入股的方式占有公司部分股份。企业与员工的经济关系是企业与投资者之间的财务关系，体现了以权责为依据的收益分配关系。

（7）企业与国家行政管理部门之间的财务关系。政府为企业的生产经营活动提供良好的公共设施条件，创造了公平竞争的市场环境。作为企业应该遵守国家行政管理部门的规章制度，特别是应该按照税法的规定，向国家税务机关及时并足额缴纳各种税款，这是企业对社会应尽的义务。因此，企业与国家行政管理部门之间的财务关系反映了权利与义务关系。

综上所述，企业的财务关系体现了资金运动的实质，而财务活动正是企业资金运动的外在表现。因此，现代企业财务管理人员应该抓住企业财务的本质，协调好各种财务关系。

9.1.2 财务管理的内容及职能

1. 财务管理的内容

企业的财务活动包括筹资、投资、经营和分配活动。企业日常经营活动中既包括投资也包括筹资，而企业的分配活动实质上是企业筹资决策的一部分。因为内部积累是企业非常重要的资金来源，而内部积累的多少取决于企业的利润分配，所以分配活动实际上属于企业的内部筹资问题。因此，企业的财务活动其实就是投资（资产负债表的左方）和筹资活动（资产负债表的右方）。

按资金使用时间的长短，筹资可以分为长期筹资和短期筹资。投资活动也可以分为长期投资和短期投资。由于短期投资和短期筹资密切相连，通常合并在一起讨论，称为营运资本管理。为了更好地理解财务管理活动，通常将财务管理的基本内容分为长期筹资管理、长期投资管理和营运资本管理三部分。

（1）长期筹资管理。长期筹资是指企业筹集生产经营所需要的、使用时间在1年以上的长期资本，包括权益资本和长期债务资本。即对资产负债表右下方有关项目的管理。一般来说，长期筹资管理主要解决以下几个问题：①筹资方式是权益筹资还是长期债务筹资，以及两者的比例关系，即资本结构问题；②具体筹资工具的选择，如企业长期债务筹资是选择长期借款还是长期债券等；③股利分配决策。

（2）长期投资管理。长期投资包括两部分内容：长期证券资产和长期经营性资产。长期证券资产管理主要解决的是如何对长期证券资产进行估值的问题。长期经营性资产管理是指对固定资产投资的管理，通常是通过资本预算方式来实现的，故又称为资本预算或项目投资管理。项目投资管理主要包括以下几个方面的决策内容：①做什么，即投资方向的选择；②做多少，即投资额的确定；③何时做，即投资时机的选择；④怎样做，即以什么样的生产方式和资产形式完成所选定的生产经营活动。企业必须根据股东财富最大化或企业价值最大化的原则，对投资项目进行认真的分析，并做出科学的决策。长期投资管理是对资产负债表左下方有关项目的管理。

（3）营运资本管理。营运资本是指流动资产和流动负债的差额，营运资本管理即对资产负债表上方有关项目的管理。营运资本管理分为营运资本投资管理和营业资本筹资管理两部分。营运资本投资管理主要是制定营运资本投资策略，以及如何对各项具体营运资产（如应收账款和存货等）进行日常管理。营运资本筹资管理主要包括制定营运资本筹资策略以及对各项短期筹资方式（如商业信用和银行信用等）进行管理。

2. 财务管理的职能

财务管理的职能是指财务管理所具有的职责和功能。企业财务管理的基本职能主要有财务分析、财务预测、财务决策、财务计划等。

（1）财务分析。财务分析是以财务报告及其他相关资料为依据，采用一系列专门的分析技术和方法，对企业过去有关筹资活动、投资活动、经营活动、分配活动进行分析。财务分析的目的是为企业及其利益相关者了解企业过去、评价企业现状、预测企业未来、做出正确决策提供准确的信息或依据。

（2）财务预测。财务预测是根据财务活动的历史资料，考虑现实的要求和条件，对未来的财务活动和财务成果做出较为具体的预计和测算的过程。财务预测的目的是测算企业投资、筹资各项方案的经济效益，为财务预测提供依据，预计财务收支的发展变化情况，为编制财务计划服务。

（3）财务决策。财务决策是对财务方案进行比较和分析，并做出决定。财务决策的目的在于确定合理可行的投资或筹资方案，其是对财务预测结果的分析与选择。财务决策是多标准的综合决策，可能既有货币化、可计量的经济标准，又有非货币化、不可计量的非经济标准，因此决策方案往往是多种因素综合平衡的结果。

（4）财务计划。财务计划是以货币的形式协调与安排计划期内的投资、筹资，即财务成果的文件。制订财务计划的目的是为财务管理确定具体量化的目标。财务计划包括长期计划和短期计划。长期计划是指 1 年以上的计划，企业通常制订为期 5 年的长期计划，作为实现企业战略的规划。短期计划是指一年一度的财务预算。

上述财务管理的四项基本职能相互联系，财务分析和财务预测是财务决策和财务计划的基础条件，财务决策和财务计划是财务分析和财务预测的延续。

9.1.3　财务管理的目标

关于企业的财务管理目标，在财务理论界有不少提法，也一直存在一些争论。随着财务经济学的发展和企业管理实践的变革，财务管理的目标也在不断演化，经历了从利润最大化、每股收益最大化、股东财富最大化到企业价值最大化的演变过程。

1. 利润最大化

传统西方经济学认为，企业在追求利润最大化的过程中，必然按照社会经济的需要，有效地组合多种资源，以最小的成本取得一定的收入，或者以一定的成本获得最大的收入。因此，以利润最大化为目标有利于资源的合理配置和社会福利的改善。

在企业财务管理中，片面强调利润最大化目标存在以下缺陷：①没有考虑利润取得的时间，容易造成经营者为追求短期效益而牺牲长远利益的短期行为。②没有反映创造的利润与投入资本额之间的关系。③没有考虑不确定性和风险因素，可能会使财务决策优先选择高风险的项目，给企业带来财务风险；或者为回避风险而放弃风险大、收益也大的项目，从而丧失获利机会。④没有考虑权益资本或自有资本成本，可能就会忽略对权益资本成本的补偿，使财务决策选择有损于股东利益的项目。

2. 每股收益最大化

每股收益也称每股盈余，是税后净利润与普通股股数的比率。每股收益可以反映企业的盈利能力，并且能够在不同资本规模的企业之间进行比较。其优点是克服了利润最大化目标不考虑资本投入的缺点。但从每股收益的计算不难看出，其中的收益指标仍然是会计净利润，因此，每股收益最大化仍然无法避免利润最大化的其他局限性，即缺乏对资金时间价值、风险因素、权益资本成本的考量，不能避免企业的短期行为。

3. 股东财富最大化

股东财富由股票价格和持股数量决定，对于上市公司来说，股东财富最大化也就是股票价格最大化。股票价格主要是由企业未来的预期收益和风险决定的，它几乎包括了影响财务决策的所有因素。股价的高低不仅反映了企业的内在价值，而且反映了各种风险因素和资金的时间价值以及其他复杂因素。采用这一指标主要有以下缺点：①只适合上市公司，很难将其应用于非上市企业；②为了控股或稳定购销关系，不少现代企业采用环形持股的方式，企业之间相互持股，法人股东对股票市场很不敏感，对股价最大化的目标没有足够的兴趣；③只强调股东的利益，可能会损害其他相关利益方的利益；④对于股票上市企业，虽可通过股票价格的变动揭示企业价值，但是股价是多种因素综合作用的结果，在这些影响因素中，有些是不能够通过有效的企业财务管理活动来控制的，把这些不可控因素引入财务管理目标既不合理也不科学。尽管股东财富最大化存在上述缺点，但如果一个国家的资本市场是有效的，证券市场高度发达，市场效率极高，上市企业仍可以把股东财富最大化作为财务管理的目标。但是，应当注意协调所有者与债权人、经营者之间的利益关系，防止经济利益过分地向股东倾斜；还必须坚持长期利益原则，防止追求短期利益的行为。

4. 企业价值最大化

现代企业理论认为，企业是一系列不完全契约的有机集合体，而并不是一个仅由股东创立的组织。契约可以规定所有企业成员都是剩余索取者，但不可能规定所有企业成员都是固定收入索取者。早期，股东是风险的主要承担者，也是企业财富的创造者，因此也就理所当然地拥有企业的剩余索取权。但是，随着专业化程度的不断提高，人力资本的专用性不断增强，经营风险不断增大，企业风险的承担者和财富的创造者由过去单一的股东变成了包括股东在内的所有相关利益方。因此企业不仅要为股东创造财富，也要照顾到相关利益方的利益。显然，股东财富最大化无法满足这一要求，而企业价值最大化有利于企业的长期稳定发展，并促使企业的总价值不断增长，符合包括股东在内的所有相关利益方的利益。企业的相关利益方在评价企业价值时，关注的不是企业已获得的利润水平，而是企业潜在的获利能力。因此，企业价值可以用企业未来预期净收益（通常用净现金流量来表示）的现值之和来衡量。企业价值的最大化有利于体现企业财务管理的目标，更能揭示市场认可的企业价值，而且综合说明了企业未来获利的水平及其时间价值和风险性，因而它比股东财富最大化更适合作为财务管理的目标。

9.2 筹资管理

筹资即筹集资金，是指企业为满足对资金的需要，运用一定的筹集方式，经济有效地筹措资金的一种财务活动。如企业发行股票、发行债券、取得借款、赊购、租赁等。筹资是财务管理的起点和首要任务。企业筹资的总要求是要降低资金成本和筹资风险，保护投资者的利益，提高筹资的综合经济效果。

9.2.1 长期筹资方式

不同的筹资方式，具有不同的筹资特点，适用于不同的情况。企业应当针对自己的实际情况以及所面临的外部资本市场环境，适时地做出筹资方式决策。下面主要介绍各种长期筹资方式的含义、种类，并对其优点和缺点进行分析和评价。

1. 投入资本筹资

企业的资金来源包括权益资本和债务资本。权益资本是企业依法取得并长期稳定拥有、自主调配运用的资本，一定数额的权益资本是企业取得债务资本的必要保证，它一般由资本金和留存收益构成。公司资本金因其组织形式的不同而有不同的表现形式，在股份制公司中称为“股本”，在非股份制公司中则称为“实收资本”。

投入资本筹资是指非股份制公司以协议等形式吸收国家、其他企业、个人和外商等直接投入的资本，形成公司投入资本的一种筹资方式。投入资本筹资不以股票为媒介，它是非股份制公司筹集权益资本的一种基本方式。公司通过投入资本筹集的资金主要有以下四种：国家直接投资形成公司的国有资本金；其他企业、事业单位等法人的直接投资形成公司的法人资本金；城乡居民和本企业内部员工的直接投资形成公司的个人资本金；外国投资者的直接投资形成公司的外商资本金。

投入资本筹资是我国公司筹资中最早采用的一种方式，也曾是我国国有企业、集体企业、合资或联营企业普遍采用的筹资方式。投入资本筹资具有以下优点：

（1）投入资本筹资所筹集的资本属于公司的权益资本，与债务资本相比，它能提高公司的资信和借款能力。

（2）投入资本筹资能够直接获得所需的现金、先进设备和先进技术，能尽快地形成生产经营能力。

（3）投入资本筹资的财务风险较低。

投入资本筹资具有以下缺点：

（1）投入资本筹资通常资本成本较高。

（2）投入资本筹资由于没有证券为媒介，产权关系有时不够明晰，也不便于产权的转移变动。

2. 发行普通股筹资

股票是股份公司发给股东用来证明其在公司投资入股的权益凭证，包括普通股和优先股。普通股是股份有限公司发行的无特别权利的股份，它构成了股份有限公司的资本基础。普通股股东享有作为股东的全部权利并负有全部义务。优先股是较普通股有某些优先权利的股份，如领取股息优先、分配剩余资产优先等。优先股股东一般不具有表决权或表决权的行使受到限制。

（1）普通股票筹资的优点。与其他筹资方式相比，利用普通股筹资具有以下优点：

1）发行普通股筹资具有永久性，无到期日，不需归还。这对保证公司资本的最低需要、维持公司稳定发展极为有益。

2）普通股筹资没有固定的股利负担。股利的支付与否和支付多少，视公司有无盈利和经营需要而定，经营波动给公司带来的财务负担相对较小。

3）利用普通股筹资的风险小。由于普通股筹资没有到期还本付息的压力，所以不存在还本付息的风险。

4）普通股筹集的资本是公司最基本的资金来源，它反映了公司的实力，可作为其他方式筹资的基础，尤其可为债权人提供保障，增强公司的举债能力。

5）由于普通股的预期收益较高，并可一定程度地抵消通货膨胀的影响（通常在通货膨胀期间，不动产升值时普通股也随之升值），因此普通股筹资容易吸收资金。

（2）普通股票筹资的缺点

1）普通股的资本成本较高。首先，从投资者的角度来讲，投资于普通股风险较高，相应地要求较高的投资报酬率。其次，对于筹资公司来讲，普通股股利从税后利润中支付，因而不具有抵税作用。另外，普通股的发行费用一般也高于其他证券。

2）普通股筹资会增加新股东，这可能会分散公司的控制权。此外，新股东分享公司未发行新股前积累的盈余，且会降低普通股的每股净收益，从而可能会引发股价的下跌。

3. 发行债券筹资

债券是债务人为筹集债务资本而发行的约定在一定的期限内向债权人还本付息的一种有价证券。发行债券是企业长期债权筹资的一种重要方式。在我国，非公司制企业发行的债券称为企业债券，股份有限公司和有限责任公司发行的债券称为公司债券。公司发行债券通常是为其大型投资项目一次性地筹集大额长期资本。

（1）债券的特点

1）债券代表一种债权、债务关系。公司债券主要通过规定的时间、办法等来确定发行人和持有人双方的权利、义务与责任。因此，利用债券所筹集的资本属于借入资本，必须还本付息。

2）债券具有分配上的优先权。债券持有人有按期收取利息的权利，在发行公司破产清算时，债券持有人的求偿优先于股东，这就使债券投资风险小于股票。

3）债券持有人是债权人。债券持有人只是公司的债权人而不是所有者，因而无权参与公司的决策活动。

4）可转换债券可按规定转换为股票。这一特点增加了债券筹资与投资双方选择的多样性和灵活性。

（2）债券筹资的优点。利用债券筹资的优点主要表现在以下方面：

1）筹资成本较低。与股利相比，公司债券的利息费用属于正常经营费用，允许在税前支付，发行公司可享受扣减所得税的优惠，公司实际负担的债券筹资成本一般低于股票筹资成本。

2）可灵活地利用财务杠杆。无论发行公司盈利多少，债券持有人一般只收取固定的利息，而更多的收益可用于公司经营或分配给股东，从而增加股东和公司的财富。

3）可确保股东对公司的控制权。债券持有人既不能享受公司超额盈余的分配，也无权参与发行公司的经营管理决策。因此，公司发行债券不会分散股东对公司的控制权。

4）便于调整资本结构。在公司发行可转换债券以及可提前赎回的情况下，可以起到调节资本结构的作用。

（3）债券筹资的缺点

1）财务风险高。债券有固定的到期日，并需要定期支付利息，债券发行公司必须承担到期还本付息的义务。即使在公司经营不景气时，也必须无条件地向债券持有人还本付息，这就给公司带来更大的财务困难，有时甚至导致破产。

2）限制条款较多。发行债券的受限条款一般要比长期借款、租赁筹资等严格得多，从而有可能限制公司财务活动应有的灵活性，甚至会影响公司未来的筹资能力。

3）筹资数量有限。公司利用债券筹资一般会受到一定额度的限制，许多国家对此都有明确的限定。我国《公司法》规定，发行公司流通在外的债券累计总额不得超过公司净资产的40%。

4. 长期借款筹资

长期借款是指公司向银行等金融机构以及向其他单位借入的、期限在一年以上的各种借款，主要用于购建固定资产和满足流动资产长期占用的需要。取得长期借款是各类公司筹集长期债权资本所使用的必不可少的筹资方式。

（1）长期借款筹资的优点

1）融资速度快。长期借款筹资相比发行股票和债券，手续简单、得到借款所花费的时间短。

2）借款弹性大。借款时公司与银行直接接触交涉，有关条件可谈判确定；用款期间发生变动，也可与银行再协商。而债券融资所面临的是社会广大的投资者，协商改善融资条件的可能性很小。

3）借款成本较低。长期借款的利息可以计入公司的财务费用，因此，借款利息可起到抵税作用。此外，长期借款利率一般低于债券利率，且由于借款属于直接筹资，筹资费用较少。

4）具有财务杠杆作用。公司利用长期借款筹资，会提高公司负债资金的比例，改变公司原有的资本结构。在公司的投资报酬率大于借款利率时，能使公司获取超过借款利息的超额利润，提高公司的每股净收益。

（2）长期借款筹资的缺点

1）增加公司的财务风险，降低公司偿债能力的等级。

2）由于长期借款合同中有许多限制性条款，公司必须严格遵循，以至于可能会对公司今后的筹资和投资活动产生影响。

3）长期借款的数量往往也较为有限，它受到贷款机构本身贷款能力的制约，而不像发行股票那样能筹集到数额巨大的资金。

5. 混合性筹资

公司在筹资过程中发行的证券，有的基本性质是股票，但又具有债券的某些特点；有的基本性质是债券，但又可以转化为股票。这种具有债权和股权双重性质的筹资活动，称之为混合性筹资，主要有发行优先股、发行可转换债券和认股权证等形式。

（1）发行优先股筹资。优先股是相对普通股而言的，是较普通股具有某些优先权利，同时也受到一定限制的股票。优先股股东比普通股股东享有一些优先权利，主要表现在：一是优先分配股利；二是优先分配剩余财产。

（2）发行可转换债券筹资。可转换债券有时简称为可转债，是指由公司发行并规定债券持有人可在一定期限内按约定的条件，将其转换为公司股票的债券。它兼有公司债券和普通股票的双重性质。

（3）发行认股权证筹资。认股权证是附在新发行的证券上的一种权利证书。它规定认股权证持有者有权在规定期限内以特定价格优先购买一定数量的普通股股票。发行认股权证通常是为了吸引投资者购买公司债券或优先股票。投资者在购买公司债券或优先股票时可同时获得认股权证。认股权证通常用来改善公司的筹资条件，它在不同情况下被大小公司所采用。比如，实力雄厚的大公司可销售附有认股权证的债券，其目的是能够以较低的利率出售债券。

9.2.2 长期筹资决策

1. 资本成本

资本成本是筹资决策与投资决策之间的桥梁，是公司财务活动中的一个重要概念。在筹资决策时，资本成本是选择资金来源、决定筹资方式的主要依据。在投资决策时，资本成本是评价和决定投资项目取舍的主要指标，投资项目的投资收益率只有高于其资本成本率，经济上才是合理的。

（1）资本成本的基本概念。资本成本是指企业为筹集和使用资本而付出的代价，由筹资费用和用资费用两部分组成。

筹资费用是企业在筹集资金的过程中支付的各种费用，如发行股票、债券支付的发行费用，向金融机构支付的借款手续费等；用资费用是因占用资金而支付的费用，如向股东分配的股利，向债权人支付的利息。筹资费用和用资费用是企业的经常性开支，是一项变动性的资本成本，因而构成了资本成本的主要内容。

资本成本在使用时以相对数来表示，即采用资本成本率表示筹集资金所付出的代价。如果不考虑资金的时间价值，则资本成本率是用资费用与有效筹资额之比。如果考虑资金的时间价值，则资本成本率是与筹资总额、筹资费用及用资费用等有关的现金流量的净现值等于零时的贴现率。

（2）常用的资本成本率。常用的资本成本率有以下几种：个别资本成本率、综合资本成本率、边际资本成本率。

1）个别资本成本率。个别资本成本率是用资费用与有效筹资额之间的比率。其基本的计算公式为

$$\text{资本成本率} = \frac{\text{资金使用费用}}{\text{筹资总额} - \text{筹资费用}} \times 100\% = \frac{\text{资金使用费用}}{\text{筹资总额} \times (1 - \text{筹资费用率})} \times 100\%$$

式中的筹资费用率，是指筹资费用占筹资总额的比率。

① 长期借款成本率。长期借款的筹资费用主要是借款手续费，一般很小，可忽略不计，因此企业长期借款的成本率可按下式计算

$$K_L = \frac{I_L(1-T)}{L(1-F_L)} \approx \frac{I_L(1-T)}{L} = R_L(1-T)$$

式中　K_L——长期借款成本率；

I_L——长期借款年利息；

T——企业所得税税率；

L——长期借款筹资额，即借款本金；

F_L——长期借款筹资费用率；

R_L——长期借款年利率。

② 债券成本率。债券成本率的计算公式为

$$K_b = \frac{I_b(1-T)}{B(1-F_b)}$$

式中　K_b——债券成本率；

I_b——债券年利息；

T——企业所得税税率；

B——债券筹资额，按发行价格计算；

F_b——债券筹资费用率。

企业发行债券的利息和长期借款的利息都是在所得税前支付的，这样企业实际上就少缴

了部分所得税。

③ 优先股成本率。企业发行优先股，需定期支付股利，花费筹资费用。优先股成本率的计算公式为

$$K_p = \frac{D_p}{P_p(1 - F_p)}$$

式中 K_p——优先股成本率；

D_p——优先股年股利；

P_p——优先股筹资额，按发行价格计算；

F_p——优先股筹资费用率。

④ 普通股成本率。普通股的股利一般不固定，通常是逐年增长的。普通股成本率的计算公式为

$$K_c = \frac{D_c}{P_c(1 - F_c)} + G$$

式中 K_c——普通股成本率；

D_c——普通股第一年的股利；

P_c——普通股筹资额，按发行价格计算；

F_c——普通股筹资费用率；

G——普通股股利年增长率。

⑤ 留用收益的资本成本率。在企业向债权人支付利息和向优先股股东支付股利后，企业的剩余收益归普通股股东所有，而留存收益是股东的剩余收益，以再投资的方式留存在企业内部，实质上是普通股股东对企业的追加投资。因此，留存收益的普通股资本成本率是股东要求的收益率。它的确定方法与普通股基本相同，只是不考虑筹资费用。

2）综合资本成本率。企业从不同来源取得的资金，其成本是不同的。由于各种条件的限制，企业不可能只从某种资本成本较低的来源筹集资金，因此一个企业总的资本成本也不可能由单一的资本成本确定，而要计算企业全部资金来源的综合资本成本，也称加权平均资本成本。加权平均资本成本率的计算公式为

$$K_0 = \sum_{j=1}^{n} W_j K_j$$

式中 K_0——加权平均资本成本率；

W_j——第 j 种资金来源所占的比重；

K_j——第 j 种资金来源的资本成本率；

n——资金来源的种数。

3）边际资本成本率。综合资本成本率是企业过去筹集的或目前使用的资金的成本率。综合资本成本率不是一成不变的，它会随时间的推移或筹资条件的变化或筹资额的变化而不断变化。因此，企业不可能以某一固定的资本成本率来筹集所需的资金，当筹集的资金超过某一限额时，原来的资本成本率就会增加。企业进行筹资决策时，不能只考虑目前所使用的资本成本率，还要考虑追加筹资时的资本成本率，这就要用到边际资本成本率的概念。边际资本成本率是指每增加一个单位资金而增加的成本，也就是企业在追加筹资时的加权平均资本成本率。

2. 杠杆效应

杠杆效应是指由于固定成本费用的存在，当企业的业务量发生较小幅度的变动时，利润将发生较大幅度的变动。而企业的投融资活动将直接影响固定成本费用的水平，进而影响企业的利润变动情况。所以，杠杆效应是影响企业投融资决策的一个重要因素。杠杆效应分为经营杠杆和财务杠杆。经营杠杆是由与生产经营活动相关的固定性经营成本引起的，财务杠杆是由固定性的融资成本引起的。经营杠杆和财务杠杆可以分别衡量企业经营风险和财务风险的大小。杠杆的风险和收益是研究资本结构理论时需要考虑的问题，也是企业资本结构决策的一个基本因素。

（1）经营风险和财务风险

1）经营风险。经营风险又称营业风险，是指企业生产经营活动的固有风险，即由生产经营活动而产生的未来预期收益的不确定性或可能的波动程度。经营风险是企业生产性投资活动的结果，其大小取决于企业经营活动的性质，是企业生产经营活动的固有风险、内在风险，和企业筹资活动无关，即和企业的资本结构无关。影响企业经营风险的因素很多，有市场因素、企业因素、固定成本的比重和行业因素等。这些因素从不同角度影响着企业的经营风险。根据经营风险的概念，通常用营业利润（EBIT）作为经营风险中的未来预期收益的度量指标。

$$\mathrm{EBIT} = S - \mathrm{TC} = \mathrm{SP} \times Q - \mathrm{VC_u} \times Q - \mathrm{FC} = (\mathrm{SP} - \mathrm{VC_u}) \times Q - \mathrm{FC}$$

式中 S——营业收入；

TC——总成本；

SP——销售单价，假设单价固定不变；

Q——销售量；

$\mathrm{VC_u}$——单位变动成本；

FC——总固定成本；

$\mathrm{SP} - \mathrm{VC_u}$——单位边际贡献。

2）财务风险。财务风险是指由于企业采用债务或是优先股等需要支付固定财务费用的筹资方式所增加的公司普通股收益的风险，而这种风险最终是由普通股股东来承担的，即普通股股东的收益因企业的筹资方式而变得不确定。根据财务风险的概念，通常用每股收益（EPS）来衡量财务风险中普通股股东的收益。

$$\mathrm{EPS} = \frac{(\mathrm{EBIT} - I)(1 - T) - D_\mathrm{p}}{N}$$

式中 EBIT——息税前利润；

I——债务利息；

D_p——优先股年股息；

T——企业所得税税率；

N——普通股股数。

影响财务风险的因素很多，主要有资本规模的大小、负债筹资的比重大小、债务利率的大小和息税前利润的大小。在以上影响财务风险的各因素中，资本规模和债务比重是企业可以控制的。而在资本规模一定的条件下，企业可以通过合理、适度的负债筹资，使得财务杠杆所获得的正面效应抵消风险带来的负面效应。

（2）经营风险与经营杠杆（$Q\rightarrow$EBIT）。经营杠杆又称为营业杠杆，是指由于固定性经营成本费用的存在而使得息税前利润的变动幅度大于产销量（或营业收入）的变动幅度。即由于固定经营成本费用的存在，当产销量发生较小变动时，企业的息税前利润会产生比较大的变动。

经营杠杆具有放大企业销售量（营业收入）变化对息税前利润变动程度的作用，这种影响程度可以评价企业经营风险的大小。经营杠杆效应的大小可以用经营杠杆系数（DOL）来衡量。

$$\mathrm{DOL}=\frac{\text{息税前利润变动百分比}}{\text{销售量变动百分比}}$$

或

$$\mathrm{DOL}=\frac{\text{息税前利润变动百分比}}{\text{营业收入变动百分比}}$$

经营杠杆系数越大，表明经营杠杆作用越大，经营风险也就越大。相应地，经营杠杆系数越小，表明经营杠杆作用就越小，经营风险也就越小。

经营杠杆系数应当被看作是对“潜在风险”的衡量，这种潜在风险只有在销售和成本水平变动的条件下才会被“激活”。经营杠杆有助于企业管理层在控制经营风险时，不是简单考虑固定成本的绝对量，而是关注固定成本与盈利水平的相对关系。企业一般可以通过增加销售额、降低产品单位成本、降低固定成本比重等措施使经营杠杆系数下降，降低经营风险，但这往往要受到条件的制约。

（3）财务风险与财务杠杆（EBIT→EPS）。财务杠杆是指企业在筹资活动中采用债务或优先股的方式筹资而产生的债务利息或优先股股息等固定性财务费用，使得企业每股收益的变动幅度大于息税前利润变动幅度的现象。它反映了净利润与息税前利润之间的关系。

财务杠杆具有放大企业每股收益变化对息税前利润变动程度的作用，这种影响程度可以评价企业财务风险的高低。财务杠杆效应的大小可以用财务杠杆系数（DFL）来衡量。即

$$\mathrm{DFL}=\frac{\text{每股收益变动百分比}}{\text{息税前利润变动百分比}}$$

$$\mathrm{DFL}=\frac{\Delta\mathrm{EPS}/\mathrm{EPS}}{\Delta\mathrm{EBIT}/\mathrm{EBIT}}$$

财务杠杆系数越大，表明财务杠杆作用越大，财务风险也就越大。相应地，财务杠杆系数越小，表明财务杠杆作用就越小，财务风险也就越小。

1）已知息税前利润（EBIT），财务杠杆系数的计算公式为

$$\mathrm{DFL_{EBIT}}=\frac{\mathrm{EBIT}}{\mathrm{EBIT}-I-D_{\mathrm{p}}/(1-T)}$$

式中 EBIT——变动前的息税前利润；

I——变动前的债务利息；

D_{p}——变动前的优先股股息；

T——企业所得税税率。

2）已知产销量 Q，财务杠杆系数的计算公式为

$$\mathrm{DFL}_q=\frac{Q(\mathrm{SP}-\mathrm{VC_u})-\mathrm{FC}}{Q(\mathrm{SP}-\mathrm{VC_u})-\mathrm{FC}-I-D_{\mathrm{p}}/(1-T)}$$

式中 Q——变动前的产销量；

I——变动前的债务利息；

D_p——变动前的优先股股息；

T——企业所得税税率。

根据公式可总结出以下关于财务杠杆效应的结论：当固定性财务费用（I，D_p）等于零时，企业不存在财务杠杆，因此财务杠杆是可以选择的；在总资本、息税前利润确定的情况下，企业的固定性财务费用越大，财务杠杆系数就越大，财务风险也就越大；除了固定财务费用会影响财务杠杆系数的大小以外，资本规模、资本结构、债务利率、息税前利润的变动等因素同样会影响杠杆系数的大小。

（4）总杠杆。经营杠杆和财务杠杆的共同作用即为总杠杆，也称为联合杠杆或复合杠杆。它表明销售量或销售额的变动对税后利润或每股收益的影响。在综合杠杆的作用下，企业销售量或销售额的较小变动就会引起税后利润或每股收益的较大幅度变动。其影响过程如下：销售量或销售额通过经营杠杆影响息税前利润，而息税前利润则通过财务杠杆影响每股收益，由此，销售量或销售额最终就会影响每股收益。

总杠杆作用的大小可以用总杠杆系数（DTL）来衡量。总杠杆系数是指企业税后利润率或每股收益变动率相对于销售量或销售额变动率的倍数，反映的是销售变动导致的每股收益变动的幅度，它是经营杠杆和财务杠杆的乘积。其计算公式为

$$\mathrm{DTL}=\mathrm{DOL}\times\mathrm{DFL}=\frac{Q(\mathrm{SP}-\mathrm{VC_u})}{Q(\mathrm{SP}-\mathrm{VC_u})-\mathrm{FC}-I-D_p/(1-T)}$$

或

$$\mathrm{DTL}=\mathrm{DOL}\times\mathrm{DFL}=\frac{\mathrm{EBIT}+\mathrm{FC}}{\mathrm{EBIT}-I-D_p/(1-T)}$$

由上面公式可知，总杠杆的大小取决于经营杠杆和财务杠杆的大小，其本质上是由营业利润、固定经营成本和固定筹资成本（负债利息以及优先股股息）三个因素共同决定的。

企业的总风险是指在经营风险和财务风险共同作用下，普通股每股收益的不确定性，即企业的总风险包括经营风险和财务风险。总杠杆系数是对总风险大小的衡量。在其他因素不变的情况下，总杠杆系数越大，总风险就越大；反之，则越小。

为了达到某一可以接受的总杠杆水平，企业可以有不同的经营杠杆和财务杠杆的组合。企业可以结合自身的实际情况做出正确的决策。比如，经营风险大的企业可以通过降低负债或优先股筹资比重来降低财务风险，从而降低总风险；而经营风险较低的企业则可以适当提高负债或优先股筹资比重，以获得一定程度上的财务杠杆利益。当然，在选择经营杠杆与财务杠杆的组合时，应以企业或股东的价值最大化为目标，在风险和收益之间进行权衡。

3. 资本结构决策

资本结构是以债务、优先股和普通股权益为代表的企业各种资本的构成及其比例关系。本书将主要使用狭义资本结构的概念，即资本结构是指各种长期资本来源的构成和比例关系。衡量资本结构的目的在于通过一定的指标反映一个企业的资本结构如何，以便人们直接从该指标上判断该企业的资本结构状况。资本结构的衡量可以采用两种方法，即长期负债占所有者权益的比率和长期负债占资产总额的比率。适当利用负债可以降低企业的资本成本，但当债务比率过高时，杠杆利益会被债务成本抵销，公司将面临较大的财务风险。因此，企

业应通过分析、比较和选择资本中债务资本与权益资本的比例关系，确定企业的最优资本结构，这是筹资管理中的重要问题。

最优资本结构是指在一定时期最适宜的条件下，加权平均资本成本最低而企业价值最大时的资本结构。由于每个企业都处于不断变化的经营条件和外部经济环境中，使得确定最佳资本结构十分困难。通常情况下，企业可以采用比较资本成本法、每股收益无差别点法和比较公司价值法来确定最优资本结构。

（1）比较资本成本法。比较资本成本法是指在不考虑各种筹资方式在数量与比例上的约束以及财务风险差异时，通过计算各种基于市场价值的长期筹资组合方案的加权平均资本成本，并根据计算结果选择加权平均资本成本最小的筹资方案，确定其为相对最优的资本结构，此时公司价值最大。比较资本成本法的优点在于原理简单，计算过程也不复杂，是一种比较便捷的方法。但实际上，企业追求的实质是企业价值最大化，而该方法仅以加权平均资本成本为决策标准，没有具体测算财务风险因素。因此，比较资本成本法一般适用于资本规模较小、资本结构较为简单的非股份制企业。

（2）每股收益无差别点法。所谓每股收益无差别点，是指每股收益不受筹资方式影响的销售水平，可以用销售额表示，也可以用息税前利润表示。即当销售水平或息税前利润在无差别点时，无论采用债务融资还是权益融资都具有相同的每股收益。但是，当预计销售额超过无差别点时，由于财务杠杆的正效应，采用债务融资方式下的每股收益将高于采用权益融资方式下的每股收益，这种情况适合采用债务融资方式筹资；反之，当预计销售额低于无差别点时，由于财务杠杆的负效应，采用债务融资方式下的每股收益将低于采用权益融资方式下的每股收益，这种情况适合采用权益融资方式筹资。显然，基于每股收益无差别点法的判断原则是比较不同融资方式能否给股东带来更大的净收益。即在该方法下，能提高每股收益的资本结构是合理的；反之则不够合理。

可见，每股收益无差别点法是指在假设企业的每股收益取决于该企业息税前利润及其所选择资本结构的基础上，对企业筹资方案进行选择的方法。因为息税前利润所代表的是经营活动本身的获利能力，不考虑财务政策对收益的影响，每股收益则是综合反映经营活动和财务活动的业绩指标。

根据每股收益无差别点的定义，有 $\mathrm{EPS}_1=\mathrm{EPS}_2$，即能够满足下列条件的销售额 S 或息前税前利润 EBIT 就是每股收益无差别点。

$$\frac{(S-\mathrm{VC}-\mathrm{FC}-I_1)(1-T)-D_{\mathrm{p1}}}{N_1}=\frac{(S-\mathrm{VC}-\mathrm{FC}-I_2)(1-T)-D_{\mathrm{p2}}}{N_2}$$

$$\frac{(\mathrm{EBIT}-I_1)(1-T)-D_{\mathrm{p1}}}{N_1}=\frac{(\mathrm{EBIT}-I_2)(1-T)-D_{\mathrm{p2}}}{N_2}$$

式中 I_1、I_2——两种筹资方式下的年利息额；

D_{p1}、D_{p2}——两种筹资方式下的年优先股股息；

N_1、N_2——两种筹资方式下流通在外的普通股股数。

在筹资分析时，当销售额（或息前税前利润）大于每股收益无差别点的销售额（或息前税前利润）时，运用负债筹资可获得较高的每股收益；反之，当销售额低于每股收益无差别点的销售额时，运用权益筹资可获得较高的每股收益。

每股收益无差别点法为企业管理层提供了一个在某一特定预期盈利水平选择筹资方式的

分析方法，测算原理比较容易理解，测算过程较为简单。它以普通股每股收益最高为决策标准。但该方法没有考虑负债增加所导致的财务风险的增加。其决策目标实际上是股东财富最大化或股东价值最大化，而不是企业价值最大化。财务人员在使用每股收益无差别点法判断筹资方式的合理性时，还应加强对企业偿债能力和未来现金收益的分析。因此，每股收益无差别点法可用于资本规模不大、资本结构不太复杂的股份有限公司。

（3）比较公司价值法。比较公司价值法是在充分反映公司财务风险的前提下，以公司价值的大小为决策标准，确定公司最优资本结构的方法。比较公司价值法是根据有关资料，通过逐步测试，比较不同资本结构下公司的总价值来确定最优资本结构的一种分析方法。

1）公司价值的计算。衡量公司价值最合理的方法是，公司价值 V 等于其长期债务（长期借款和长期债券）的现值 B 加上其股票的市场价值 S。计算公式为。

$$V=B+S$$

为简化计算，假设长期债务的现值等于其面值（或本金），股票的现值等于公司未来的净收益按股东要求的报酬率折现。同时，假设公司的经营利润永续且零增长，股东要求的回报率不变。股票的市场价值 S 的计算公式为

$$S=\frac{(\mathrm{EBIT}-I)(1-T)-D_{\mathrm{p}}}{K_{\mathrm{s}}}$$

式中　S——股票的市场价值；

EBIT——息税前利润；

I——年利息额；

T——企业所得税税率；

D_{p}——优先股股利；

K_{s}——普通股资本成本。

2）普通股资本成本的计算。考虑到公司筹资风险的影响，普通股资本成本可以通过资本资产定价模型来计算。其计算公式为

$$K_{\mathrm{s}}=R_{\mathrm{s}}=R_{\mathrm{f}}+\beta(R_{\mathrm{m}}-R_{\mathrm{f}})$$

式中　K_{s}——普通股资本成本；

R_{s}——普通股投资者要求的必要报酬率；

R_{f}——无风险报酬率；

R_{m}——市场组合的必要报酬率；

β——股票的系统风险。

3）公司加权平均资本成本的计算。采用比较公司价值法确定公司最优资本结构，当公司价值最大时，公司加权平均资本成本也应该是最低。一般来说，负债、优先股和普通股是大多数企业筹资的主要方式，因此，通常按以下公式计算加权平均资本成本。

$$K_{\mathrm{WACC}}=\frac{D}{V}K_{\mathrm{d}}(1-T)+\frac{P}{V}K_{\mathrm{p}}+\frac{S}{V}K_{\mathrm{s}}$$

式中　D、P、S——分别为长期债务资本、优先股资本、普通股资本；

V——公司价值；

K_{d}、K_{p}、K_{s}——税前债务资本成本、优先股资本成本、普通股资本成本。

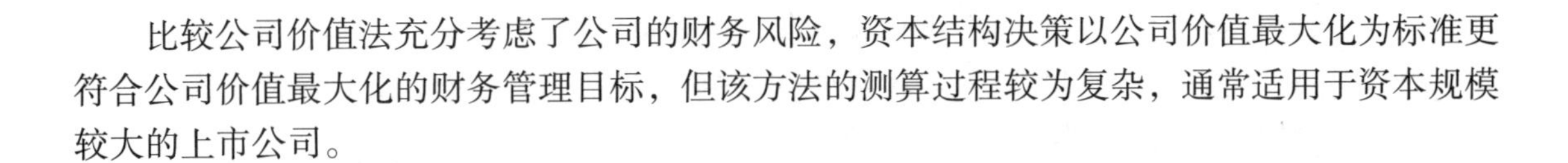

比较公司价值法充分考虑了公司的财务风险，资本结构决策以公司价值最大化为标准更符合公司价值最大化的财务管理目标，但该方法的测算过程较为复杂，通常适用于资本规模较大的上市公司。

9.3 投资项目评价

投资项目评价也称作资本预算，其实质就是比较长期经营性投资项目的未来收益和投资项目成本，并评价投资项目能否为投资者带来资本的增值。与资本投资有关的项目主要包括厂房的新建、扩建、改建；设备的购置和更新；资源的开发和利用；现有产品的改造；新产品的研制与开发等。最具一般意义的是固定资产的购建或更新的投资项目。根据以上投资项目之间的相互关系，可以将投资项目分为独立项目和互斥项目。投资项目具有投资数额大、作用时间长、不经常发生、投资风险大等特点。企业进行项目投资的完整过程一般包括投资项目的提出与筛选、评价与决策、实施与控制、事后审计与评价四个阶段。

9.3.1 投资项目的现金流量分析

投资项目作为企业的一项预付成本，首先表现为现金流出，并以该项目投入运营后所取得的预期收益进行补偿，而这种预期收益最终表现为现金的流入。在投资项目整个寿命期内资金运动的全过程可以用现金的流入和流出来描述。因此，投资项目的现金流量是决定项目是否可行的关键因素之一，对投资项目现金流量的分析是资本投资决策的基础。

1. 现金流量的概念

在投资项目决策中，现金流量是指一个投资项目从筹划到投产直至报废的整个寿命期内各年的现金流入量和流出量。投资项目中的“现金”概念有别于会计中的现金，它不仅包括各种货币资金，还包括投资项目需要企业投入的非货币资源的变现价值。按照现金流动的方向，投资项目活动的现金流量可以分为现金流入量、现金流出量和现金净流量。

（1）现金流出量。投资项目的现金流出量是指投资项目所引起的整个寿命期内企业现金支出的增加额。通常包括以下内容：

1）项目的建设投资支出。项目的建设投资支出是指在建设期内按投资设计方案进行的固定资产、无形资产和开办费等投资的总和。

2）垫支的营运资本投资。营运资本投资是指当投资项目形成了生产能力而需要在流动资产上追加的投资。由于企业扩大了生产能力，存货和应收账款等流动资产规模也随之扩大，需要追加投入日常营运资本。企业需要追加的营运资本，也是由投资项目引起的，应列入该投资项目的现金流出量。

3）相关的经营支出。投资项目建成后投产运营，必然要有相关的经营支出，如原材料、燃料、动力、工人工资、生产设备的日常维护和经营性修理费用等。企业的经营支出并不一定都需要在当期用现金支付，如固定资产折旧费。因此，在计算现金流出量时应将其剔除，以客观反映现金流出量的情况。

4）企业所得税。企业缴纳的企业所得税属于现金流出量的一部分。

（2）现金流入量。投资项目的现金流入量是指投资项目实施引起的整个寿命期内所发生的现金收入增加额。通常包括以下内容：

1）收入。营业现金收入是投资项目现金流入中最重要的一项。

2）固定资产清理时的残值收入。投资项目终结时，固定资产出售或报废时残值变现收入扣除清理费用后的变价净收入也应该作为现金流入量的一部分。

3）垫支营运资本的收回。投资项目终结时，随着固定资产的出售和报废，投资项目的经济寿命结束，企业将与该项目相关的产品存货出售、应收账款变现，应付账款也随之偿付。这时，营运资本又恢复到原有水平，项目初始垫支的营运资本在项目结束时得到收回，收回的资金还可以用到别处。因此，企业应将其作为该方案的一项现金流入。

（3）现金净流量。投资项目的现金净流量是指一定时期内现金流入量和现金流出量的差额。这里所说的一定期间，有时是指1年内，有时是指投资项目持续的整个年限内。流入量大于流出量时，净流量为正值；反之，净流量为负值。

2. 现金流量的估计

从整个投资项目寿命期来看，投资项目的现金流量一般分为初始现金流量、营业现金流量和终结现金流量三部分。

（1）初始现金流量。初始现金流量是投资开始时（主要指项目建设过程中）发生的现金流量，主要包括以下项目：

1）固定资产建设投资支出。它包括固定资产的购置支出、运输费、安装调试费等。

2）垫支的营运资金。为了使企业投入生产，必须垫支一部分营运资金，比如原材料购买的投入。

3）其他费用。其他费用是指不属于以上各项的投资费用，如投资项目的筹建费、员工培训费等。

4）原有固定资产的变价收入和清理费用。如果投资项目是对现有固定资产进行更新，则初始现金流量中还应包括原有固定资产的变价收入和清理费用。

5）所得税效应。所得税效应是指固定资产重置时变价收入的税负损益。按规定，出售资产（如旧设备）时，如果出售价高于原价或账面净值，应缴纳所得税，多缴的所得税构成现金流出量；出售资产时发生的损失（出售价低于账面净值）可以抵减当年所得税支出，少缴的所得税构成现金流入量。诸如此类由投资项目引起的税负变化，应在计算项目现金流量时加以考虑。

（2）营业现金流量。营业现金流量是指项目建成后，生产经营过程中由新投资项目引发的相关现金流入和流出流量。营业现金流量一般是按年计算的。通常包括以下三部分：

1）营业收入。即投资项目投产产品或服务销售所得到的现金流入。

2）付现的营业成本和费用。即与投资项目有关的以现金支付的各项成本费用（即不包括固定资产折旧费以及无形资产摊销费等非付现成本和费用）。

3）所得税费用。

计算营业现金流量有直接法、间接法和税盾法三种方法。

直接法：营业现金流量 = 营业收入 − 付现成本 − 所得税

间接法：营业现金流量 = 税后净利润 + 非付现成本

税盾法：营业现金流量 =（营业收入 − 付现成本）×（1 − 所得税税率）+ 非付现成本 × 所得税税率

（3）终结现金流量。终结现金流量是指投资项目终结时所发生的相关现金流量。其主

要包括以下三部分：

1）初始垫支的营运资本的收回。垫支的营运资本因不受税收因素的影响，税法把它视为资本的内部转移，就如同把存货和应收账款换成现金一样。因此，收回的营运资本仅仅是现金流量的增加。

2）项目终止时固定资产出售或是报废时残值变价净收入。

3）出售时的税负损益。固定资产出售时税负损益的确定方法与初始投资时出售旧设备发生的税负损益相同。如果预计固定资产报废时残值收入大于税法规定的数额，即溢价出售，就应上缴所得税，形成一项现金流出量；反之，即折价出售，则可抵减所得税，形成现金流入量。

9.3.2 投资项目的评价方法

投资项目的评价主要采用的评价指标包括两类：一类是折现现金流量指标；另一类是非折现现金流量指标。

1. 折现现金流量指标

折现现金流量指标是指考虑了货币时间价值的评价指标。其主要包括净现值、现值指数和内含报酬率等。

（1）净现值。净现值（NPV）是指在预期的折现率下，投资项目未来所有现金流入的现值与未来现金流出的现值之间的差额。所用的折现率是投资项目的资本成本，也可以是投资项目的必要报酬率。净现值是评价投资项目是否可行的最重要的指标，其计算公式为

$$NPV = \sum_{k=1}^{n} \frac{I_k}{(1+i)^k} - \sum_{k=1}^{n} \frac{Q_k}{(1+i)^k}$$

式中 NPV——净现值；

I_k——第 k 年的现金流入量；

Q_k——第 k 年的现金流出量；

n——投资涉及的年限；

i——贴现率（资本成本或企业要求的报酬率）。

净现值的决策规则如下：①对于独立项目，若净现值大于等于零，则投资项目可行；②对于多个互斥方案的决策中，应选择净现值最大的方案。

（2）现值指数。所谓现值指数（PI），是指投资项目的未来所有现金流入现值与现金流出现值的比率，也称现值比率、获利指数或盈利指数。现值指数是一个相对指标，反映了投资的效率。其计算公式为

$$PI = \sum_{k=1}^{n} \frac{I_k}{(1+i)^k} \Big/ \sum_{k=1}^{n} \frac{Q_k}{(1+i)^k}$$

根据现值指数（PI）进行项目选择的基本原则如下：若 $PI \geqslant 1$，则项目可行；若 $PI < 1$，则应予以放弃。在多个互斥方案中，则应选择 PI 最大的项目。

（3）内含报酬率。内含报酬率（IRR）又称为内部报酬率，是指能够使未来现金流入量现值等于未来现金流出量现值的折现率。内含报酬率是投资项目本身所固有的最高期望报酬率。“本身所固有”是指内含报酬率是投资项目的完全内生变量，本身不受资本市场利率的影响，而是取决于投资项目本身所产生的现金流量，只要确定了项目的预期现金流量，也就

能确定项目的内含报酬率。“最高”是指投资者对投资项目所要求的必要报酬率不能超过投资项目的内含报酬率，否则将无法保障补偿项目的资本成本。内含报酬率是投资项目的期望报酬率，以及管理层依据项目的预期现金流量，客观预测的项目本身可实现的报酬率。

按照内含报酬率的概念，其计算公式为

$$\sum_{k=1}^{n}\frac{I_k}{(1+i)^k}=\sum_{k=1}^{n}\frac{Q_k}{(1+i)^k}$$

计算得出 $i=\mathrm{IRR}$。

内含报酬率的计算，也可以采用内插法。

首先，估计一个贴现率，如果计算的净现值为正数，说明项目本身可能实现的内含报酬率 IRR 高于估计的贴现率，应该进一步提高贴现率进行测试。如果净现值为负数，说明项目本身可能实现的内含报酬率 IRR 低于估计的贴现率，应该估计一个较低的贴现率再测试。当贴现率变化范围很小（在 $i_1 \sim i_2$之间）的时候，就可以采用内插法计算投资项目的内含报酬率。其计算公式为

$$\mathrm{IRR}=i_1+\frac{\mathrm{NPV}_1}{\mathrm{NPV}_1-\mathrm{NPV}_2}(i_2-i_1)$$

式中　NPV_1——贴现率为 i_1时的净现值；

　　NPV_2——贴现率为 i_2时的净现值。

内含报酬率反映的是投资项目本身所固有的能最高可以达到的预期报酬率水平。所以，根据内含报酬率选择投资项目的基本原则如下：若 IRR≥项目资本成本，则项目可行；若 IRR≤项目资本成本，则项目不可行。在多个互斥方案中，应选择内含报酬率最大的方案。

2. 非折现现金流量指标

非折现现金流量指标是指不考虑货币时间价值的评价指标，主要包括投资回收期法和会计收益率法等。由于不考虑货币时间价值，因而计算比较简单、直观。

（1）投资回收期

1）投资回收期的概念及计算。投资回收期是指从投资项目实施开始到收回初始投入资金所需要的时间，也就是使投资项目的相关累计现金净流量等于初始现金流出量所需的时间。

投资回收期的计算，因每年的经营现金净流量是否相等而有所不同。

如果每年的营业现金净流量相等，其计算公式为

$$投资回收期=\frac{初始投资额}{年现金净流量}$$

如果每年现金净流量不相等，或原始投资是分几年投入的，投资回收期的计算要先计算累计现金净流量，然后根据每年年末尚未回收的投资额加以确定。其计算公式为

$$投资回收期=T-1+\frac{第（T-1）年年末尚未收回的投资额}{第 T 年年末的累计净现金流量}$$

式中　$(T-1)$——年末累计净现金流量为负值的最后一个年份数。

2）投资回收期的决策规则。投资回收期反映的是收回投资所需要的年限，是一个反向指标，投资回收期限越短，项目越有利。所以，利用投资回收期标准进行项目评价的原则如下：如果投资回收期小于基准回收期（公司自行确定或根据行业标准确定）时，可接受该

项目；反之，则应放弃。在实务分析中，一般认为投资回收期小于项目周期一半时方为可行；如果项目回收期大于项目周期的一半，则认为项目不可行。在互斥项目比较分析时，应选择回收期最短的方案。

3）动态投资回收期。为了弥补投资回收期评价指标未考虑货币时间价值和投资风险价值这一缺陷，企业可采用折现投资回收期。这一评价指标是将未来各期现金流量用适当的折现率进行折现，求得累计净现值与初始投资现值相等时所需的时间间隔。但这一标准仍未考虑投资项目回收以后各期现金流量的影响。因此，在项目评价时，投资回收期只能作为一个辅助标准，必须和其他评价指标相结合，才能更为合理科学地评价投资项目的可行性。折现回收期法也被称为动态回收期。

（2）会计收益率

1）会计收益率的概念及计算。会计收益率是指投资项目年平均净收益与该项目的初始投资额的比率。会计收益率代表的是投资项目单位投资的盈利能力，该方法使用的数据是预期会计利润而不是现金流量。其计算公式为

$$\text{会计收益率} = \frac{\text{年均净收益}}{\text{年均投资总额}}$$

式中，年均净收益可按投资项目投产后各年净收益总和简单平均计算；年均投资总额是指固定资产投资账面价值的算术平均数。为了全面反映项目投资收益，也可将营运资本投资额包括在项目投资总额中。

2）会计收益率的决策规则。会计收益率反映的是企业投资项目的盈利能力，会计收益率越高，投资项目越有价值。所以，利用会计收益率评价投资项目的标准如下：

如果会计收益率大于基准会计收益率（通常由公司自行确定或根据行业标准确定），则投资项目可行，应接受该项目；反之则应放弃。在有多个方案的互斥选择中，应选择会计收益率最高的投资项目。

9.4 股利分配

9.4.1 利润分配的程序

利润分配是企业按照国家有关法律、法规以及企业章程的规定，在兼顾股东与债权人等其他利益相关者的利益关系基础上，将实现的利润在企业与企业所有者之间、企业内部的有关项目之间、企业所有者之间进行分配的活动。利润分配决策是股东当前利益与企业未来发展之间权衡的结果，将引起企业的资金存量与股东权益规模及结构的变化，也将对企业内部的筹资活动和投资活动产生影响。

企业的利润总额按照税法规定做相应的调整后，依法计算应缴纳的企业所得税。缴纳企业所得税后的当年净利润，根据《公司法》等有关法规的规定，一般应当按照如下顺序进行分配：

1. 计算可供分配的利润

可供分配的利润应是将本年净利润（或亏损）与年初未分配利润（或亏损）合并计算，如果可供分配的利润为负数（即亏损），则不能进行后续分配；如果可供分配利润为正数

（即本年累计盈利），则进行后续分配。

2. 计提法定公积金

公司分配当年税后利润时，应当按照抵减年初累计亏损后的本年净利润的10%计提法定公积金，用于弥补公司亏损、扩大公司生产经营或者转增公司资本。当法定公积金累计额达到公司注册资本的50%时，可不再继续提取。公司在计提法定公积金之前应当抵减年初累计亏损。所以，计提公积金的基数不一定是可供分配的利润，也不一定是本年的税后利润。只有不存在年初累计亏损时，才能按本年税后利润计算应提取数。这种“补亏”是按账面数字进行的，与所得税法的亏损后转无关，关键在于不能用资本发放股利，也不能在没有累计盈余的情况下计提公积金。

3. 支付优先股股利

如果公司发行了优先股，则应当在提取法定公积金之后按照约定的票面股息率向优先股股东支付股利。

4. 计提任意公积金

公司从税后利润中计提法定公积金后，经股东会或者股东大会决议，还可以从税后利润中计提任意公积金，提取比例一般为当年实现净利润的5%～10%。法定公积金和任意公积金都是公司在从税后利润中计提的积累资本，主要用于弥补亏损、转增资本和扩大企业生产经营。所以，盈余公积是公司用于防范和抵御风险、提高经营能力的重要资本来源。法定盈余公积和任意盈余公积计提的依据不同，前者以国家的法律或行政规章为依据计提，后者则由公司自行决定计提。

5. 向普通股股东分配利润

可供分配的利润减去计提的盈余公积金后的余额，即为可供投资者分配的利润。公司可根据股利政策向股东分配股利，这也是利润分配中最重要的内容。股利（利润）的分配应以各股东（投资者）持有股份（投资额）的数额为依据，每一股东（投资者）取得的股利（分得的利润）与其持有的股份数（投资额）成正比。股份有限公司原则上应从累计盈利中分派股利，无盈利不得支付股利，即所谓“无利不分”的原则。但若公司用公积金抵补亏损以后，为维护其股票信誉，经股东大会特别决议，也可用公积金支付股利。公司股东大会或董事会违反上述利润分配顺序，即在公司抵补亏损和提取法定公积金之前向股东分配利润的，必须将违反规定分配的利润退还公司。

9.4.2 股利支付的形式

股利分配是指企业向股东分派股利，是企业利润分配中最重要的一部分。股利的支付形式主要有现金股利、股票股利、财产股利和负债股利。其中，最常用的是现金股利和股票股利。财产股利和负债股利实际上是现金股利的替代。

1. 现金股利

现金股利是以现金支付的股利，它是股利支付的主要方式。我国通常称为红利、派现或分红。公司支付现金股利除了要有累计盈余（特殊情况下可用弥补亏损后的盈余公积金支付）外，还要有足够的现金，因此公司在支付现金股利前需要筹集充足的现金。现金股利是从缴纳公司所得税和支付债券利息以后的净利润中支付的。

2. 股票股利

股票股利是指公司以增发的股票作为股利的支付方式。我国通常称为“送股”或“红股”。股票股利虽然增加了股东持有的股票数量，但送股后企业股票的每股收益相应下降，并不直接增加股东的财富，不导致公司资产的流出或负债的增加，因而不是公司资金的使用，同时也并不因此而增加公司的财产，但会引起所有者权益各项目的结构发生变化，即从未分配利润或盈余公积转为股本。

3. 财产股利

财产股利是指公司以现金以外的有价证券或实物资产等形式支付的股利。其中，有价证券主要是以公司所拥有的其他企业的有价证券，如债券、股票作为股利支付给股东。有的公司也以自己的产品作为财产股利发放，但这种财产股利一般不受股东欢迎，因为股东投资入股的根本目的在于未来获取价值，而非获取实物股利。

4. 负债股利

负债股利是公司以负债支付的股利，通常以公司的应付票据支付给股东，不得已情况下也有发行公司债券抵付股利的。通常是公司已经宣布发放股利但又面临现金不足，就只能以增加负债的方式来发放股利。因而，负债股利的形式在实践中并不多见，一般是公司出于无奈时所采用的权宜之计。可见，实际上负债股利是一种股利的期权。

9.4.3 股利政策

股利政策是确定公司的净利润如何分配的方针和策略。公司的净利润是公司从事生产经营活动所取得的剩余收益，是股东对公司进行投资应得的投资报酬。在实践中，公司的股利政策主要包括以下内容：确定股利分配的形式，即采用现金股利还是股票股利；确定股利支付率；确定每股股利；确定股利政策的类型；确定股利分配的时间。在股利分配的实践中，通常有以下四种股利政策可供选择，即剩余股利政策、固定或固定增长的股利政策、固定股利支付率政策、低正常股利加额外股利政策。

1. 剩余股利政策

剩余股利政策就是在公司有着良好投资机会时，根据一定的目标资本结构（最优资本结构），测算出投资所需的权益资本，并优先从当期盈余当中留用，然后将剩余的盈余作为股利予以分配。

2. 固定或固定增长的股利政策

固定或固定增长的股利政策是指公司将每年发放的股利额固定在某一特定水平或是在此基础上维持某一固定比率逐年稳定增长，并在较长的时期内不变，公司只有在确信未来盈余会显著地、不可逆转地增长时才会提高年度的股利发放额或增长率，并继续维持这一新的股利水平。

3. 固定股利支付率政策

固定股利支付率政策是指公司将每年净利润的某一固定百分比作为股利分派给股东。在这一股利政策下，各年股利额随公司经营的好坏而上下波动，获得较多盈余的年份股利额高，获得盈余少的年份股利额就低。固定股利支付率越高，公司留存的收益越少。采用这种股利政策的上市公司把派发股利作为优先考虑的目标，然后才是保留盈余，与剩余股利政策的顺序正好相反。

4. 低正常股利加额外股利政策

低正常股利加额外股利政策是公司一般情况下每年只支付固定的、数额较低的股利，在盈余多的年份，再根据实际情况向股东发放额外股利。但额外股利并不固定化，不意味着公司永久地提高了规定的股利率。这种股利政策可以理解为是上述固定股利政策和固定股利支付率政策的结合。

9.5 营运资本管理

9.5.1 营运资本及管理原则

1. 营运资本的概念

营运资本是指企业投入日常经营活动（营业活动）的资本。营运资本有广义和狭义之分。广义的营运资本是指一个企业流动资产的总额；狭义的营运资本是指流动资产减去流动负债后的余额。本教材采用的是狭义的营运资本的概念。因此，营运资本管理既包括流动资产的管理，也包括流动负债的管理。前者是对营运资本投资的管理，后者是对营运资本筹资的管理。

（1）流动资产。流动资产是指可以在 1 年以内或超过 1 年的一个营业周期内变现或运用的资产，如现金、交易性金融资产、应收及预付款项和存货等。我们可以把流动资产分为永久性流动资产和临时性流动资产。永久性流动资产是指一定期间内（一个会计期间或一个营业周期），流动资产随着营业收入的数量规模变动所呈现的相对稳定的基本存量。临时性流动资产是指伴随营业收入的季节性、周期性或临时性需求而在流动资产上占用的资金，如季节性存货、销售旺季的应收账款等。临时性流动资产与营业收入有紧密的联动关系。

（2）流动负债。流动负债又称短期负债，是指需要在 1 年或者超过 1 年的一个营业周期内偿还的债务，具有成本低、偿还期短的特点。流动负债可以分为自发性流动负债和非自发性流动负债。自发性流动负债又称为经营性流动负债，是指不需要正式安排，由结算程序或有关法律法规的规定等原因而自然形成的流动负债，包含应付账款、应付票据和预收账款等商业信用，也包含应付职工薪酬、应付利息、应交税费等日常运营中产生的其他应付款等应付费用。非自发性流动负债又称为筹资性流动负债，是企业为了支持经营活动的增长而有意识地人为主动增加的负债，并非信用政策的直接体现，也不具有商业信用的性质，如向银行借款、发行的短期融资券等。非自发性流动负债与营业收入无直接联动关系，一般只能供企业短期使用。

2. 营运资本的管理原则

企业的营运资本在全部资金中占有相当大的比重，而且周转期短，形态易变。因此，营运资本管理是企业财务管理工作的一项重要内容。企业进行营运资本管理应遵循以下原则：

（1）满足合理的资金需求。企业营运资本的需求数量与企业生产经营活动有直接关系。一般情况下，当企业产销两旺时，流动资产会不断增加，流动负债也会相应增加；而当企业产销量不断减少时，流动资产和流动负债也会相应减少。因此，企业财务人员应认真分析生产经营状况，采用一定的方法预测营运资本的需要数量，营运资本的管理必须把满足正常合理的资金需求作为首要任务。

（2）提高资金使用效率。营运资本的周转是指企业的营运资本从现金投入生产经营开始，到最终转化为现金的过程。提高营运资本使用效率的关键就是采取得力措施，缩短营业周期，加速变现过程，加快营运资本周转。因此，企业要千方百计地加速存货、应收账款等流动资产的周转，以便用有限的资金服务于更大的产业规模，为企业取得更优的经济效益提供条件。

（3）节约资金使用成本。在营运资本管理中，企业必须正确处理保证生产经营需要和节约资金使用成本两者之间的关系。企业要想在保证生产经营需要的前提下，尽力降低资金使用成本：一方面要挖掘资金潜力，加速资金周转，精打细算地使用资金；另一方面要积极拓展融资渠道，合理配置资源，筹措低成本资金，更好地服务于生产经营。

（4）保持足够的短期偿债能力。偿债能力是企业财务风险高低的标志之一。合理安排流动资产与流动负债的比例关系，保持流动资产结构与流动负债结构的适配性，保证企业有足够的短期偿债能力是营运资本管理的重要原则之一。

9.5.2 现金管理

现金是比较特殊的资产，一方面，现金的流动性最强；另一方面，现金的收益性最弱。现金管理就是要在现金的流动性与收益性之间进行权衡，既要保证适度的流动性，又要尽可能提高其收益性。

1. 现金管理的内容及目标

现金有广义和狭义之分。狭义的现金仅指库存现金；广义的现金是指企业在生产过程中以各种货币形态占用的资产，包括库存现金、银行存款及其他货币资金。这里的现金是指广义的现金概念。现金是企业流动的血脉，企业持有一定数量的现金是基于交易性需要、预防性需要和投机性需要。

（1）现金管理的内容。现金管理的内容主要包括以下三个方面：

1）编制现金预算表，以便合理地估计企业未来的现金需求。

2）对日常的现金收支进行控制，力求加速收款，延缓付款。

3）用特定的方法确定最佳现金余额，当企业实际的现金余额与最佳的现金余额不一致时，采用相应的短期筹资策略或投资策略来达到理想状态。

（2）现金管理的目标。企业进行现金管理需要在现金短缺的风险和现金投资带来的收益之间进行权衡。一方面，现金短缺会降低企业的流动性，流动性的约束往往会导致企业无力清偿短期债务，从而影响企业正常的生产和经营。另一方面，如果企业持有过多的现金，则会降低企业资金的使用效率，从而降低企业的市场价值。

因此，企业现金管理的主要目标有两个：一是持有足够的现金，以便支付各种业务往来的需要；二是将闲置资金减少到最低限度，以增加收益。

2. 现金收支的日常控制与管理

在现金管理中，企业除了应按照国家有关规定，在现金使用范围、库存现金限额等方面进行管理和控制以外，还应当从如下几方面加强现金的日常管理，提高现金使用效率：

（1）力争现金流量同步。现金流量同步是指企业尽可能使其现金流入与现金流出发生的时间与额度趋于一致，从而使交易性现金余额降至最低水平。为了使企业的现金流入与现金流出能充分配合，现金流量预测的准确度必须提高，并重新设计相关的决策程序，使现金流入与现金流出得以同步化。

（2）加速收款。为了提高现金的使用效率，企业应在不影响销售的前提下缩短应收账款的时间。企业加速收款的任务不仅在于尽量让客户早付款，而且还要尽快地使这些“付款”转化为现金。为此，企业应做到以下几点：①缩短客户付款的传递时间；②缩短企业收到客户支票的兑换时间；③加速资金存入自己往来银行的过程。

（3）推迟应付账款的支付。推迟应付账款的支付是指企业在不影响自己信誉的前提下，尽可能地推迟应付款的支付期，充分运用供货方所提供的信用优惠。当然，这要在权衡折扣优惠与企业急需现金之间的利弊得失后再定。

（4）利用现金浮游量。现金浮游量是指企业账户上的现金余额与银行账户上的存款余额之间的差额。因为从企业开出支票、收票人收到支票并存入银行，至银行将款项划出企业账户需要一段时间，在这段时间里企业已开出支票，却仍可动用银行活期存款账户上的这笔资金。如果企业能正确预测现金浮游量并加以利用，则可以节约大量现金，若预测失误，则有可能发生银行存款的透支。

（5）适当进行短期投资。企业在经营过程中，有时会产生大量的现金余额。例如，在进行某一项投资之前，会有大量暂时闲置的现金。这部分暂时闲置的现金可用于短期证券投资以获得利息收入或资本利得。

需要注意的是，企业现金管理的目的首先是要保证正常经营业务的现金需求，其次才是考虑闲置现金的投资收益。因此，这就要求企业把暂时闲置的现金投入到流动性强、风险低、交易期限短的金融工具中，以满足现金的持有动机。

企业以多余现金进行有价证券投资时，不仅要考虑其投资总额，而且要充分考虑投资证券的种类，即根据各种证券的不同风险和收益率选择合理的有价证券投资组合，在保证收益的基础上，尽量降低投资风险。

9.5.3 应收账款管理

1. 应收账款及管理的目标

应收账款是企业因对外赊销产品、材料、供应劳务等应向购货单位或接受劳务单位收取的款项，包括应收账款、应收票据和其他应收款等，是企业流动资产的重要组成部分。应收账款在生产经营中的作用主要有以下两个方面，即增加销售和减少存货。企业对应收账款管理的要求就是要在应收账款所增加的收入与所增加的成本之间进行权衡。

（1）应收账款的成本。应收账款可以扩大销售规模，增加营业收入，但是持有应收账款，也要付出一定的代价。应收账款的成本包括以下几个方面：

1）机会成本。应收账款的机会成本是指企业因资金投放在应收账款上而丧失的其他收入，如投资于有价证券便会有利息收入。这一成本的大小通常与企业维持赊销业务所需要的资金数量（即应收账款投资额）和资本成本有关，一般按有价证券的利息计算。

2）管理成本。应收账款的管理成本是指企业因对应收账款进行日常管理而耗费的开支，主要包括对客户的资信进行调查的费用、收集各种信息的费用、应收账款账簿记录的费用、收账费用等。一定时期内企业应收账款的管理费用一般比较稳定，但催账、收账费用会随应收账款的增加而增加。

3）坏账损失成本。应收账款的坏账损失成本是指因应收账款无法收回而给企业带来的

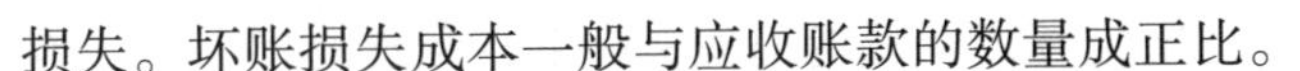

损失。坏账损失成本一般与应收账款的数量成正比。

（2）应收账款管理的目标。应收账款管理的基本目标是：通过应收账款管理发挥应收账款强化竞争、扩大销售的功能；同时，尽可能降低应收账款的成本，最大限度地提高应收账款投资的效益。企业需要权衡不同应收账款信用政策所增加的收益与成本，并根据客户的信用情况，确定适当的信用期间、现金折扣政策和收账政策。

2. 应收账款管理的内容

企业对应收账款的管理从应收账款产生之前就开始了，具体包括应收账款的事前管理、事中管理和事后管理。

（1）应收账款的事前管理。应收账款的事前管理包括两方面内容：评估客户的资信和制定合适的信用政策。

1）评估客户的资信。企业在制定信用政策之前，首先要对客户进行信用分析并评估其资信等级，然后制定不同的信用标准。信用标准是指客户获得企业的交易信用所应具备的条件。如果客户达不到信用标准，便不能享受企业的信用或只能享受较低的信用优惠。

2）制定合适的信用政策。应收账款政策又称信用政策，是指企业要求客户遵守或允许客户利用的信用筹资制度，是财务政策的重要组成部分，主要包括信用标准、信用期间和现金折扣三部分内容。

（2）应收账款的事中管理和事后管理。应收账款的事中管理和事后管理包括两方面内容：一是做好应收账款的监督分析；二是建立灵活有效的坏账准备金制度与收账政策。

1）应收账款回收情况的监督。企业已经发生的应收账款时间有长有短，有的尚未超过收款期，有的则超过了收款期。一般来讲，拖欠时间越长，款项收回的可能性越小，形成坏账的可能性就越大。对此，企业应实施严密的监督，随时掌握应收账款的回收情况。

2）坏账准备金制度与收账政策。无论企业采取怎样严格的信用政策，只要存在商业信用行为，坏账损失的发生就无法避免。因此，应遵循谨慎性原则，对坏账损失的可能性预先进行估计，并建立弥补坏账损失的准备金制度。应收账款发生后，企业应采取各种措施，尽量争取按期收回款项。通过账龄分析，企业可以了解自己的应收账款结构，若发现账龄延长或过期账户所占比率增加就应当及时采取措施。一方面要加紧对应收账款的催收，努力提高应收账款的收现率；另一方面要紧缩企业的信用政策，加强授信管理和准入审批，提高信用销售的门槛。

9.5.4 存货管理

1. 存货与存货管理

存货是指企业在日常活动中持有以备出售的产成品或商品、处在生产过程中的在产品、在生产过程或提供劳务过程中耗用的材料和物料等。企业持有充足的存货不仅有利于生产过程的顺利进行，节约采购费用与生产时间，而且能够迅速满足客户的各种需要，从而为企业的生产与销售提供较大的机动性，避免因存货不足带来的机会损失。过多的存货不仅要占用较多的资金，而且会增加包括仓储费、保险费、维护费、管理人员工资在内的各项成本。

从财务的角度看，每个企业都面临着存货管理的两难境地；对多数企业而言，存货占据了流动资产，甚至是总资产的主要部分，一旦发生舞弊和积压的问题，必将给企业造成沉重的财务负担。鉴于此，对于存货管理，一方面需要建立健全内部控制制度，防止采购、存储等环节的舞弊；另一方面要合理预算存货需要量并降低缺货损失。因此，存货管理的目标就是尽力权衡各种存货成本与存货效益，达到两者的最佳结合，使存货保持在最优水平。

2. 持有存货的成本

持有一定数量的存货，必定会有一定的成本支出。与持有存货有关的成本，包括取得成本、储存成本和缺货成本三种。

（1）取得成本。取得成本是指为取得某种存货而支出的成本。通常用 TC_a来表示。取得成本又分为购置成本和订货成本。购置成本是指购置存货的成本，即存货本身的价值，可以用数量与单价的乘积来确定。假设年需要量用 D 表示，单价用 U 表示，于是购置成本为 DU。订货成本是指取得订单的成本，如办公费、差旅费、邮资、电话费等支出。订货成本中有一部分与订货次数无关，如常设采购机构的基本开支等，称为订货的固定成本，用 F_1 表示；另一部分与订货次数有关，如差旅费、邮资等，称为订货的变动成本，每次订货的变动成本用 K 表示；订货次数等于存货年需要量 D 除以每次进货量 Q。

因此，存货取得成本 = 订货成本 + 购置成本，用公式表示为

$$TC_a = F_1 + \frac{D}{Q}K + DU$$

式中 TC_a——存货的取得成本；

F_1——订货的固定成本；

D——存货年需要量；

Q——每次进货量；

K——每次订货的变动成本。

（2）储存成本。储存成本是指为储存存货而发生的成本，包括储存存货所占用资金的应计利息、仓库费用、保险费用、存货破损和变质损失等，通常用 TC_c来表示。储存成本也分为固定成本和变动成本。固定成本与存货数量的多少无关，如仓库折旧、仓库员工的月固定工资等，固定成本用 F_2表示。变动成本与存货的数量有关，如存货占用资金的应计利息、存货的破损和变质损失、存货的保险费用等，单位变动储存成本用 K_c 表示。储存成本的计算公式为

$$TC_c = F_2 + \frac{Q}{2}K_c$$

式中 TC_c——存货的储存成本；

F_2——订货的固定储存成本；

Q——每次进货量；

K_c——单位年变动储存成本。

（3）缺货成本。缺货成本是指由于存货供应中断而造成的损失，包括材料供应中断造成的停工损失、产成品库存缺货造成的拖欠发货损失、丧失销售机会的损失以及紧急额外购入成本等，用 TC_s来表示。

所以，存货总成本 = 取得成本 + 储存成本 + 缺货成本，用公式表示为

$$TC = TC_a + TC_c + TC_s = F_1 + \frac{D}{Q}K + DU + F_2 + \frac{Q}{2}K_c + TC_s$$

3. 经济订货量的基本模型

存货管理的目的就是要使存货的总成本最低，可以通过合理的进货批量和进货时间来实

现。经济订货量（EOQ）是指既能满足生产经营对存货的正常需要，又能使存货总成本最低的订货批量。

（1）经济订货量的基本模型假设条件

1）企业能够及时补充存货，即企业需要订货时便可立即购得足够存货。

2）所购存货能集中到货，而不是陆续入库。

3）没有缺货成本，即 $TC_s=0$。

4）需求量稳定，并且能预测，即 D 为已知常量。

5）存货单价不变，即 U 为已知常量。

6）企业现金充足，不会因现金短缺而影响进货。

7）所需存货市场供应充足，不会因买不到需要的存货而影响其他。

（2）经济订货量的基本模型。设立了上述假设后，存货总成本的公式可以简化为

$$\mathrm{TC}=\mathrm{TC_a}+\mathrm{TC_c}=F_1+\frac{D}{Q}K+DU+F_2+\frac{Q}{2}K_c$$

上式左右两边对 Q 求一阶导数，令 $\mathrm{TC}'=0$，则可求出使存货总成本最小时的经济订货量（EOQ）。

$$\mathrm{EOQ}=\sqrt{\frac{2DK}{K_c}}$$

式中　D——存货年需要量；

K——每次订货的变动成本；

K_c——单位存货年变动储存成本。

根据这一基本模型还可以推算出其他各种公式：

$$全年最佳订货次数\ N^*=\frac{D}{\mathrm{EOQ}}=\sqrt{\frac{DK_c}{2K}}$$

$$全年最佳订货周期\ T^*=\frac{365}{N^*}$$

$$经济订货量时的最低存货成本\ \mathrm{TC(EOQ)}=\sqrt{2KDK_c}$$

在日常生产经营过程中，除了要确定经济订货量外，还要按照存货计划的要求，对存货的使用和周转情况进行组织、调节和监督。常用的方法有归口分级控制和ABC分类管理法。

9.5.5　短期债务筹资

短期债务是企业短期资金的主要来源，所以短期筹资管理实质上就是企业的短期债务管理，是营运资本管理的一个重要部分，它对企业的流动性及营运能力起着重要的影响作用。短期债务筹资所筹资金的可使用时间较短，一般不超过1年。与长期债务筹资相比，短期债务筹资具有筹资速度快、富有弹性、筹资成本较低、筹资风险高等特点。

1. 商业信用筹资

商业信用（Business Credit）是指在商品交易中由于延期付款或预收货款所形成的企业间的借贷关系。

（1）商业信用筹资的形式。商业信用的具体形式有应付账款、应付票据、预收账款、应付费用等。

1）应付账款。应付账款是企业购买货物暂未付款而欠对方的账项，即卖方允许买方在购货后一定时期内支付货款的一种形式。卖方利用这种方式进行促销，而对买方来说延期付款等于向卖方借用资金购进商品，可以满足短期的资金需要。与应收账款相对应，应付账款也有付款期、现金折扣等信用条件。应付账款可以分为免费信用、有代价信用和展期信用。免费信用是指买方企业在规定的折扣期内享受折扣而获得的信用；有代价信用是指买方企业付出放弃现金折扣的代价而获得的信用；展期信用是指买方企业超过规定的信用期推迟付款而强制获得的信用。

2）应付票据。应付票据是企业进行延期付款商品交易时开具的反映债权债务关系的票据。根据承兑人的不同，应付票据分为商业承兑汇票和银行承兑汇票两种。支付期最长不超过6个月。应付票据可以带息，也可以不带息。应付票据的利率一般比隐含借款的利率低，且不用保持相应的补偿性余额和支付协议费，所以应付票据的筹资成本低于银行借款成本。但是应付票据到期必须归还，如若延期便要交付罚金，因而风险较大。

3）预收账款。预收账款是卖方企业在交付货物之前向买方预先收取部分或全部货款的信用形式。与应付账款相反，预收账款是买方向卖方提供商业信用，卖方利用卖方的购货款作为自己的短期资金来源，但这种情况要比由应付账款形成的商业信用少得多。预收账款一般用于生产周期长、资金需要量大的货物销售。预收账款从表面上看没有融资成本，但是，在买方市场的情况下，采用预收账款销售方式可能会以营业收入的大幅度降低为代价。

4）应付费用。企业往往还存在一些在非商品交易中产生的，而是由企业内部活动和分配引起的应付费用，即自发性筹资的应付费用，如应付职工薪酬、应交税费、其他应付款、应付利润或应付股利等。这些应付费用一般形成在先，支付在后，相当于享用了收款方的借款，一定程度上缓解了企业的资金需要。此外，因结算期固定，占用数额也较固定，所以通常称为定额负债。定额负债资金占用的数额稳定，企业使用这些自然形成的资金无须付出任何代价，是一项“便宜”的短期资金来源。但在使用时，必须注意关于支付期的规定，以免因拖欠而给企业带来损失。

（2）商业信用筹资的优缺点。商业信用筹资的优点主要体现在三个方面：①使用方便，即商业信用与商品买卖同时进行，属于一种自发性筹资，不用进行非常正规的安排，而且不需正式办理筹资手续；②成本低，即如果没有现金折扣或使用不带息票据，利用商业信用筹资是没有实际成本的；③限制少，即不需要第三方担保，也不会要求资产抵押，付款期限还可以与客户协商，灵活且具有弹性。

商业信用也存在缺点，即商业信用的期限通常比较短，在放弃现金折扣时所付出的代价较高，企业对商业信用的融资主动性较小。

2. 短期借款筹资

短期借款是指企业向银行或其他非银行金融机构借入的期限在1年以内的借款。

（1）短期借款的分类。我国目前的短期借款按照目的和用途分为若干种，主要有生产周转借款、临时借款、结算借款等。按照国际通行做法，短期借款还可按照偿还方式的不同，分为一次性偿还借款和分期偿还借款；按照利息支付方法的不同，分为收款法借款、贴现法借款和加息法借款；按照有无担保，分为抵押借款和信用借款。企业在申请借款时，应根据各种借款条件和需要加以选择。

（2）短期借款的基本流程及信用条件。企业举借短期借款，首先必须提出申请，经审查同意后借贷双方签订借款合同，注明借款的用途、金额、利率、期限、还款方式、违约责任等；然后企业根据借款合同办理借款手续；借款手续完毕，企业便可取得借款。

按照国际通行做法，银行等金融机构发放短期借款通常会附带一些信用条件，主要有信贷限额、周转信贷协定、补偿性余额、借款抵押、还款方式等。

(3) 短期借款的利率及利息支付方式。短期借款的利率有优惠利率、浮动优惠利率和非优惠利率三种。一般来讲，借款企业可以用收款法、贴现法和加息法等三种方法支付银行贷款利息。

收款法是指在借款到期时企业向银行支付利息的方法。银行向企业发放的贷款大都采用这种方法收取利息。企业采用收款法时，短期贷款的实际利率就是名义利率。

贴现法是指银行向企业发放贷款时，先从本金中扣除利息部分，而到期时借款企业则要偿还贷款全部本金的一种利息支付方法。在贴现法付息方式下，企业实际可使用的贷款额只是本金减去利息部分后的余额，因此贷款的实际利率要高于名义利率。

加息法是指借款企业需分期等额偿还贷款本和息的利息收取方法。在分期等额偿还贷款的情况下，银行要将根据名义利率计算的利息加到贷款本金上，计算出贷款的本息和，要求企业在贷款期内分期偿还本息之和的金额。由于贷款分期均衡偿还，借款企业实际上只平均使用了贷款本金的半数，却支付全额利息，因此，借款企业实际支付的利率比名义利率提高了1倍。

短期借款筹资可以随企业的需要安排，资金来源充足，且取得也较简便。但是短期借款筹集资金成本较高，短期内要归还，特别是在带有诸多附加条件的情况下，风险会加剧。

9.6　财务分析

9.6.1　财务分析概述

1. 财务分析的概念及依据

财务分析是指依据企业生产经营活动与财务管理活动的内在关系，以企业财务报告和其他资料为依据，采用专门的方法和技术，系统分析和评价企业过去和现在的财务状况与变动趋势，以发现企业的财务问题，并对引发财务问题的经营相关性因素与财务决策的合理性做出判断。

财务分析所依据的资料主要就是企业的财务报告。除了财务报告外，财务管理人员进行财务分析时可依据的资料还包括企业的内部财务会计与经营资料、企业公告披露的与经营相关的信息、专业财务数据库与开放性网络资源等。

2. 财务分析的基本框架

财务分析一般包括经济环境和战略分析、会计分析、财务报告分析和前景分析四个维度。经济环境和战略分析主要包括宏观经济分析、行业分析和企业竞争战略分析等。会计分析是指财务管理人员根据公认的会计准则对财务报表的可靠性和相关性进行分析，以便提高会计信息的真实性，准确评价企业的经营业绩和财务状况。会计分析主要包括确认关键因素的会计政策、评价会计政策的灵活性和评价会计信息披露策略等内容。财务报告分析是指财务管理人员通过财务报告中的数据评价企业当前及过去的财务状况和经营成果。财务比率分

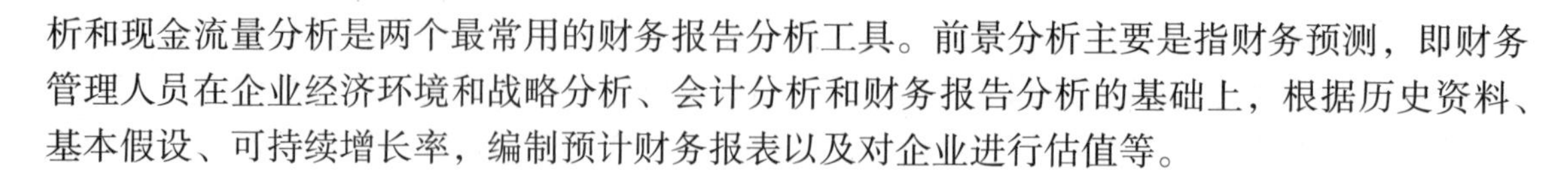

析和现金流量分析是两个最常用的财务报告分析工具。前景分析主要是指财务预测，即财务管理人员在企业经济环境和战略分析、会计分析和财务报告分析的基础上，根据历史资料、基本假设、可持续增长率，编制预计财务报表以及对企业进行估值等。

9.6.2 财务比率分析

财务比率也称为财务指标，是通过财务报表数据的相对关系来揭示企业经营管理的各方面问题，也是最主要的财务分析方法。基本的财务报表分析内容包括偿债能力分析、营运能力分析、盈利能力分析、发展能力分析四个方面。

1. 偿债能力分析

偿债能力是指企业偿还所欠债务的能力。偿债能力分析分为短期偿债能力分析和长期偿债能力分析。

（1）短期偿债能力分析。短期偿债能力主要考察企业对流动负债的清偿能力，其衡量指标主要有营运资本、流动比率、速动比率、现金比率和现金流量比率。

1）营运资本。营运资本是指流动资产超过流动负债的部分，即营运资本 = 流动资产 − 流动负债。营运资本越多则偿债越有保障。当流动资产大于流动负债时，营运资本为正，说明企业财务状况稳定，不能偿债的风险较小；反之，当流动资产小于流动负债时，营运资本为负，此时，企业部分非流动资产以流动负债作为资金来源，企业不能偿债的风险很大。营运资本是绝对数，不便于不同企业之间进行比较。因此，在实务中直接使用营运资本作为偿债能力的衡量指标受到局限，偿债能力更多是通过债务的存量比率来评价的。

2）流动比率。流动比率是反映企业短期偿债能力和信用状况的重要指标。其计算公式为：流动比率 = 流动资产/流动负债。一般情况下，比率越高，说明企业的偿债能力越强；由于流动资产中包括变现能力较差的往来款债权和存货等项目，所以为使企业的短期债务偿还能力有较高的保障，理论上认为，该比率为 2∶1 比较合适。如果该比率过高，则说明企业可能存在赊销规模过大、积压的存货较多等问题，可能会影响企业的获利能力。

3）速动比率。速动比率是企业速动资产与流动负债之间的比率关系。其计算公式为：速动比率 = 速动资产/流动负债。企业的速动资产包括货币资金、交易性金融资产和各种应收款项等，这些速动资产的共同特征是变现能力强、变现时间短。速动比率比流动比率能更准确、可靠地评价企业资产的流动性及偿还短期债务的能力。该指标并不是越高越好。与流动比率指标一样，速动比率指标越高，虽然企业短期债务支付的压力较小，但是企业资产的盈利能力也会降低，对企业的长远发展是不利的。

4）现金比率。所谓现金比率，是指企业现金与流动负债之间的比率关系。其计算公式为：现金比率 = 企业现金/流动负债。企业现金包括货币资金和交易性金融资产。现金比率指标是反映企业每 1 元的流动负债有多少可以立刻动用的现金进行支付的可能。因此，一般情况下，该指标越高，企业短期债务的压力越小；反之越大。该指标是否合理需要结合企业不同期间的指标和同类企业的基本情况进行判断。

5）现金流量比率。现金流量比率是企业经营活动的现金净流量与流动负债的比值。它是评价企业短期偿债能力的指标，其计算公式为：现金流量比率 = 现金净流量/流动负债。现金流量比率表明每 1 元流动负债的经营活动现金流量的保障程度。现金流量比率越高，企业的偿债能力越强。只有这一比率大于或等于 1 时，债权人的全部流动负债才有现金保障。

（2）长期偿债能力分析。长期偿债能力是指企业偿还长期负债的能力，主要衡量的是对企业所有负债的清偿能力。长期偿债能力比率考察的是企业资产、负债和所有者权益之间的关系。其财务指标主要有资产负债率、产权比率、权益乘数、利息保障倍数、现金流量债务总额比和现金流量利息保障倍数六项。

1）资产负债率。资产负债率反映企业负债总额占资产总额的比率。其计算公式为：资产负债率＝负债总额/资产总额。资产负债率反映总资产中有多大比例是通过负债取得的，可以衡量企业清算时资产对债权人权益的保障程度。通常，当资产负债率高于50%时，表明企业资产来源主要依靠的是负债，财务风险较大。当资产负债率低于50%时，表明企业资产的主要来源是所有者权益，财务比较稳健。资产负债率越低，表明企业资产对负债的保障能力越高，企业的长期偿债能力越强。

2）产权比率和权益乘数。产权比率和权益乘数是资产负债率的另外两种变形形式，是常用的反映财务杠杆水平的指标，它们和资产负债率性质一样。

产权比率＝负债总额/股东权益，其反映了所有者权益对债权人权益的保障程度。该指标大于1，在企业清算时，所有者权益不能完全保证债权人的利益；该指标小于1，在企业进行清算时，一般不会给债权人造成损失。该比率低，表示财务风险低，偿债能力强；反之，偿债能力弱。产权比率高，是高风险、高报酬的财务结构；产权比率低，是低风险、低报酬的财务结构。

权益乘数＝资产总额/股东权益，其表明每1元股东权益拥有的资产额。在企业存在负债的情况下，权益乘数大于1。企业负债比例越高，权益乘数越大。

3）利息保障倍数。利息保障倍数指标是衡量债权人利息安全程度的重要指标，又称为已获利息倍数，是企业经营的息税前利润与利息费用的比值。其计算公式为：利息保障系数＝息税前利润/利息费用。其中，息税前利润＝净利润＋利息费用＋所得税费用；利息费用是指本期发生的全部应付利息，包括流动负债的利息费用和长期负债中计入损益的利息费用，以及计入固定资产原价中的资本化利息费用。由于利息费用数据很难直接从报表中获得，所以一般在计算指标时用报表中的财务费用项目来代替利息费用。利息保障倍数越高，说明企业支付利息费用的能力越强；反之，说明企业难以保证用经营所得来及时、足额地支付负债利息。一般认为，利息保障倍数为3～4倍比较安全，表明企业有支出利息的保障能力。一般情况下，利息保障倍数不能低于1。因为低于1，表明企业连借款利息的偿还都无法保证，更不用说偿还本金了。所以，利息保障倍数的高低不仅反映了企业偿还利息的能力，而且也反映了企业偿还本金的能力。

4）现金流量债务总额比。现金流量债务总额比是经营活动的现金净流量与负债总额的比值，它是反映企业偿还全部债务能力的指标。其计算公式为：现金流量债务总额比＝现金流量净额/负债总额。公式中的负债总额采用的是年末数而非平均数，因为实际需要偿还的是期末金额而非平均金额。现金流量债务总额比表明企业用经营活动现金流量净额偿付全部债务的能力。该比率越高，偿还债务的能力越强。

5）现金流量利息保障倍数。现金流量利息保障倍数是经营活动现金流量净额与利息费用的比值。其计算公式为：现金流量利息保障倍数＝现金流量净额/利息费用。现金流量利息保障倍数反映了每1元利息有多少倍的经营活动现金流量净额作为保障。它比以利润为基础的利息保障倍数更为可靠，因为实际用以支付利息的是现金而非利润。现金流量利息保障倍数越大，说明企业债权人获得利息的保障程度就越高。

2. 营运能力分析

企业的营运能力主要反映资产运用、循环的效率高低。企业营运能力分析的主要对象是企业的营运资产，特别是企业的流动资产和固定资产。企业营运能力指标是通过投入与产出（主要指收入）之间的关系来反映的。企业的营运能力分析主要包括流动资产营运能力分析、固定资产营运能力分析和总资产营运能力分析三个方面。

（1）流动资产营运能力分析。反映流动资产营运能力的指标主要有应收账款周转率、存货周转率和流动资产周转率。

1）应收账款周转率。应收账款周转率是营业收入与应收账款的比率。其主要有两种表示形式：应收账款周转次数和应收账款周转天数。

应收账款周转次数＝营业收入/平均应收账款余额（即期初、期末应收账款的平均数）。应收账款周转次数表明1年中应收账款周转的次数，或者说明每1元应收账款投资支持的营业收入。

应收账款周转天数＝365/应收账款周转次数。应收账款周转天数也称为平均应收账款回收期或平均收现期，表明从销售开始到收回货款平均所需要的天数。

一般情况下，应收账款周转次数越多，说明企业赊销收入资金回笼速度越快，发生坏账的可能性越小，短期债务的偿还能力就越强；反之，较低的应收账款周转次数，一方面说明企业应收账款变现的速度较慢，管理效率较低，更为重要的是，应收账款周转次数越少，发生坏账的可能性就越大。所以，企业应根据实际情况，制定合理的赊销政策，加强客户的信用管理，确保应收账款尽早收回。

2）存货周转率。存货周转速度的快慢，直接影响企业流动资产的利用效率。存货周转率是营业成本与存货的比率。它主要有两种表示形式：存货周转次数和存货周转天数。其计算公式为

$$存货周转次数=\frac{营业成本}{平均存货}$$

$$存货周转天数=\frac{365}{存货周转次数}$$

存货周转天数表明1年中存货周转的次数，或者说明每1元存货所需要的营业成本。存货周转天数表明存货周转一次需要的时间，也就是存货转换成现金平均所需要的天数。

存货周转率指标不仅可以考核企业存货周转的情况，还与企业的盈利能力直接相关。一定期间内，企业存货周转次数越多，表明企业存货回收速度越快，发生积压的可能性越小，企业经营的效率越高，在有效经营的条件下（坏账可能性较小），企业的盈利能力就越强；反之，则表明企业存货管理的效率低下，存货周转较慢，占用资金较多，一方面影响企业流动资金的周转，同时企业的利润率也较小。

3）流动资产周转率。流动资产周转率是反映企业流动资产周转速度的重要指标，是营业收入与流动资产平均余额的比率。它主要有两种表示形式：流动资产周转次数和流动资产周转天数。

流动资产周转次数＝营业收入/平均流动资产，其中，平均流动资产＝（期初流动资产＋期末流动资产）/2。流动资产周转次数表明1年中流动资产周转的次数，反映单位流动资产所产生的营业收入。

流动资产周转天数=365/流动资产周转次数。流动资产周转天数表明流动资产周转一次所需要的时间，也就是期末流动资产转换成现金平均所需要的天数。

一般情况下，企业流动资产周转次数越高，流动资产周转的速度越快，周转天数越短，表明企业相同的流动资产完成的周转率越高，企业流动资产利用的效率越高，进而使企业的偿债能力和盈利能力增强；反之，则表明企业流动资产的利用效率较低，经营活动能力较差。

（2）固定资产营运能力分析。反映固定资产营运能力的指标是固定资产周转率，它是营业收入与固定资产平均净额的比率。它主要有两种表示形式：固定资产周转次数和固定资产周转天数。

固定资产周转次数=营业收入/平均固定资产净额。固定资产周转次数表明1年中固定资产周转的次数，或者说明每1元固定资产支持的营业收入。固定资产周转次数多，说明企业的固定资产投资得当，结构合理，利用效率高；反之，则表明固定资产利用效率不高，提供的生产成果不多，企业的营运能力不强。

固定资产周转天数=365/固定资产周转次数。固定资产周转天数表明固定资产周转一次所需要的天数。

（3）总资产营运能力分析。反映总资产营运能力的指标是总资产周转率，它是营业收入与总资产平均余额的比率。它主要有两种表示形式：总资产周转次数和总资产周转天数。

总资产周转次数=营业收入/平均资产总额。总资产周转次数表明1年中总资产周转的次数，或者说明每1元总资产支持的营业收入。

总资产周转天数=365/总资产周转次数。总资产周转天数表明总资产周转一次所需要的时间，也就是总资产转换成现金平均所需要的天数。

一般情况下，企业的总资产周转速度越快，总资产利用越充分，全部资产经营利用的效果越好，进而使企业的偿债能力和盈利能力得到提高；反之，企业利用全部资产的效率较低。如果企业的总资产周转率一直处于比较低的状态，这说明企业可能存在长期不用的闲置资产或者没有什么价值的资产（潜亏资产）。

总之，各项资产的周转率指标用于衡量各项资产赚取收入的能力，经常和企业盈利能力的指标结合在一起，以全面评价企业的盈利能力。

3. 盈利能力分析

盈利能力是指企业获取利润的能力，通常表现为一定时期内企业收益数额的多少及其水平的高低。盈利能力反映了企业的资产流动性、资产管理效率和负债作用的综合结果。

根据企业是否公开发行股票可以将企业分为一般型企业（非上市企业）和上市公司两类，由此评价企业盈利能力的指标可以分为一般企业盈利能力基本指标和上市公司盈利能力特殊指标两类。

（1）一般企业盈利能力基本指标。一般企业盈利能力基本指标主要通过收入与利润之间的关系、资产与利润之间的关系来反映。反映企业盈利能力的指标主要有销售净利率、总资产报酬率和股东权益报酬率。

1）销售净利率。销售净利率是衡量通过企业净利润和营业收入之间的比率关系来综合评价企业单位营业收入的盈利能力的财务指标。其计算公式为

$$销售净利率=\frac{净利润}{营业收入}\times 100\%$$

一般情况下，销售净利率越高，企业营业收入对净利润的贡献越大，盈利能力越强；反之，企业营业收入对企业利润的贡献能力越低，说明在成本费用控制方面存在缺陷。

2）总资产报酬率。总资产报酬率又称总资产收益率、总资产利润率或投资报酬率，是企业在一定时期内的净利润占资产平均总额的百分比，反映每1元资产创造的净利润。其计算公式为

$$总资产报酬率=\frac{净利润}{平均资产总额}\times100\%$$

或

$$\begin{aligned}总资产报酬率&=\frac{净利润}{营业收入}\times\frac{营业收入}{平均资产总额}\\&=销售净利率\times总资产周转次数\end{aligned}$$

总资产报酬率可以反映企业全部资产利用的综合效果。总资产报酬率越高，表明全部资产的综合利用效率越高，盈利能力也越强；反之，总资产报酬率越低。影响总资产报酬率的因素是销售净利率和总资产周转率。因此，企业可以通过提高销售净利率、加速资产周转来提高总资产报酬率。

3）股东权益报酬率。股东权益报酬率又称净资产收益率、净资产报酬率或所有者权益报酬率等，它是一定时期企业的净利润占股东权益平均余额的百分比。其计算公式为

$$股东权益报酬率=\frac{净利润}{平均股东权益}\times100\%$$

或

$$股东权益报酬率=\frac{净利润}{平均总资产}\times\frac{平均总资产}{平均股东权益}=总资产报酬率\times权益乘数$$

股东权益报酬率是从股东总权益的角度考察企业盈利能力的财务指标，股东权益报酬率越高，企业的盈利能力越强；反之，企业的盈利能力越弱。通过对股东权益报酬率的分解可以发现，改善资产盈利能力和增加企业负债都可以提高股东权益报酬率。而如果不改善资产盈利能力，单纯通过加大举债提高权益乘数进而提高股东权益报酬率的做法则十分危险。因为，企业负债经营的前提是有足够的盈利能力保障偿还债务本息，单纯增加负债对股东权益报酬率的改善只具有短期效应，最终将因盈利能力无法涵盖增加的财务风险而使企业面临财务困境。因此，只有当企业股东权益报酬率上升同时财务风险没有明显加大时，才能说明企业的财务状况良好。

（2）上市公司盈利能力特殊指标。上市公司盈利能力分析的指标是企业的利润与股票数量或股票价格进行对比所确定的比率，主要包括每股收益、每股股利、股利支付率、股息率、市盈率和市净率等。

1）每股收益。每股收益也称为每股利润或每股盈余，是指公司净利润扣除优先股股息后的余额与流通在外的普通股股数的比值，反映了公司一定时期平均对外发行的股份所享有的净利润。其计算公式为

$$每股收益=\frac{净利润-优先股股息}{年末普通股股数}$$

每股收益反映了普通股的盈利水平，是衡量上市公司盈利能力的重要财务指标，对公司股票市价、股利支付能力等都具有重要的影响。每股收益越高说明企业的盈利能力越强；反

之越弱。

2）每股股利。每股股利是指普通股现金股利总额与流通在外的普通股股数之间的比值。其计算公式为

$$每股股利=\frac{普通股现金股利总额}{年末普通股股数}$$

一般情况下，每股股利越多，说明普通股每股股利越高，企业的盈利能力越强，现金流越充裕，是股东比较推崇的一个财务指标，也是衡量上市公司利润质量的一个重要指标。每股股利多不一定是好事，关键要和企业的股利分配政策结合起来综合考虑。在使用每股股利分析上市公司的投资回报时，应比较连续几个期间的每股股利，以评估股利回报的稳定性，并做出收益预期。

3）股利支付率。股利支付率即每股股利分配额与当期每股收益的比值。其计算公式为

$$股利支付率=\frac{每股股利}{每股收益}$$

股利支付率反映了每1元净利润有多少用于普通股股东的现金股利发放，反映了普通股股东的当期收益水平。单纯从股东角度的眼前利益来看，股利支付率越高，股东所获取的回报越多。该指标可以分析公司的股利政策，因为股票价格会受股利的影响，公司为了稳定股票价格可能采取不同的股利政策。

4）股息率。股息率是指企业普通股每股股利与普通股每股市价之间的比值。其计算公式为

$$股息率=\frac{每股股利}{每股市价}$$

股票价格的波动和股利水平的任何变化均会导致股息率的变化，它粗略地计量了当年投资当年回收情况下的股票报酬率。

5）市盈率。市盈率是普通股每股市价与每股收益的比值，反映的是普通股股东为获取1元净利润所愿意支付的股票价格。其计算公式为

$$市盈率=\frac{每股市价}{每股收益}$$

市盈率是股票市场上反映股票投资价值的重要指标，市盈率的高低反映了市场投资者对股票投资收益和投资风险的预期。一方面，市盈率越高，意味着投资者对股票投资收益预期越看好，投资价值越高；市盈率越低，表明投资者越不看好该股票。另一方面，过高的市盈率也是风险较高的一种标志。因为市盈率越高，说明获得一定的预期利润投资者需要支付更高的价格，因此投资于该股票的风险也就越大；市盈率越低，说明投资于该股票的风险越小。

6）市净率。市净率是普通股每股市价与每股净资产的比值，是投资者用以衡量、分析个股是否具有投资价值的工具之一。其计算公式为

$$市净率=\frac{每股市价}{每股净资产}$$

其中，每股净资产=期末净资产/年度普通股股份。

一般来说，市净率较低的股票，投资价值较高；反之，则投资价值较低。但有时较低市净率反映的可能是投资者对公司前景的不良预期，而较高市净率则相反。因此，在判断某只

股票的投资价值时，还要综合考虑当时的市场环境以及公司的经营情况、资产质量和盈利能力等因素。

4. 发展能力分析

发展能力也称为成长能力，是指企业在生产经营活动过程中所表现出来的发展趋势和增长能力，如规模的扩大、盈利的持续增长、市场竞争力的增强等。分析评价企业的发展能力，主要是观察企业的经营规模、资本增值、生产经营成果、财务成果等增长情况，从而评价企业的绩效。企业发展能力的分析及评价指标主要有销售增长率、营业利润增长率、总资产增长率、资本积累率等。

（1）销售增长率。销售增长率是企业本年度营业收入增长额与上年度营业收入总额的比值，反映的是企业销售收入的增长情况，是衡量企业经营状况和市场占有率、预测企业经营业务拓展趋势的重要指标。其计算公式为

$$销售增长率=\frac{本年度营业收入总额-上年度营业收入总额}{上年度营业收入总额}\times 100\%$$

销售增长率大于0，表明企业本年度的销售收入有所增长。销售增长率越高，表明企业销售收入的增长速度越快，企业市场前景越好。分析者在实际分析时应考虑企业历年的销售水平、市场占有情况、行业未来发展及其他影响企业发展的潜在因素，或结合企业前三年的销售收入增长率进行趋势性分析判断。

（2）营业利润增长率。营业利润增长率是企业本年度营业利润增长额与上年度营业利润总额的比值，反映了企业营业利润的增减变动情况。其计算公式为

$$营业利润增长率=\frac{本年度营业利润总额-上年度营业利润总额}{上年度营业利润总额}\times 100\%$$

营业利润增长率反映了企业盈利能力的变化，营业利润增长率越高，说明企业的成长性越好，发展能力越强。分析者也可以根据分析的目的，计算净利润增长率或者利润总额增长率。

（3）总资产增长率。总资产增长率是企业本年度资产增长额与年初资产总额的比值，反映的是企业本年度资产规模的增长情况。其计算公式为

$$总资产增长率=\frac{年末资产总额-年初资产总额}{年初资产总额}\times 100\%$$

总资产增长率是从企业总资产规模扩张方面来衡量企业的发展能力。企业资产总量对企业的发展具有重要影响。一般来说，总资产增长率越高，表明企业一定时期内资产经营规模扩张的速度越快，企业的竞争力越强。但在分析企业资产数量增长的同时，分析者也要注意分析企业资产的质量变化以及后续发展能力，避免盲目扩张。

此外，在对总资产增长率进行具体分析时，分析者还应将企业总资产增长率与资本积累等情况结合起来分析、评价企业的资产规模增长是否适当。这样可以进一步分析企业资产增长的结构，了解企业资产增长有多少来自权益增长，有多少来自负债增长，并判定资产增长的资本结构是否合理。

（4）资本积累率。资本积累率是指企业本年度所有者权益的增长额与年初所有者权益总额的比值。其计算公式为

$$资本积累率=\frac{年末所有者权益总额-年初所有者权益总额}{年初所有者权益总额}\times 100\%$$

资本积累率反映了企业当年资本积累情况及资本的保全性和增长性。资本积累率越高，表明企业的资本积累越多，资本保全性越强，应对风险、持续发展的能力也越强。一般而言，资本积累率至少要达到0，如果小于0，则说明企业资本流失，要查明原因，予以改进。

9.6.3 财务状况的综合分析

利用财务比率进行深入分析，虽然可以了解企业各个方面的财务状况，但却无法反映企业各个方面财务状况之间的关系。为了弥补这一不足，分析者可以将所有指标按其内在联系结合起来，用以全面反映企业的整体财务状况以及经营成果，对企业进行总体评价，这种方法被称为财务综合分析法。所谓财务综合分析法，是将偿债能力、营运能力和盈利能力等诸方面的分析纳入一个有机的整体中，全面地对企业的经营状况、财务状况进行剖析和分析，以对企业一定时期复杂的财务状况和经营成果做出最综合与最概括的总体评价。

财务综合分析的方法有很多种，下面主要介绍最常用的杜邦分析法。

1. 杜邦分析法的原理

杜邦分析法（The Du Pont System）是美国杜邦公司于20世纪20年代率先采用的用以分析企业财务状况的一种财务分析方法。

如前所述，股东权益报酬率是公司所有者权益的投资报酬率，反映了股东投资者投入资本盈利能力的强弱，具有很强的综合性。因而企业所有者、经营者都十分关心这一财务比率。也正是基于该原因，杜邦分析法的核心指标即为股东权益报酬率。因此，这一分析体系又称为以股东权益报酬率为核心的财务分析体系。

具体来说，杜邦分析法是从股东权益报酬率出发，将其分解并计算出相关财务指标的高低及增减变化，进而对主要财务指标进行层层剖析，细分至各资产负债表及利润表项目，在对比中找到引起各项指标变化的原因，从而有针对性地寻找最佳的管理决策方案。

2. 杜邦分析法的指标分解及分析

杜邦分析法以股东权益报酬率为分析起点，并将该比率层层分解，具体分解过程为

$$\begin{aligned}\text{股东权益报酬率} &= \frac{\text{净利润}}{\text{平均股东权益}} \\ &= \frac{\text{净利润}}{\text{平均总资产}} \times \frac{\text{平均总资产}}{\text{平均股东权益}} \\ &= \text{总资产报酬率} \times \text{权益乘数}\end{aligned}$$

$$\begin{aligned}\text{总资产报酬率} &= \frac{\text{净利润}}{\text{平均资产总额}} \\ &= \frac{\text{净利润}}{\text{营业收入}} \times \frac{\text{营业收入}}{\text{平均资产总额}} \\ &= \text{销售净利率} \times \text{总资产周转次数}\end{aligned}$$

所以

$$\text{股东权益报酬率} = \text{销售净利率} \times \text{总资产周转次数} \times \text{权益乘数}$$

这样层层分解后，决定股东权益报酬率高低的因素就有三个方面，即销售净利率、总资产周转次数和权益乘数。按照层层分解的思路，可以将这三个因素继续分解，分解结果如图9-1所示。

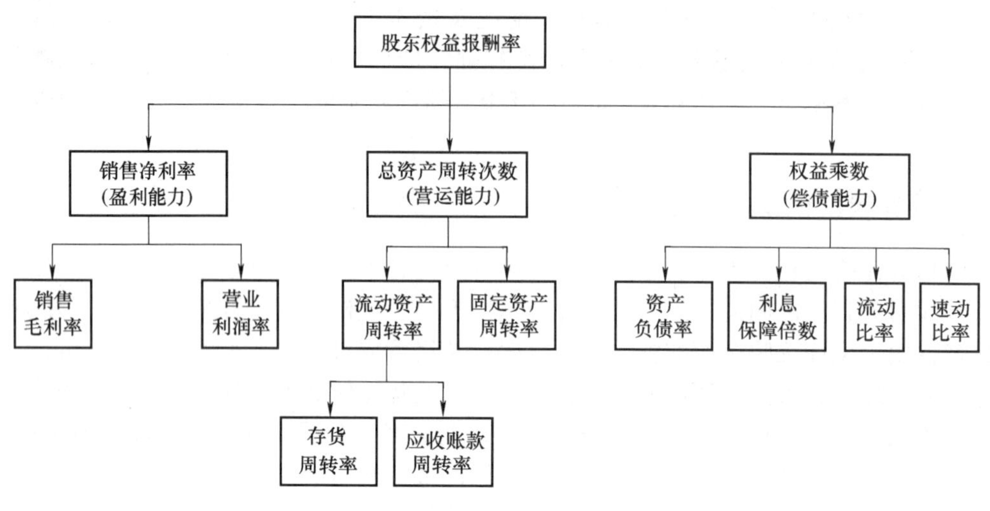

图 9-1　杜邦分析体系

运用杜邦分析法需要注意以下几点：

（1）决定股东权益报酬率高低的因素有三个——销售净利率、总资产周转次数和权益乘数。这三个比率分别反映了企业的盈利能力、营运能力和偿债能力。由此把盈利能力指标——股东权益报酬率的增减原因具体化了，定量地说明了企业经营管理中存在的问题，比一项指标能提供更明确、更有价值的信息。

（2）对销售净利率高低的分析需要从销售收入和销售成本两个方面着手。企业要想提高销售净利率，一是要扩大销售收入，二是要降低成本费用。扩大销售收入既有利于提高销售净利率，又有利于提高总资产周转率。降低成本费用是提高销售净利率的一个重要因素，从杜邦分析体系可以看出成本费用的基本结构是否合理，从而找出降低成本费用的途径和加强成本费用控制的方法。为了详细地了解企业成本费用的发生情况，在具体列示成本总额时，还可根据重要性原则，将那些影响较大的费用单独列示，以便为寻求降低成本的途径提供依据。

（3）总资产周转次数是反映运用资产产生销售收入能力的指标。影响总资产周转次数的一个重要因素是资产结构的合理性。一般而言，流动资产直接体现企业的偿债能力与变现能力，长期资产体现了企业的经营规模、发展潜力，两者之间应该有一个合理的比例关系。如果某一项资产的比例过大，就应深入分析原因。例如，对于流动资产中的存货要分析是否有积压现象；对于货币资金要分析是否闲置；对于应收账款应分析客户的付款能力以及有无坏账可能；对于长期资产中的固定资产要分析是否得到充分利用等。此外，分析者还应通过分析各资产组成部分的使用效率，来判明影响总资产周转的主要问题。

（4）权益乘数主要受资产负债率指标的影响，资产负债率越高，权益乘数就越大，说明企业的负债程度比较高，给企业带来了较多的杠杆利益，同时，也带来了较大的风险。

（5）自上而下的杜邦分析体系可以解释指标变动的原因。如果自下而上来分解该图，则能实现企业为了达到某一股东权益报酬率而采取的措施，从而为企业的目标保障指明了方向。所以，杜邦分析法实现了企业自上而下的目标分解和自下而上的措施保障。

3. 杜邦分析法的应用

X 公司近两年的主要财务数据和财务指标如表 9-1 所示。假设公司没有营业外收支和投资收益，且所得税税率没有变化。

表 9-1 X 公司 2018—2019 年主要财务数据及财务指标

项目	2018 年	2019 年
主要财务数据		
销售额（万元）	4000	3800
总资产（万元）	1430	1695
所有者权益（万元）	600	650
主要财务指标		
流动比率	1. 19	1. 2
平均收现期/天	18	27
存货周转率（次数）	8. 0	5. 5
权益乘数	2. 38	2. 5
销售毛利率	20. 0%	13. 2%
销售净利率	7. 5%	2. 6%
总资产周转率（次数）	2. 8	2. 24

利用杜邦分析法可以对 X 公司的股东权益报酬率指标进行分解，从而对该公司的财务状况进行全面评价。具体分析过程如表 9-2 所示。

表 9-2 X 公司 2018—2019 年股东权益报酬率的分解

股东权益报酬率	销售净利率	总资产周转次数	权益乘数
2018 年 = 49. 98%	7. 5%	2. 8	2. 38
2019 年 = 14. 56%	2. 6%	2. 24	2. 5

从表 9-2 可以看出，X 公司 2019 年的权益报酬率较 2018 年有较大幅度的下降。其主要原因如下：

（1）销售净利率大幅度下降。销售净利率从 2018 年的 7. 5% 降到 2019 年的 2. 6% 。从表 9-1 所给资料得知，销售净利率大幅度下降的原因是因为销售毛利率的下降。尽管该企业在 2019 年大幅缩减了期间费用，但是仍没有扭转局面。

（2）总资产周转次数也有一定幅度的下降。利用表 9-1 所给的资料可以分析出资产周转次数下降的原因是平均收现期延长了，说明该企业对应收账款的管理不善，而且存货周转也慢了。

（3）权益乘数略有上升。2019 年 X 公司运用债务筹资的比重较 2018 年略有上升，占 2019 年资产总额的 61. 65%［(1695 − 650)/1695］。债务筹资在企业销售额没有上升时并没能给企业带来财务杠杆正效应，相反是财务杠杆负效应。

综合以上分析，可以对 X 公司 2020 年的财务管理工作提出如下建议：

（1）扩大销售，发挥财务杠杆正效应，否则应该降低负债筹资的额度。

（2）改善对存货和应收账款的管理，主要是加快存货的周转和应收账款的回收。

（3）加强成本费用控制，降低耗费，增加利润，努力提高销售毛利率。

4. 杜邦分析法的缺陷

从企业绩效评价的角度来看，杜邦分析法只包括财务方面的信息，不能全面地反映企业的实力，具有很大的局限性。因此，在实际运用中必须结合企业的其他非财务信息加以分析。其主要缺陷表现在以下几点：

（1）对短期财务结果过分重视，有可能助长企业管理层的短期行为，忽略企业长期的价值创造。

（2）财务指标反映的是企业过去的经营业绩，而在现代企业中顾客、供应商、雇员、技术创新等因素对企业经营业绩的影响越来越大，而杜邦分析法在这些方面是无能为力的。

（3）在竞争日益激烈的市场经济环境下，企业的知识资产对提高企业长期竞争力至关重要，杜邦分析法没有考虑知识资产的作用和价值。

思 考 题

1. 简述企业财务活动与财务关系的内容。
2. 长期筹资的方式有哪些？各有什么优缺点？
3. 什么是杠杆效应？如何选择经营杠杆和财务杠杆的组合？
4. 简述公司利润分配的程序。
5. 简述营运资本管理的主要内容。
6. 试获取某公司的财务报告，并对其财务状况进行分析。

第10章

企业战略管理

战略管理是整合性、最高层次的管理理论，它不仅囊括了管理基础理论与技术、职能管理理论，还融合了政治学、社会学、法学、经济学等方面的知识。战略管理是企业高层管理者最重要的活动和技能。战略管理的目的是提高企业对外部环境的适应性，使企业做到可持续发展。

10.1 企业战略管理概述

10.1.1 战略的含义

英文中，“Strategy”（战略）一词来源于希腊语“Strategos”，其含义是将军。到中世纪，这个词演变为军事术语，指对战争全局的筹划和谋略。将战略思想运用于企业经营管理之中，便产生了企业战略这一概念。企业战略的概念来源于企业生产经营活动的实践。不同的管理学家或实际工作者由于自身的管理经历和对管理的不同认识，对企业战略给予了不同的定义。

美国哈佛大学商学院安德鲁斯教授认为，“战略是目标、意图或目的，以及为达到这些目的而制定的主要方针和计划的一种模式。这种模式界定着企业正在从事的或者应该从事的经营业务，以及界定着企业所属的或应该属于的经营类型。”

哈佛大学的迈克尔·波特教授也认为，“战略是公司为之奋斗的一些终点与公司为达到它们而寻求的途径的结合物。”

美国著名管理学家安索夫认为，企业战略是贯穿于企业经营与产品和市场之间的一条“共同经营主线”，决定着企业目前所从事的，或者计划要从事的经营业务的基本性质。这条共同经营主线由四个要素构成：产品和市场范围、增长向量、竞争优势、协同作用。

美国学者霍弗和申德尔认为，“战略是企业目前的和计划的资源配置与环境相互作用的基本模式。该模式表明企业将如何实现自己的目标。”

加拿大麦吉尔大学明茨伯格教授认为，人们在生产经营活动中不同的场合以不同的方式赋予企业战略不同的内涵，说明人们可以根据需要接受多样化的战略定义。他借鉴市场营销学中营销四要素（4P’s）的提法，创立了企业战略的5P’s模式：

战略是一种计划，强调战略作为一种有意识、有组织的行动方案。

战略是一种计谋，强调战略可以作为威慑和战胜竞争对手的一种手段。

战略是一种模式，强调战略最终体现为一系列具体行动及其实际结果。

战略是一种定位，强调战略应使企业根据环境的变化进行资源配置，从而获得有利的竞争地位和独特的竞争优势。

战略是一种观念，强调战略作为经营哲学的范畴体现其对客观世界的价值取向。

明茨伯格的定义与传统定义最大的不同在于，他认为战略作为一系列的决策或行动方式，既包括刻意安排的（或计划性的）战略和任何临时出现的（或非计划性的）战略。事实上，企业大部分战略是事先的计划和突发应变的组合。许多学者开始研究组织的有限理性，并将重点放在组织不可预测的或未知的内外部因素约束下的适应性上。所以，传统定义与现代定义的本质区别在于，现代概念更强调企业战略的另一方面属性，即应变性、竞争性和风险性。

10.1.2　企业战略的结构层次

企业的目标是多层次的，它包括企业的总体目标、企业内各个层次的目标以及各经营项目的目标，各层次目标形成一个完整的目标体系。企业的战略不仅要说明企业整体目标以及实现这些目标的方法，而且要说明企业内每一层次、每一类业务以及每个部门的目标及其实现方法。因此，企业总部制定公司战略，事业部或经营单位制定经营单位战略，部门制定职能战略。

1. 公司战略

公司战略又称总体战略，是企业的战略总纲，是企业最高管理层指导和控制企业的一切行为的最高行动纲领。总体战略主要回答企业应该在哪些经营领域内进行生产经营的问题。在大型企业里，特别是多元化经营的企业里，它需要根据企业的宗旨和目标，选择企业可以竞争的经营领域，合理配置企业经营所必需的资源，决定企业整体的业务组合和核心业务，促使各经营业务相互支持、相互协调。可以说，从企业的经营发展方向到企业各经营单位之间的协调以及资源的充分利用到整个企业的价值观念、企业文化的建立，都是公司战略的重要内容。

公司战略是涉及企业全局发展的、整体性的、长期的战略计划，对企业的长期发展产生深远影响。所以，公司战略主要由企业的最高层参与决策、制定和组织实施。

2. 经营单位战略（业务战略）

经营单位战略也称竞争战略。战略经营单位是指企业内其产品和服务有别于其他部分的一个单位。一个战略经营单位一般有着自己独立的产品和细分市场。它的战略主要针对不断变化的环境，在各自的经营领域里有效地竞争。为了保证企业的竞争优势，各经营单位要有效地控制资源的分配和使用。同时，战略经营单位还要协调各职能层的战略，使之成为一个统一的整体。

经营单位战略主要有基本竞争战略、投资战略，以及针对不同行业和不同行业地位的经营战略。

经营单位战略着眼于企业整体中的有关事业部或子公司，影响着某一类具体的产品和市场，是局部性的战略决策，只能在一定程度上影响总体战略的实现。所以经营单位战略形成的参与者主要是具体的事业部或子公司的决策层。

3. 职能战略

职能战略又称职能部门战略，是为了贯彻、实施和支持总体战略与经营单位战略而在企业特定的职能管理领域制定的战略。职能战略一般可分为营销战略、人力资源战略、财务战略、生产战略、研发战略等。

职能战略从某种角度来讲属于战术的范畴。与企业总体战略相比，职能战略用于确定和协调企业短期的经营活动。期限较短，一般在一年左右。职能战略是为负责完成年度目标的管理人员提供具体指导的，所以它较总体战略更为具体。职能战略是由职能部门的管理人员在总部的授权下制定出来的。

对于跨行业多元化经营的大型企业来说，三个战略层次十分清晰，共同构成了企业的战略体系。三个层次战略的制定与实施过程实际上是各管理层充分协商、密切配合的结果。对于中小型企业而言，它们的战略层次往往不明显。中小企业往往相当于大型企业的一个战略经营单位，所以竞争战略对它们来说十分重要。如果它们成功了，就面临着一个发展的关口。对于单一经营的大型企业而言，前两个层次的战略往往是合在一起的。

10.1.3　战略管理的概念

战略管理是企业确定其使命，根据组织外部环境和内部条件设定企业的战略目标，为保证目标的正确实施和落实进行谋划，并依靠企业内部能力将这种谋划和决策付诸实施，以及在实施过程中进行控制的一个动态管理过程。

这里有两点需要加以说明：

（1）战略管理不仅涉及战略的制定和规划，而且也包含着将制定出的战略付诸实施的管理，因此是一个全过程和全面的管理。

（2）战略管理不是静态的、一次性的管理，而是一种循环的、往复性的动态管理过程。它需要根据外部环境的变化、企业内部条件的改变，以及战略执行结果的反馈信息等，重复进行新一轮战略管理的过程，是不间断的管理。

10.1.4　战略管理的过程

一般认为，战略管理是由几个相互关联的阶段组成的，这些阶段有一定的逻辑顺序，包含若干必要的环节，由此形成一个完整的体系，如图 10-1 所示。

1. 战略分析

战略分析阶段的主要任务是对为保证组织在现在和未来始终处在良好状态的那些关键性影响因素形成一个概观，即对企业的战略形成有影响的关键因素进行分析，并根据企业目前的“位置”和发展机会来确定未来应该达到的目标。这个阶段的主要工作是：

（1）明确企业当前的宗旨、目标和战略。这些指导企业目前行动的纲领性文件是战略分析的起点。

（2）外部环境分析。进行外部环境分析的目的是了解企业所处的战略环境，掌握各环境因素的变化规律和发展趋势，发现环境的变化将给企业的发展带来哪些机会和威胁，为制定战略打下良好的基础。

（3）内部条件分析。战略分析还要了解企业自身所处的相对地位，分析企业的资源和能力，明确企业内部条件的优势和劣势。同时，还需要了解不同的利益相关者对企业的期

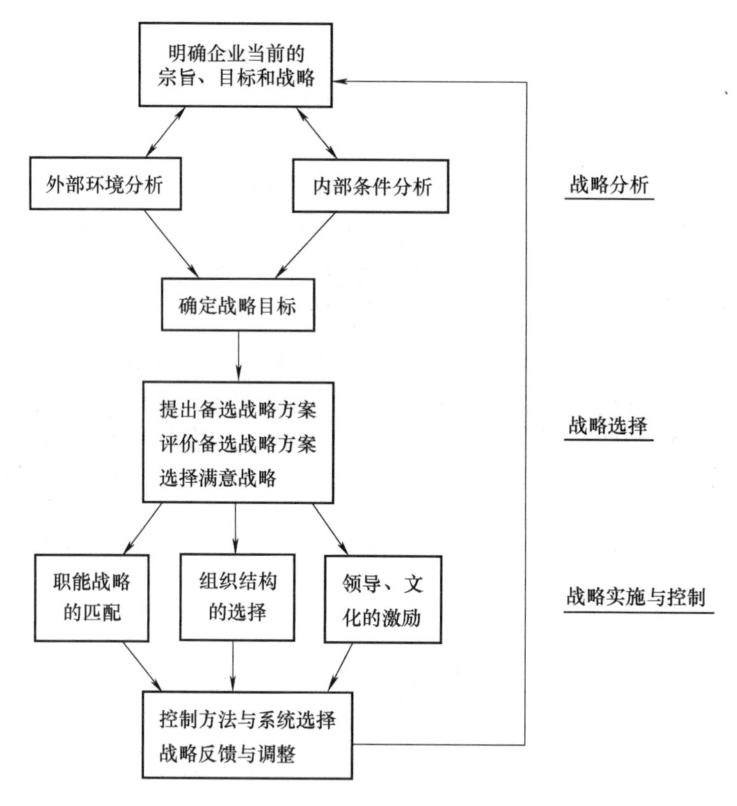

图 10-1　企业战略管理过程图

望，理解企业的文化，为制定战略打下良好的基础。

（4）重新评价企业的宗旨和目标。当掌握了环境的机会和威胁，并且识别了自身的优势和劣势之后，需要重新评价企业的宗旨，必要时要对它做出修正，以使它们更具有导向作用，进而确定下一步的战略目标。

2. 战略选择

战略选择阶段的任务是决定达到战略目标的途径，为实现战略目标确定适当的战略方案。企业战略管理人员在战略选择阶段的主要工作是：

（1）提出备选战略方案。根据外部环境和企业内部条件、企业宗旨和目标，拟订要供选择的几种战略方案。

（2）评价备选战略方案。评价备选战略方案通常使用两个标准：一是考虑选择的战略是否发挥了企业的优势，克服了劣势，是否利用了机会，将威胁削弱到最低程度；二是考虑该战略能否被利益相关者接受。需要指出的是，实际上并不存在最佳的选择标准，经理们和利益相关者的价值观和期望在很大程度上影响着战略的选择。此外，对战略的评估最终还要落实到战略收益、风险和可行性分析的财务指标上。

（3）最终选择出供执行的满意战略。

3. 战略实施与控制

战略实施与控制过程就是把战略方案付诸行动，保持经营活动朝着既定战略目标与方向不断前进的过程。这个阶段的主要工作包括计划、组织、领导和控制四种管理职能的活动。

（1）通过计划活动，将企业的总体战略方案从空间上和时间上进行分解，形成企业各层次、各子系统的具体战略或策略乃至政策，在企业各部门之间分配资源，制订职能战略和计划。制订年度计划，分阶段、分步骤地贯彻和执行。

（2）为了实施新的战略，要设计与战略相一致的组织结构。这个组织结构应能保证战略任务、责任和决策权限在企业中的合理分配。一个新战略的实施对组织而言是一次重大的变革，变革总会有阻力，所以对变革的领导是很重要的。这包括培育支持战略实施的企业文化和激励系统，克服变革阻力等。

（3）每个部门都必须回答以下问题：为了实施企业战略中属于我们责任的部分，我们必须做什么？我们如何才能将工作做得更好？战略实施是对企业的一种挑战，它要求激励整个企业的管理者和员工以主人翁精神和热情为实现已明确的目标而努力工作。

（4）建立控制系统，将每一阶段、每一层次、每一方面的战略实施结果与预期目标进行比较，以便及时发现偏差，适时采取措施进行调整，以确保战略方案的顺利实施。如果在战略实施过程中企业外部环境或内部条件发生了重大变化，则控制系统会要求对原战略目标或方案做出相应的调整。

需要指出的是在战略管理实践中，各阶段并不是按直线排列的。由于各项工作是直接相联系的，很可能战略分析和战略决策重叠在一起；也可能评估战略时就开始实施战略了。所以，以上步骤主要是为了理论上讨论问题的方便而已。

10.2　企业外部环境分析

现代管理把企业看作一个开放的系统，对于企业外部的对其产生影响的各种因素和力量统称为外部环境。任何企业都是在一定环境中从事活动的，环境的特点及其变化必然会影响组织活动的方向、内容以及方式的选择。对企业经营活动有着直接而且重要影响的因素，可能来源于不同的层面。通常，按照环境因素是对所有相关企业都产生影响，还是仅对特定企业具有影响，将企业的外部环境分为宏观环境、行业环境和微观环境。本节将着重分析影响企业战略的宏观环境和行业环境。

10.2.1　宏观环境分析

宏观环境也就是企业活动所处的大环境，主要由政治环境（Political）、经济环境（Economic）、社会环境（Social）、技术环境（Technological）等构成。宏观环境对处在该环境中的所有相关组织都会产生影响，而且这种影响通常间接地、潜在地影响企业的生产经营活动，但其作用却是根本的、深远的。

1. 政治环境

政治环境泛指一个国家的社会制度，执政党的性质，政府的方针、政策，以及国家制定的有关法律、法规等。不同的国家有着不同的社会制度，不同的社会制度对企业生产经营活动有着不同的限制和要求。即使在社会制度没有发生变化的同一个国家，政府在不同时期的基本路线、方针、政策也是在不断变化的。对于这些变化，企业必须进行分析研究。另外，随着社会法律体系的建立和完善，企业必须了解与其活动相关的法制系统及其运行状态。通过对政治环境进行研究，组织可以明确其所在的国家和政府目前禁止企业干什么，允许企业

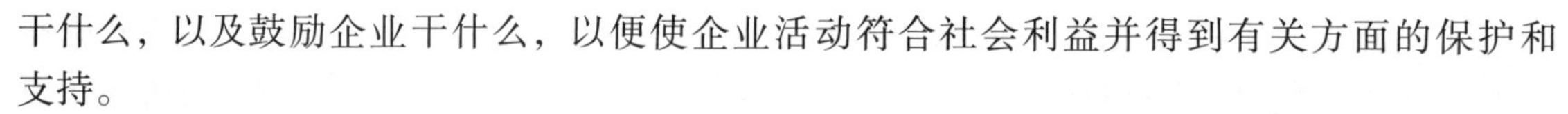

干什么，以及鼓励企业干什么，以便使企业活动符合社会利益并得到有关方面的保护和支持。

2. 经济环境

对于企业来说，经济环境是影响组织行业诸多因素中最关键、最基本的因素。经济环境主要是指构成企业生存和发展的社会经济状况，包括社会经济结构、经济体制、宏观经济发展状况、政府的宏观经济政策等要素。其中影响最大的是宏观经济发展状况和政府的宏观经济政策。

宏观经济发展状况主要是指国民收入、国民生产总值及其变化情况。宏观经济的发展又会导致企业所在区域和所服务市场区域的消费者收入水平、消费偏好、储蓄情况和就业程度等因素的变化，这些因素直接决定着企业目前及未来的市场规模。

政府的宏观经济政策主要是指国家经济发展战略、产业政策、国民收入分配政策、金融货币政策、财政政策、对外贸易政策等，往往从政府支出总额和投资结构、利率、汇率、税率、货币供应量等方面反映出来。例如，国家实施信贷紧缩会导致企业流动资金紧张，周转困难，投资难以实施；而政府支出的增加，则可能给许多企业创造良好的销售机会。

3. 社会环境

社会环境包含的内容十分广泛，如人口数量、结构及地理分布、教育文化水平、信仰和价值观念、行为规范、生活方式、文化传统、风俗习惯等。其中，人口因素是一个极为重要的因素。人口数量制约着个人或家庭消费品的市场规模。人口的地理分布决定消费者的地区分布，消费者的地区分布范围越广，消费者的嗜好也越多样化，这就意味着会出现多种多样的市场机会。年龄分布决定以某年龄层为对象的产品的市场规模，如我国有大量的独生子女和老年人，这些都分别形成了独特的消费市场。

4. 技术环境

技术环境是指与企业生产经营活动相关的科学技术要素的总和，它既包括导致社会巨大发展的、革命性的产业技术进步，也包括与企业生产直接相关的新技术、新工艺、新材料的发明情况、应用程度和发展趋势，还包括国家和社会的科技体制、科技政策和科技水平。当前，一场以电子技术和信息处理技术为中心的新技术革命正在迅猛发展，它既促使了一些新兴产业的高速发展，也推动了老产业的革新，同时也对企业管理产生了重要影响。科学技术是第一生产力，它可以创造新的产品、新的市场，并通过降低成本、缩短生产周期，改变企业的竞争地位和盈利能力。世界上成功的企业无一不对新技术的采用予以极大的重视。

10.2.2 行业环境分析

行业是影响企业生产经营活动最直接的外部因素，是企业赖以生存和发展的空间。行业是由一些企业构成的群体，它们的产品有着众多相同的属性，以至于它们为了争取同样的一个买方群体而展开激烈的竞争。行业之间在经济特性和竞争环境上有很大的区别。一个行业的经济特性和竞争环境以及它们的变化趋势往往决定了该行业未来的利润和发展前景。企业的行业环境分析总的来说要回答以下六个问题：①行业中最主要的特征是什么？②行业中发挥作用的竞争力量有哪些？它们有多强大？③行业中的变革驱动因素有哪些？它们有何影响？④竞争地位最强和最弱的企业分别有哪些？⑤行业中下一个竞争行动是什么？采取这一行动的可能是哪一家企业？⑥决定成败的关键因素是什么？

深入分析行业的竞争过程从而挖掘出竞争压力的源泉和确定各个竞争力量的强大程度，这是行业及竞争分析的重要组成部分。一个行业的竞争激烈程度取决于行业内的经济结构，行业的经济结构状况又对竞争战略的制定和实施起制约作用。虽然不同行业中的竞争压力不可能完全一致，但是竞争过程的作用方式是相似的，可以用同一个分析框架来分析各个行业中竞争力量的性质和强度。哈佛大学商学院迈克尔·波特（M. E. Perter）教授指出，在一个行业中，存在着五种基本的竞争力量，即行业中现有的竞争者、替代品、潜在的进入者、购买者和供应者之间的抗衡。如图 10-2 所示，一个行业中的竞争状态是各个竞争力量共同作用的结果。

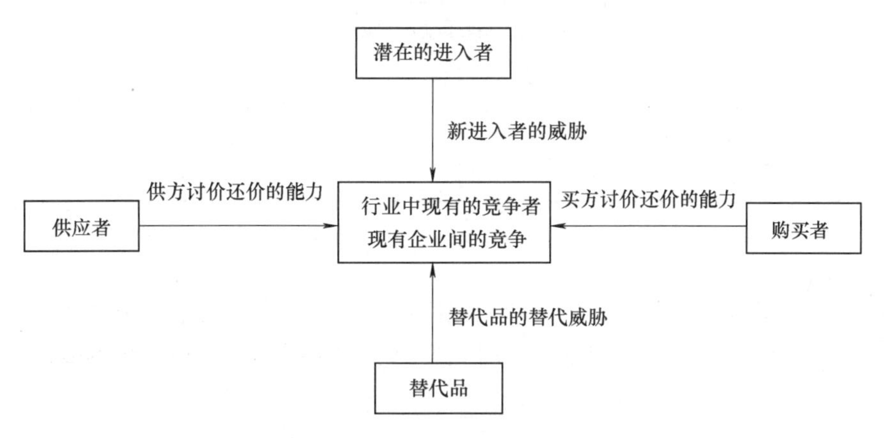

图 10-2　驱动产业竞争的力量

五种竞争力量模型深入透彻地阐述了某一给定市场的竞争模式。最无情的竞争情形是：进入障碍很低，从而每一个新进入者都可以获得一个市场立足点；替代品的竞争很激烈；供应者和购买者都有相当强的谈判优势。这种情况下行业内竞争白热化，但退出障碍又很高。因此从利润的角度来看，这种情况下的行业是没有吸引力的。

最理想的情况是：供应者和购买者都处于谈判劣势，没有很好的替代品，进入壁垒相对较高，现有企业间的竞争也比较温和。因此从利润的角度来看，这种情况下的行业就是有吸引力的。但是，即使其中几类竞争力量很强大，对于那些市场地位和战略可以防御竞争压力的企业来说，该行业仍旧可能是有吸引力的。

要想成功地与竞争力量展开竞争，管理者所制定的战略必须做到：①尽可能地摆脱这五种竞争力量的影响；②影响竞争压力，使其向着有利于本企业的方向改变；③建立强大的安全的优势。

10.2.3　主要竞争对手分析

主要竞争对手是指那些对企业现有市场地位构成直接威胁或对企业目标市场地位构成主要挑战的竞争者。

对主要竞争对手的分析包括四个方面：主要竞争者的未来目标、战略假设、现行战略、资源和能力，如图 10-3 所示。

在对以上四方面因素进行分析的基础上，应对各个竞争对手的防御能力和可能发动的战略行动做出判断。大部分企业至少对于竞争对手的现行战略、优势和劣势有一定的直观感

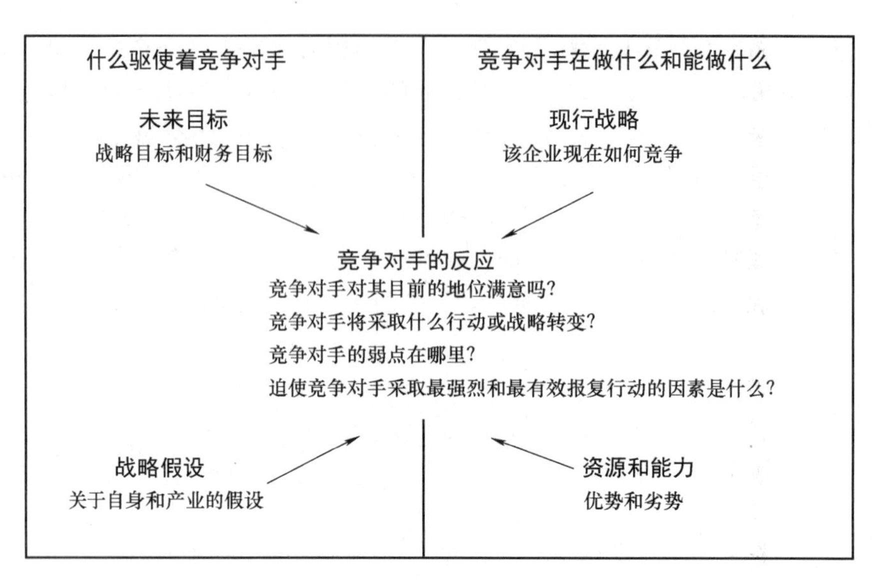

图 10-3　主要竞争对手分析的内容

觉，即能够大致了解竞争对手在做什么和能够做什么。而对竞争对手的未来目标和战略假设知之甚少，因为对这两个因素的观察要比对竞争对手的实际行为的观察难得多，但这却是确定竞争对手将来行动的主要因素。

10.3　企业内部条件分析

每个企业都拥有或可以拥有一定的资源，以及有效地协调这些资源以满足特定市场需求的能力，即每个企业都是资源和能力的结合体，这一结合体形成了战略的另一个基础。企业资源分析包括掌握企业资源的“家底”，明确现有资源满足完成使命要求的程度，明确与竞争对手相比有哪些不同。进而要分析企业通过有效的协调可以获得的资源以满足特定市场需求的能力，因为企业的竞争优势既可以来自稀缺资源的拥有，又可以来自对资源的优异的运用能力。企业资源的差异性和企业利用这些资源的独特方式就成为企业竞争优势的最重要的来源。

10.3.1　企业资源和企业能力分析

1. 企业资源

经济活动必须建立在自身的资源禀赋之上。所谓资源，是指企业所控制或拥有的有效要素的总和。20 世纪 80 年代兴起的企业资源基础理论认为，最重要的超额利润源泉是长期积累形成的、独特的资源及其不可模仿和难以替代的竞争力。企业资源按照其特点可分成两大类：一类是有形资源，另一类是无形资源。

与有形资源相比，无形资源更具潜力。目前，在全球经济中，相对于有形资源，企业的成功更多地取决于知识产权、品牌、商誉、创新能力等无形资源。例如，主要从事经济发展驱动力研究的经济学家约翰·肯德里克的研究表明，自 20 世纪 90 年代以来，无形资源对美国经济增长的贡献在逐渐增加。由于无形资源更难被竞争对手所了解、购买、模仿或替代，企业更愿意将其作为企业能力和核心竞争力的基础，所以无形资源正在扮演更加重要的战略资源的角色。

2. 企业能力

企业能力是指企业协调资源并使其发挥生产作用的能力。这些能力存在于企业的日常活动中，也就是说，存在于企业做决策和管理其内部运行以达到企业目标的方式中。概括起来说，企业的能力是组织结构和控制系统的产物，这些系统规定了在企业内部如何做出决策、在哪里做决策、公司要奖惩的行为、公司的文化和价值等。根据定义，企业能力也是企业的无形资源，但企业能力不存在于企业中的单个人员身上，而更多地体现在企业范围内个人之间相互作用、相互配合和做出决策的方式上。

区别资源和能力对理解企业的竞争是非常重要的。一个企业可能拥有很多资源，有些资源可能是独特而有价值的，但是除非这个企业具有使这些资源有效发挥作用的能力，否则资源就不能创造竞争优势并使这些竞争优势持续下去，这些资源对企业来说就是没有价值的。

3. 资源与能力分析

（1）资源评估。资源评估就是对企业可得资源的数量和质量进行评估和分析，以便确认企业是否拥有战略维持和战略延伸的资源。评估中要注意确认组织和资源之间的缺口，以便组织更好地利用目前的资源和环境，扩大和改变目前的资源存量，创造新的资源，以达到战略目标的要求。

（2）资源的使用与控制分析。资源的使用与控制分析是将企业资源和使用这些资源的战略目标联系起来，这对于了解战略能力十分关键，这是从资源的使用过程而不是从资源本身发现经营好或坏的原因。

1）价值链分析。价值链分析是从企业内部条件出发，把企业经营活动的价值创造、成本构成同企业自身的竞争能力相结合，与竞争对手的经营活动相比较，从而发现企业目前及潜在优势与劣势的分析方法，是指导企业战略制定与实施活动的有力分析工具。

2）效率（Efficiency）与有效性（Effectiveness）分析。效率是指企业实际产出与实际投入的比率，即实际的投入产出比；有效性是指企业实际产出达到期望产出的程度。这两个指标可以运用于多种场合，如对企业不同战略层次的战略评估，对企业战略要素的功能评价等。在对企业资源使用与企业战略能力的评估与分析中，效率和有效性是两个主要指标。一般认为，在成本竞争中，效率对企业特别重要；相反，对于通过有特色的服务或产品而与其他竞争者保持差异化的企业而言，有效性是一个关键的衡量指标。

3）财务分析。财务分析主要研究分析企业不同的利益相关者对企业财务指标的关注点及评价标准，判断利益相关者利益的均衡状况。

（3）比较分析。企业内部条件分析的目的是找出自己的优势和劣势，分析的基本方法是比较法。根据比较对象不同，可以分为以下三种方法：

1）纵向比较，即将企业的资源状况与以前各年相比从而找出重大的变化。这种方法可以揭示出其他方法不能揭示的不太明显的变化趋势。在许多情况下，它都促使企业重新评估其主要的推动力将来应该放在什么地方。

2）横向比较，即将企业的资源状况和竞争力与主要竞争对手进行对比。

3）与产业成功关键要素比较。将企业的资源和能力与产业成功关键要素进行比较，可以较好地反映企业的优势和劣势，这已成为企业战略管理中普遍采用的方法。

（4）资源均衡状况评估。主要对以下三个重要方面进行评估：

1）投资组合分析，即分析企业的各种不同的活动和资源相互补充的程度。

2）技能和个性的均衡，即分析企业内的人员在个人技能和个性方面的均衡程度。

3）灵活性（柔性）分析，即分析企业资源的灵活性是否适应环境的不确定性和企业准备承担的风险水平。

（5）确认关键问题。资源分析的最后一方面是从以前的分析中确认出关键问题。只有在这个阶段，才能对组织的主要优势和劣势，以及它们的战略重要性做出合理的评估。然后资源评估才能作为判断未来行动过程的标准。而SWOT分析和核心竞争能力分析是这一阶段的重要内容。

10.3.2 企业核心竞争能力

1. 核心竞争能力的含义

核心竞争能力（Core Competences）的英文原意是核心能力或核心技能，由于这一概念往往是一个企业与其竞争对手相比较而言的，因此用核心竞争能力更为贴切。根据普拉哈拉德和汉默的定义，核心竞争能力是“组织中的积累性学识，特别是关于如何协调不同的生产技能和有机结合多种技术流的学识”。所以，核心竞争能力是某一企业内部一系列互补的技能和知识的组合，这种组合可以使企业的业务具有独特的竞争优势。说它是组合，是指它既包括科学技术，又包括管理、组织和营销方面的技能。这些技术和知识的结合方式决定了核心竞争能力的强弱，决定了企业开发新产品、服务市场、挖掘新的市场机会的潜力，体现了竞争优势。

核心竞争能力既可能以某种先进技术的形式表现出来，如英特尔公司的计算机微处理技术、佳能公司的影像技术等，也可能以其他形式表现出来，如麦当劳公司快捷的服务体系、美孚公司遍布全球的销售服务机构等。但无论形式如何，核心竞争能力都是多种先进技术和能力的协调集合。如微型化是索尼公司的核心竞争能力，它不仅包括产品市场和生产上的微型化，还包括对未来市场需求微型化选择模式的引导等。为了形成这一核心竞争能力，公司的技术人员、工程师以及营销人员必须对未来顾客需求的微型化发展方向和自身技术能力的微型化延展方向形成共识，以便于协调各方面的活动。

2. 核心竞争能力、核心产品与最终产品

要正确认识核心竞争能力的内涵，还必须理解核心竞争能力与核心产品和最终产品的关系。核心产品是核心竞争能力的载体，是联系核心竞争能力与最终产品的纽带。同时，核心产品又是最终产品的重要组成部分，它构筑了企业最终产品组合的平台。有的学者做了形象的比喻，用来说明核心竞争能力、核心产品和最终产品的关系：如果把一个公司比喻成一棵大树，树干和大树枝是核心产品，小树枝是业务单位，叶、花和果实是最终产品，那么提供水分、营养和保持稳定的根系就是核心竞争能力。

企业为了维持核心竞争能力领域的领导地位，就必须在核心产品的生产上维持尽可能大的制造份额。因为企业竞争的目标实际上应是在某种核心竞争能力领域建立垄断或尽可能接近垄断的地位。但建立最终产品的垄断地位会受到法律或分散销售渠道的约束，而一个企业核心产品的市场份额的增长就不存在这种限制，通过借用下游合作伙伴的销售渠道和品牌，在核心产品市场份额迅速增长的过程中，企业的核心竞争能力可以得到最大限度的发挥。所以，企业以原始设备或核心零部件供应商的身份向竞争对手或下游企业出售其核心产品，是迅速占领市场份额的一种有效途径。目前，越来越多的企业认识到出售核心产品的价值，例如，近年来 IBM 公司一改过去的销售政策，自愿把其核心产品出售给任何人，无论敌友，一视同仁。在 1990 年到 1993 年间，IBM 对外技术销售额从 3 亿美元暴涨到 30 亿美元。

3. 核心竞争能力的特征

（1）独特性。从竞争的角度，一项能力要成为核心竞争能力必须有一定的独特性。如果某种能力为整个行业普遍掌握，就不能成为核心竞争能力，除非这家企业的能力水平远远高出其他企业。核心竞争能力的独特性还表现在不易被人轻易占有、转移或模仿。任何企业都不能靠简单模仿其他企业而建立自己的核心竞争能力，而应靠自身的不断学习、创造乃至在市场竞争中的磨炼，建立和强化自己独特的能力，这是建立企业核心竞争能力的唯一正确途径。

（2）扩散性。企业的核心竞争能力应该能够为企业带来多方面的竞争优势。企业的核心竞争能力就如同一个“技能源”，通过其发散作用，将能量不断地扩展到最终产品上，可以通过一定的方式向外衍生出一系列的产品或服务。如佳能公司利用其在光学镜片、成像技术和微处理控制技术方面的核心竞争能力，使其成功地进入了复印机、激光打印机、照相机、成像扫描仪、传真机等 20 多个市场领域。

（3）增值性。核心竞争能力必须以实现用户看重的价值为最终目标。只有那些能够真正为用户提供根本性好处、帮助企业为用户创造更多价值的能力，才能成为企业的核心竞争能力。用户是决定某项能力是否核心竞争能力的最终裁判。本田公司在发动机方面的技能是其核心竞争能力，而处理与经销商关系的能力就不是其核心竞争能力。

（4）可变性。企业的核心竞争能力不是一成不变的，某个企业的核心竞争能力可能最终被竞争对手成功模仿，并随着时间的推移逐渐成为行业内的一种基本技能。

10.3.3　价值链分析

1. 价值链分析的概念

波特教授认为，企业每项生产经营活动都是其为顾客创造价值的经济活动，那么，企业所有的互不相同但又相互关联的价值创造活动叠加在一起，便构成了创造价值的一个动态过程，即价值链。企业所创造的价值如果超过其成本，就能盈利；如果超过竞争对手所创造的价值，就会拥有更多的竞争优势。企业是通过比竞争对手更廉价或更出色地开展价值创造活动来获得竞争优势的。

2. 价值链的构造

企业的生产经营活动可以分成主体活动和支持活动两大类。

主体活动是指生产经营的实质性活动，一般分成原料供应、生产加工、成品储运、市场营销和售后服务等五种活动。这些活动与产品实体的加工流转直接相关，是企业基本的价值增值活动，又称基本活动。每一种活动又可以根据具体的行业和企业的战略再进一步细分为若干项活动。

支持活动是指用以支持主体活动而且内部之间又相互支持的活动，包括企业投入的采购管理、技术开发、人力资源管理和企业基础结构。企业的基本职能活动支持整个价值链的运行，而不分别与每项主体活动发生直接的关系。

上述价值活动组成的企业价值链可以用图 10-4 表示出来。

从图 10-4 可以看出，企业价值链不是独立价值活动的集合，而是由相互依存的活动构成的一个系统。在这个系统中，主体活动之间、主体活动与支持活动之间以及支持活动之间相互关联，共同成为企业竞争优势的潜在源泉。

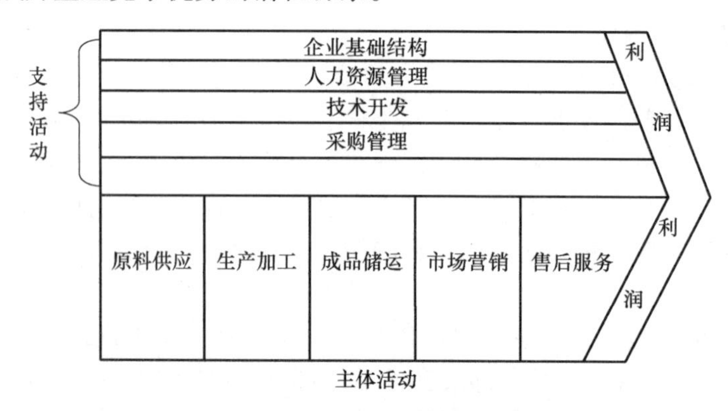

图 10-4　价值链

从更广的角度讲，在大多数产业中，很少有企业单独完成产品设计开发、生产加工、市场销售、售后服务的全过程，除非企业具有非常充分的资金和十分全面的能力。因此，一个企业价值链往往是产业价值链的一部分，它同供应商价值链、分销商价值链、客户价值链一起构成价值链体系。

对一个企业而言，向最终客户提供低价格的产品，可能是由销售商的较低的加价来支持的；而向最终客户提供高质量的产品，也必然离不开供应商提供的高质量的零部件。所以，任何企业的价值链分析，都应该放在产业价值活动的系统中进行。

为了诊断分析竞争优势，企业有必要根据价值链的一般模型构造具有企业自己特色的价值链。企业在构造价值链时，需要根据价值链分析的目的以及自己生产经营的特点，将每一项活动进行分解。分解的适宜程度取决于以下三点：有不同的经济含义；对差异化有巨大的潜在影响；在成本上表现为一个较大的份额或一个不断增长的份额。企业应该将可以充分说明企业竞争优势或劣势的子活动单独列出来，以供分析使用。对于那些不重要的活动，则可以归纳在一起进行分析。活动的顺序一般按照工艺流程进行，但也可以根据需要进行安排。无论怎样的顺序，企业的管理人员都应从价值链的分类中得到直观的判断。

10.3.4　SWOT 分析法

战略管理是一个使企业外部环境、内部条件和战略目标动态相适应的过程，它要求企业的战略规划活动必须结合外部环境与内部条件的变化趋势及其相互影响综合进行。

SWOT 分析法是一种对企业外部环境中存在的机会、威胁和企业内部条件的优势、劣势进行综合分析，据此对备选的战略方案做出系统的评价，最终选择出最佳的竞争战略的方法。SWOT 中的 S 是指企业内部的优势（Strengths）；W 是指企业内部的劣势（Weaknesses）；O 是指企业外部环境中的机会（Opportunities）；T 是指企业外部环境的威胁（Threats）。

企业内部的优势和劣势是相对于竞争对手而言的，一般表现在企业的资金、技术设备、员工素质、产品、市场成就、管理技能等方面。判断企业内部的优势和劣势一般有两项标准：一是单项的优势和劣势。例如企业资金雄厚，则在资金上占优势；市场占有率低，则在市场上占劣势。二是综合的优势和劣势。为了评估企业的综合优势和劣势，应选定一些重要因素，加以评价打分，然后根据其重要程度按加权确定。

企业外部的机会是指环境中对企业有利的因素，如政府支持、有吸引力的市场进入障碍正在降低、市场需求增长势头强劲等。企业外部的威胁是指环境中对企业不利的因素，如新竞争对手的出现、市场增长率缓慢、购买者和供应者讨价还价能力增强、不利的人口特征的变动等。这是影响企业当前竞争地位或影响企业未来竞争地位的主要障碍。

如图 10-5 所示，SWOT 分析模型为企业提供了四种可供选择的战略：增长型战略、扭转型战略、紧缩型或防御型战略和多元化经营战略或一体化战略。

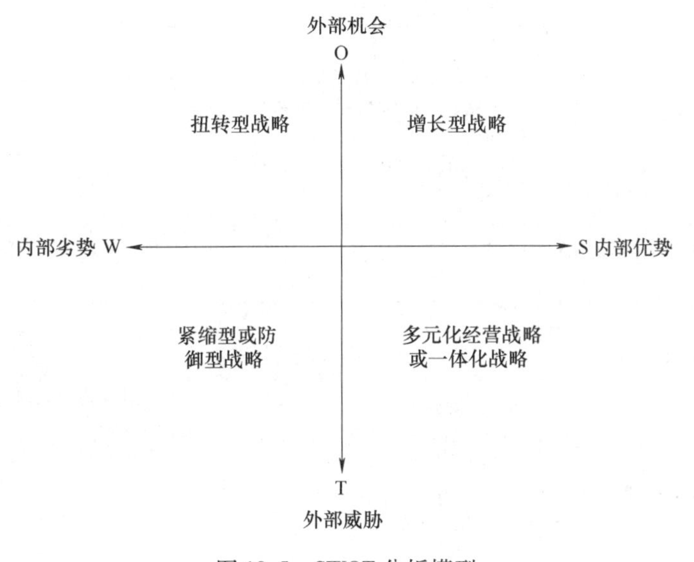

图 10-5　SWOT 分析模型

SO 象限内的区域是企业机会和优势最理想的结合。这时的企业拥有强大的内部优势和众多的环境机会，可以采取增长型战略。WO 象限内的业务有外部市场机会但缺少内部条件，企业可以采取扭转型战略，尽快改变企业内部的不利条件，从而有效地利用市场机会。WT 象限是最不理想的内外部因素的结合状况。处于该区域中的经营单位或业务在其相对弱势处恰恰面临大量的环境威胁。在这种情况下，企业可以采取减少产品或市场的紧缩型或防御型战略，或是改变产品或市场的放弃战略。ST 象限内的业务尽管在当前具备优势，但正面对不利环境的威胁。面对这种情况，企业可以考虑采取多元化经营战略，利用现有的优势在其他产品或市场上寻求和建立长期机会。另外，在企业实力非常强大、优势十分明显的情况下，企业也可以采用一体化战略，利用企业的优势正面克服存在的环境设立的障碍。

再次强调的是，准确地列出和透彻理解所列出的因素比实际的权重和评分更为重要。列出企业的优势、劣势、机会和威胁就像建立一张战略平衡表，它是外部环境和内部条件分析的总结。将这些因素列在一起进行综合分析，能从整体上分析一家企业的战略态势，在决策层中统一认识，确定合适的战略方案。所以，SWOT 分析法也是一种战略评价的方法。

表 10-1 是一个以耐克公司为背景的 SWOT 分析实例。表中字母的含义是：S——优势；W——劣势；O——机会；T——威胁；下标——对应于 S、W、O、T 中的第几条。

表 10-1　耐克公司 SWOT 矩阵分析应用实例

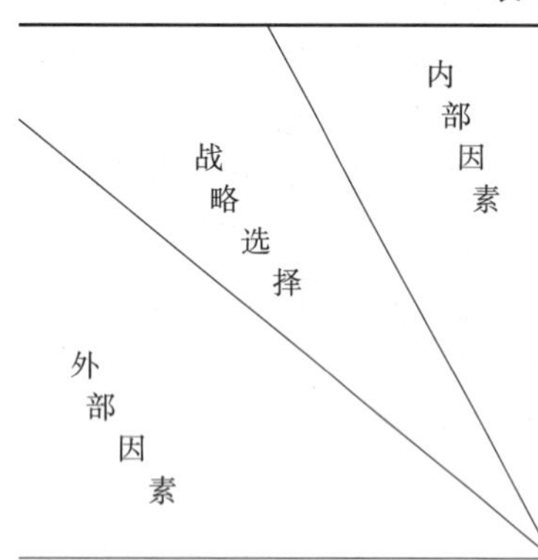 内部因素 战略选择 外部因素	优势（Strengths） 1. 品牌忠诚度 2. 市场营销技术：有效的广告和促销策略 3. 在产品研发方面技术领先 4. 低成本、高质量的生产制造体系（“网络型结构”） 5. 良好的盈利性：高于平均水平的利润率 6. 1.24 亿美元的战略基金 7. 菲尔·奈特的未来式领导风格使事件处理速度很快	劣势（Weaknesses） 1. 高于平均水平的杠杆作用限制了借款能力 2. 从财务上看不能达到 30% 的年增长目标 3. 宽松的管理风格造成沟通不充分，不适合大型公司 4. 缺少正式的管理体系，造成控制不利 5. 产品线太宽
机会（Opportunities） 1. 由于一些社会性趋势（如休闲）和事件（如 1984 年奥运会），美国市场需求增长 2. 引入了低成本的产品线 3. 人们生活富裕了，注重地位和时尚的顾客群喜爱的产品 4. 增加了新的个性化产品或新用途 5. 国外市场的扩大	S + O 战略选择 耐克公司如何利用其优势把握它的机会？ 1. 大范围地开发新的产品线，例如足球装（O_1，O_2，O_3，O_4） 2. 开发中等收入、妇女以及国际市场	W + O 战略选择 耐克公司如何能克服劣势以把握机会？ 1. 削减产品线，将精力集中在盈利多的产品上（W_2，W_5，O_3，O_4） 2. 重新设计组织机构使方向能更集中（W_3，O_3，O_4，O_5）
威胁（Threats） 1. 市场日趋成熟，竞争加剧 2. 顾客对价格敏感性增加，可能导致价格竞争加剧 3. 顾客对价格的敏感性增加，可能导致一般品牌和私人商标的增加 4. 社会趋势正由运动装向时尚装转变 5. 新竞争者的进入	S + T 战略选择 耐克公司如何利用其优势应对其所面临的威胁？ 1. 在研究与开发方面继续创新，缩短新产品开发的周期（S_3，T_1，T_4，T_5） 2. 制定富有竞争力的价格策略（S_4，T_2，T_3）	W + T 战略选择 耐克公司如何避免劣势以应对其面临的威胁？ 1. 削减产品线（W2，W5，T1） 2. 加强管理控制系统，使产品线得以控制（W_2，W_5，T_1）

10.4　企业使命与战略目标

在制定企业战略的过程中，企业使命、战略目标和战略三者紧密相连、相互制约。战略方案为实现目标服务，而目标又体现了企业使命的要求。

10.4.1　企业使命

企业使命就是企业在社会进步和社会经济发展中所应担当的角色和责任。即企业在制定战略之前应弄清企业应负担什么样的社会责任，应从事什么事业。企业使命包括两个方面的内容，即企业宗旨和经营哲学。

1. 企业宗旨

企业宗旨阐述企业长期的战略意向，其具体内容主要说明企业目前和未来所要从事的经营业务范围。企业宗旨是企业存在的目的和理由。要想获得一个在战略的角度上清晰明了的业务界定，企业宗旨必须包括下面三个要素：

（1）顾客的需求。企业需要满足的需求是什么？仅仅知道企业所提供产品和服务是不

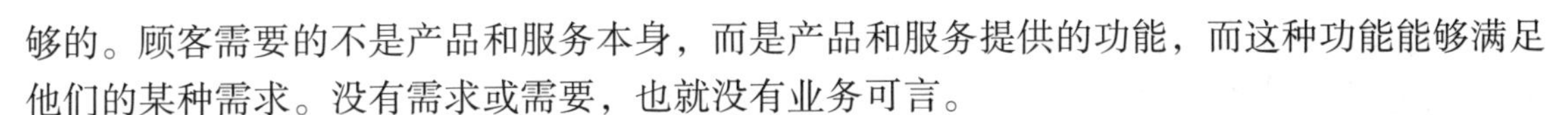

够的。顾客需要的不是产品和服务本身，而是产品和服务提供的功能，而这种功能能够满足他们的某种需求。没有需求或需要，也就没有业务可言。

（2）顾客。需要满足的对象是谁？企业定位的顾客群是什么？顾客群这个因素之所以重要，是因为他们代表了一个需要提供的市场，即企业打算在哪些地理区域内展开竞争以及企业追逐的购买者类型。

（3）技术和活动。即企业在满足目标市场时所采用的技术和开展的活动。这个因素表明企业是如何满足顾客需求的，以及企业所开展的活动是行业的生产-分销价值链的哪些部分。

很好地界定企业所服务的需求、目标市场以及所开展的活动是一个挑战，请看下面一个例子。麦当劳用来界定公司业务的理念是：一张有限的菜谱，质量一致的美味快餐食品，快速到位的服务，超值定价，卓越的顾客关怀，便利的定位和选址，全球的覆盖。麦当劳的业务使命确定的中心是：在全球范围内向一个广泛的快餐食品顾客群"在气氛友好、卫生、清洁的饭店里以很好的价值提供有限系列的、美味的快餐食品"。

2. 经营哲学

经营哲学是一个组织为其经营活动方式所确定的价值观、信念和行为准则，是企业文化的高度概括。经营哲学主要通过以下两方面表现出来：

（1）企业提倡的共同价值观。国际商用机器公司（IBM）前董事长小T. J. 华森论述了共同价值观念的重要性。他说："我的论点是，首先，我坚信任何组织为了生存并获得成功，必须树立一套正确的信念，作为它们一切工作的方针和行动的前提。其次，我相信一个公司成功的最主要因素是其成员忠诚地坚持那些信念。最后，我认为如果一个组织在不断变动的世界中遇到挑战，它必须在整个寿命期内随时准备变革它的一切，唯有信念却永远不变。"华森接着阐述了国际商用机器公司的哲学：①尊重个人；②希望在世界上的所有公司中给予顾客最好的服务；③所有的工作都能以卓越的方式去完成。这几条价值观念在以后的几十年内指引着IBM前进。

（2）企业对利益相关者的态度。企业应该有效地反映企业内外部利益群体和个人的合理要求。企业内部利益群体包括企业的股东、董事会、管理人员和员工。企业的外部利益群体包括企业的顾客、供应商、销售商、竞争者、政府机构和一般公众等。这些利益群体希望企业能够按照他们满意的方式进行生产经营活动，例如，员工要求在经济收入、社会地位和心理状态上得到满足；股东要求从他们的投资中得到满意的回报；顾客要求购买到物美价廉、符合他们利益的商品；供应商希望企业能够长期地使用他们的产品或服务；竞争者要求能够公平竞争；政府机构要求企业遵纪守法；一般公众则希望由于企业在当地的存在，使他们的生活水平能够有所提高；更进一步讲，一般公众希望企业保护环境、促进社会公正和进步，支持社会活动和文化活动等。企业应当在其宗旨中明确地阐述自己对这一问题的态度，即企业在承担遵守法律和创造利润的基本责任外，还愿意承担多少社会责任。

10.4.2　战略目标

战略目标是企业在一定时期内执行其使命时所预期达到的成果。战略目标是企业使命的具体化。对此，德鲁克做了精辟的阐述："有关企业及其宗旨和使命的基本定义必须转化成各种目标。否则，它们仍旧是永远不会产生成果的构想、良好的愿望和漂亮的警句。"

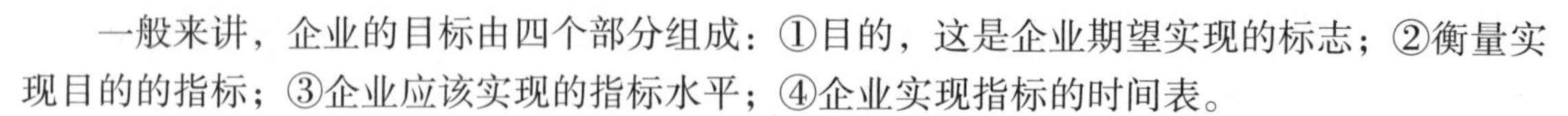

一般来讲，企业的目标由四个部分组成：①目的，这是企业期望实现的标志；②衡量实现目的的指标；③企业应该实现的指标水平；④企业实现指标的时间表。

企业的目标是一个体系，可分为长期目标和年度目标。建立目标体系的目的是将企业的宗旨和使命转换成明确具体的业绩目标，从而使得企业发展有一个可以测度的指标，为管理活动指明方向，为考核提供标准。同时，目标还能起到激励员工和凝聚员工的作用。

1. 企业的长期目标

长期目标又称战略目标，是企业在战略管理过程中所要达到的结果。长期目标的目的实际就是企业的愿景。企业的长期目标往往是企业各利益相关者利益均衡的产物，为了全面反映企业各利益相关者的利益，企业的战略决策者一般从以下两个方面考虑建立自己的长期目标：

（1）财务目标，这是与财务业绩有关结果领域的指标。获得满意的财务业绩至关重要，如果没有足够的盈利和发展，那么企业追求的愿景，企业的长期健康性，以至企业的生存，都将受到威胁。无论是股东还是企业的经营者，都不会对一个不能带来满意财务结果的事业继续投入资本。

（2）战略地位目标，这是反映企业竞争力和市场地位的指标。具有代表性的战略地位的目标是：提高企业的市场份额，如何在行业中占据领先地位，如拥有更短的从设计到市场的周期、比竞争对手更高的产品质量、更低的企业的总成本、更宽或者更有吸引力的产品线、更卓越的顾客服务、更好的企业形象、更高的顾客忠诚度、更广阔的地理覆盖面、更高的顾客满意度水平，是技术和产品革新方面的领导者更好地承担社会责任方面的目标。

如果要使战略性思维和战略驱动性的决策渗透到整个组织的行为之中，长期目标的对象就不只限于整个组织，还应当为组织的每个战略经营单位、事业部、职能部门建立自己的长期目标。长期目标体系的建立自上而下的程度要比自下而上的程度更高一些。通常的做法是：首先建立整个组织的长期目标体系，然后在业务单元、分公司、职能部门建立长期目标，并使这些长期目标与组织整体的长期目标直接联系。

2. 企业的年度目标

年度目标是指实施企业总体战略的年度作业目标，是战略实施中的一种必要手段。它与企业的长期目标有着内在的联系，为监督和控制企业的绩效提供具体的可以衡量的依据，具有较强的可操作性。企业主要从以下两个方面考察其年度目标：

（1）与长期目标的联系。年度目标是长期目标在时间上的一种分解，它常常表明企业的管理者试图达到长期目标的速度。如果年度目标脱离长期目标，往往会损害企业的长期生存与发展。

（2）职能部门年度目标间的协调。年度目标又是长期目标在空间上的一种分解，即年度目标将长期目标的信息传递到主要职能部门，并将长期目标按职能的需要分解为更具体的年度目标，使之便于操作和落实。在实践中，有的企业职能部门在确定年度目标时，往往只注意本部门的利益，可能导致各职能部门的年度目标缺乏内在联系，从而损害企业的整体利益，影响整体效益。为了避免这种情况，应反复进行综合平衡，保持各部门年度目标间的一致性。

10.5　战略的选择

10.5.1　公司战略选择

公司战略是通过企业的内外部环境分析，根据企业宗旨和战略目标，依据企业在行业内所处的地位和水平，确定其在战略规划期限内的资源分配方向及业务领域发展战略。

在面对不同的环境和基于不同的内部条件时，企业所采取的总体战略态势会各有差异，企业的总体战略主要有三种态势：稳定型战略、发展型战略和紧缩型战略。

1. 稳定型战略

稳定型战略是在内外环境约束下，企业在战略规划期内使资源分配和经营状况基本保持在目前状况和水平上的战略。按照这种战略，企业目前的经营方向、业务领域、市场规模、竞争地位及生产规模都大致不变，保持持续地向同类顾客提供同样的产品和服务，维持市场份额。

根据战略目的和资源分配方式，稳定型战略又可进一步细分，美国一些管理学家将其分为以下类型：无变化战略、维持利润战略、暂停战略和谨慎实施战略。

采取稳定型战略的企业，一般处在市场需求及行业结构稳定或者较小动荡的外部环境中，企业所面临的竞争挑战和发展机会都相对较少。但是，在市场需求有较大幅度增长或是外部环境提供了较好发展机遇的情况下，由于资源不足，有些企业也不得不采取稳定型战略。

稳定型战略的优点主要表现为管理难度较小，效益有保证，风险较小。这是因为：

（1）企业基本维持原有的产品和市场领域，从而可以利用原有的生产经营领域、渠道，避免开发新产品和新市场所必需的巨大资金投入，避免由于开发失败和激烈竞争给企业带来的巨大风险。

（2）由于企业经营领域基本不变，企业不必改变原有的资源分配模式，因而不必考虑原有资源的增量或存量调整，能避免由于改变战略而重新组合资源造成的资金和时间上的浪费。

（3）可以保持企业规模、资源、生产能力等方面的协调平衡，避免因发展过快、过急造成失衡，导致资源浪费，效益不佳。

（4）可以充分利用现有人力资源，保持人员安排上的相对稳定性，减少人员调整、聘用和培训的费用。

稳定型战略是在外部环境稳定的条件下实行的企业战略，一旦外部环境好转，企业自身实力增强时，这种战略就不再适用，应积极转为发展型战略。长期实行稳定型战略往往容易使企业减弱风险意识，甚至形成惧怕风险、回避风险的企业文化，这就会大大降低企业对环境的敏感性和适应性，会严重影响企业的发展，这也是稳定型战略真正的、最大的风险所在。

2. 发展型战略

发展型战略（增长战略）是相对于稳定型战略和防御型战略的另一种公司战略，是使企业在现有战略基础上向更高一级目标发展的战略。

（1）密集型发展战略。密集型发展战略是指企业在原有业务范围内，充分利用在产品和市场方面的潜力来求得成长的战略。这种战略包括市场渗透战略、市场开发战略和产品开发战略。

1）市场渗透战略。市场渗透战略是企业通过更大的市场营销努力，提高现有产品或服务在现有市场上的销售收入。

2）市场开发战略。市场开发战略是指将现有产品或服务打入新的地区市场，即企业以市场创新为主导，用原有产品为竞争武器，向新市场扩张。

3）产品开发战略。产品开发战略是指通过改进和改变产品或服务而增加产品销售的战略。

从某种意义上讲，密集型发展战略是核心，因为对企业来说，只有不断推出新产品，才能应对市场的变化，保持企业的持续成长。另外，对于市场开发来说，有时并不是直接将原有产品打入新的市场，而是针对新的市场做了针对性的改进后才进入的。例如，对于不发达的农村地区来说，由于接收条件和收入上的不同，对电视机功能的要求与大中城市是不同的，所以如果开发出适合他们需求的电视机，再打入农村市场，则要比直接将在城市市场上销售的电视机卖往农村效果要好得多。所以，以上三种战略常常是结合在一起使用的。

（2）一体化战略。一体化战略是指企业充分利用自己在产品、技术、市场上的优势，向经营领域的深度和广度发展的战略。一体化战略主要有两种类型：一是纵向一体化战略；二是水平一体化战略。一体化战略有利于深化专业化协作，提高资源的利用程度和综合利用效率。

1）纵向一体化战略。纵向一体化战略就是将企业的活动范围在同行业中向后扩展到供应源或者向前扩展到最终产品的最终用户。它又可分为后向一体化战略和前向一体化战略。后向一体化战略是将企业的价值链进一步反向延伸；前向一体化战略将企业的价值链进一步向前延伸。纵向一体化战略既有强大的优点，也有很大的缺点。纵向一体化向哪个方向延伸取决于以下考虑：①它是否会提高对战略起着至关重要作用活动的业绩，降低成本或者加强差别化；②它对与协调更多阶段之间的活动有关的投资成本、灵活性和反应时间以及管理费用所产生的影响；③它是否能够创造竞争优势。纵向一体化这个问题的核心在于：企业要想取得成功，哪些能力和活动应该在自己内部展开，哪些可以安全地转到外部的企业。如果不能获得巨大的利益，那么纵向一体化就不太可能成为诱人的竞争战略选择。

2）横向一体化战略。横向一体化战略也叫水平一体化战略，是指将生产相似产品的企业置于同一所有权控制之下，兼并或与同行业的竞争者进行联合，以实现扩大规模、降低成本、提高企业实力和竞争优势的目标。当今战略管理的一个最显著的趋势便是将横向一体化作为促进公司发展的战略。竞争者之间的合并、收购和接管，提高了规模经济和资源与能力的流动。横向一体化战略一般是企业面对比较激烈竞争的情况下进行的一种战略选择。采用横向一体化战略的好处是：能够吞并或减少竞争对手；能够形成更大的竞争力量去和其他竞争对手抗衡；能够取得规模经济效益；能够取得被吞并企业的市场、技术及管理等方面的经验。

（3）多元化战略。多元化战略是企业最高层为企业制定多项业务的组合，是为企业涉足不同产业环境中的各业务制定的发展规划，包括进入何种领域，如何进入等。当企业拥有额外的资源、能力及核心竞争力并能在多处投入时，就应该实施多元化战略。同时，采用这种战略的企业的经理层应具备独特的管理能力，能同时管理多项业务，并且能增强企业的战略竞争能力。

1）相关多元化战略。相关多元化战略是企业为了追求战略竞争优势，增强或扩展已有的资源、能力及核心竞争力而有意识采用的一种战略。实行这种战略的企业增加新的、但与原有业务相关的产品与服务，这些业务在技术、市场、经验、特长等方面相互关联。广义地说，前面讲的纵向一体化也是相关多元化的一种形式。相关多元化的战略匹配关系会给企业带来优势。战略匹配存在于价值链非常相似以至能为企业各方面带来机会的不同经营业务之间，它主要从两个方面给相关多元化的企业带来优势：一是产生范围经济，即当两种或更多的经营业务在集中管理下运作比作为独立的业务运作花费更少时，就存在范围的经济性。二是增加市场力量。市场力量是指企业对市场的控制力或影响力。当一个企业在多个相互关联的领域内经营时，它通常比那些在单一领域内经营的企业更有市场力量。如一个同时生产电视机、冰箱、洗衣机、空调器、微波炉等多种家电产品的企业，往往比只生产冰箱的企业更有市场力量。纵向一体化同样也可能获得市场力量，因为它可以通过内部交易达到控制市场的目的。

2）不相关多元化战略。不相关多元化就是企业进入与原有业务不相关的新业务，企业经营的各业务之间没有联系。尽管相关多元化会带来战略匹配利益，很多企业却选择了不相关的多元化战略，多元化进入有着丰厚利润或美好前景的任何行业。不相关多元化主要是出于寻求有吸引力的财务经济性。不相关多元化战略适用于以下几种情况：①当企业所在行业逐渐失去吸引力，企业销售额和利润下降；②企业没有能力进入相邻产业；③企业具有进入新产业所需的资金和人才；④企业有机会收购一个有良好投资机会的企业。企业很少在内部组建新的子公司以进入新的产业，一般是通过购并形式实现多元化。任何可以购并的具有有利财务条件和令人满意的利润前景的公司都可以作为进入产业领域的选择。

3）成功地实施多元化战略必须具有一些其他的条件：①企业首先要具备必要的资源才能使多元化具有可行性，才能顺利实施多元化。②资本市场和管理者市场是多元化经营的条件，特别是当企业通过并购进行多元化时，需要资本市场的支持。管理者市场也非常重要，能否获得合适的管理者常常是多元化经营的前提条件。③企业应建立一套多元化投资决策管理体系和程序，使多元化经营决策科学化。④多元化战略的实施至关重要。

综上所述，多元化的程度是由市场和企业自身所具备的战略性特点（如资源）所决定，并建立在企业各种资源的优化组合基础上，需要管理者用正确的动机去推动的。动机越强烈，资源的灵活性越好，多元化的程度就越高。为了不使企业盲目地、过度地多元化，需要有科学的内部决策和监控体制。正确的战略决策，加上高效的战略实施，才能获得理想的企业经营业绩。

3. 紧缩型战略

紧缩型战略是企业从目前的经营战略领域和基础水平收缩和撤退，且偏离起点较大的一种战略。紧缩的原因是企业现有的经营状况、资源条件以及发展前景不能应对外部环境的变化，难以为企业带来满意的收益，以致威胁企业的生存和发展。

（1）紧缩型战略的类型。紧缩型战略包括以下三种类型：

1）转向战略。转向战略是企业在现有经营领域不能完成原有产销规模和市场规模，不得不将其缩小，或者企业有了新的发展机会，压缩原有领域的投资，控制成本支出以改善现金流为其他业务领域提供资金的战略方案。

2）放弃战略。放弃战略是将企业的一个或几个主要部门转让、出卖或停止经营。这个部门可以是一个经营单位、一条生产线或者一个事业部。其目的是要找到肯出高于企业固定资产时价的买主，因此关键是让买主认识到购买企业所获得的技术和资源，能使对方利润增加。

3）清算战略。清算是指卖掉其资产或停止整个企业的运行而终止一个企业的存在。显然，清算战略对任何一个企业来说都不是最有吸引力的战略，通常只有当所有其他战略都失败时才使用。但在毫无希望的情况下，尽早地制定清算战略，企业可以有计划地、尽可能多地收回企业资产，减少损失。

（2）紧缩型战略的优点。紧缩型战略的优点体现在以下几个方面：

1）帮助企业在外部环境恶劣的情况下节约开支和费用，顺利渡过难关。

2）能在企业经营不善的情况下最大限度地降低损失。在许多情况下，采取撤退战略会避免由于盲目而且顽固地坚持衰退的事业给企业带来的打击。

3）能帮助企业更好地实行资产最优组合。否则，当企业面临一个新的机遇时，会因资源缺乏而错失良机。

4）实行撤退战略的尺度难以把握，如果使用不当，会扼杀具有发展前途的业务和市场，影响企业的利益和发展。另外，实施撤退战略会不同程度地裁员和减薪，而且意味着企业领导者和管理者工作的不力和失败，因此会引起企业内部人员的不满，从而引起员工情绪低落。

10.5.2 公司发展战略的进入方式

发展战略包括密集发展战略、一体化战略、多元化战略。任何一种发展战略都可以选择不同的发展方式。

1. 内部开发

内部开发也称内部创业，是企业通过内部创新，以开发新产品，建立新生产能力进行发展。例如，IBM 公司就是于 20 世纪 80 代用内部创业的方式进入计算机微机市场的。企业在运用密集型发展战略时，常采用内部开发方式。如果企业运用内部开发的方式进入新领域时，需要考虑以下问题：

（1）行业处于不平衡状态，竞争结构还没有完全建立起来，如新生行业。

（2）行业中原有企业所采取的报复性措施的成本超过了由此所获的收益，使得这些企业不急于采取报复性措施，或者效果不佳。

（3）企业由于现有技术、生产设备同新经营项目有一定的联系，导致进入该领域的成本较低。

（4）企业进入该领域后，有独特的能力影响其行业结构，使之为自己服务。

（5）企业进入该领域，有利于发展企业现有的经营业务，如提高企业形象、改进分销渠道等。

2. 并购

并购是合并和收购的简称，两者都是企业产权交易，它们的动因极为相近，运作方式有时也很难区分，因此常使用一个词：并购。

（1）并购的分类。并购具体分为合并和收购。合并是指两家公司在相对平等的基础上将相互的业务进行整合，通常其拥有的资源和实力合在一起能够比各自独立发展产生更强的竞争优势。合并有两种类型：一是吸收合并，即兼并；二是新设合并，又称联合，指两个或两个以上公司通过合并同时消亡，在新的基础上形成一个新的公司。新设公司接管原来几个公司的全部资产、业务和债务，新组建董事会和管理机构。收购是指一家公司通过购买另一家公司的部分或全部股权，将被收购公司的业务纳入其战略投资组合中，从而达到更加有效地利用其核心竞争力的目的。

（2）并购的原因。企业并购的主要原因是希望通过并购增强市场力量、克服行业进入壁垒、加快进入市场的速度、实现多元化经营、避免行业内竞争，从而取得竞争优势。

1）加强市场力量。企业通过收购同行业竞争对手或者高度相关行业企业，达到增强市场力量的目的，从而提高竞争优势。为了加强市场力量，企业常通过并购来实现纵向一体化、横向一体化和相关多元化，分别称为纵向收购、横向收购和相关收购。

2）克服行业进入壁垒。行业中已有企业的业务活动，给将要进入该行业的企业带来困难或增加其进入成本。如原有的企业可以通过大量的生产和服务提供，获得显著的规模经济效应，而且消费者对于所熟悉的品牌的忠诚度也会给新进入企业带来障碍。因此，新进入者为了取得规模经济并达到以竞争价格销售产品，必须在生产设施、广告和促销活动方面进行大量的投资，为了达到足够的市场覆盖率，还要求企业拥有高效率的销售体系和销售网络。通过并购行业中已有的企业可以立即进入该市场，越过市场壁垒。

3）降低新产品开发成本与风险，并加快进入市场的速度。企业利用自己的力量开发新产品或建立新企业需要大量的投资和时间，而且大约 88% 的新产品最终不能取得回报；66% 的创新产品在获得专利后四年内被模仿，因此具有较大的风险。而并购过程可以对目标企业以往的经营业绩进行评估，并根据这些业绩预测新产品的市场前景，风险较低。同时，通过收购企业更容易快速进入市场，为增强市场竞争力打下基础。

4）实现多元化经营。并购是实现多元化经营常用的方法。当企业实施多元化战略，向多个领域发展时，在产品开发、市场研究与开拓等方面的困难要远远大于在本行业经营，特别是不相关多元化。因此，企业进入新市场或调整投资组合，最有效的途径是并购。行业不相关程度越高，通过并购成功进入的可能性就越大。

5）避免行业内竞争。企业通过并购降低在某一市场的竞争程度，减轻剧烈的行业竞争对企业财务状况的影响。另外，并购会降低企业对单一产品或市场的依赖性，在更大范围内增强企业的竞争力。

3. 战略联盟

战略联盟是企业之间通过一定方式形成一种合作关系，将它们的资源、能力和核心竞争力相结合，从而实现各方在设计、制造、产品和服务上的共同利益。战略联盟是对经济活动、技术发展和经济全球化所带来的市场迅速而巨大变化的及时和理性的反应。许多企业通过战略联盟加强竞争能力。东芝公司是日本历史最悠久的公司之一，它与多家公司组建了战略联盟，合作者包括摩托罗拉公司、IBM 公司、SUN 系统公司等，为公司进入新业务、新市场提供了帮助。战略联盟的动因有以下几个方面：

（1）扩大市场份额。通过战略联盟，双方可以利用彼此的网络进入新的市场，减少开拓市场的时间和费用，增加产品的销售量及市场份额。

（2）迅速获取新的技术。技术创新是企业发展的动力，技术创新及推广的速度越来越快，通过战略联盟企业能够增强技术创新能力，缩短新产品、新项目开发的时间，跟上科技发展的步伐。

（3）经营国际化。通过合资、合作等方式与国外公司进行联盟进入国际市场，可以减少在国外直接投资存在的投资大、风险大等许多局限，顺利实现国际化扩张。

（4）降低风险。战略联盟能够做到风险共担，降低企业的风险。如共同开发新技术、新产品，可以增强科研能力，提高开发效率和效益。

4. 国际化战略

国际化经营是指在本国市场以外的市场销售企业的产品。实施国际化战略的主要原因是国际市场存在新的潜在的机会，在此基础上，企业以各种方式进入国际市场，争取全球竞争地位，取得竞争优势。企业进入国际市场可供选择的方式可以分为贸易出口进入、合同进入和投资进入三大类。企业可选择的国际化战略有以下三种：

（1）国际本土战略。国际本土战略是以国家界限划分市场，注重每个国家内的竞争，一个国家市场上的竞争同另一个国家市场上的竞争相互独立，以每个国家作为一个战略业务单元制定战略。

国际本土战略的依据是多国竞争。不同国家的消费者需求特点各不相同，国家之间的竞争是相互独立的，企业在一个国家的声誉、顾客群和竞争地位对它在另一个国家的竞争能力、效果不会产生太大的影响甚至不会产生影响。因此，企业在某一个国家的强大力量以及这种力量所产生的某种竞争优势只限于这个国家，而不会转移到其他的经营地区。多国竞争特色非常明显的行业有啤酒、人寿保险、服装、一些食物等。多国战略是采取特定的战略方式来适应不同国家的文化环境、经济环境、政治环境和竞争环境，注重本地顾客的需求，一般以扩大本地市场份额为目标。为准确地反映市场需求特性，最好地适应顾客的需求和相对于竞争对手寻找自己的定位，企业可能在有些国家寻求广泛的市场目标，在另一些国家狭窄地聚焦于特定的市场点，国家之间的变动越大，企业的整体国际战略就越有可能成为单个国家战略的集合。多国战略最适应那些国际本土型竞争占统治地位的行业。

（2）全球化战略。全球化战略是指企业在所有国家的战略策略基本一致。在全球范围内对企业的战略行动进行统一和协调，在不同国家市场销售标准化产品。

全球化战略依据的是全球竞争环境。在全球竞争环境下，跨越国家市场的价格及竞争环境有着很强的联系，形成了真正的国际市场；一个全球性的竞争企业在一个国家的竞争地位既影响它在其他国家的竞争地位，也受到它在其他国家竞争地位的影响。竞争对手的竞争会发生在不同的国家，在某些国家市场中的竞争尤为明显，如市场销量很大，在这些国家拥有竞争力的地位对于企业在行业之中建立强大的全球地位具有重要的战略意义。

在全球竞争环境下，企业的整体优势来自企业在全球的经营和运作，企业在本土所拥有的竞争优势同企业来自其他国家的竞争优势有着紧密的联系。一个全球性企业的市场强势同它以国家为基础的竞争优势组合成正比。全球竞争存在于以下行业：汽车、电视、复印机、手表等。因此，全球化战略是由总公司制定和协调全球范围内的战略，目标是取得全球性的领导地位。

（3）跨国战略。跨国战略寻求全球化的效率和本土化的反应敏捷的统一。显然，要达到这一目标并非易事，因为这一方面需要全球协调、紧密合作，另一方面需要本地化的弹性。因此，实施跨国战略需要“弹性协调”，通过一体化的网络建立共享的远见并各自尽责。在现实中，由于两方面目标的冲突，实现真正的跨国战略很困难。但如果有效实施了跨国战略，其产出将比单纯的其他两种战略好得多。

要实现跨国战略，关键在于创建一个网络，将相关的资源和能力联系起来。母公司与子公司、子公司与子公司的关系是双向的，不仅母公司向子公司提供产品与技术，子公司也可以向母公司提供产品与技术。企业采取这种战略，能够运用经验曲线的效应，形成区位效益，能够满足当地市场的需求，以达到全球学习的效果，实现成本领先或差异化战略。

跨国战略的显著特点是业务经营的多样化和国家市场的多样性。多元化跨国公司的管理者们不仅要制定和执行大量的战略，还要根据各国市场的需求进行调整变化。此外，他们还面临着另外的挑战，即要寻找好的方法来协调公司跨行业和跨国家的战略行动，从而获得更大的持续的竞争优势。这种优势要比仅仅将公司的资源和生产能力用到在每一个国家市场和每一项经营业务中所建立强的竞争地位要大得多。

10.5.3　业务战略（竞争战略）

迈克尔·波特认为，如果按照企业所选择的市场区域大小进行划分，业务层战略可以划分为广泛市场上使用的战略和狭窄市场上使用的战略，后者即聚焦战略。如果按照企业竞争优势的类型进行划分，可以将业务层战略划分成两种不同的定位战略，即低成本定位战略和高差异定位战略。无论这两种定位战略是被大企业在广泛的市场上使用，还是被中小企业在相对狭窄的市场上使用，其基本性质和特点都是相同的，因此，低成本定位战略和高差异定位战略又称为基本竞争战略。而聚焦战略又分为低成本聚焦战略和高差异聚焦战略。竞争战略如图 10-6 所示。

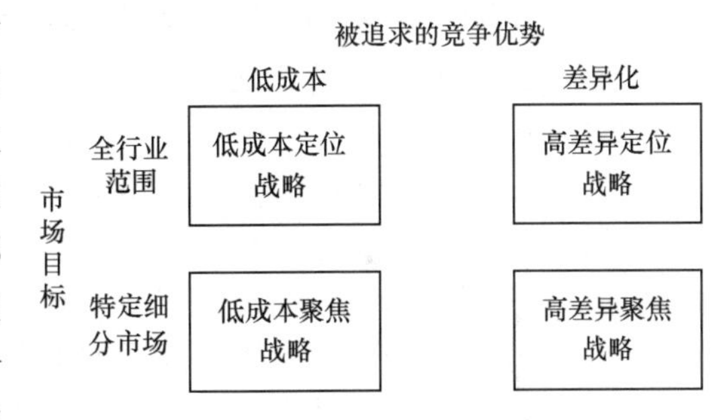

图 10-6　竞争战略

1. 低成本定位战略

低成本定位战略是一种可以分别在广泛和狭窄两个市场上使用，通过建立和发挥各种成本优势，力求占据低成本位置的战略。实施低成本定位战略的企业有可能通过发挥低成本竞争优势获得高于平均水平的收益，即使面临外部环境的恶化，其低成本定位和优势也能表现出更强的应对风险的能力和可持续性。

（1）顾客诉求的选择。低成本定位战略所瞄准的顾客对产品（服务）的性能与质量的诉求相对大众化或者标准化，但是对产品或服务的价格相对比较敏感。在企业所提供的产品或服务能够达到行业标准的前提下，低成本定位战略所选择的目标顾客更看重价格的竞争力。因此，低成本定位战略具有以下基本特征：

1）主要提供相对标准化的产品或服务，一般不会针对狭窄的市场开发性能和质量特别高的产品或服务。

2）产品或服务的主要性能和基本质量能够为大多数顾客所接受，一般不会刻意在产品或服务的性能和质量上超过顾客的期望。

3）产品或服务的价格相对比较低。因此在面对性能、质量与价格取舍的时候，实施这种定位战略的企业会在保证基本性能和质量的前提下，更偏好于保证价格的竞争力。

（2）建立成本优势的主要领域。有效地实施低成本定位战略，首先要求企业在对目标顾客诉求的分析和理解上超越其他竞争对手，从而保证战略选择的有效性；其次要求企业能够在下列关键领域建立一种或者多种资源和能力上的竞争优势：①高效率、大规模、低成本的生产和物流设施、设备；②将营销、研究和开发、服务的成本降到最低水平；③严格控制采购成本；④严格控制生产运营和行政开支。

（3）低成本定位的风险。虽然有效实施低成本定位战略的企业具有非常明显的可持续竞争优势，但是在建立和保持自己定位的过程中它们也面临一些潜在的风险。

1）采用低成本定位战略的企业通常会忽视顾客需求。

2）技术进步有可能导致低成本定位企业的设施和设备过时，采用新技术的或者其他地区的竞争对手也会获得更大的成本优势。

3）采用低成本定位战略企业的最大威胁来自模仿、学习和改变竞争的规则。

（4）低成本定位战略风险的防御。为了防御低成本定位战略的潜在风险，实施这种定位战略的企业必须注意：一是保持顾客导向；二是保持创新能力。

2. 高差异定位战略

高差异定位战略是一种可以分别在广泛和狭窄市场上使用，通过建立和发挥差异优势，力求占据高差异位置的战略。实施高差异定位战略有可能通过发挥差异优势获得高于行业平均水平的收益，即使面临恶化的外部环境，其竞争定位和优势也表现出更强大的应对风险的能力和可保持性。

（1）顾客诉求的选择。高差异定位战略所瞄准的顾客对于产品（服务）的性能和质量的诉求是相对特殊化或者差异化的，但是他们对产品或服务的价格相对不敏感。在企业所提供的产品或服务价格合理的前提下，高差异定位战略所选择的目标顾客更看重产品或服务在性能、质量上的差异竞争力。因此，高差异定位战略具有下列特征：特殊的产品性能；超常的质量；高标准的服务；让消费者有地位特殊的感受；快速创新；相对比较高的价格。这种定位战略的基本战略思维就是，通过向愿意支付高价格的顾客提供他们认为满足上述价值诉求的产品或服务而获得高于行业平均水平的收益。

（2）建立差异优势的主要领域。有效地实施高差异定位战略，首先要求企业在对目标顾客诉求的分析和理解上超越其他竞争对手，从而保证战略选择的有效性。其次要求企业能够在下列关键领域建立一种或者多种支撑高差异定位的资源和能力优势：市场和消费者研究；创造新的营销概念；全面质量管理；产品或服务的研究与开发；充分发挥人才作用的管理体制。与实施低成本定位战略的企业不同，实施高差异定位战略的企业不可能在所提供的产品或服务上创造和保持全面的差异。首先，实施高差异定位战略的企业必须高水平地满足目标顾客对产品或服务的基本需求，然后才能上升到满足目标顾客的差异化需要；其次，在高度竞争的条件下，企业只有高度地集中资源和精力才有可能在一个或者几个领域创造和保持差异优势。因此，在有效实施高差异定位战略方面，企业不仅需要提高整体管理水平，而且需要在构建和保持差异优势方面更加集中和执着。

（3）高差异定位战略的风险。一般来说，采用高差异定位战略企业的风险主要来自以下几个方面：

1）顾客认为采用高差异定位战略企业的产品或服务定价太高。

2）顾客认为企业所创造的差异不重要或者不再重要。

3）采用高差异定位战略的企业可能被竞争对手模仿和学习，竞争对手有可能以更低的价格为顾客提供同样的产品或服务。

4）采用高差异定位战略的企业可能在扩大销售规模方面存在困难。事实上，少数企业的最初成功得益于其在品牌、渠道和售后服务方面所建立的差异优势，但是这种差异优势在其追求“做大”和成为“世界 500 强”企业的过程中会逐步弱化。

3. 聚焦战略

（1）聚焦战略的特征。相对于在广泛市场上实施高差异定位战略或者低成本定位战略的大企业来说，多数中小企业认为自己资源能力有限，决定在更细分或者狭窄的市场上实施聚焦战略。实施聚焦战略的企业可以针对一个狭窄市场实施一种聚焦战略，例如低成本聚焦战略或者高差异聚焦战略，也可以针对两个或者多个市场分别实施上述两种不同的聚焦战略。

（2）聚焦战略的有效实施。在市场竞争越来越激烈的情况下，聚焦战略成为越来越多企业，尤其是中小企业的生存和发展之道，这种定位战略的有效性在市场分割性特征明显的国内市场上表现得比较突出：一是对于那些资源、能力有限的企业来说，实施特定区域市场聚焦战略不仅可以使它们集中有限的资源，在区域市场上创造竞争优势，而且可以有效地利用国内市场分割性的环境特点。例如广州风行、燕塘牛奶公司和珠江啤酒集团就是采用高差异聚焦战略，以有限的资源在广东市场上创造了很强的差异优势。二是对于资源和能力相对比较强的企业来说，分别采用低成本聚焦战略和高差异聚焦战略有利于有效利用国内不同区域市场的差异性，尤其是居民收入、消费方式以及营销制度上的差异。这可以在相当程度上说明为什么我国企业偏好实施多品牌或者多市场定位战略。

（3）实施聚焦战略的风险。实施聚焦战略的企业有可能凭借自己所建立的企业竞争优势获得高于行业平均水平的收益，但是其市场定位和竞争优势的可保持性也会面临一些风险：

1）相同或者更小的竞争对手可能在更加狭窄的市场范围内实施聚焦战略。

2）原来在广泛市场上竞争的企业可能会参与狭窄市场上的竞争，使实施聚焦战略的企业面临多点竞争的劣势。

3）受经济全球化和需求趋同化的影响，实施聚焦战略的企业可能会面临市场萎缩和变化的威胁，这可能是全球化条件下所有中小企业所面临的最大挑战。

10.6　战略的实施与控制

战略的实施与控制过程就是把战略方案付诸行动，保持经营活动朝着既定战略目标与方向不断前进的过程。这个阶段的主要工作包括战略实施计划（资源配置计划）和职能保障战略的制订、组织结构的调整、领导力的提升以及有效的战略控制系统的建立等活动。

10.6.1　战略与组织结构

1. 战略与组织结构的关系

美国学者钱德勒在 1962 年出版的《战略与结构：美国工业企业历史的篇章》一书中指

出：战略与结构关系的基本原则是组织的结构要服从于组织的战略，即结构跟随战略。这一原则指出企业不能仅从现有的组织结构去考虑战略，而应从另一视角，即根据外在环境的变化去制定战略，然后再调整企业原有的组织结构。

企业作为一个开放系统，总是处于不断变化着的外部环境之中。相对于企业外部环境的变化而言，战略与组织结构做出反应的时间是有差别的，钱德勒通过对美国工业企业历史发展的分析得出结论：战略首先对环境的变化做出反应，而后组织结构才在战略的推动下对环境变化做出反应。这样就形成了战略的前导性和组织结构的滞后性。

（1）战略的前导性。企业战略的变化快于组织结构的变化。这是因为，企业一旦意识到外部环境的变化提供了新的机会，首先会在战略上做出反应，通过新的战略谋求经济效益的增长。而新战略实施要求有一个新的组织结构，至少在一定程度上调整原有的组织结构。如果组织结构不做出相应的变化，新战略也不会使企业获得更大的收益。

（2）组织结构的滞后性。组织结构的变化常常慢于战略的变化速度。一方面，新旧结构交替有一定的时间过程。新的战略制定出来以后，原有的结构还有一定的惯性，原有的管理人员仍习惯运用着旧的职权和沟通渠道从事管理活动。另一方面，由于担心自身的经济利益、权力、地位受到影响，原有管理人员往往会以各种方式去抵制组织的变革。

战略的前导性和组织结构的滞后性表明，在应对环境变化而进行的企业战略转变过程中，总有一个利用旧结构推行新战略的过渡阶段。因此，在为战略的实施进行组织匹配的过程中，战略管理者既要认识到组织结构反应滞后性的特征，在组织结构变革上既不能操之过急，又要尽量努力来缩短组织结构的滞后时间，使组织结构尽快变革以保证战略实施活动的效率。

2. 组织结构调整的内容

与企业战略相适应的组织结构调整工作包括以下三方面内容：

（1）正确分析企业目前组织结构的优势与劣势，设计开发出能适应战略需求的组织结构模式。

（2）确定具体的组织结构。这项工作主要是决定三个结构：一是纵向结构，确定管理层次和管理幅度；二是横向结构，确定部门设置；三是职权设置，确定职权在部门和层次中是如何分配的。

（3）为企业组织结构中的关键战略岗位选择最合适的人才，保证战略的顺利实施。

10.6.2 战略实施中的领导

所谓领导，是指导和影响组织成员的思想和行为，使其为实现组织目标而做出努力和贡献的过程与艺术。一个新战略的实施对组织而言是一次重大的变革，变革总会有阻力，所以对变革的领导是很重要的。这包括建立与企业战略匹配的领导班子、构建有效的激励机制、克服变革阻力等。

1. 建立与企业战略匹配的领导班子

企业战略要得以顺利实施，建立科学的领导班子与挑选优秀人才委以重任十分重要。

每一个公司战略，都要求总经理具有一套独特的才能。购并战略对总经理能力的要求与稳定战略所要求的能力是不一样的，总经理的具体条件要适合特定的战略。制定和实施一项战略，单靠一个总经理是远远不够的，还必须挑选一批助手组成一个管理班子。有了一个合

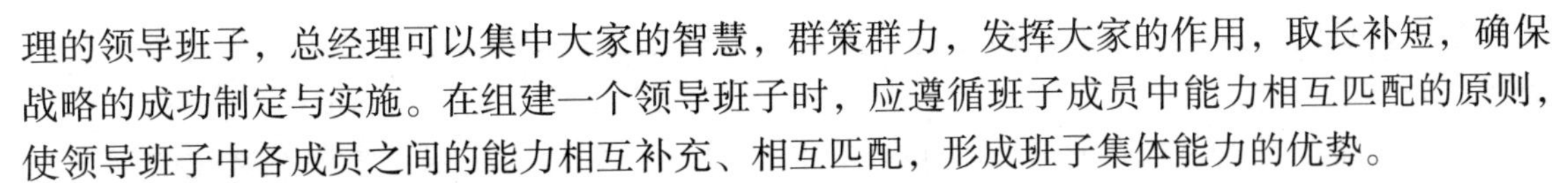

理的领导班子，总经理可以集中大家的智慧，群策群力，发挥大家的作用，取长补短，确保战略的成功制定与实施。在组建一个领导班子时，应遵循班子成员中能力相互匹配的原则，使领导班子中各成员之间的能力相互补充、相互匹配，形成班子集体能力的优势。

2. 构建有效的激励机制

（1）经理人员的激励。正确地制定战略和有效地实施战略是两项艰巨的任务。即使是非常称职的经理也需要激励，因为面对竞争中的各种压力，他们需要激励才能有效地完成既定的规划和战略。

为了对经理人员的工作实行有效的激励，首先必须确立正确的评审经理人员工作业绩的方法，使奖酬激励与企业希望取得的成果一一对应起来；其次是如何鼓励经理人员能及时地和创造性地调整战略的行为，对创业精神有足够的重视。现代公司对经理人员的物质激励采取多种形式：工资或薪金、奖金、股票、期股等。

（2）管理人员和员工的激励。企业中除最高管理团队外的管理人员和员工也存在激励问题，只有将业绩与报酬挂钩才能更好地支持企业战略目标的实现。一种经过适当设计的激励结构是管理层最有力的战略实施工具。要使人们将注意力集中于有效实施和达到业绩目标上来，最为可靠的方法是慷慨地奖励那些达到与有效的战略实施相一致的业绩目标的个人和部门。目前主要的金钱奖励方式有利润分享、收益分享、奖金制度、员工持股计划等。企业还可以同时采用其他各种战略性激励措施以促进员工为战略的成功实施而努力工作。这些措施包括提高工资、工资外补贴、职务提升、业绩确认、表扬、批评、增加工作自主权、荣誉奖励等。

3. 克服变革阻力

战略的实施对组织而言是一次重大的变革，变革必然会有阻力。阻力主要来自以下个人和团队两方面：个人方面的阻力来自利益的威胁和不安全感，团队的阻力来自组织结构的变革及人际关系的调整。变革的阻力可能出现于战略实施过程中的任何阶段，克服变革阻力有三种基本的策略：

（1）强制变革策略。这种策略是指靠发出和强制执行命令而实施变革，直接对抵制者使用威胁力和控制力。

（2）教育变革策略。这种策略强调教育与沟通，使人们确信变革的必要性。

（3）理性或自利变革策略。这种策略核心是使人们确信变革会对他们个人有利。如果这种策略成功，战略的实施将会相对容易。多数管理者认为这是较为理想的变革策略，它可以提高成功实施变革的可能性。

10.6.3 战略与企业文化

在战略管理过程中，企业文化起着重要的作用，它既可以成为新战略的推动因素，又可能对战略的制定和执行起抵触作用。

1. 企业文化与战略的关系

（1）企业文化是企业战略的基石。企业文化为企业战略的制定、实施、控制提供正确的指导思想和健康的精神氛围；企业文化为战略的制定提供成功的动力；企业文化是战略实施的关键；企业文化还是战略控制的“软性黏合剂”。

（2）企业文化是维持战略优势的条件。企业文化往往体现了这个企业的历史积累，其他企业很难模仿。因此，企业的核心竞争力中一旦有了文化的内涵，往往可以维持较长久的战略优势。

（3）企业文化与战略的适应和协调。在企业中，一个新的战略要求原有文化的配合与协调。由于企业组织中原有文化有它的相对稳定性或称为惯性的特点，很难马上对新战略做出反应，因此企业文化既可以成为实施战略的动力，也可能成为阻力。因此，企业文化必须在继承的基础上不断创新。

2. 组织文化的变革

如果发现企业文化已产生病态，或者发现企业文化已对必须采取的新战略形成阻碍时，就要下决心进行文化变革。变革的过程如下：

（1）组织文化分析。主要分析现有文化与环境及战略是否适应；确定与环境和战略适应的文化内容；将现有文化与预期的文化做比较，进行差距评价以确定哪些价值观及文化要素需要变革。

（2）向员工宣传变革组织文化的必要性和紧迫性。管理当局必须向员工明确说明，如果不马上推行变革，组织的生存就会受到致命的威胁。要是员工没有意识到文化变革的必要性和紧迫性，那就很难使一种强文化对变革的努力做出反应。

（3）任命具有新观念的新领导者。任命新的最高层领导者本身就是一个信号，它预示着一场重大的变革正在发生。新的领导者常会带来新的观念和行为标准，大胆地推动文化的变革。

（4）发动一次组织重组。伴随着主要管理人员的调整，发动一次组织重组也具有重要的意义。设立一些新单位，或者将某些单位合并或取消，这些都以显而易见的方式传达着管理当局下决心将组织引入新方向的信息。

（5）引入新口号、新故事、新仪式、新物质象征来传播新价值观。新的领导者也要尽快创造出新的口号、故事、仪式、物质象征等来取代原有的文化载体，以便更好地向员工传播组织的主体价值观。而这是要即刻去做的，耽搁只会使新领导者与现有文化为伍，从而关闭推行变革的大门。

（6）围绕新的价值观体系，树立新的榜样。管理当局还要改变人员的选聘和社会化过程，以及绩效评估和奖酬制度，并树立新的榜样，以便对采纳组织所期望的价值观的员工形成有力的支持。

10.6.4 战略控制

战略控制是战略管理过程中的一个不可忽视的重要环节，它伴随战略实施的整个过程。战略控制是衡量和纠正组织成员所进行的各项活动，以保证实际进程与战略目标和方案动态相适应的管理活动。战略控制的关键是建立有效的战略控制系统。

1. 战略实施的控制系统的组成

在战略实施的控制系统中，有三个基本的控制系统，即战略控制系统、业务控制系统和作业控制系统。战略控制系统关注的是与外部环境有关的因素和企业内部绩效，是针对总体战略和经营单位战略的控制。业务控制系统关注的是在实现构成企业战略的各部分策略及中期计划目标中的工作绩效，检查是否达到了企业战略为它们规定的目标，是对在时间和空间上分解了的战略计划的控制。作业控制系统关注的是作业人员履行规定的职责及完成作业性目标任务的绩效，作业控制是对具体负责作业的工作人员日常活动的控制，由各基层主管人员进行。

2. 战略控制系统的要求

（1）控制标准必须与整个企业的长远目标和年度目标相联系。有效的战略实施的控制必须将控制目标与各特定系统的绩效标准相联系，与资源的分配导向相联系，与外部环境的关键因素相联系，这样做有利于明确战略计划和人们的行为目标之间的联系。

（2）控制要与激励相结合。一般说来，当人们的行为取得符合战略需要的绩效时会得到激励，但在平时人们的行为期望目标是不十分清楚的，而有效的战略实施的控制提供了人们行为的期望与战略目标之间的联系，这时的控制与评价就具有激励性的特点，这对有效地实施战略十分有用。

（3）控制系统需要有“早期预警系统”。该系统可以告知管理者在战略实施中存在的潜在问题或偏差，使管理者能及早警觉起来，提前纠正偏差。

3. 实施战略控制的条件

战略实施的控制有以下五个条件：

（1）完整的企业经营战略规划。战略控制是以企业经营战略规划为依据的，战略规划越是明确、全面和完整，其控制的效果就有可能越好。

（2）健全的组织结构。组织结构是战略实施的载体，它具有能够具体执行战略、衡量绩效、评估及纠正偏差、监测外部环境的变化等职能，因此组织结构越是合理、完善，控制的效果可能就会越好。

（3）得力的领导者。高层领导者是执行战略控制的主体，又是战略控制的对象，因此要选择和培训能够胜任新战略实施的得力的企业领导人。

（4）优良的企业文化。企业文化的影响根深蒂固，如果有优良的企业文化加以诱导和规范，对于战略实施的控制是最为理想的，当然这也是战略控制的一个难点。

（5）高效的信息系统。全面、准确、及时的信息使组织成员可以监督进展状况并迅速采取纠正行动。

思 考 题

1. 简述战略管理的过程。
2. 如何用波特“五力”模型分析产业竞争环境？
3. 如何描述企业的使命？
4. 相关多元化战略与非相关多元化战略各有何利弊？
5. 简述低成本定位战略与高差异定位战略的实施路径。
6. 简述国际化战略的类型及其特征。
7. 简述企业实施并购的动因。
8. 简述战略实施中组织结构与战略的关系。

参考文献

[1] 李建琴. 微观经济学教程 [M]. 杭州：浙江大学出版社，2006.
[2] 刘继伟，王寒菊. 微观经济学 [M]. 北京：电子工业出版社，2012.
[3] 杨长江，石洪波. 宏观经济学 [M]. 上海：复旦大学出版社，2007.
[4] 叶航. 宏观经济学教程 [M]. 杭州：浙江大学出版社，2006.
[5] 高鸿业. 西方经济学 [M]. 北京：中国人民大学出版社，2018.
[6] 周海燕. 财政与金融 [M]. 北京：中国水利水电出版社，2012.
[7] 杨艳琳. 现代财政与金融教程 [M]. 北京：首都经济贸易大学出版社，2003.
[8] 李涛. 管理学 [M]. 北京：清华大学出版社，2014.
[9] 陈传明，等. 管理学 [M]. 北京：高等教育出版社，2019.
[10] 陈捷，王丹. 现代企业管理教程 [M]. 北京：清华大学出版社，2008.
[11] 高海晨. 现代企业管理 [M]. 3 版. 北京：机械工业出版社，2018.
[12] 吴振顺. 现代企业管理 [M]. 2 版. 北京：机械工业出版社，2012.
[13] 陈荣秋，马士华. 生产运作管理 [M]. 北京：机械工业出版社，2013.
[14] 齐二石，等. 生产与运作管理教程 [M]. 北京：清华大学出版社，2006.
[15] 颜蕾. 生产与运作管理教程 [M]. 北京：机械工业出版社，2014.
[16] 黄保强. 现代企业制度 [M]. 上海：复旦大学出版社，2004.
[17] 杨善林. 企业管理学 [M]. 北京：高等教育出版社，2004.
[18] 卢福财. 人力资源管理 [M]. 长沙：湖南大学出版社，2009.
[19] 纪宝成，吕一林. 市场营销学教程 [M]. 北京：中国人民大学出版社，2012.
[20] 万晓. 市场营销 [M]. 北京：北京交通大学出版社，2012.
[21] 唐婉虹. 财务管理教程 [M]. 上海：立信会计出版社，2010.
[22] 陈小平. 财务管理教程 [M]. 上海：华东理工大学出版社，2012.
[23] 杨锡怀，等. 企业战略管理：理论与案例 [M]. 北京：高等教育出版社，2016.
[24] 舒辉. 企业战略管理 [M]. 北京：人民邮电出版社，2010.
[25] 蓝海林. 企业战略管理 [M]. 北京：科学出版社，2017.